Emanuel Lasker

Laskers
Lehrbuch des Schachspiels

Joachim Beyer Verlag

ISBN 978-3-95920-165-0

12. überarbeitete Auflage 2022

Ein Imprint des Schachverlag Ullrich, Zur Wallfahrtskirche 5, 97483 Eltmann

Herausgeber: Robert Ullrich

Inhaltsverzeichnis

Vorwort zur ersten Auflage

Hier ist ein Lehrbuch, das sich die Aufgabe gestellt hat, systematisch zu sein. Ist es nicht das erste Lehrbuch, das seinem Gegenstande eine Architektur erteilen will? Lehrbücher sind sonst unsystematisch, da sie nur Bruchstücke vorbringen und immer wieder Bruchstücke, die sie nicht einmal notdürftig zusammenleimen, sondern bloß in denselben Behälter nebeneinander legen: den Buchdeckel.

Der zukünftige Mensch wird sparsam sein mit seiner Arbeit, seiner Zeit und dem, was er seinem Geiste als kernhafte Substanz einverleiben will, und daher wird er wollen, dass alles, was er lernt, eine einheitliche Struktur zeige. Von den Lehrbüchern, die jetzt verbreitet sind, wird keines bis in jene Zukunft leben.

Hier ist die Idee des alten Schachspiels dargelegt, die ihm die Kraft verliehen hat, Jahrtausende zu dauern. Sie ist dargelegt aus seiner Historie, seiner Vernunft und seinem Leben. Sie ist die Idee des Kampfes, auch deines Kampfes.

Thyrow, Oktober 1925

Emanuel Lasker

Vorwort zur sechsten überarbeiteten Auflage

Dies Buch ist gebilligt worden. Es hat Lob und Kritik erfahren. Jenen, die sagten, was gut daran sei, wie jenen, die angaben und begründeten, was an ihm verbesserungsbedürftig sei, sage ich gleichen, aufrichtigen Dank. Ich habe Varianten der Eröffnung an einigen Stellen korrigiert und neue, die wesentlich schienen, aufgenommen; ich habe Analysen einiger Partien und Stellungen, die der Praxis der letzten Jahre entstammen, dem Buche eingefügt und ihm ein Register angeschlossen. Ich hoffe, dass das Buch in seiner gegenwärtigen Gestalt den Geist des gegenwärtigen Schachspiels widerzuspiegeln vermag.

Berlin, Februar 1928

Der Verfasser

Vorwort zur siebten überarbeiteten Auflage

Lehrbücher des Schachs gibt es zuhauf. In den letzten Jahren erscheinen in immer kürzeren Abständen immer mehr und mehr Kompendien zu Taktik und Strategie, zum Verhalten vor, während und nach der Partie, Biographien, Anfängerbücher, nicht zuletzt Eröffnungsbücher für jede Buch- und Spielstärke. Und natürlich alles auch auf DVD/CD-Rom. Der Lasker ist anders.

Erstmalig ließ sich ein Weltmeister darauf ein, Schachanfängern Einblick in seine Gedankenwelt zu ermöglichen. Dabei war er sich nicht zu schade, den Bogen über die Erklärung des Schachbretts, Zabel genannt, und Erläuterung der Gangart der Figuren bis zu strategischen Feinheiten zu spannen.

Wenn auch viele der von Lasker formulierten und erläuterten allgemeinen Prinzipien im Schach nach wie vor ihre Gültigkeit haben, soll doch auch darauf hingewiesen werden, dass seine Ausführungen zur Eröffnungstheorie eben dem Stand Anfang des letzten Jahrhunderts entsprechen. Gerade die Theorie der Schacheröffnung hat in den letzten Jahrzehnten eine stürmische Entwicklung durchgemacht. Nichtsdestotrotz gelten die Grundlagen damals wie heute. Und so beschränkte sich die Bearbeitung hauptsächlich auf eine „technische Renovierung“ (Notation, Satz und Layout).

Das Buch ist zur Abrundung der Schachausbildung empfehlenswert, aber auch Leser, die an der Kulturgeschichte des Schachs interessiert sind, werden daran Gefallen finden.

Bassum, Oktober 2004

Annette Borik

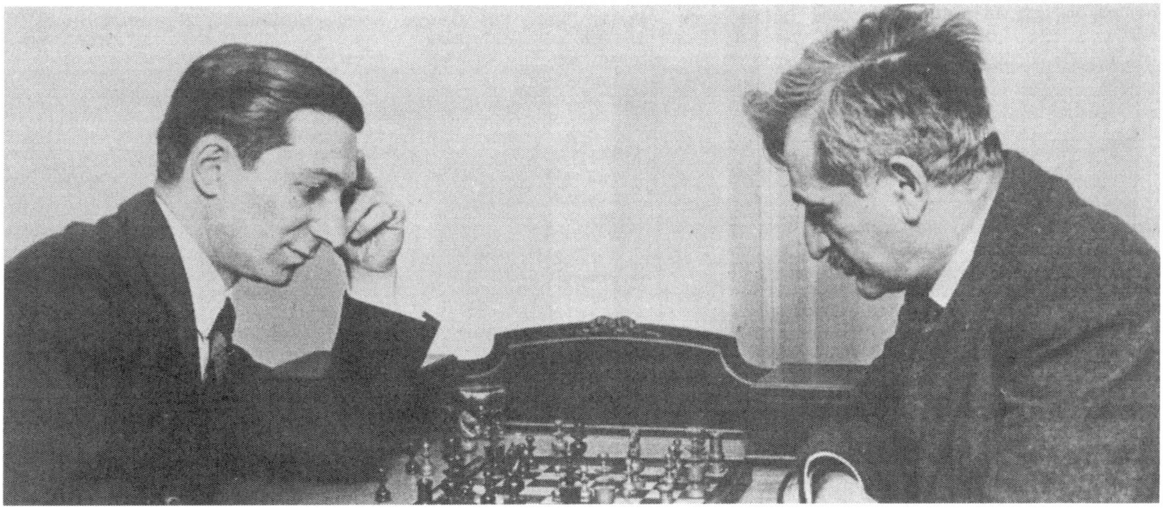

Die zwei Laskers:

Edward (links) und Emanuel (rechts) beim Schachturnier New York 1924.

Erstes Buch

Die Elementarlehre des Schachspiels

Das Schachspiel hat eine Geschichte, die von jeher das Interesse erregt hat, über die man jedoch nur wenig weiß. Man kennt einige Fabeln, die von der Entstehung des Spiels handeln, Fabeln, die nur so viel historische Wahrheit enthalten, als sie den Entstehungsort nach Asien und die Entstehungszeit in eine sehr ferne Vergangenheit legen. Man hat Spiele, die dem Schach ähneln, auf ägyptischen Skulpturen abgebildet gefunden. Man hat auf Schach bezügliche geschriebene Dokumente entdeckt, die etwa tausend Jahre alt sind. Indes war das Schachspiel jener Zeiten nicht mit dem unsern identisch. Das Schachspiel hat gewiss viele Wandlungen erfahren, und wer weiß, ob nicht das Damespiel, genauer gesagt ein Damespiel, Vorfahr unsres Schach gewesen ist.

Das Schachspiel hat seine europäische Laufbahn vor etwa tausend Jahren begonnen. In Spanien war es damals beliebt und bewundert, das Spiel der Adligen und der Gelehrten. In Ritterburgen und an Höfen ward es gepflegt, in kunstvollen Poemen besungen. Jahrhundertelang blieb es das vornehme, edle, königliche Spiel, das nur erlesenem Geschmack zugänglich war, langsam durch Italien und Frankreich vordringend und zuletzt überall heimisch, wo weiße Menschen wohnen.

Das Schachspiel hat sich, wie gesagt, gewandelt, aber nur in seiner Tracht, seinen Formen, nicht in seinem Wesen. Dies ist ihm all die Tausende von Jahren erhalten geblieben. Es zu entdecken ist daher nicht schwer: immer hat das Schachspiel einen Krieg zwischen zwei feindlichen Parteien darstellen wollen, einen Krieg aufs Äußerste, der zwar nach Gesetz und Gesittung, doch ohne Gnade oder Schonung geführt wird. Man erkennt dies fast unmittelbar aus den Regeln des Spiels.

Das Schachbrett

Das Älteste am Schachspiel ist jedenfalls das Zabel, das Feld des schachlichen Kampfes. Es besteht aus 64 Feldern, jedes ein kleines Quadrat, das sich mit den anderen Feldern zu einem großen Quadrat zusammenfügt. In acht Reihen und acht senkrecht dazu verlaufenden Linien ordnen sich die 64 Quadrate an. Man kann ein Zabel also herstellen, indem man ein großes Quadrat durch fortgesetzte Halbierung seiner Seite in Teilquadrate zerlegt. Eine anschauliche Darstellung dieses Prozesses wird dies ganz deutlich machen.

Das Quadrat

Nach der ersten Halbierung

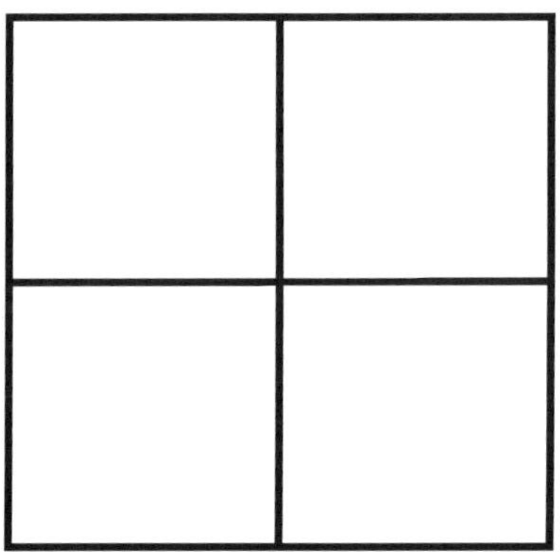

Nach der zweiten Halbierung

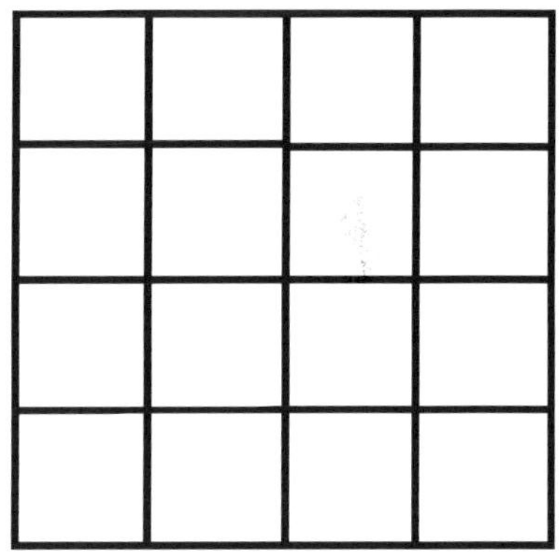

Nach der dritten Halbierung

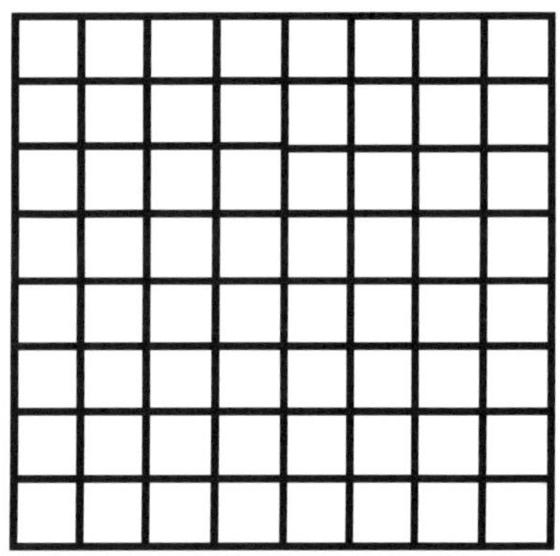

Der technische Prozess der Herstellung eines Zabels ist sonach sehr einfach, und auch die logische Erfassung des Zabels ist unkompliziert. Man hat die Übersicht über die 64 Felder aber noch erleichtert, indem man die Felder abwechselnd weiß und schwarz gefärbt hat, so dass das Zabel seit Urzeiten wie folgt aussieht

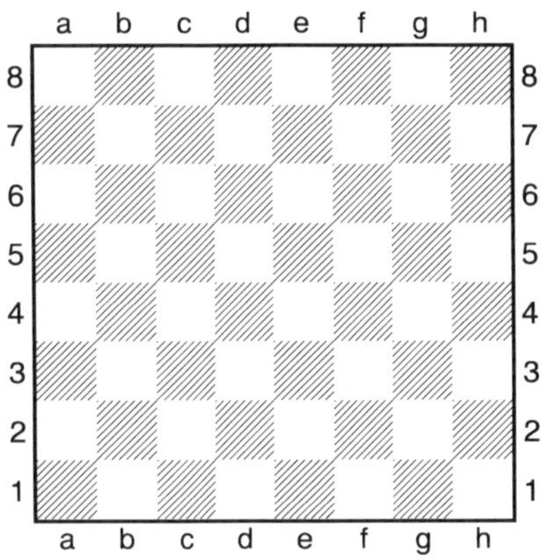

Es ist nun wichtig, dass der Schachfreund das Zabel sehr genau kenne und jedes Feld in seiner individuellen Lage wie die gegenseitige Lage einer Reihe von Nachbarfeldern klar erkenne und erschaue. Daher hat man das Zabel in drei Bereiche eingeteilt: die Mitte und zwei Flügel. Die erste und zweite Linie links, die siebente und achte Linie rechts sind die Flügel, die dritte, vierte, fünfte und sechste Linie bilden die Mitte. Die Mitte dieser Mitte wird von vier Feldern gebildet, die in der vierten und fünften Linie gelegen sind, und zwar, von unten nach oben zählend, auf der vierten und fünften Reihe; diese vier Felder heißen das Zentrum.

Um nun die Geschehnisse auf dem Schachbrett kurz und deutlich beschreiben zu können, hat man jedem Feld einen Namen gegeben; in alten Zeiten einen malerischen, zur Zeit der Naturgeschichte einen mathematischen Namen; dieser mathematische Name erinnert an ein System von Koordinaten nach der Art, die Cartesius eingeführt hat. Danach werden die von unten nach oben laufenden „Linien“ in ihrer Reihenfolge mit acht Buchstaben a, b, c, d, e, f, g, h, die von links nach rechts laufenden „Reihen“ in ihrer Aufeinanderfolge mit 8 Zahlen 1, 2, 3, 4, 5, 6, 7, 8 benannt. Man spricht von der a-Linie, oder b-Linie usw. bis zur h-Linie wie von der 1. Reihe, der 2. Reihe usw. bis zur 8. Reihe. Da nun jedes Feld nur einer Linie wie nur einer Reihe zugehört, so ist es durch Angabe seiner Linie und Reihe eindeutig bestimmt. Beispielsweise ist b5 jenes Feld der b-Linie, das auf der 5. Reihe liegt. Gewohnheitsmäßig setzt man den Buchstaben der Zahl voran: man sagt und schreibt b5, niemals 5b. So hat dieses System den Vorzug, auf einfache und unzweideutige Art jedes Feld des Zabels zu benennen.

Von dem anderen, dem System der malerischen Bezeichnung, soll nachher die Rede sein.

In der mathematischen Bezeichnung lautet die oben erwähnte Einteilung des Zabels in Bereiche wie folgt: Linker Flügel a- und b-Linie, rechter Flügel g- und h-Linie, Mitte c-, d-, e-, f-Linie, das Zentrum die vier Felder d4, d5, e4, e5. Auch spricht man vom „Rande“, der aus a-Linie, h-Linie, erster und achter Reihe besteht, sowie den vier „Eckfeldern“ a1, a8, h1, h8. Der Schachfreund, der Schriften über das Schachspiel leicht zu lesen erlernen will, möge es sich vor allem angelegen sein lassen, mit dem Finger auf dem Zabel angezeigte Felder schnell und richtig bezeichnen zu können, sowie umgekehrt auf dem Zabel Felder, die ihm mathematisch bezeichnet werden, schnell und richtig aufzusuchen und in ihrer geometrischen Lage anzuschauen.

Die Schachsteine

Die Heere, die sich auf dem Schachbrett bekämpfen, bestehen aus weißen und schwarzen Schachsteinen. Die weißen Steine bilden die eine Partei, die schwarzen die andere, jener feindliche. Man nennt die beiden Parteien kurz Weiß und Schwarz. Die Farbe eines Steines entscheidet also über dessen Gehorsam und Treue, und zwar unbedingt. Niemals desertiert ein Stein zum Feinde, niemals verweigert er den Gehorsam, treu ist er bis zum Tod. Freilich ist sein Tod nur vorübergehend; fällt er im Kampfe, so wandert er vom Schachbrett nur in einen Kasten, wo die geschlagenen Steine aufbewahrt bleiben bis zur nächsten Partie; dann feiern alle eine fröhliche, hoffnungsvolle Auferstehung.

Weiß wie Schwarz haben die nämlichen Steine: einen König, eine Königin, zwei Türme, zwei Läufer, zwei Springer und acht Bauern. Jede Partei zählt also sechzehn Steine. Die Steine nehmen auf dem Schachbrett Aufstellung, und zwar steht jede Figur auf nur einem Felde, wie umgekehrt ein Feld, sofern es nicht leer ist, nur eine Figur beherbergen darf. Zu Anfang des Spiels werden die Steine in einer bestimmten, gesetzmäßigen Weise aufgestellt, und dann wird von den Spielern, indem sie abwechselnd eine Figur von einem Feld auf ein anderes rücken oder „ziehen“, die ursprüngliche Aufstellung geändert. Dabei entspinnt sich nach bestimmten Regeln ein Kampf der Schachsteine, die jede ihren König schützen und den König des Feindes erobern helfen wollen, bis zur Entscheidung der Partie.

Der König hat das Aussehen eines Monarchen mit Krone, die Königin hat ein Krönlein, die Türme sind Burgen, die Läufer tragen eine Bischofsmütze, die Springer Pferdeköpfe und der Bauer ist wie ein Mensch ohne Distinktion, wie ein Mensch aus der Herde.

König:	♔	♚
Königin:	♕	♛
Turm:	♖	♜
Läufer:	♗	♝
Springer:	♘	♞
Bauer:	♙	♟

Mit einem seiner Steine darf, wie gesagt, der am Zuge Befindliche von dem Felde, auf dem der Stein steht, auf ein anderes rücken. Das ist der „Zug“, und in der abwechselnden Folge solcher Züge besteht die ganze Kampfhandlung. Freilich ist diese Beschreibung nicht ganz zutreffend, wie noch erläutert werden wird, sie gibt nur die Hauptsache an, die im Detail noch die kleine Nuancierung erfährt, dass gelegentlich zwei Steine derselben Partei auf einmal bewegt werden, nämlich bei der Rochade und der Umwandlung des Bauern. Alles aber geschieht nach bestimmten Regeln, die der Spieler einzuhalten verbunden ist. Über diese wird nun Bericht erstattet werden.

Die Zugregeln

Der König darf von seinem Standort nur auf ein Nachbarfeld rücken, der Turm nur in gerader, der Läufer nur in schräger, die Königin in gerader oder schräger Richtung ziehen, der Springer macht einen Sprung, nämlich den kürzesten auf dem Schachbrett möglichen Zug, der nicht gerade ist, und der Bauer zieht einen Schritt vorwärts geradeaus. Aber solche Züge sind nur gestattet auf ein Feld, das nicht von einem Stein der eigenen Partei besetzt ist und sofern die Verbindung zu jenem Felde frei ist; ist die Zugrichtung des Turms oder des Läufers oder der Königin an einem Felde unterbrochen, weil dies Feld besetzt ist, so kann die Figur über das Hemmnis hinüber nicht ziehen; sie darf jedoch jenes Feld besetzen, wenn ein gegnerischer Stein dort steht; sie „schlägt" den Stein, besetzt das Feld und versenkt den feindlichen Stein in den Kasten der Geschlagenen, die nun für die in Frage stehende Partie tot und erledigt sind. Auch die anderen Steine, der König, der Springer, der Bauer dürfen einen feindlichen Stein schlagen: der König und der Springer, wenn sie auf das Feld des betreffenden feindlichen Steins ziehen dürfen, der Bauer, wenn der feindliche Stein auf einem schräg vorwärts (nicht gerade vorwärts) gelegenen Felde steht. Alle Steine dürfen geschlagen werden, nur der feindliche König nicht, und alle Steine dürfen sich dem Schlagen aussetzen, nur der König nicht. Sein Leben ist geheiligt, er unterliegt nur der Notwendigkeit. Wird er bedroht, gibt der Gegner „Schach", wie man sagt, so muss der Spieler den König schützen und, wenn kein Rettungsweg mehr dem König offen steht, so ist er „matt", „schachmatt", und die Partie ist aus.

Diese Zugregeln sind nicht vollständig, sie sind auch zu gedrängt auseinander gesetzt; sie geben aber ein anschauliches Bild vom schachlichen Kampf. Nun werden wir sie im Einzelnen betrachten und breit und umfassend alle logischen Momente, die dabei in Frage kommen, zur Klarheit bringen.

Der König

Der König darf von seinem Standort auf jedes Feld ziehen, das folgenden Bedingungen genügt:

1. Nachbarfeld des Standplatzes zu sein;
2. nicht von einem Stein seiner Gefolgschaft besetzt zu sein;
3. von keinem Feind bedroht zu sein.

Doch darf der König einmal in der Partie diese Regeln verletzen, nämlich bei der „Rochade"; sonst nie. Bei der Rochade bewegen sich der König und ein Turm seiner Gefolgschaft gleichzeitig; der Turm rückt neben seinen König und der König springt über den Turm hinweg, wobei Voraussetzung ist,

1. dass der König nicht im „Schach" steht, d. h. nicht mit Schlagen bedroht ist;
2. dass König und Turm in der Partie bis zu jenem Augenblick noch nicht gezogen haben;
3. dass der Zug des Turms ungehemmt ist; (das bedeute, dass keine Figur, eigene oder feindliche, zwischen König und Turm stehen darf)
4. dass weder König noch Turm sogleich nach Ausführung der Rochade dem Geschlagenwerden ausgesetzt sind.

Das hier in dürren Worten Gesagte sei nun durch bildliche Darstellung lebendig gemacht.

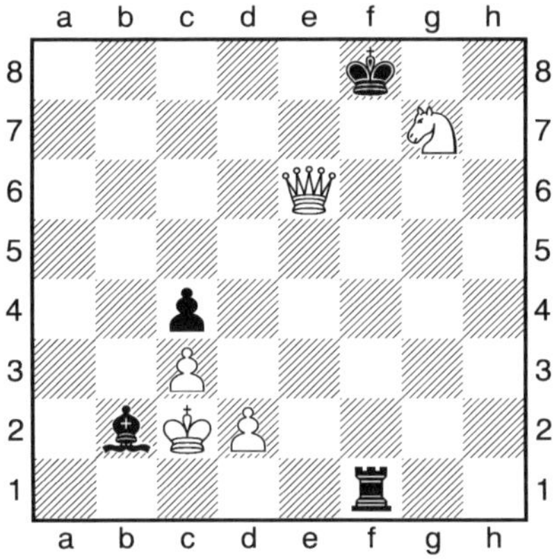

Der weiße König, der auf c2 steht, hat nur einen Zug frei, nämlich nach b2. Er kann dorthin, denn erstlich ist b2 ein Nachbarfeld seines Standortes c2, zweitens ist es nicht von einem Stein seiner eigenen Gefolgschaft besetzt, sondern von einem Feind, und drittens ist das Feld b2 nicht von einem Feind bedroht, weil die feindlichen Steine die folgenden sind:

ein König f8, ein Turm f1, ein Läufer b2, ein Bauer c4 und keiner dieser Steine bedroht das Feld b2. Dagegen kann der weiße König nicht nach b1, c1 oder d1 ziehen, weil diese Felder vom Turm f1 bedroht sind, noch nach b3 oder d3, die von c4 angegriffen sind, noch nach c3 oder d2, die von Steinen der eigenen Partei besetzt sind, noch nach irgendeinem der anderen Felder, die ja keine Nachbarn seines Standortes sind.

Man weise nach, dass auch der schwarze König nur einen Zug offen hat, nämlich nach g7.

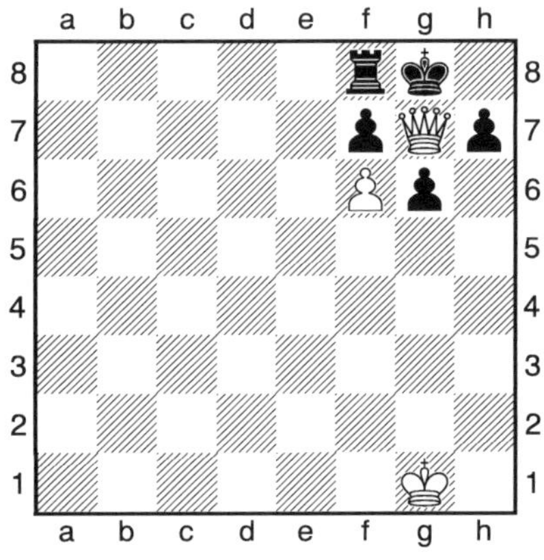

Schwarz ist am Zug. Sein König steht im „Schach", denn er ist von der weißen Dame bedroht. Er kann die Dame nicht schlagen, weil das Feld g7 vom weißen Bauern f6 bedroht ist; er kann nirgendwo anders hinziehen, und die Dame g7 kann von keiner schwarzen Figur geschlagen werden. Der schwarze König kann sich daher nicht retten, Schwarz ist „matt", Schwarz hat die Partie verloren.

Im nächsten Beispiel stehen Könige und Türme noch in ihrer Anfangsstellung. Nehmen wir an, dass sie noch nicht gezogen haben. Weiß kann mit Th1 oder Ta1 rochieren, „kurz" oder „lang".

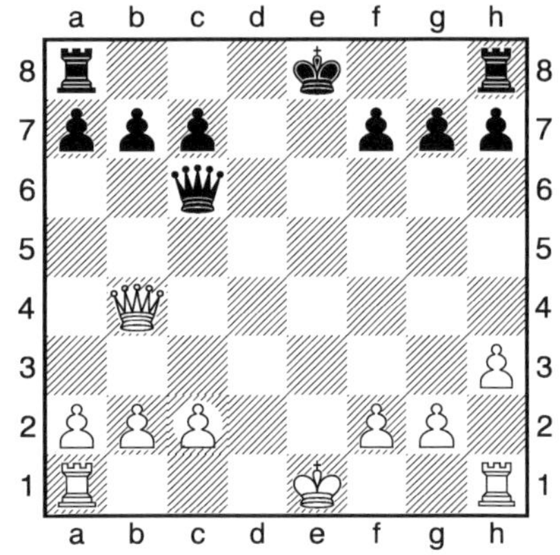

Nach der kurzen Rochade steht der weiße Turm h1 auf f1 und der König e1 auf g1, nach der langen steht Ke1 auf c1 und Ta1 auf d1. Schwarz kann lang rochieren, indem er König e8 auf c8, Ta8 auf d8 stellt, aber er kann nicht kurz rochieren, weil sein König das Feld f8 passieren müsste, was hier nicht angeht, weil ja die weiße Dame b4 das Feld f8 bedroht.

Der Turm

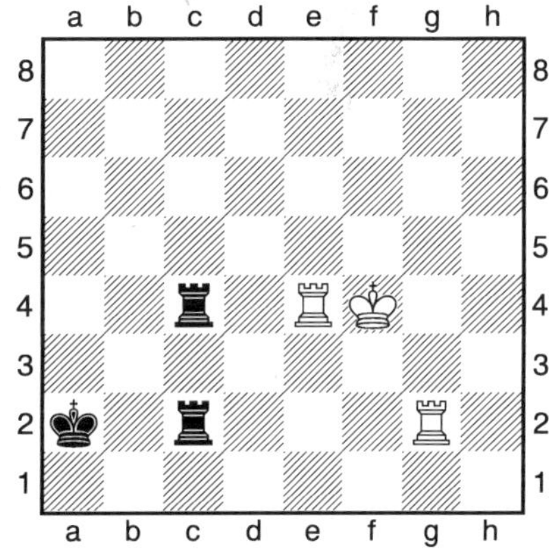

Der Turm c2 hat folgende Züge offen: nach b2, d2, e2, f2, g2. Er kann nicht nach c1 oder c3, weil er daran gebunden ist, seinen König gegen Turm g2 zu schützen. Der Turm c4 kann nach a4, b4, d4, e4, doch nicht nach f4, weil Te4 ihn hemmt und daher den weißen König schützt. Der Turm e4 hat nur zwei Felder offen, d4 oder c4; der Turm g2 aber nicht weniger als 12 Felder, nämlich h2, f2, e2, d2, c2, g1, g3, g4, g5, g6, g7, g8.

Der Läufer

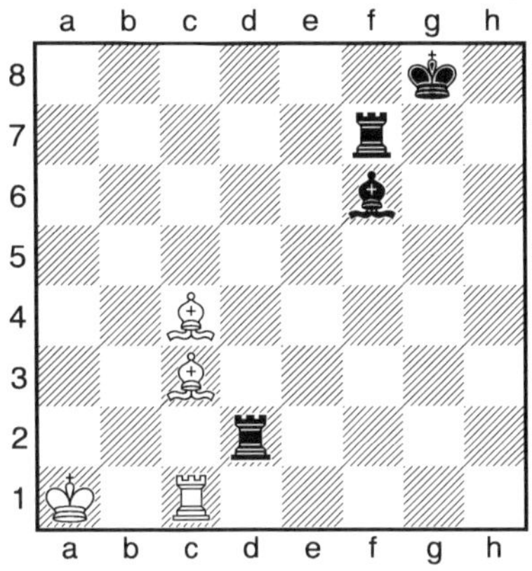

In dieser Stellung sind drei Läufer auf dem Brett, auf c3, c4, f6, daneben noch drei Türme, auf c1, d2, f7, und natürlich zwei Könige – der König wird ja nie geschlagen – auf a1 und g8. Da die Läufer in einer Schrägen ziehen, so kann Lc3 den Lf6 schlagen, wie auch umgekehrt. Nicht aber kann Lc3 den Td2 schlagen, weil er ja daran gebunden ist, durch Hemmung des Lf6 seinen König zu schützen. Der Lc4 kann Turm f7 schlagen. Dieser kann überhaupt nirgends hinziehen, weil er durch Hemmung von Lc4 den König schützt. Die Zahl der verschiedenen Felder, auf die die Läufer in obiger Stellung ziehen können, ergibt sich demnach

für Lc3 = 4 (b2, d4, e5, f6),

für Lc4 = 10 (a2, b3, d5, e6, f7, b5, a6, d3, e2, f1),

für Lf6 = 9 (h8, g7, e5, d4, c3, d8, e7, g5, h4).

Die Dame oder Königin

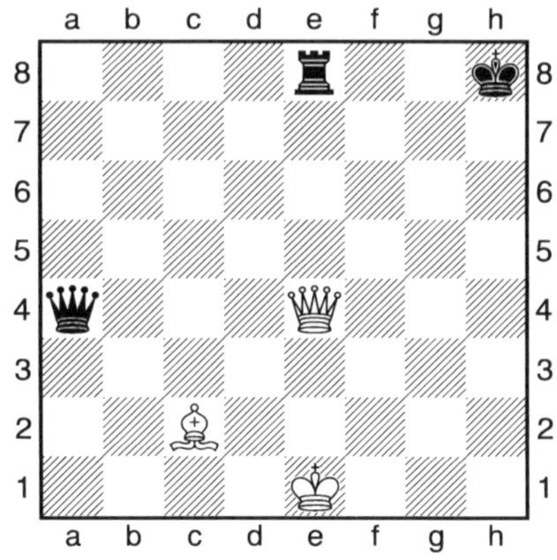

In dieser Stellung sind zwei Damen, ein Turm, ein Läufer und die beiden Könige auf dem Brett. Die schwarze Dame auf a4, da sie sowohl wie ein Turm als auch wie ein Läufer ziehen kann, hat folgende Züge zu ihrer Verfügung: nach b4, c4, d4, e4, wo sie die feindliche Dame schlägt, nach b3, c2, wo sie den Läufer schlägt, nach b5, e6, d7, nach a1, a2, a3, a5, a6, a7, a8. Die weiße Dame auf c4 kann hingegen nur nach e2, e3, e5, e6, e7, e8, weil sie ja vom Turm e8 an ihre Pflicht, ihren König zu schützen, erinnert wird.

Wäre dies nicht, könnte sie nach h7 gehen und den feindlichen König matt setzen; so aber muss sie entweder den Te8 schlagen oder dulden, dass der Turm sie schlägt.

Der Springer

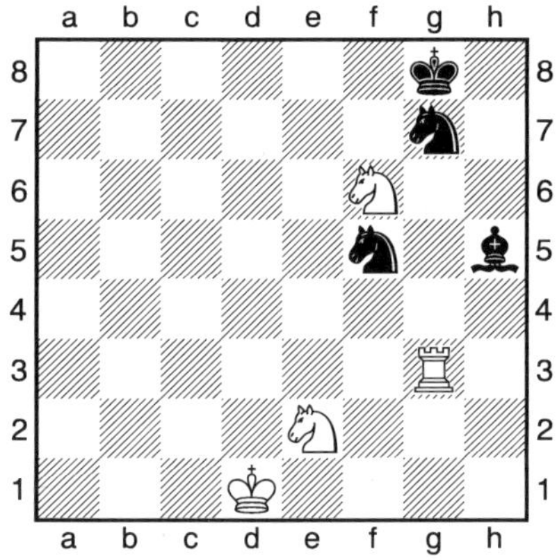

Hier sind vier Springer auf dem Brett, daneben noch ein Turm, ein Läufer, die beiden Könige. Zwei der Springer sind unbeweglich, der Se2 wegen Lh5, der Sg7 wegen Tg3: sie müssen ihre Könige schützen. Der Springer f5 kann auf eines der folgenden Felder ziehen: e7, d6, d4, e3, g3 (wobei er den Turm schlägt), h4, h6. Der kürzeste Sprung auf dem Schachbrett ist nämlich wie folgt konstituiert: zwei Felder nach links oder rechts oder oben oder unten und dann ein Feld senkrecht dazu; das gibt für Sf5 acht Möglichkeiten, von denen ihm aber die eine nach g7 genommen ist, weil dort ja ein Stein seiner eigenen Partei steht. Der Sf6 hat diese acht Möglichkeiten; er bedroht den feindlichen König, er gibt ein Schach, und der König wird fliehen müssen, etwa nach f7, um sich zu retten.

Der Bauer

Hier sieht man 16 Bauern, also alle, die überhaupt in der Schachtel sind,

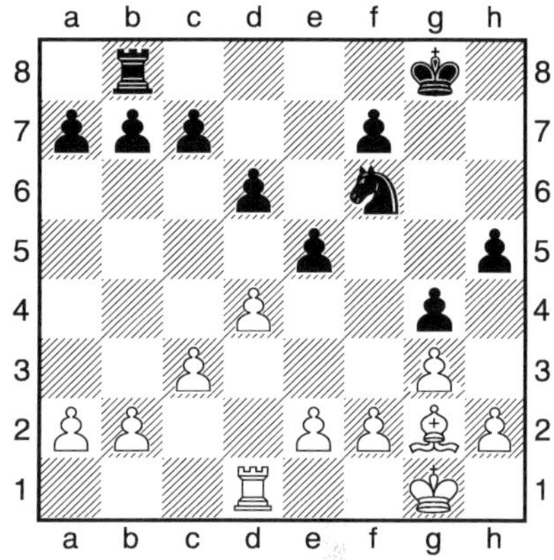

daneben zwei Türme, einen Läufer, einen Springer, die beiden Könige. Die weißen Bauern stehen am Anfang der Partie auf der zweiten Reihe, die schwarzen Bauern auf der siebten Reihe; von dort rücken oder schlagen sie dem Feinde zu, die weißen Bauern also von unten nach oben, die schwarzen Bauern von oben nach unten. Beispielsweise kann der weiße Bauer d4 den schwarzen e5 schlagen, wie auch umgekehrt, denn die Bauern ziehen geradeaus, schlagen schräg, immer dem Feinde entgegen.

Die Stellung zeigt drei Bauern, die nicht ziehen können, die, wie man sagt, blockiert sind: g3, g4, f7. Der Bauer g3 ist durch g4 blockiert, weil ja der Bauer nicht geradeaus, sondern schräg schlägt. Sie zeigt neun Bauern, die noch auf den Ausgangsfeldern stehen: a2, b2, e2, f2, h2, a7, b7, c7, f7; dagegen sind sieben der Bauern inzwischen vorgerückt, c3, d4, g3, d6, e5, g4, h5. Der Bauer d4 kann zwei verschiedene Züge tun: er kann nach d5 vorrücken oder nach e5 schlagen. Der Bauer c3 kann nur einen Zug tun, nämlich nach c4 vorrücken. Die Bauern, die noch auf ihren Anfangsfeldern stehen und nicht blockiert sind, können nun auch zwei Züge tun: es ist dies eine der Ausnahmen von der allgemeinen Zugregel, wie sie sich im Laufe der Jahrhunderte aus Gründen der Zweckmäßigkeit eingebürgert haben: sie können nämlich nach ihrer Wahl ein oder zwei Felder geradeaus gehen. Beispielsweise kann Bauer a2 entweder nach a3 oder nach a4 gehen; auch der Gang nach a4 rechnet nur als ein Zug.

Bei dieser Regel ergab sich freilich eine Schwierigkeit. Man wollte den Gang der schachlichen Ereignisse beschleunigen und mannigfaltiger machen, aber dabei ward manchmal das Recht des Gegners betrogen. Um dies deutlich zu sehen, beachte man den weißen Bauern f2 und den schwarzen g4. Hier wacht der Bauer g4, dass der weiße nicht ungestraft das Feld f3 betritt; geschieht dies, so kann g4 den Feind schlagen. So war es viele Jahrhunderte lang. Dann kam die Neuerung, dass der Bauer aus der Anfangsstellung, wenn es dem Spieler behagte, gleich zwei Züge auf einmal machen konnte – freilich, ohne dabei zu schlagen. Natürlich fühlte sich der Wacht haltende Bauer betrogen, als der feindliche an ihm vorüberschlüpfte, ohne ihm die Gelegenheit zum Schlagen zu geben. Es gab Szenen des Streits. Und schließlich siegte die Gerechtigkeit: der Wacht haltende Bauer behält sein Recht des Schlagens, wenn er es denn durchaus ausüben will, aber nur als unmittelbare Antwort auf den Doppelschritt des Bauern. Beispielsweise, zieht Weiß hier f2-f4, so kann Schwarz mit g4xf3 antworten und den feindlichen Bauern da schlagen, wo Schwarz ihn hatte schlagen wollen; nicht auf f4 (wo, gemäß dem Streite, der Bauer f2 gar nicht hätte hin dürfen), sondern auf f3, wo er ursprünglich nur hin gekonnt hatte. Diese Art des Schlagens heißt Schlagen „im Vorbeigehen“, oft auch nach dem französischen Ausdruck „en passant“. Schlagen wir den gegnerischen Bauern, der an unserem Wacht haltenden Bauern vorbeischlüpft, nicht im Vorbeigehen, so bleibt jener Bauer ungehindert auf seinem vorgerückten Posten stehen; zum Beispiel bleibt nach f2-f4, wofern g4 nicht nach f3 im Vorbeigehen schlägt, der weiße Bauer auf f4.

Da die Bauern nie rückwärts ziehen dürfen, so gelangen sie, wenn sie Reihe um Reihe vorgerückt sind, an die letzte ihnen erreichbare Reihe und daher an das Ende ihres Daseins als Bauern. Das aber bedeutet nicht ihren Tod, denn im Kampfe ist ja ehrenvoll, den Feind zu beschäftigen und auf ihn einzudringen; daher ersteht der Bauer, der auf die letzte Reihe vorgedrungen ist, zu neuem, höchst ehrenvollem Dasein: er wird nun ein „Offizier“, d. h. Dame, Turm, Läufer oder Springer nach seiner Wahl; er wird „befördert“, weil ja ein Offizier viel mehr Beweglichkeit und Kraft hat als ein simpler Bauer.

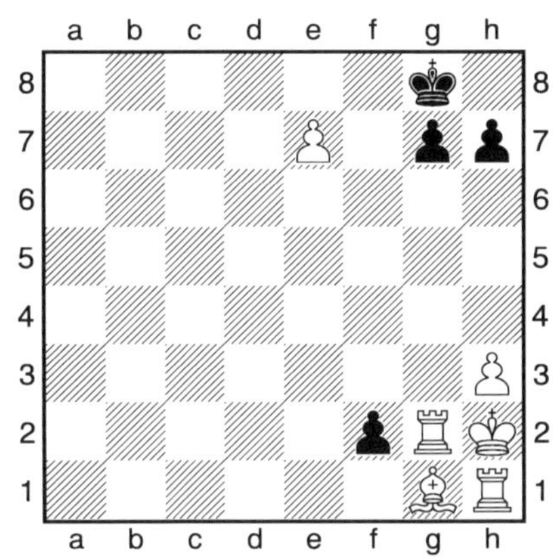

Wenn Weiß hier am Zug ist, kann er den Bauern e7 nach e8 auf die letzte Reihe rücken, eine Königin fordern, diese anstatt des Bauern nach e8 setzen und „matt“ rufen. Ist Schwarz am Zug, so kann Schwarz den Bauern f2 nach f1 rücken, einen Springer fordern, ihn statt des Bauern nach f1 setzen und „matt“ sagen.

Die Ausgangsstellung

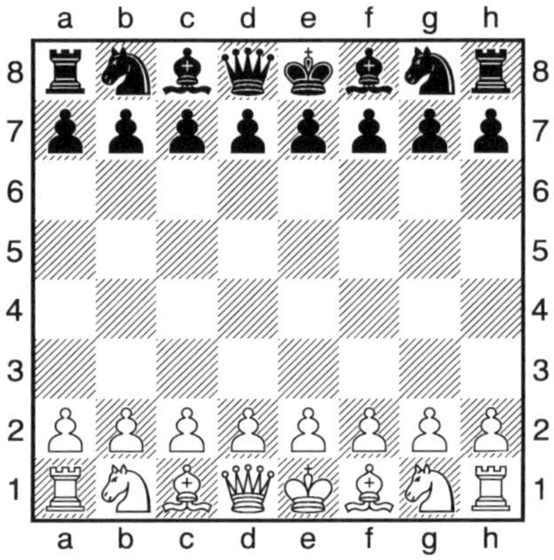

Seit alters her werden die Steine zu Anfang der Partie so aufgestellt, wie das Stellungsbild es zeigt, und Weiß tut den ersten Zug. In den Ecken stehen die Türme, auf der ersten Reihe die weißen Offiziere, in der Reihenfolge von links nach rechts T, S, L, D, K, L, S, T; das Eckfeld vor dem Führer der Weißen auf der rechten Seite ist weiß; in der zweiten Reihe stehen die weißen Bauern, auf der siebenten Reihe die schwarzen, und auf der achten die schwarzen Offiziere, jeder gegenüber einem weißen Offizier derselben Art, der König gegenüber dem König, die Dame gegenüber der Dame, und so fort. Die weiße Dame steht auf einem weißen Felde, die schwarze auf einem schwarzen Felde, die Dame also immer auf einem Felde ihrer Farbe.

Der Partieausgang

Matt, Patt, Remis

Mit dem Schachmatt ist die Partie entschieden, aber nicht jede Partie endet mit einem Matt.

Wenn der am Zug Befindliche keinen Zug machen kann, durch den er seinen König, wiewohl dieser nicht im Schach steht, nicht aufopfern würde, wenn er also, ohne im Schach zu stehen, keinen legitimen Zug hat, so ist er „patt“. Der „patt“ Gesetzte verliert die Partie nicht, denn den Verlust der Partie erleidet nur der „matt“ Gesetzte, und dazu ist eine wesentliche Bedingung, dass der König im Schach steht, während beim Patt der König nicht im Schach steht.

Wenn keiner der beiden Gegner die Kraft zu haben glaubt, die Partie zum Matt zu führen, so endet die Partie mit einem Unentschieden, auch Remis genannt, und zwar durch Übereinkunft. Diese Übereinkunft kann freiwillig, aber auch erzwungen sein. Erzwungen erstens durch Wiederholung derselben Zugfolge und also derselben Stellungen, zweitens durch die Regel, dass der auf Gewinn Spielende nach je fünfzig Zügen eine wesentliche Veränderung der Stellung nachweisen muss. Man hat festgesetzt, dass eine wesentliche Veränderung einer Stellung nur vorliegt, wenn ein Stein geschlagen oder zumindest ein Bauer vorgerückt worden ist.

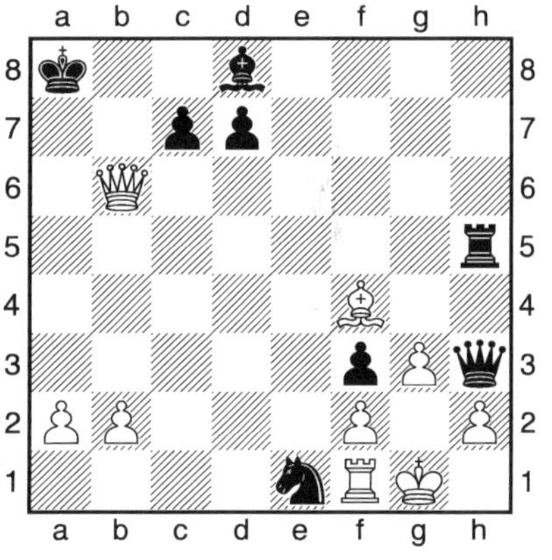

Weiß ist hier am Zug. Schwarz droht Matt durch Dh3-g2. Da nun dies Matt nicht zu abzuwehren ist, hilft Weiß sich inzwischen, indem er Schach bietet, etwa Db6 nach a6 zieht. Schwarz muss aus dem Schach gehen, ist also zu Ka8-b8 gezwungen. Nun bietet Weiß wiederum Schach, Da6 nach b6 zurück, darauf spielt Schwarz Kb8 nach a8 oder c8, wieder folgt Db6-a6, und die Schachgebote nehmen kein Ende, die Partie wird remis durch „ewiges Schach“.

Die Aufgabe der Strategie

Damit sind die Regeln festgelegt, nach denen eine Schachpartie zu verlaufen hat; nach diesen Regeln spielt der Anfänger wie der Erfahrene, der Stümper wie der Könner. Wer diese Regeln nicht beachtet, spielt nicht Schach; wer sie beachtet, gehört zur Gemeinde der Schachfreunde, die viele Millionen zählt.

Was die Schachfreunde, die alle die nämlichen Regeln befolgen, voneinander unterscheidet, nennt man Strategie: die Planmäßigkeit, die Zweckmäßigkeit, die Vernunft ihrer Züge.

Diese Vernunft ist nichts von aller anderen Vernunft Verschiedenes, sondern ein Teil von ihr, ihrem Stamm entsprossen, ihrer Kraft teilhaftig und mit ihrer Mühe belastet. An demselben Baume, an dem ein kleines Zweiglein die Logik des Aristoteles heißt, hängt ein andres Zweiglein, das sich Strategie im Schachspiel nennt.

Die beschreibende Notation

Da nun die Vernunft, um sich mitzuteilen, einer Sprache, eines Systems eigentümlicher Ausdrucksmittel bedarf, hat sich die Schachgemeinde neben vielen Kunstworten eine Notation der Felder und der Züge zugelegt. Nun ist es ja wahr, dass bei vielen Völkern die algebraische Notation eingeführt worden ist, wobei das Feld mit Buchstabe und Zahl, der Zug durch zwei Felder angegeben wird: e2-e4 bedeutet den Zug, der den auf e2 stehenden Stein nach e4 rückt; aber bei vielen Völkern ist eine beschreibende, aus dem Leben der Schachgemeinde und deren Gewohnheiten herrührende Notation gebräuchlich. Sie bezieht sich auf die Anfangsstellung; spricht nicht von der a-Linie, sondern der Linie des Damenturms, nicht von der e-Linie sondern der Linie des Königs; sie handelt von der 2., 3. … bis 8. Reihe, wiewohl nicht der 1. Reihe, deren Felder zu Anfang ja von den Offizieren besetzt sind, und benennt daher die Felder der 1. Reihe nach den Offizieren, die zu Anfang der Partie dort stehen. Diese beschreibende Notation bevorzugt nicht den Weißen, sondern beschreibt die Züge des Schwarzen vom Standort des Schwarzen, so dass etwa die 7. Reihe des Zabels als 2. Reihe des Schwarzen auftritt.

Beiden Notationen gemeinsam ist die Bezeichnung für das Schlagen: ein liegendes Kreuz x, und das Schachbieten: ein stehendes Kreuz +, das Matt #, die kurze Rochade 0-0, die lange Rochade 0-0-0.

Unsere Aufgabe

Indem wir uns nun der obigen Regeln und der obigen Sprech- und Schreibweise bedienen, wird es unsere Aufgabe sein, die Vernunft des Schachspiels zu Gehör zu bringen. Nach Weise der Vernunft wird dies zu geschehen haben, indem wir vom Einfachsten beginnen, vom Einfachen zum Verwickelteren durch Schlüsse fortschreiten und alle verschiedenen Quellen der Vernunft, wie sie sich im Schachspiel offenbart, aufgraben und in ein gemeinsames Bett leiten.

Über den Vorteil des Mehrbesitzes an Steinen

1. Das Übergewicht eines Turms genügt zum Gewinn der Partie

Im Augenblick, wo man matt gesetzt wird, helfen einem die Steine nicht, wie viele ihrer man auch habe; und ist das Matt nach einigen Zügen unausbleiblich, so haben die Steine, die dem Matt, ohne zu helfen, zusehen, nicht den geringsten Wert; indessen „ceteris paribus" (lat.: unter [sonst] gleichen Umständen) , wenn die Steine des Gegners keine günstigere Lage haben als die unseren, ist das Übergewicht eines Turms zum Gewinn ausreichend. Dieses ist der Lehrsatz, der am Anfange aller schachlichen Strategie stehen muss, denn auf ihn bezieht sich jede andre.

Auch die Methode, diesen Lehrsatz zu begründen, steht am Anfang des schachlichen Denkens. Diese Methode setzt voraus, dass durch einen gewissen Prozess, den des „Tausches", Weiß wie Schwarz Steine in gleicher Zahl und Art verloren haben, so dass zuletzt allein der überwiegende Stein, der Turm, übrig geblieben ist. Die Voraussetzung, dass durch Tausch, wobei keine Partie relativ besser, sondern beide gleich gut abschneiden, die Partie vereinfacht worden sei, darf man machen, denn diese Voraussetzung ist nur eine Erläuterung zum obigen „ceteris paribus".

Der Nachweis, dass mit König und Turm gegen König die stärkere Partei, wofern sie am Zuge ist, das Matt immer erzwingen kann, gründet sich auf das Faktum, dass Mattstellungen mit König und Turm gegen König vorhanden und durch einen gewissen Prozess immer erreichbar sind. Das Matt mit König und Turm ist freilich unmöglich, solange der gegnerische König in der Mitte steht, ist aber möglich, sobald er an den Rand gelangt ist. In der Mitte nämlich hat der König, sofern er unbehindert ist, acht Züge, am Rande nur fünf. Nun kann ein König dem Gegner höchstens drei Felder abschneiden, ein Turm mit dem Könige höchstens fünf, wobei zugleich der Turm Schach bietet. Das lässt sich leicht einsehen.

Stärkste Behinderung des Königs durch den König

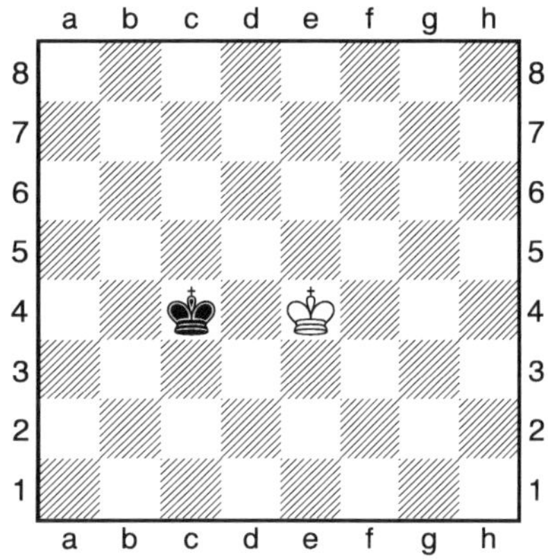

Hier stehen die Könige so nahe, wie sie einander treten dürfen, denn sie dürfen sich ja nicht dem Schlagen aussetzen. Sie stehen in „Opposition"; sie nehmen einander drei Felder fort, d3, d4, d5.

Stärkste Behinderung des Königs durch König und Turm

Die Könige stehen in Opposition, der Turm gibt Schach und nimmt dem

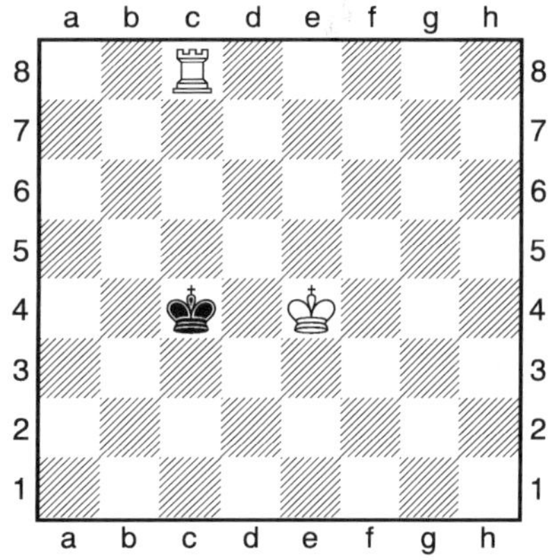

feindlichen König dabei die drei Felder, die den durch Opposition abgeschnittenen parallel liegen.

So wird der König, der auf der c-Linie steht, auf die b-Linie gedrängt.

Mattstellung am Rande

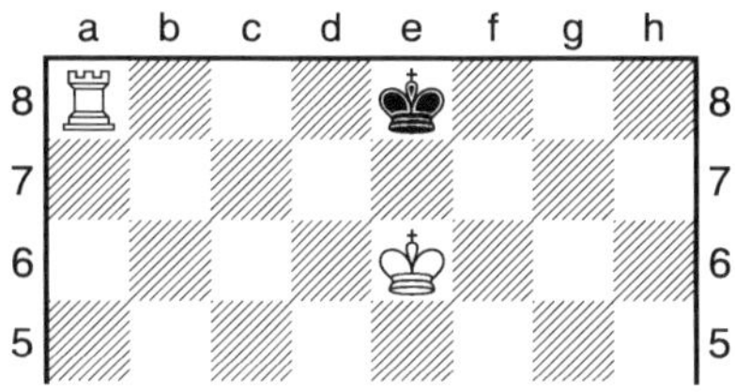

Mattstellung in der Ecke

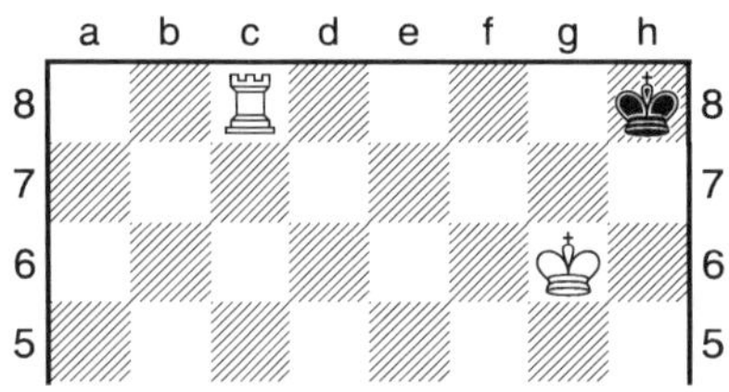

Die stärkere Partei „treibt“ den gegnerischen König an den Rand und zuletzt in die Ecke, indem sie wie der Fischer verfährt, der Fische ins Netz treibt und das Netz sodann immer enger schnürt; sie engt den dem König offen stehenden Raum fortgesetzt ein, bis zuletzt keiner mehr übrigbleibt.

Der König im Netz

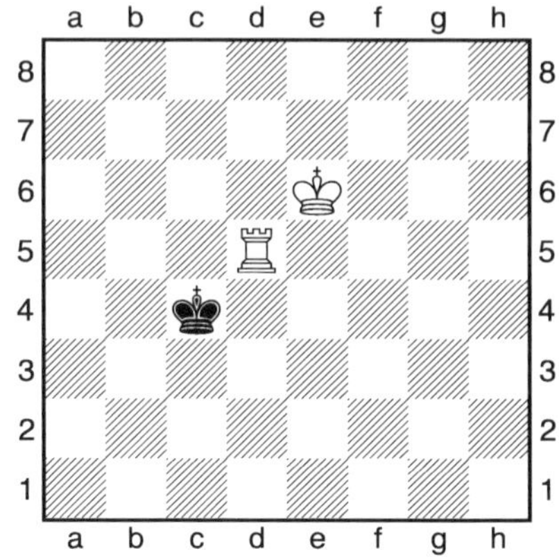

Der auf c4 stehende König darf weder die c-Linie noch die vierte Reihe überschreiten, solange der auf d5 gestellte Turm von seinem Könige geschützt wird. Weiß zieht nun das Netz enger, indem er Ke6-d6 zieht und auf die Antwort wartet.

Freilich, würde Schwarz die Antwort verweigern, so könnte Weiß nichts erreichen, aber das Recht zu ziehen ist im Schach zugleich ein Zwang: der Spieler darf diesem Recht nicht entsagen: man nennt das Zugzwang. Geschieht nun Kc4-b4, so folgt Td5-c5, und nun ist auch die c-Linie dem Schwarzen entzogen; und bei Kc4-c3 zieht Weiß in Opposition Kd6-c5, um sodann Td5-d4 folgen zu lassen und die vierte Reihe zu beherrschen. So zieht sich Linie um Linie oder Reihe um Reihe das Netz immer enger. Zuletzt wird der Gegner an einen Rand, sei es Randlinie oder Randreihe, getrieben, in folgender Stellung oder einer ihr sehr ähnlichen.

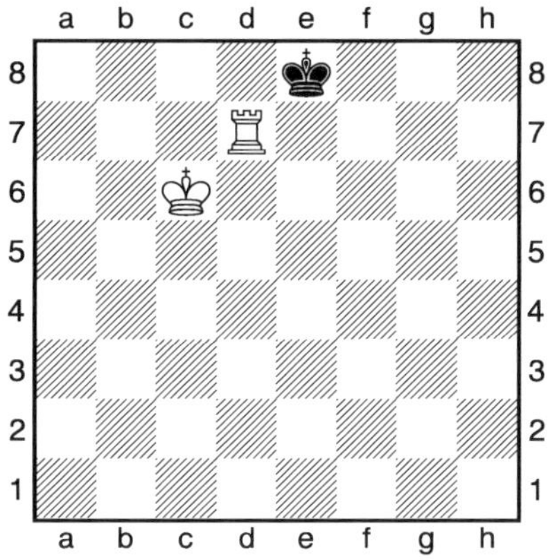

Es geschieht nun Ke8-f8, Kc6-d6, Kf8-e8, Kd6-e6, Ke8 -f8, Ke6-f6, Kf8-e8, Td7-d1. Schwarz ist unter Zugzwang, muss in Opposition gehen, Ke8-f8, und wird dann durch Td1-d8 matt gesetzt. Dieses Beispiel erhellt die Logik des Prozesses mit genügender Deutlichkeit.

2. König und Läufer oder König und Springer gegen König endet unentschieden

Erwägen wir nach derselben Methode, ob das Übergewicht eines Läufers oder eines Springers zur Mattführung genügt, so ergibt sich bald die Antwort: Keineswegs. Mit diesen Figuren gibt es nicht einmal eine Mattstellung, wie günstig auch die Angreifer, wie ungünstig der Verteidiger stehe.

Man stelle den feindlichen König in die Ecke, wo er nur drei Felder offen hat, und suche ihm diese durch König und Läufer oder König und Springer unter gleichzeitigem Schachgebot zu entreißen, aber die Aufgabe ist unlösbar.

3. König und zwei leichte Offiziere gegen König gewinnen, nur nicht, wenn beide Offiziere Springer sind

Wegen ihrer so dargetanen geringeren Kraft nennt man Läufer und Springer die leichten Offiziere im Gegensatz zu den schweren, Turm und Dame. Mit Hilfe zweier leichter Offiziere kann man immer Mattstellungen finden, beispielsweise die folgenden.

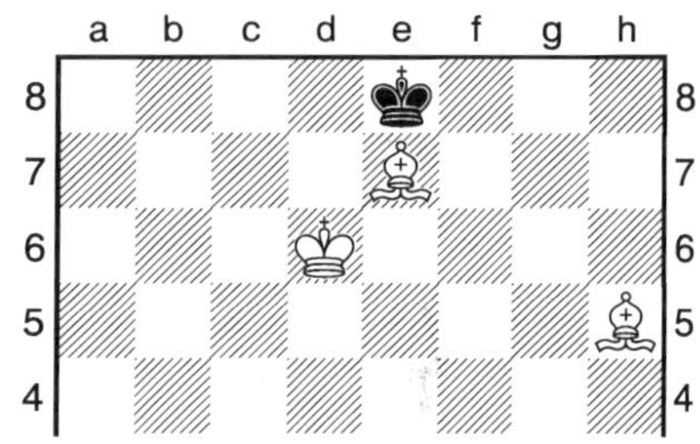

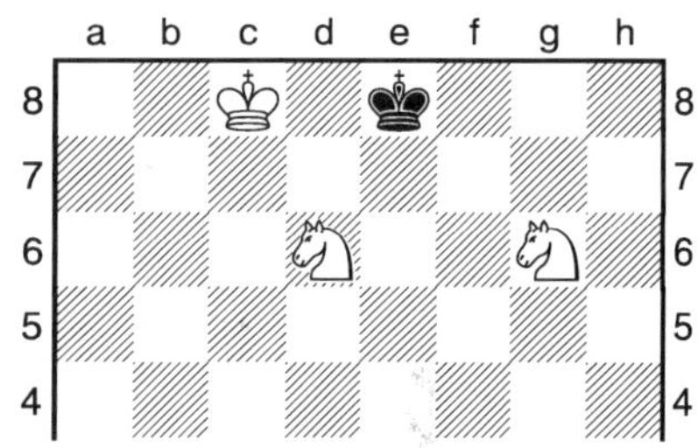

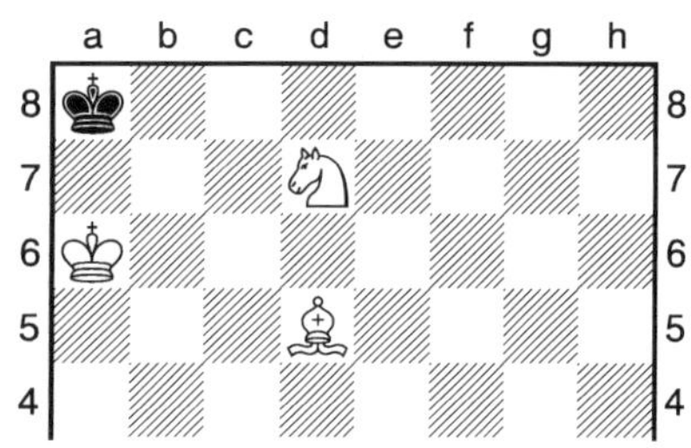

Indessen ist es unmöglich, alle solche Mattstellungen durch einen systematisch fortschreitenden Prozess, also auf methodische Art, zu erreichen.

Ein systematisch fortschreitender Prozess ist immer, sei es auf diese oder jene Art, ein Zuziehen eines logischen Netzes, und im Treiben des feindlichen Königs kann ein systematischer Fortschritt nur erreicht werden durch allmähliche Verringerung seiner Bewegungsfreiheit. Darum lassen sich mit obigen Figuren einige Mattstellungen in der Ecke erreichen, wiewohl nicht alle, aber Mattstellungen in der Mitte des Randes lassen sich damit nicht erzwingen.

Mit den zwei Läufern, da sie sowohl die schwarzen wie die weißen Felder beherrschen, lässt sich der König leicht in einem Netze fangen, das aus zwei nebeneinander liegenden Schrägen besteht, wie im folgenden Beispiel:

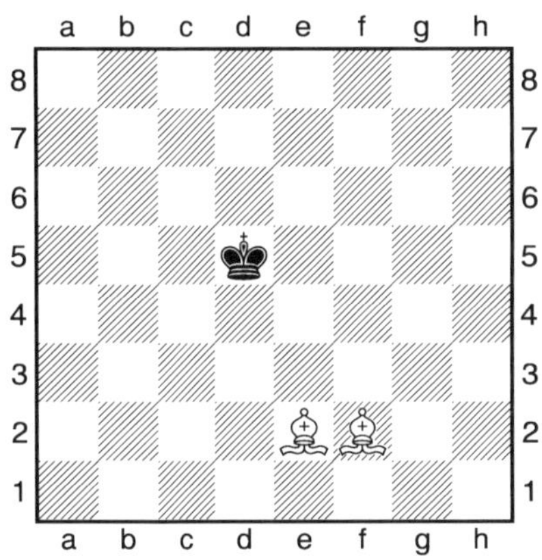

Hier sind dem schwarzen König alle Felder links von den Schrägen g1 bis a7 und f1 bis a6, wie rechts von den Schrägen d1 bis h5 und e1 bis h4 unerreichbar. Mit Hilfe des Königs lässt sich das Netz leicht enger ziehen und der feindliche König in die Ecke treiben und dort Matt setzen.

Mit zwei Springern lässt sich kein Matt erzwingen. Denn nehmen wir an, der König sei bereits bis an den Rand neben die Ecke getrieben, so scheitert das Treiben immer noch.

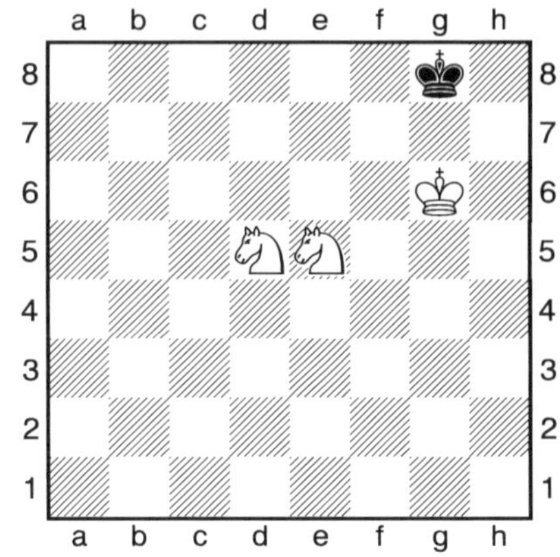

Hier ist eine kritische Stellung. Um die Mattstellung zu erreichen, muss man den König in die Ecke bringen. Daher muss man ihm das Feld, auf dem er entweichen könnte, f8, abschneiden. Geschieht zu diesem Zwecke Se5-d7, Kg8-h8, so darf Sd5-e7 nicht folgen, da sonst Schwarz patt ist. Steht aber auch in obiger Stellung der Springer statt auf e5 schon auf d7 und ist Weiß auch am Zuge, so erreicht er noch immer nichts. Gibt er nämlich mit Sd5-f6 Schach, so geht der König in die Ecke, der Springer auf d7 aber, der die Aufgabe hatte, f8 zu beherrschen, ist jetzt noch nicht in der Lage, den Mattzug auszuführen, und Weiß muss die Blockade aufheben, weil sonst ein Patt entstünde. Daran scheitert die Treibjagd.

Mit Läufer und Springer endlich lässt sich das Matt erzwingen, wiewohl auf verwickelte Art. Das Prinzip der Treibjagd ist dies: der König, der Läufer und der Springer müssen sich bei der Aufgabe, dem feindlichen König Felder abzuschneiden, nach Möglichkeit ergänzen, dabei sollen sie aber nicht in Konkurrenz treten: jede der Figuren soll die ihr zugewiesenen Felder abschneiden, nicht aber solche, die ihren Bundesgenossen überwiesen sind. Behält man dies Prinzip im Auge, so kann man allmählich den König an den Rand und in eine Ecke drängen. Freilich aber lässt sich eine Mattstellung in der Ecke nur erzwingen, wenn die Ecke dem Läufer erreichbar; der feindliche König wird also der „falschen“, dem Läufer unerreichbaren Ecke zustreben. Daraus ergibt sich das Problem, den König von der falschen in die richtige Ecke zu treiben, wobei es nicht ohne einen dramatischen Zwischenfall abgeht.

Das Spiel verläuft wie folgt:

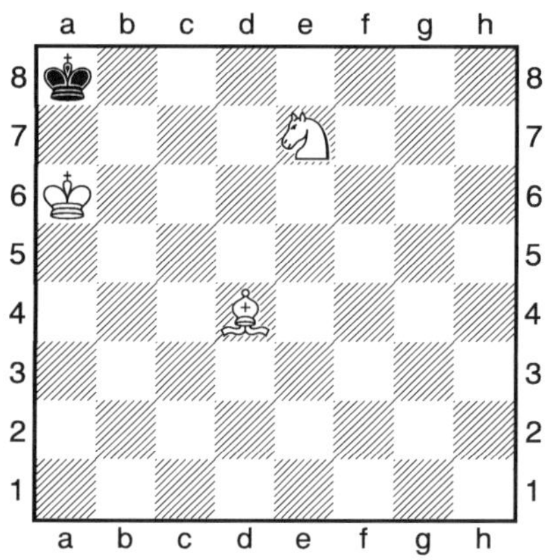

1. Ka6–b6 Ka8–b8

2. Kb6-c6 Kb8-a8

3. Se7-d5 Ka8-b8

4. Sd5–c7

womit die Ecke abgeschnitten ist.

4. … Kb8-c8

5. Ld4-a7

Damit ist auch das nächste Randfeld abgeschnitten und der Springer c7 daher für neue Aufgaben frei.

5. … Kc8-d8

6. Sc7-d5 Kd8-e8

Ein Versuch, auszubrechen.

7. Kc6-d6 Ke8-f7

Schwarz strebt über g6 nach g5 oder h5. Ein aufregender Moment.

8. Sd5-e7 Kf7-f6

9. La7-e3

Das Netz hält dicht, weil Springer und Läufer sich im entscheidenden Augenblick ergänzen.

9. … Kf6-f7

10. Le3-d4 Kf7-e8

11. Kd6-e6 Ke8-d8

12. Ld4-b6+ Kd8-e8

Jetzt muss der Springer das Feld e8 bedrohen, während noch Lb6 das Feld d8 beherrscht.

13. Se7-f5 Ke8-f8

14. Sf5-d6 Kf8-g7

15. Ke6-f5 Kg7-h6

16. Lb6-d8 Kh6-h5

17. Sd6-e8 Kh5-h6

18. Ld8-g5+

Der König darf nicht zurück, er wird sonst sofort matt.

18. … Kh6-h7

19. Kf5-f6 Kh7-g8

20. Kf6-e7 Kg8-h7

21. Ke7-f7 Kh7-h8

22. Lg5-h6 Kh8-h7

23. Lh6-f8 Kh7-h8

24. Lf8-g7+ Kh8-h7

25. Se8-f6 matt

4. Das Übergewicht eines Bauern ist nicht regelmäßig, wohl aber in der Mehrzahl der Stellungen, zum Gewinn ausreichend

Bei diesem Lehrsatz muss man freilich noch stärker als bisher die Voraussetzung betonen, dass sich durch Tausch der gleichwertigen Steine das Übergewicht ohne alle Gefahren erhalten lasse. Diese Voraussetzung stellt ein Problem, das zu schwierig ist, um elementar gelöst zu werden, und das wir daher kurzerhand als gelöst voraussetzen. Sodann ergibt sich:

1. Der feindliche König muss in einem gewissen Rechteck stehen, um den Bauern davon abzuhalten, auf die letzte Reihe zu marschieren und zum Offizier befördert zu werden;

2. beherrscht der eigene König die zwei Felder vor dem Bauern, so gibt nur die Opposition dem feindlichen König noch Rettung, und auch diese nicht immer;

3. Steht der feindliche König unmittelbar vor dem Bauern, so ist das Spiel unentschieden, weil Weiß nur ein Patt erzielt.

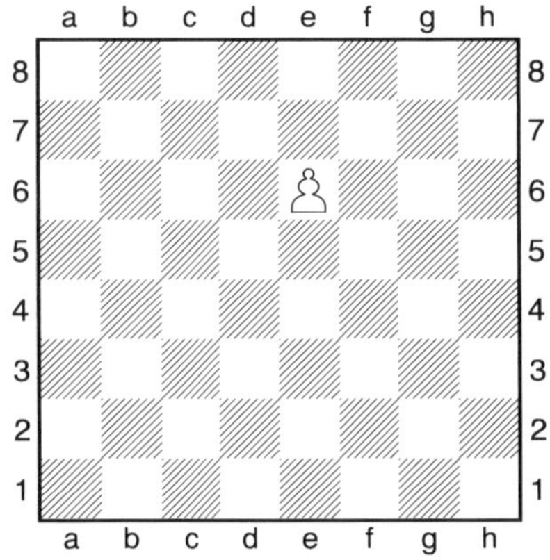

Der weiße Bauer steht auf e6. Er hat zwei Züge nötig, um auf die letzte Reihe zu gelangen. Folglich darf der schwarze König von e8 nur höchstens zwei Züge entfernt stehen. Er muss also irgendwo im Rechteck c6, g6, g8, c8 stehen. Dies Rechteck besteht aus den beiden Quadraten e6, e8, g8, g6 und e6, e8, c8, c6. Daher spricht man vom „Quadrat" des „freien", d. h. durch keine feindlichen Bauern gehemmten Bauern.

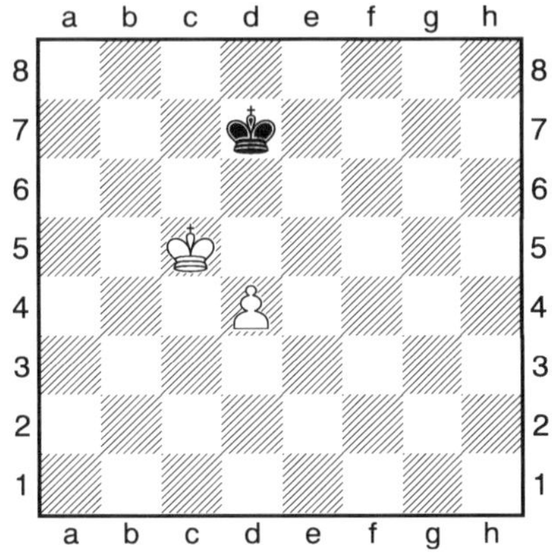

Hier beherrscht der König die beiden Felder d5 und d6 vor seinem Bauern, und Schwarz steht nicht in Opposition. Weiß muss trachten, diesen Vorteil zu erhalten. Natürlich darf er jetzt nicht den Bauern vorrücken; erst verdrängt er den schwarzen König.

1.	**Kc5-d5**	

Weiß geht in Opposition, um durch Zugzwang das Feld d7 in seine Gewalt zu bekommen und dann den Bauern nach d5 vorzurücken.

1.	**...**	**Kd7-c7**
2.	**Kd5-e6**	**Kc7-d8**
3.	**d4-d5**	**Kd8-e8**

Jetzt hat Schwarz zwar die Opposition, aber sie nützt ihm hier nichts.

4.	**d5-d6**	**Ke8-d8**
5.	**d6-d7**	

Zugzwang! Der König muss die Blockade des Bauern aufgeben.

5.	**...**	**Kd8-c7**
6.	**Ke6-e7**	**K beliebig**

7. **d7-d8** wird Dame oder Turm und gewinnt.

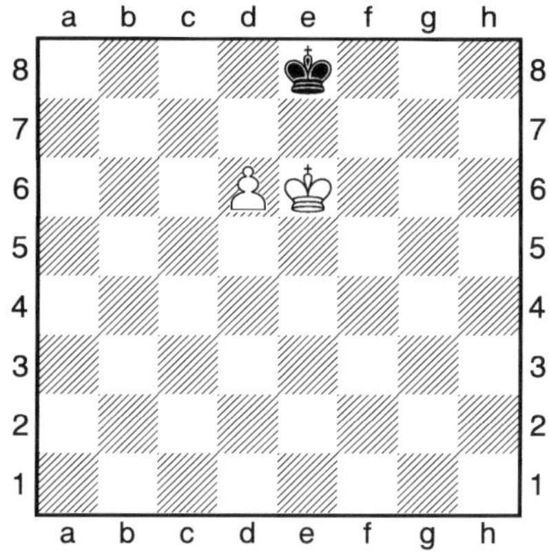

Weiß am Zug

Weiß kann nicht gewinnen. Zieht er den König, so folgt Ke8-d7, und das Spiel verlängert sich, ohne sich einer Entscheidung zu nähern. Zieht er aber d6-d7+, so ergibt sich nach Ke8-d8 für ihn die Zwangslage, entweder mit Ke6-d6 Schwarz patt zu setzen oder durch einen anderen Zug den Bauern d7 zu verlieren. Aus diesen Betrachtungen ergibt sich die Strategie des Spiels von König und Bauer gegen König. Ist der Bauer insbesondere ein Randbauer, so ist der Gewinn erschwert, da nun auch die Beherrschung der zwei Felder vor dem Bauern zu nichts führt. Sofern nur der feindliche König die Ecke erreichen kann, bevor die Katastrophe eingetreten ist, bleibt das Spiel unentschieden; und selbst dies ist keine „conditio sine qua non". Macht der weiße König den Versuch, den schwarzen von der Ecke abzuschneiden, so kann er leicht selber dort gefangen gehalten werden, womit das Remis unausbleiblich ist.

Dies Spiel in der Ecke wird erläutert durch die folgenden zwei lehrreichen Beispiele:

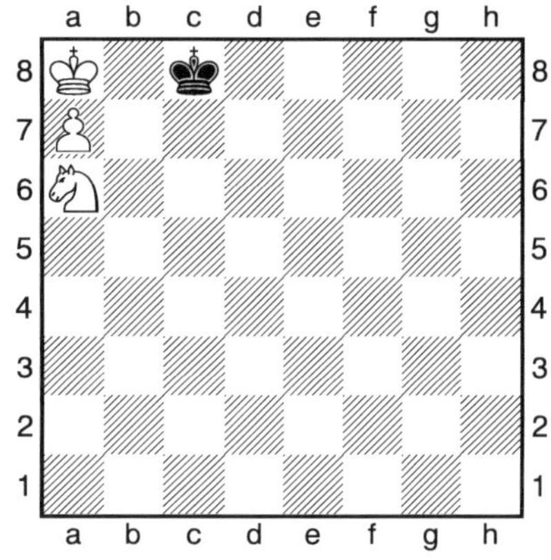

Ist Weiß am Zuge, kann er nicht gewinnen, da der Springer dann den Schwarzen nicht zu hindern vermag, auf c7 und c8 auf und ab zu gehen. Ist aber Schwarz am Zuge, kann er nicht nach c7 gehen, sondern muss nach d8 oder d7, worauf der weiße König sein Gefängnis verlässt und gewinnt.

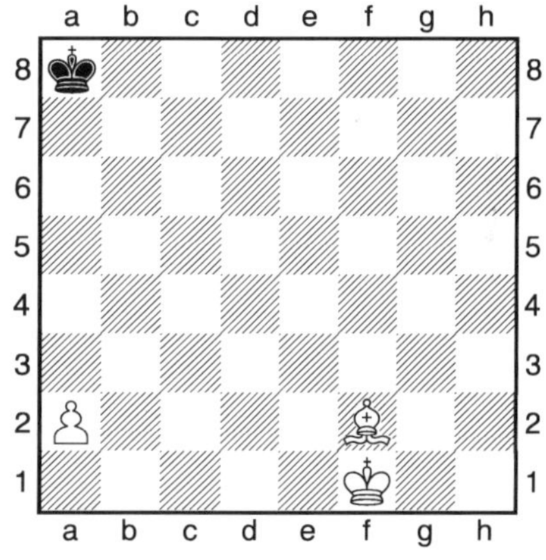

Wenn der feindliche König, wie in der vorliegenden Stellung, das Umwandlungsfeld des Randbauern erreicht hat, welches zugleich von der entgegengesetzten Feldfarbe ist von der, welche der Läufer bestreicht, kann Weiß nicht gewinnen, da er weder durch König noch Läufer noch Bauer den schwarzen König von der Ecke abschneiden kann. Jeder Versuch dazu führt nur zum Patt.

Über den Vorteil, den der Angriff gegen den entblößten König gewährt

Wenn der feindliche König mancherlei Schachgeboten ausgesetzt ist und er nicht bald hinter seinen Steinen vor den feindlichen Türmen und Läufern und der Dame Schutz findet, ist er rettungslos verloren. Dann bieten ihm die ihm erreichbaren Punkte nirgends Sicherheit vor dem entsetzlichen Ansturm, er ist in einem „Mattnetz".

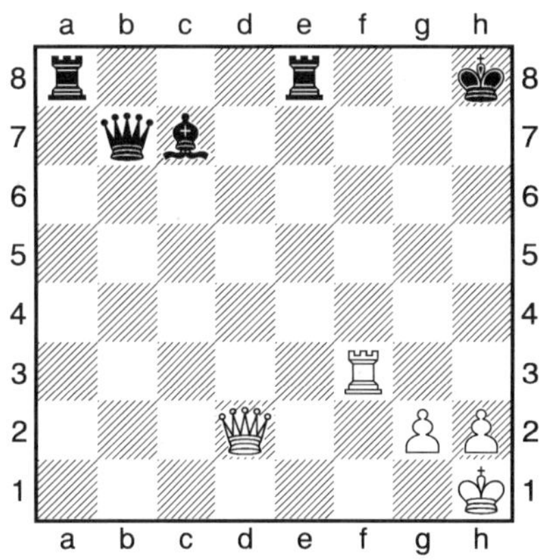

Die schwarzen Steine stehen abseits von ihrem König; der schwachen weißen Truppe gelingt der Überfall.

1.	**Dd2-h6+**	**Kh8-g8**
2.	**Dh6-g6+**	**Kg8-h8**
3.	**Tg3-h3 matt.**	

In der nächsten Stellung hat Schwarz seinen König bloßgestellt. Weiß, sofern er am Zuge ist, kann die Partie entscheiden, bevor der schwarze König sich durch g7-g6 auf g7 einen sicheren Zufluchtsort geschaffen hat.

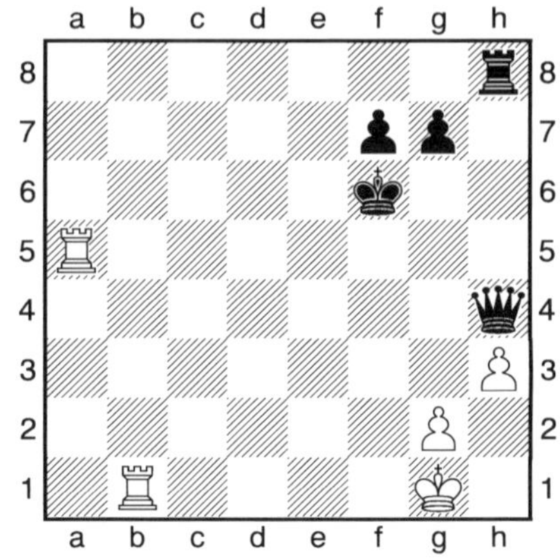

1.	**Tb1-b6+**	**Kf6-e7**
2.	**Ta5-a7+**	**Ke7-e8**

(am besten)

3.	**Tb6-b8+**	**Dh4-d8**
4.	**Tb8xd8+**	**Ke8xd8**
5.	**Ta7-a8+**	**K zieht beliebig**
6.	**Ta8xh8** und gewinnt durch Übermacht.	

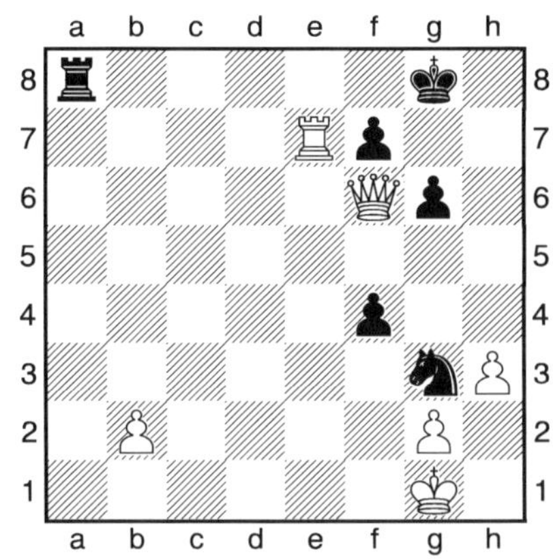

Weiß hat seinen König gegen Angriffe des Turms auf der ersten Reihe ungeschützt gelassen, obwohl der Turm Unterstützung von Springer und Bauer hat, die ausgezeichnet stehen. Es folgt Ta8-a1 nebst baldigem Matt, z. B. Kg1-f2, Ta1-f1 Matt.

Um sich nun den Grund klarzumachen, warum derlei Angriffe so schnell durchdringen, analysieren wir einmal die Deckung gegen ein Schach.

- Gegen ein Bauernschach gibt es das Wegnehmen des Bauern oder die Flucht des Königs;
- gegen ein Springerschach gibt es das Schlagen des Springers oder die Flucht des Königs;
- gegen ein Läufer- oder Turm- oder Damenschach gibt es das Schlagen der Schach bietenden Figur oder deren Hemmung durch Verstellen der Angriffslinie oder die Flucht des Königs;
- gegen ein Doppelschach, d. h. ein Schachgebot zweier gleichzeitig den König bedrohenden Steine gibt es nur einen Zug mit dem König.

Fehlen also hemmende oder zum Schlagen bereite Steine, und wird dem König von einer Übermacht zugesetzt, so muss er fortwährend fliehen, in der Hoffnung, in den Machtbereich seiner Truppen zu gelangen und sich hinter ihnen zu verbergen; doch das ist gegen einen seinen Vorteil scharf wahrenden Spieler schwer zu erreichen.

Zum Mattsetzen gehören gar nicht so viele Steine, sofern nur deren Kraft gehörig ausgebeutet wird. Sehen wir uns einmal ein paar Höchstleistungen an.

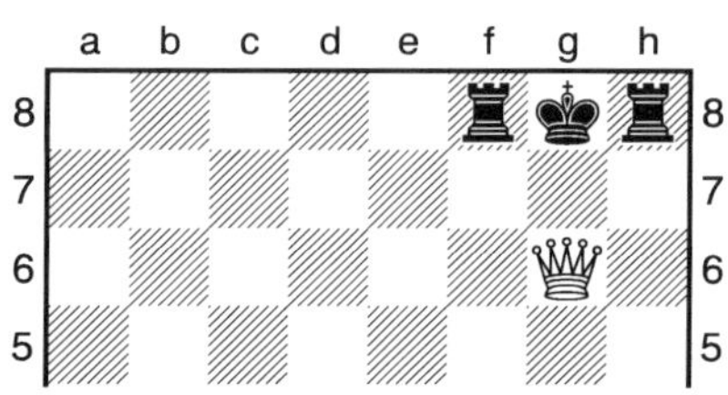

Der durch seine Türme gehemmte König am Rande wird durch eine Dame matt gesetzt.

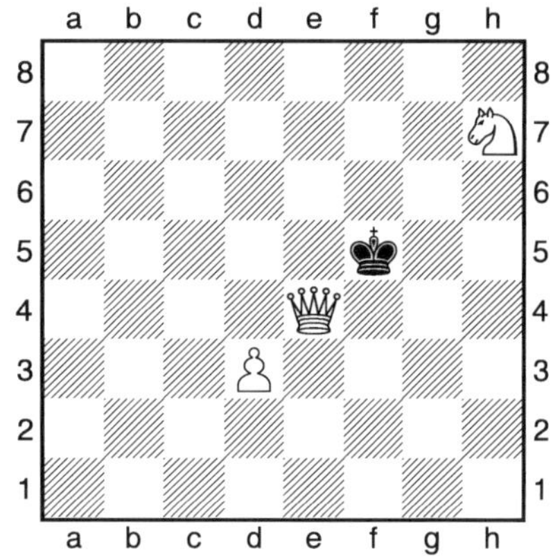

Bauer, Dame und Springer setzen den König in der Mitte des Brettes matt.

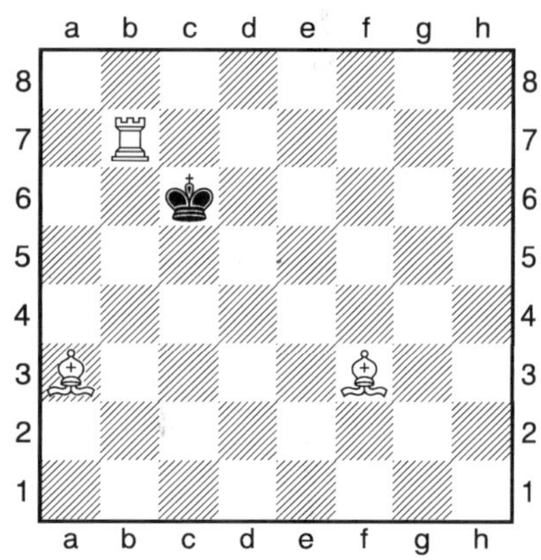

Und hier ein Mattbild in der Mitte des Bretts von Turm und zwei Läufern.

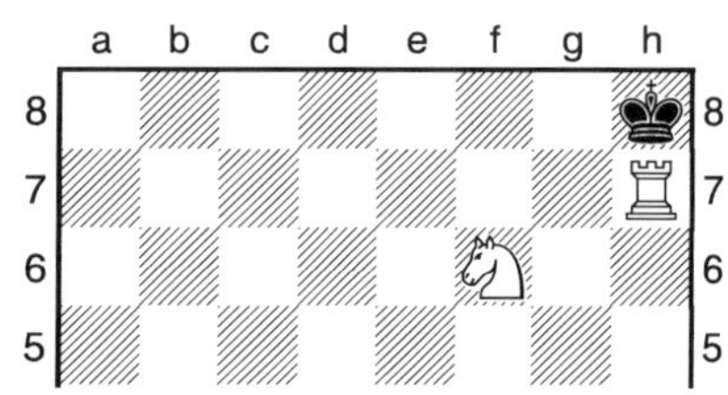

Gegen den in der Ecke befindlichen König genügen schon Turm und Springer.

Zahllos sind Mattbilder von wenigen Steinen, sofern noch Hemmungen des Königs vorhanden sind, wenn dem König also Fluchtfelder durch seine eigenen Steine versperrt sind. Beispielsweise das Matt durch Erstickung ausgeführt durch einen einzigen Springer.

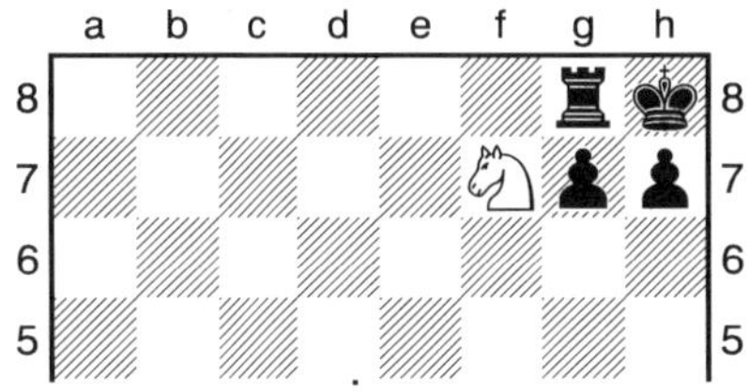

Und jetzt folgt ein Matt durch Doppelschach.

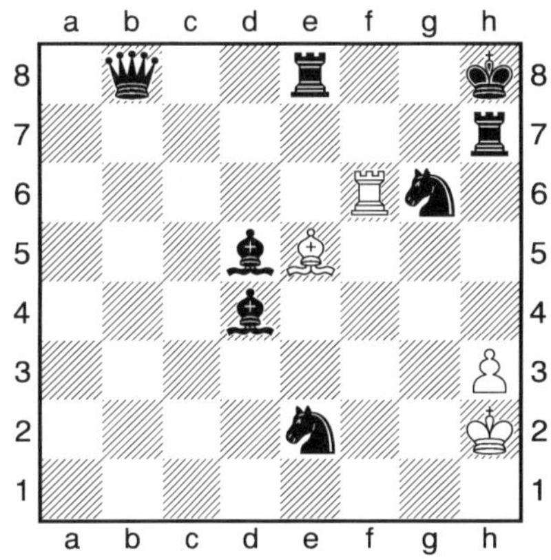

Die beiden gegen eine unerhörte Übermacht kämpfenden weißen Offiziere, in Ausnützung der großen Kraft eines Doppelschachs, geben durch Tf6-f8 Matt.

Aus alledem erhellt, dass es leicht ist, einen entblößten König in ein Mattnetz zu ziehen, sobald man nur noch mehrere Offiziere, darunter einen schweren, zur Verfügung hat.

Über den Vorteil, den mehrere gleichzeitig erfolgende Angriffe bringen

Aber auch, wenn weder ein Übergewicht an Steinen vorhanden, noch der feindliche König schutzlos ist, hat man Angriffsziele, denn letztlich ist jeder Offizier und jeder Bauer ein solches; zu schlagen bringt ja Gewinn, wenn der Gegner nicht zurücknehmen kann. Freilich hat es selten Zweck, einen Offizier zu bedrohen, denn entweder wird er „gedeckt", d. h. von seinen Kameraden verteidigt, indem sie seinen Standort beherrschen, also jeden, der die Figur schlägt, mit Tod bedrohen, oder aber, wenn die Sache nicht lohnt, so flieht die Figur. Anders, wenn mehrere solcher Angriffe gleichzeitig stattfinden. Da der Verteidiger nach den Grundregeln auf einmal nur einen Stein ziehen kann, so können nicht alle Angegriffenen zugleich fliehen, einige also müssen dem Angriff standhalten. Diese können sich nur durch eine außerordentliche Anstrengung retten, indem der Verteidiger seinerseits mehrere Steine angreift oder indem er mit einem Stein unter Schachgebot entflieht, oder indem die Steine auf der Flucht andere starke Drohungen ausüben und so den Angreifer davon abhalten, die Steine, die inzwischen in seiner Gewalt stehen, zu schlagen.

Unter den Begriff des mehrfachen Angriffes fällt auch die Besetzung eines so gelegenen Punktes durch Dame, Läufer oder Turm, dass von dort die Figur mehrere feindliche Steine in ihren Bereich zieht. Allerdings sind diese feindlichen Steine nicht gleichzeitig angegriffen, denn eine hemmende Figur ist ja ein Schutz für die entfernter auf demselben Bereich stehende, aber auch solcher Angriff ist stark. Befindet sich unter den so Angegriffenen der feindliche König, so ist der hemmenden Figur die Flucht abgeschnitten, sie ist „gefesselt" und muss um ihr Leben kämpfen wie Richard III., da er sein Pferd verlor.

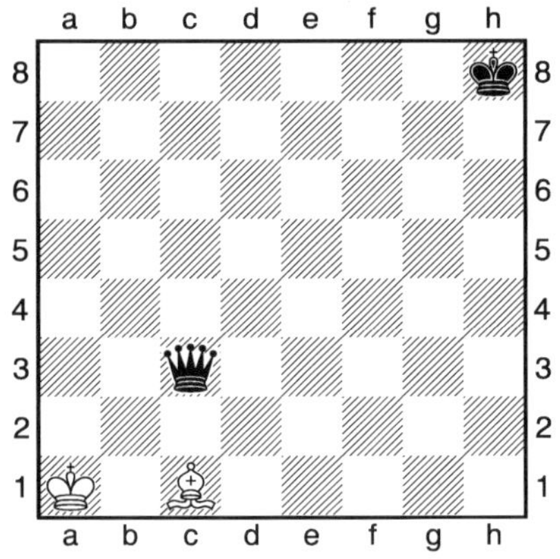

Weiß, der im Schach steht, zieht seinen Läufer von c1 nach b2 dazwischen und „fesselt“ dadurch die feindliche Dame.

Noch schlimmer ist es, wenn der König selbst Hemmung ist. Sein Leben ist über alles wertvoll, also, sofern nicht eine andere Hemmung dazwischen tritt, oder der freche Angreifer geschlagen wird, flieht der König und überlässt die Figur, die nun von der Wucht des feindlichen Angriffes betroffen wird, ihrem Schicksal.

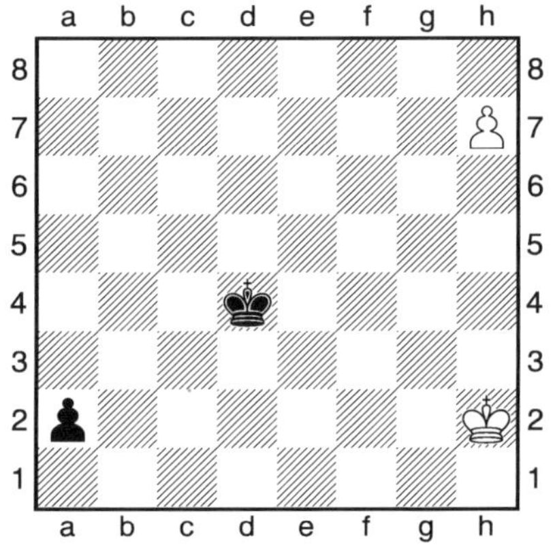

Schwarz am Zuge spielt a2-a1 Dame, Weiß antwortet h7-h8 Dame, gibt im selben Moment Schach und gewinnt die Dame.

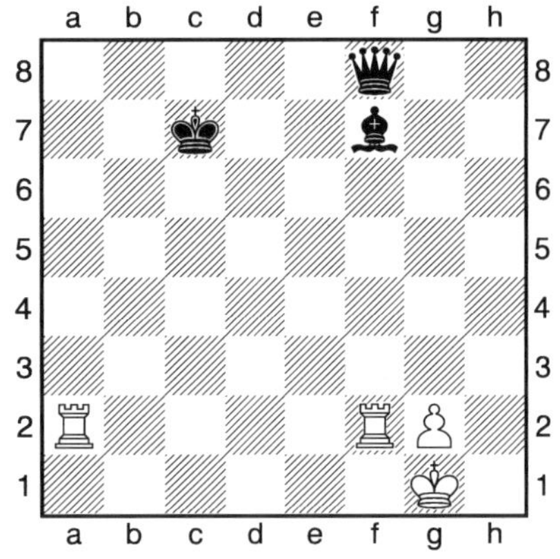

Weiß am Zuge spielt Tf2xf7+ und greift König und Dame gleichzeitig an. Schwarz erwidert Df8xf7. Darauf folgt Ta2-a7+ mit Eroberung der Dame.

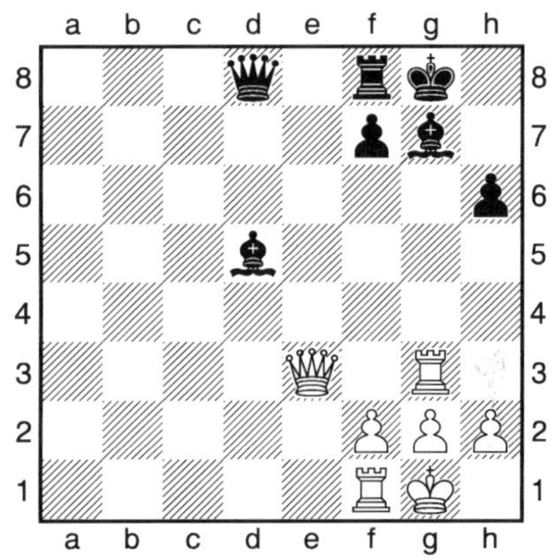

Der Läufer g7 ist durch den Turm g3 gefesselt. Eine gefesselte Figur kann nur noch hemmen, aber nicht mehr decken. Also nimmt die Dame e3 den Bauern h6, der nur scheinbar gedeckt ist, und verstärkt den Angriff des Turms auf die gefesselte Figur in entscheidender Weise.

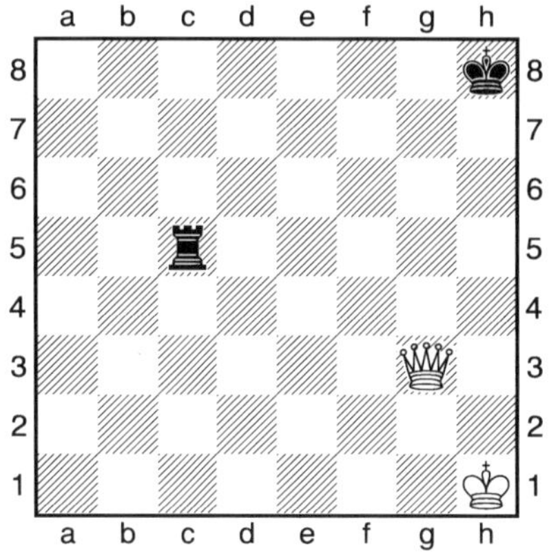

Weiß gibt zunächst auf b8 Schach und sodann auf a7 und gewinnt den Turm.

Im folgenden Diagramm fesselt der Läufer den Springer, jedoch nicht im selben Maße, wie wenn der Springer den König schützen müsste, son-

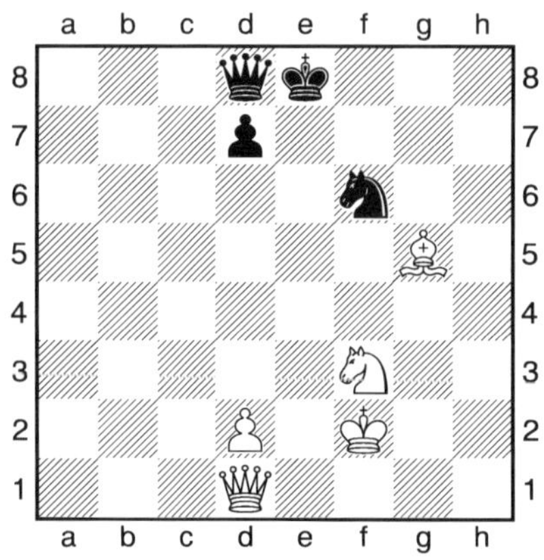

dern hier hat der Springer nur die Dame zu schützen, und deren Leben, wiewohl wertvoll, hat nur relativen Wert. Also ist er im Recht, unter Androhung eines höheren Wertes, hier des feindlichen Königs, aus der Fesselung zu gehen. Schwarz spielt Sf6-e4 mit Schachgebot und gewinnt dadurch einen Offizier.

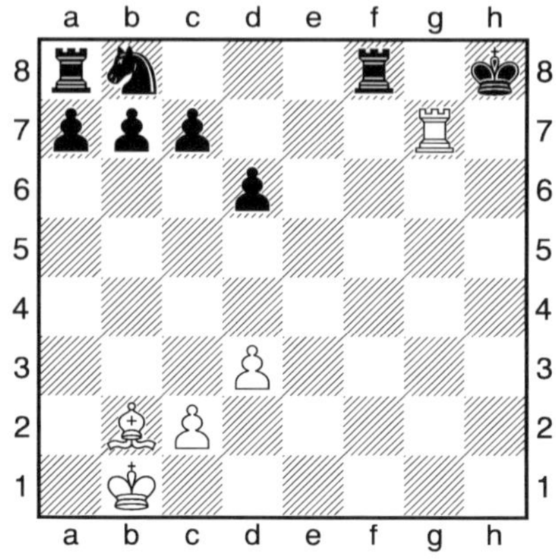

Weiß am Zuge gibt „aufgedecktes Schach" durch Tg7xc7+. Schwarz erwidert Kh8-g8. Darauf treibt Tc7-g7+ den König in die Schräge des Läufers nach h8, sodann Tg7xb7+, Kh8-g8, Tb7-g7+, Kg8-h8, Tg7xa7+, Kh8-g8, Ta7xa8 und hat nun ein Übergewicht an Steinen.

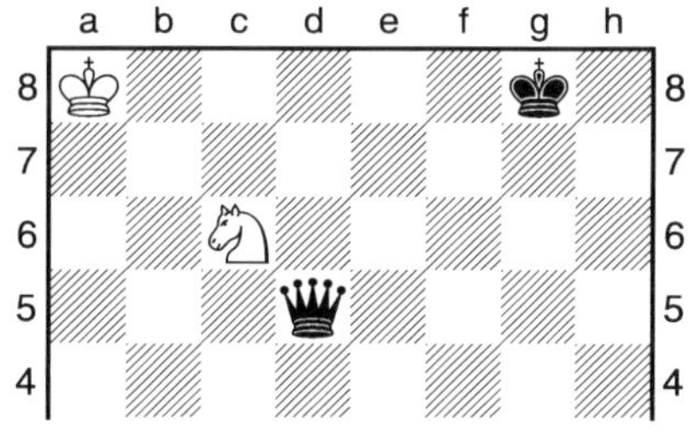

Kann hier Weiß König und Dame zugleich angreifen und so die Dame gewinnen?

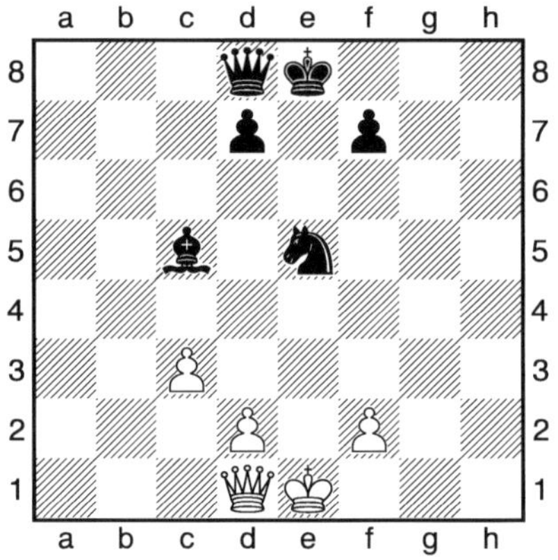

Weiß zieht d2-d4 und greift mit dem Bauern gleichzeitig Lc5 und Se5 an. Er gibt eine „Gabel“. Lc5 und Se5 „stehen in der Gabel“.

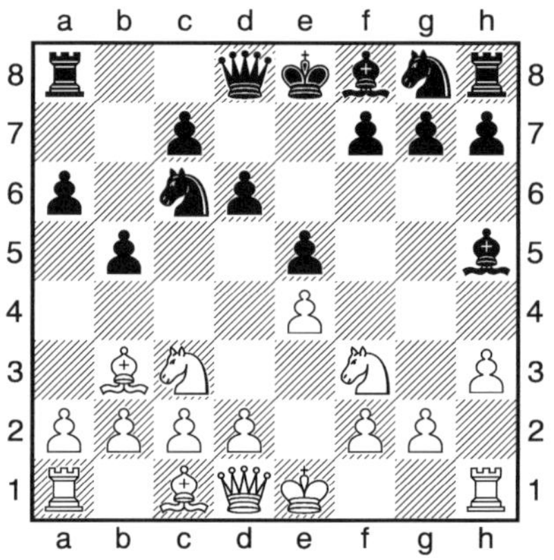

Weiß am Zuge entfesselt seinen Springer f3 durch eine versteckte Mattdrohung: Sf3xe5, unter gleichzeitigem Angriff auf Läufer h5. Nimmt der Läufer die Dame, so setzt Lb3xf7+, Ke8-e7, Sc3-d5 matt. Dies ist ein öfters wiederkehrendes Motiv, das für eine in der Operette „Der Seekadett“ stattfindende Schachpartie Verwendung gefunden hat.

Über den Gebrauch einer Übermacht an entscheidenden Punkten

Wenn ein durch den König verteidigter gefesselter Stein zum zweiten Male angegriffen wird, so muss eine Deckung herbeigeholt werden; oder der Stein geht verloren. Kommt die Deckung herbei, so mag der Stein zum dritten Male angegriffen werden, und um den der Bewegung unfähigen Stein entspinnt sich so ein Kampf, in dem der Angreifer nur eine Obermacht einzusetzen braucht, um Vorteil daraus zu ziehen, und den er ohne Nachteil abbrechen kann.

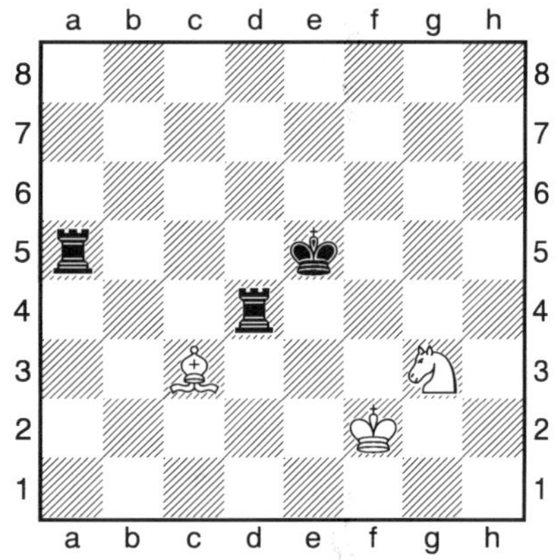

Der Turm d4 ist gefesselt; er ist einmal angegriffen, nämlich durch den Läufer, und einmal gedeckt, nämlich durch seinen König. Nun greift Sg3-e2 den Turm noch einmal an. Schwarz deckt ihn mit Ta5-a4. Jetzt nimmt Se2 den Turm d4, Ta4 schlägt den Springer, gerät in Fesselung, wird durch Kf2-e3 zum zweiten Mal angegriffen und durch die Übermacht erobert.

Dieses Motiv der Übermacht tritt häufig auf. Ich will etwa einen Bauern auf ein vom Feinde stark verteidigtes Feld stellen, oder mit einem Offizier dort einbrechen, dazu bedarf ich einer Übermacht auf dem umstrittenen Felde, so dass der einbrechende Stein mindestens so oft gedeckt wie angegriffen ist.

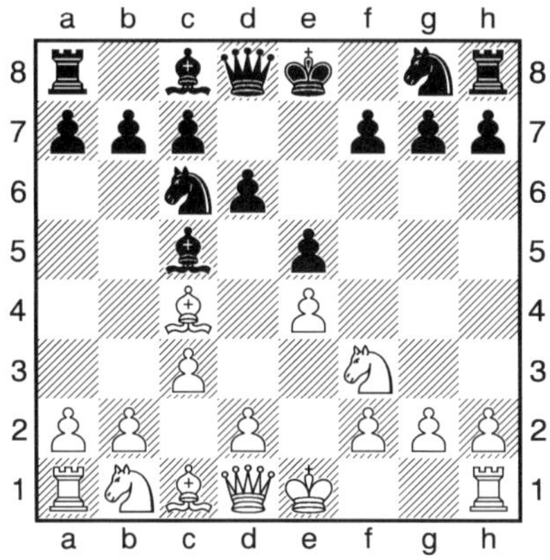

Weiß am Zug darf auf das Feld d4 vorstoßen, das zwar dreimal verteidigt (nämlich von Be5, Lc5, Sc6), aber auch dreimal angegriffen ist (von Dame, Bauer c3 und Sf3). Mithin geschieht d2-d4, ohne dass Weiß dabei einen Bauern verlöre.

Freilich darf man die Übermacht nicht rein zahlenmäßig feststellen wollen; Hemmungen und Fesselungen spielen dabei mit und müssen sorgfältig in Betracht gezogen werden; manche Deckungen sind illusorisch, manche sind zwar wirksam, können aber vom Gegner ausgeschaltet oder abgelenkt werden, bevor er seine Übermacht auf dem entscheidenden Punkte zur Geltung bringt.

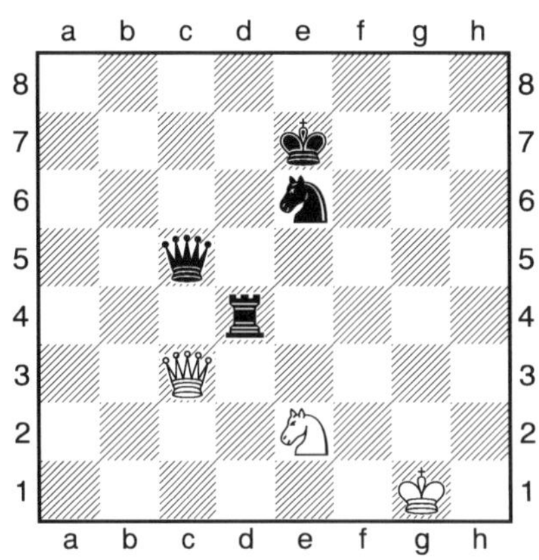

Der Turm d4 ist zweimal angegriffen und zweimal gedeckt, er ist also nicht von einer Übermacht angegriffen, trotzdem aber verloren. Weiß zieht nämlich Dc3xc5+. Dadurch ist eine Deckung ausgeschaltet. Der Turm kann jetzt nicht unter Schachgebot nach d1 oder g4 fliehen, weil Schwarz ja selbst im Schach steht. Also muss Schwarz die Dame schlagen, und zwar mit dem Springer, der mithin von der Deckung abgelenkt wird. Jetzt steht der Turm schutzlos und wird von Weiß ohne Entgelt erobert.

Im nächsten Beispiel ist die Deckung von Tf7 durch Dg7 illusorisch, da die Dame gefesselt ist. Es geschieht Le8xf7+, Kg8-f8. Nun wird der König, der seine Dame deckt, abgelenkt

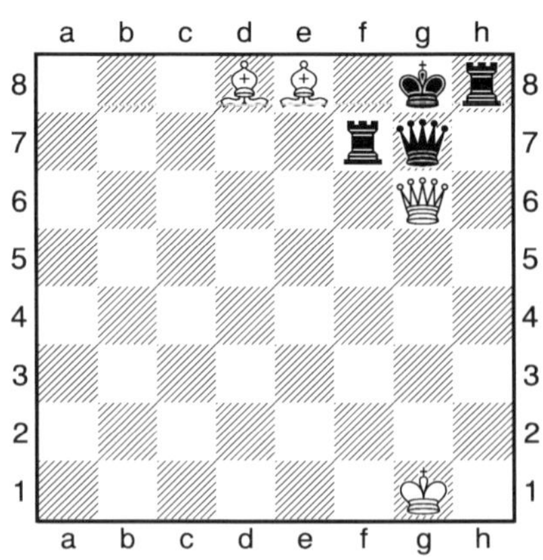

durch Ld8-e7+. Es folgt Kf8xe7, Dg6xg7, und Weiß gewinnt.

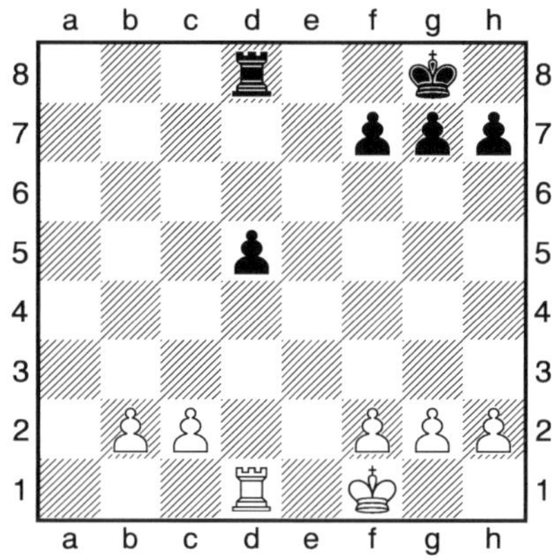

Weiß stempelt den gefesselten Bauern d5 zum Angriffsziel, in dem er ihn mit Td1-d4 blockiert. Alsdann folgt, wenn Schwarz den Bauern nicht entfesselt und dabei preisgibt, c2-c4, Angriff mit Übermacht.

In der folgenden Stellung halten sich auf d5 Angriff und Verteidigung die Waage, Weiß aber hat eine Übermacht anderswo, nämlich im a-Bauern, diese benützt er, um Schwarz von d5 abzulenken und so auf d5 das Übergewicht zu erringen.

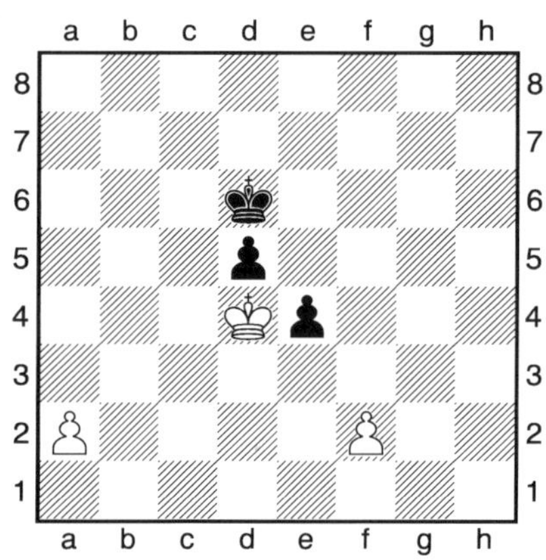

Das Spiel verläuft also: 1. a2–a4 Kd6–e6 2. a4–a5 Ke6–d6 3. a5–a6 Kd6–c6 4. a6–a7 Kc6–b7 5. Kd4xd5 und gewinnt mit Bauern f2.

Über den Tauschwert der Steine

Bei den oben geschilderten Kämpfen liegt es oft im Belieben des Angreifers, ob er unter Preisgabe eigner Steine feindliche Steine fortnehmen soll, oder nicht. Einen fremden Stein nehmen, während man einen eignen dabei verliert, nennt man einen „Tausch" oder „Abtausch". Manche Schachfreunde tauschen gerne einen Springer gegen einen Läufer ab, manche haben die umgekehrte Vorliebe. Wer von den beiden hat Recht? Oder gibt es dabei weder Recht noch Unrecht, sondern waltet irgendein unbegreiflicher Zufall?

Bei den Partien der meisten Schachliebhaber scheint nun wirklich ein Zufall zu walten, der freilich wohl nicht ganz unbegreiflich, sondern durch Psychologie zu erklären sein wird. Aber, wie dem auch sei, bei starken Spielern zeigen sich gewisse Regelmäßigkeiten, und bei den Wenigen, die den Titel des Meisters verdienen, werden diese Gesetzmäßigkeiten ganz deutlich. „Ceteris paribus" scheint es fast gleichgültig zu sein, ob man Läufer oder Springer hat. „Ceteris paribus" darf man einen Läufer oder Springer darangeben, um drei Bauern zu gewinnen, oder zwei leichte Offiziere für Turm und zwei Bauern, oder Dame für zwei Türme oder drei leichte Offiziere. Das hat die Erfahrung langer Zeiten und vieler Meisterpartien bestätigt.

Die Voraussetzung des „ceteris paribus" ist freilich wohl zu beachten. Unter Umständen kann ein Bauer mehr Wert haben als eine Dame, wie in folgender Stellung:

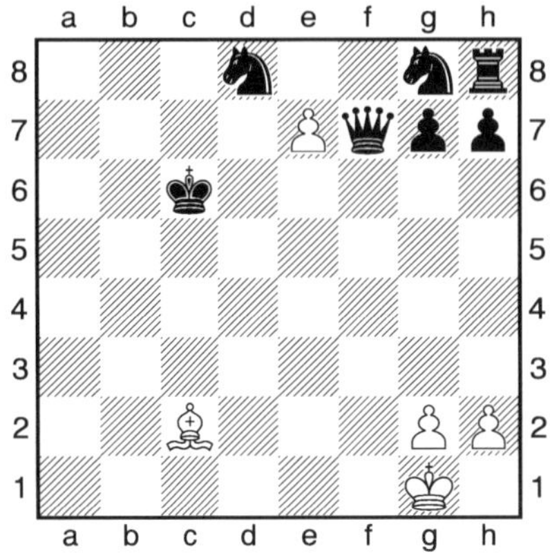

Wäre hier der Bauer e7 eine Dame, so würde Schwarz gewinnen. Aber, indem der Bauer auf d8 nimmt und zum Springer wird, gewinnt er noch Dame und Turm, und Weiß gewinnt durch Übermacht.

Die obigen Werte gelten also „ceteris paribus", ihre Geltung ist immer ein klein wenig fraglich. Trotzdem sind sie dem Schachfreund ein Kompass. Hat er sich vertrauensvoll nach ihnen gerichtet, so läuft sein Schifflein fast immer, oft erst nach vielen Zügen, in einen sichern Port.

Man kann diese Werte erproben, indem man einfache Stellungen aufbaut, um sie zu untersuchen, zu „analysieren". So zeigt sich leicht, dass der Turm stärker ist als ein Läufer und ein Bauer, dagegen etwas schwächer als ein Läufer und zwei Bauern, natürlich „ceteris paribus".

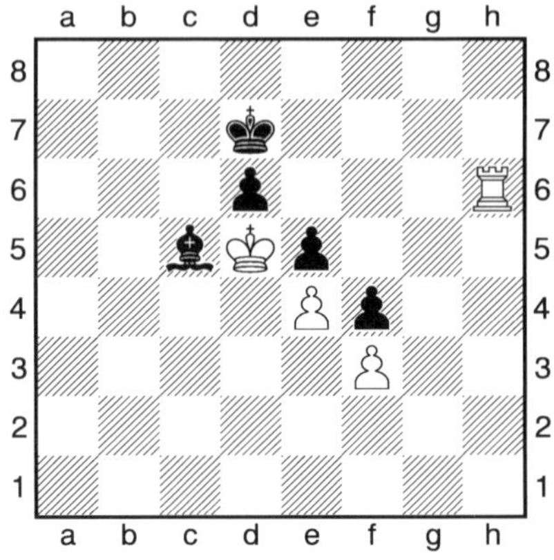

Weiß hat hier die Initiative, da Schwarz nichts anzugreifen vermag, wohl aber Weiß. Und Weiß erzwingt den Gewinn wie folgt: Th6-h7+, um den König von seinem Bauern abzuschneiden. Kd7-d8, Kd5-e6, Schwarz zieht beliebig, Weiß erobert immer die Bauern, etwa durch Th7-d7, Td7xd6 und so fort.

Die Dame ist schwächer als zwei Türme, wenn der feindliche König in Sicherheit steht, doch stärker, wenn der König Schachgeboten offen steht. „Ceteris paribus", so darf man wohl schließen, sind zwei Türme ein wenig stärker als die Dame. Ein einfaches Beispiel wird die Sachlage erläutern.

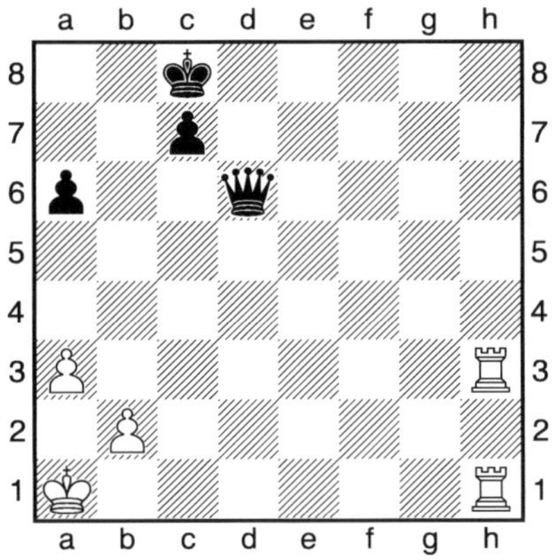

Weiß zieht hier Th3-c3, Th1-c1 und schlägt den c Bauern in ein paar Zügen. Den a-Bauern zu erobern ist freilich schwierig, indessen ist es bereits augenscheinlich, dass die beiden Türme die Initiative haben und die Dame nur auf ein ewiges Schach hoffen kann.

Schon ein Turm vermag der Dame Schwierigkeiten zu machen, wenn keine schwachen Bauern auf dem Brett sind, der Turm dagegen einen Bauern zur Hilfe hat, wie in folgender Stellung.

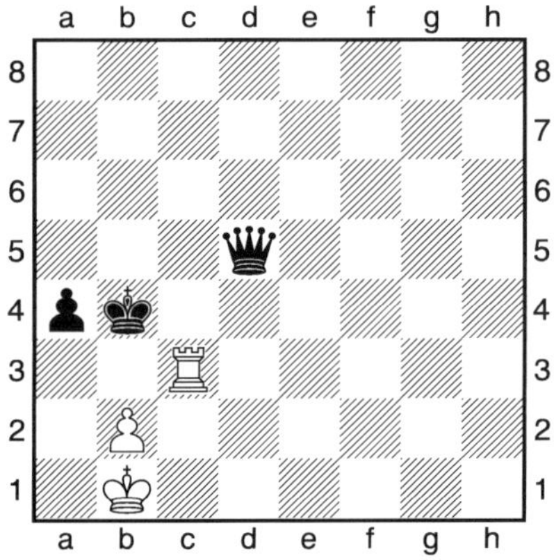

Weiß macht remis, indem er Tc3-a3 zieht. Weiß kommt nie in Zugzwang, und alle seine Steine bleiben immerfort gedeckt.

Ein Turm ohne Unterstützung verliert allerdings immer gegen die Dame, und zwar durch Zugzwang. Das folgende Beispiel diene zur Erläuterung.

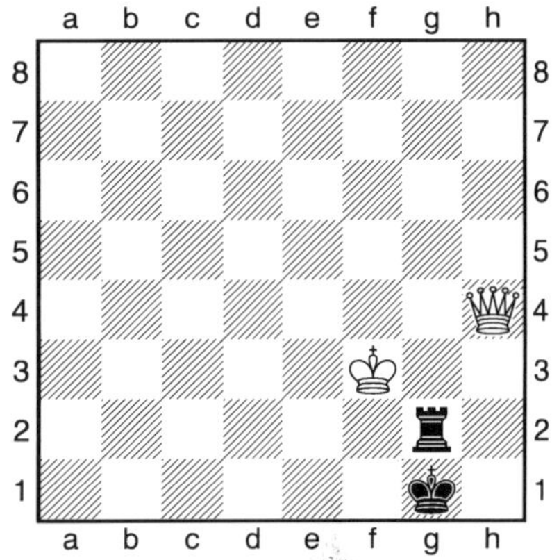

Ist Schwarz am Zug, muss sich der Turm vom Könige entfernen, denn Tg2-h2 wird mit Dh4-e1 bestraft. Sobald der Turm sich von der Deckung entfernt, geht er verloren, beispiels- weise Tg2-a2, Dh4-g5+, Kg1-h1, Dg5-c1+, Kh1-h2, Dc1-h6+, Kh2-g1, Dh6-g6+, Kg1-h2, Dg6-h7+, Kh2-g1, Dh7-b1+.

Ist dagegen Weiß am Zug, so führt er leicht dieselbe oder eine ähnliche Stellung herbei, wo Schwarz am Zuge ist, etwa durch Dh4-d4+, Kg1-h2, Dd4-e5+, Kh2-h1, De5-h8+, Kh1–g1, Dh8-h4.

Es ist nicht schwer, derartige Untersuchungen über den Tauschwert zu vervielfältigen, auch ist diese Übung für den Lernbegierigen von hohem Nutzen; sie sei daher der Initiative des Lesers anempfohlen.

Zweites Buch

Die Lehre von den Eröffnungen

Bis zu dem oben erreichten Punkt war die Schach spielende Gemeinde schon vor Hunderten von Jahren vorgedrungen. Beweis: Die schachlichen Erzählungen der alten Zeit handeln von den oben dargelegten Strategemen; die Worte, die aus dem Schachspiel zu allgemeinem Gebrauch in die Sprache gedrungen sind, wie etwa „in Schach halten“, „matt setzen“, „Remis“, entstammen dieser gedanklichen Sphäre; in alten Zeiten nannte ein König, der gerade mit einem Springer Schach-Turm gab, als ihm die Geburt eines Sohnes gemeldet ward, den neugeborenen Prinzen Skak-Ruk, auf Deutsch Schach-Turm, und dieser Prinz ward ein tapfrer Held. – Die obigen Erwägungen und Beobachtungen sind die Elemente aller schachlichen Strategie, jedem Schachfreund verständlich wie seine Muttersprache. Vor fünfhundert Jahren verkörperten diese Elemente das gesamte Schachwissen, da aber trat etwas ganz Neues auf, ein Problem, dem die Schachgemeinde sich mit Leidenschaft hingab und das sie auch jetzt noch tief erregt.

Das Problem lautet: Wie sollen die Steine aus der Anfangsstellung, wo sie ungeordnet und einander hemmend stehen, zum Kampfe aufmarschieren?

Hunderte von Jahren hatte man auf gut Glück begonnen. Die Verwicklungen traten nach ein paar Zügen von selbst ein, in den Verwicklungen offenbarte sich das Können, der Anfang der Partie schien fast bedeutungslos. Eines Tages ward ein uns unbekanntes Genie auf die Verschiedenheiten der Anfänge aufmerksam; und wenn er weiter nichts tat, als was er vermutlich bloß getan hat, einige Arten des Partiebeginns aufzuzeichnen und sie nach den Schachfreunden, die diese Anfänge bevorzugten, zu benennen, so war auch dies eine höchst beachtenswerte Leistung. Plötzlich finden wir im 15. Jahrhundert Anfänge, „Eröffnungen“, mit Namen versehen und in Büchern analysiert, und es bilden sich eigentümliche Termini, wie etwa „Gambit“ oder „Giuoco Piano“. Und von nun ab wird das Problem der Eröffnung für die ganze Schachgemeinde der Punkt, auf den sich alle Augen richten, und bleibt es, man darf wohl sagen, bis auf den heutigen Tag.

Die Sache fing wohl so an, dass einige Spieler mit Talent, die wir heutzutage Naturspieler nennen würden, über alle andern prädominierten, bis ein uns unbekanntes Sammlergenie die Anfänge von guten Partien aufzeichnete und zusammenstellte und einigen lernbegierigen Freunden lehrte. Da konnte es denn nicht fehlen, dass einige fleißige Lerner die überragenden Meister jener Tage in einigen Partien durch gute Angriffe gleich im Beginn überrannten und insbesondere mit eingelernten Spielweisen schlugen. Man kann sich das Erstaunen von Zuschauern und den Zorn der Geschlagenen vorstellen, da sie doch fühlen mussten: Der da hat kein Naturtalent, er ficht bloß nach dem Buche.

Indessen, der Zorn verrauchte, die Ursache blieb. Seit jenen Tagen hat es Sammler von „Varianten“ gegeben und Leute, die nach dem Buche fechten, und Naturspieler, die nicht mehr die Zinne erklimmen können.

Gäbe es nur eine kleine Zahl möglicher Spielweisen, so wäre die Tätigkeit eines bloßen Sammlers durchaus berechtigt; im Schach ist dem jedoch nicht so; man mag sieben, soviel man will, die Zahl der möglichen Varianten geht in die Millionen. Daher muss man nach Regeln forschen, die das Ergebnis von tausend und zehntausend Varianten kurz zusammenfassen.

Das ist auch geschehen. Das erste Ergebnis dieser Art lautete: Sortez les pièces. Ein Satz wahrscheinlich des 18. Jahrhunderts. Er will besagen, die Hauptsache sei, die zu Anfang gehemmten Steine hinauszuführen. Ist dies einmal erkannt, so liegt die Schlussfolgerung nahe, dass man den Gegner verhindern müsse, seine Steine hinauszuführen, dass man sich also schneller oder wirksamer „entwickeln" müsse als der Gegner und ihn dann durch Angriff beschäftigen müsse, solange ein Teil seiner Truppen noch gehemmt oder unentwickelt ist und also untätig dem Kampfe zusehen muss.

Viel später ward von Anderssen die Regel verkündet, so fern kein Anschlag gegen den Feind unmittelbaren Erfolg verspricht, die am schlechtesten stehende Figur zu ziehen, die schwächste Stelle zu stärken. Und noch später ward man misstrauisch gegen jeden Bauernzug und schrieb vor, mit derlei Zügen aufs äußerste sparsam zu sein, sie also nur zu machen, wenn die Notwendigkeit dafür recht zwingend ist.

Ich habe noch die Regel hinzugefügt, dass man die Springer eher ziehen solle als die Läufer, natürlich „ceteris paribus".

Auf diese Art konnten die Naturtalente wieder der Notwendigkeit des Sammelns und Memorierens und der bloßen Statistik entraten. Da aber deren Partien und Partieanfänge wieder und immer wieder gesammelt werden, so mussten und müssen sie zuletzt gegen sich selber spielen, und das geht doch nicht.

Mithin kann niemand dem Zwange, Eröffnungen zusammenzustellen und Varianten zu sammeln und zu sichten, sich völlig entziehen. Und daher gehört eine solche Sammlung, wenn auch in möglichster Kürze, in ein Lehrbuch.

Hier nun folgt eine Sammlung von Varianten, bedingt dadurch, dass nur die hervorstechendsten, wesentlichsten, lehrhaftesten darin aufgenommen, viele andere nur angedeutet werden sollen, damit der Lernende Stoff nicht nur für sein Gedächtnis, sondern auch für seine Initiative darin finde.

Die offenen Spiele

Russische Partie

1. e2-e4 e7-e5

2. Sg1-f3 Sg8-f6

Schwarz beantwortet den Angriff auf e5 durch einen Gegenangriff auf e4.

3. Sf3xe5 d7-d6

Schlecht wäre 3. ...Sxe4 4. De2 De7 5. Dxe4 d6 6. d4 f6 7. Sc3 mit offenbarem Vorteil für Weiß.

4. Se5-f3 Sf6xe4

5. d2-d4 d6-d5

Weiß will nun den Se4 vertreiben, Schwarz ihn befestigen.

6. Lf1-d3 Sb8-c6

Mangelhaft wäre 6. ...Ld6 7. 0-0 Lg4 8. c4 0-0 9. Sc3, wobei Weiß in der Mitte überlegen bleibt.

7. 0-0

Um den König in Sicherheit zu bringen, bevor die Mitte geöffnet wird.

7. ... Lf8-e7

Um Tf1-e1 abzuschwächen.

8. Sb1-d2

Der Springer e4 muss sich nun erklären. Der Springer b1 geht nicht nach c3, damit der c-Bauer beweglich bleibt.

8. ... f7-f5

9. c2-c4

Dies schwächt zwar den Bauern d4, doch Schwarz hat sich durch das Vorgehen des f-Bauern auch Schwächen zugefügt.

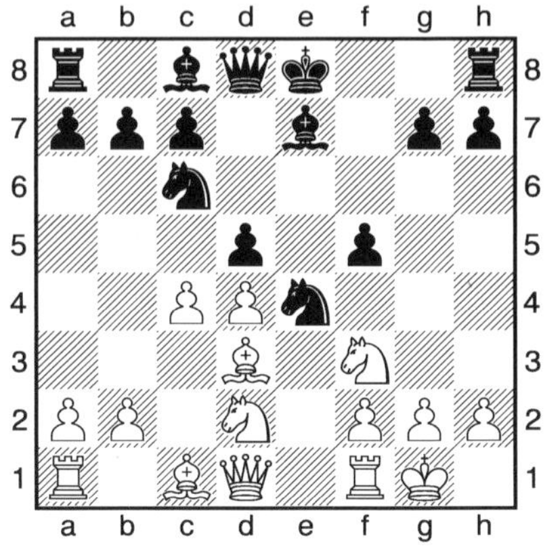

I. 9. ... Lc8-e6

Auf 9. ...Sb4 käme 10. Lb1.

A) 10. cxd5 Lxd5 11. Tfe1. Weiß hat nun seinen Turm ins Spiel gebracht und die Stellung von e4 erschüttert.

B) 10. Tfe1 dxc4 11. Sxe4 cxd3 12. Sc5 Ld5 13. Lg5. Weiß steht im Angriff.

II. 9. ... Se4xd2

10. Lxd2 0-0 11. Db3

Weiß steht bedeutend überlegen.

Daher scheint der frühe Vorstoß des Bauern f7 nicht ratsam.

8. ... Lc8-f5

9. Tf1-e1 Se4xd2

10. Dd1xd2

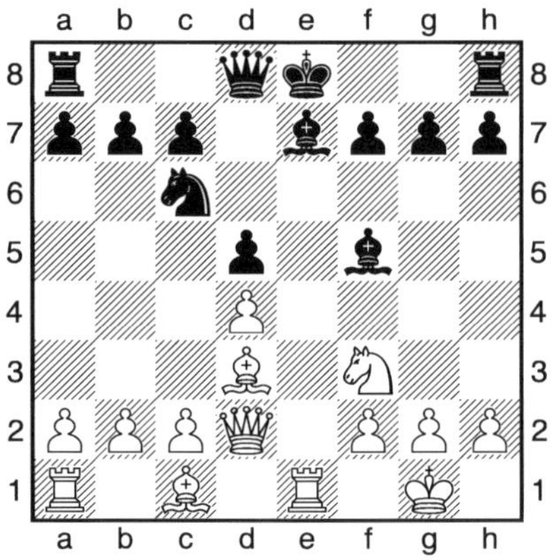

Schwarz mag hier ...Lxd3 oder ...Lg4 ziehen. Weiß hat den Vorteil des Anzugs, doch nicht viel mehr, gewahrt. Beispielsweise 10. ...Lxd3 11. Dxd3 0-0 12. Ld2 Lf6 13. Se5. Oder 10. ...Lg6 11. Se5. Auch nach 10. ...Lg4 folgt derselbe Zug. Schlecht scheint 10. ...Dd7 wegen 11. Lb5.

8.	**...**	**Se4-f6**
9.	**c2-c3**	**0-0**
10.	**Sf3-e5**	

Nun gelingt es dem Weißen, seinen Springer zu befestigen oder eine Phalanx von Bauern gegen den schwarzen König zu bilden. Weiß hat Initiative.

Weiß kann auch einen anderen Plan befolgen: (1. e4 e5 2. Sf3 Sf6 3. Sxe5 d6 4. Sf3 Sxe4) 5. De2 De7 6. d3 Sf6 7. Lg5, nun etwa ...Dxe2+ 8. Lxe2 Sd5. Es kommt zu einem recht verwickelten Endspiel, worin die kleinen Offiziere prädominieren.

Nach **1. e4 e5 2. Sf3 Sf6 3. Sxe5 d6 4. Sf3 Sxe4 5. d4 d5 6. Ld3 Sc6 7. 0-0 Le7** kann Weiß auch auf schnelle Entwicklung des Turms spielen. Schwarz erlangt dann aber Gegenangriff:

8.	**Tf1-e1**	**Lc8-g4**

Schwarz braucht den Bauernverlust zunächst nicht zu fürchten. Nach 9. Lxe4 dxe4 10. Txe4 Lxf3 darf 11. gxf3 wegen 11. ...f5 nicht geschehen, weil darauf der Bauer d4 durch die Dame geschlagen wird oder der Turm auf f4 in eine missliche Stellung gerät (12. Tf4 0-0 13. d5 Lg5).

9.	**c2-c3**	**f7-f5**

Nun, da d4 gedeckt ist, ist dies nötig.

10.	**c3-c4**	**Le7–h4**

Nun fehlt der Turm.

11.	**Ld3xe4**	**d5xe4**
12.	**d4-d5**	**0–0**

Weiß hat sicherlich keinen Vorteil.

Die ungarische Partie

1.	**e2-e4**	**e7-e5**
2.	**Sg1-f3**	**Sb8-c6**
3.	**Lf1-c4**	**Lf8-e7**
4.	**Sb1-c3**	**Sg8-f6**
5.	**d2-d3**	**d7-d6**
6.	**a2-a3**	

Es wäre kaum angebracht, den Läufer c4 gegen den Springer c6 abtauschen zu lassen.

6.	**...**	**Lc8–e6**
7.	**Lc1-e3**	**0–0**
8.	**0-0**	**Sf6–g4**

Oder ...d5 9. exd5 Sxd5 10. Dd2.

9.	**Dd1-d2**	

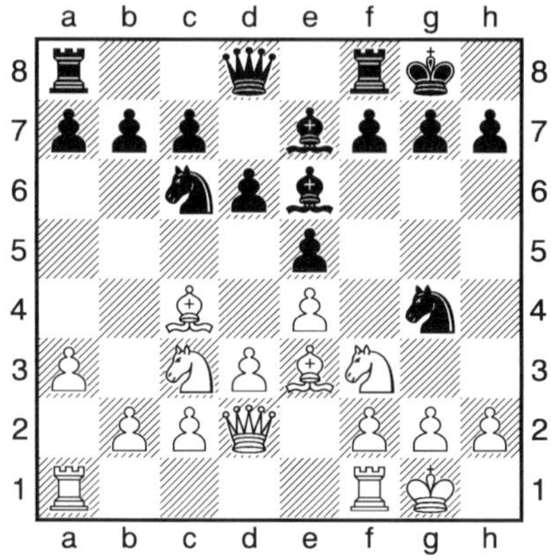

Wird der Läufer c4 geschlagen, erhält Weiß Spiel auf der d-Linie und Herrschaft über d5. Statt des letzten Zuges von Weiß konnte recht wohl Sf3-d2 geschehen, um mit dem Springer auf c4 wiederzunehmen.

Philidors Eröffnung

1. e2-e4 e7-e5

2. Sg1-f3 d7-d6

3. d2-d4

Um die Figuren in die Mitte zu bringen, ist es nötig, den Bauern e5 zu entfernen.

3. … f7-f5

Eine verwegene Antwort, um den Bauern e4 zu entfernen.

4. Lf1-c4

Damit beschränkt Weiß den schwarzen König und zielt auf den schwer zu schützenden Punkt f7.

4. … f5xe4

Schwarz will in der Mitte eine Bauernmasse bilden.

5. Sf3xe5

Weiß zerstört die Bauernmasse und verfolgt, unter Preisgabe einer Figur, Angriff gegen den König.

5. … d6xe5

Schwarz muss nehmen, da sowohl Se5-f7, was durch d6-d5 zu decken wäre, wie auch Dd1-h5+ droht.

6. Dd1-h5+ Ke8-d7

Natürlich, falls …g6 gewinnt 7. Dxe5+ den Turm h8.

7. Dh5-f5+ Kd7-c6

8. Df5xe5

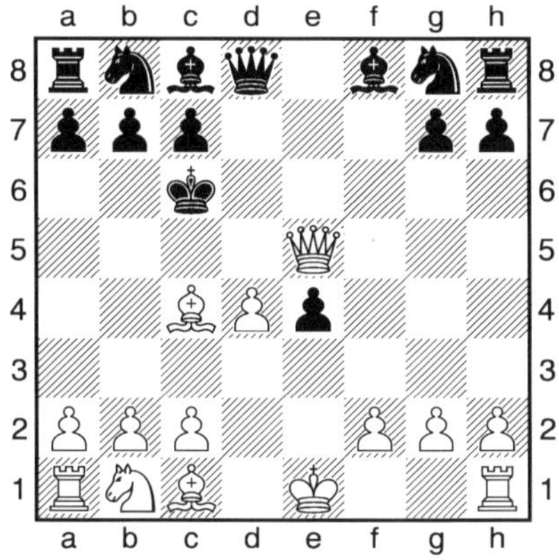

mit vielen Drohungen. Schwarz wird nicht imstande sein, seinen König zu sichern, ohne erhebliche Verluste zu erleiden. Beispielsweise 8. …a6 9. Le3 Sf6 10. Sc3 Lg4 11. h3 Ld6 12. Da5 (mit dcr Drohung Lb5+) 12. …b6 13. Da4+ b5 14. Sxb5.

1. e2-e4 e7-e5

2. Sg1-f3 d7-d6

3. d2-d4 e5xd4

4. Sf3xd4

Auch 4. Dxd4 ist gut, da die Dame in der Mitte stark steht und nicht leicht zu vertreiben ist.

4. … Sg8-f6

5. Sb1-c3 Lf8-e7

6. Lf1-e2

Dies ist besser als 6. Ld3, da dort der Läufer durch den Bauern e4 blockiert wird und die Formation f2-f4, Le2-f3 den strittigen Punkt d5 in die Gewalt von Weiß gibt.

6.	**…**	**Sb8-c6**
7.	**0-0**	**0-0**
8.	**f2-f4**	**Tf8-e8**
9.	**Le2-f3**	**Lc8-d7**

Um der Drohung Sxc6 nebst e4-e5 zu begegnen.

10. Kg1-h1

Auch 10. b3 käme in Betracht, nur erlangt Schwarz einiges Gegenspiel durch d6-d5, das zwar gewagt und verzweigt, aber doch wohl möglich ist.

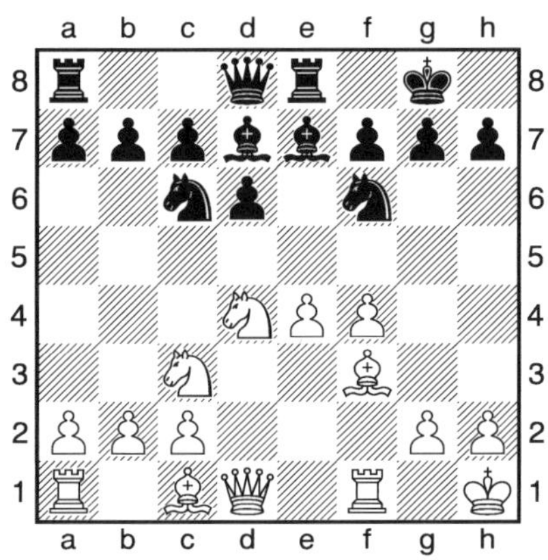

Weiß hat die Initiative.

1.	**e2-e4**	**e7-e5**
2.	**Sg1-f3**	**d7-d6**
3.	**d2-d4**	**Sb8-d7**

Der Zug des Amerikaners Hanham. Damit soll der Bauer e5 behauptet werden.

4.	**Lc1-g5**	**Lf8-e7**
5.	**Lg5xe7**	**Dd8xe7**
6.	**Sb1-c3**	**Sg8-f6**
7.	**Dd1-d2**	**0-0**
8.	**0-0-0**	

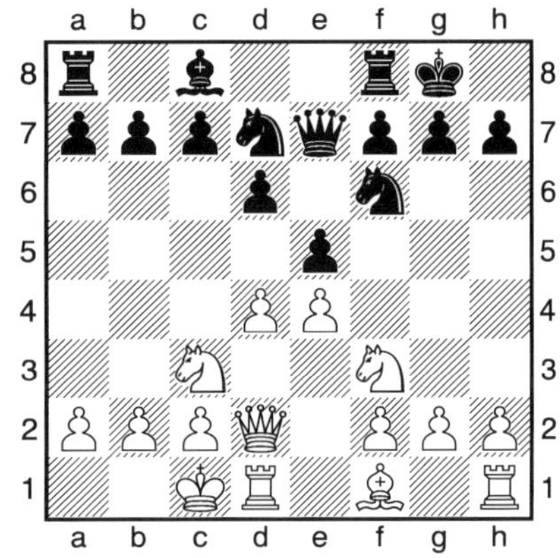

Weiß hat Raum gewonnen, Schwarz hat aber keine leicht angreifbaren Stellen.

1.	**e2-e4**	**e7-e5**
2.	**Sg1-f3**	**d7-d6**
3.	**d2-d4**	**Sb8-d7**
4.	**Lf1-c4**	**c7-c6**

Damit soll d5 gesichert und der Dame ein Ausgang verschafft werden.

5. Lc1-g5 Dd8-c7

Auf 5. …Db6 6. Lb3 stünde die Dame ein wenig exponiert.

6. c2-c3 Sg8-f6

Falls 6. …h6, so 7. Lh4. Das gibt dem Schwarzen wohl kaum einen Vorteil.

7. Sb1-d2

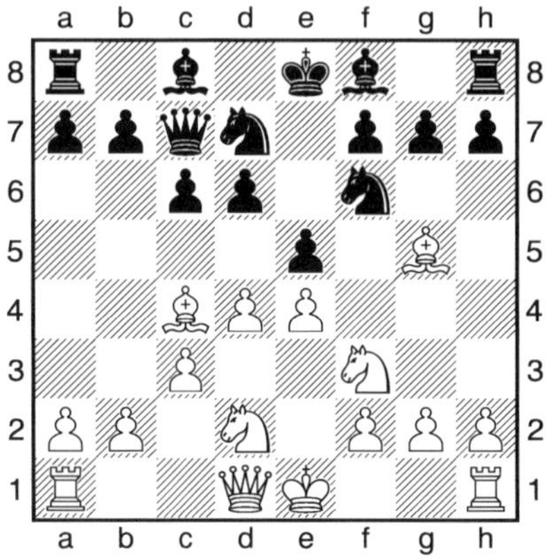

Schwarz wird nicht leicht zu Gegenspiel gelangen. Eine gewisse Drohung bleibt für später ...Sf6xe4 oder das kühne Manöver ...h6, Lh4 g5.

Die preußische Partie

1.	**e2-e4**	**e7-e5**
2.	**Sg1-f3**	**Sb8-c6**
3.	**Lf1-c4**	**Sg8-f6**
4.	**Sf3-g5**	

Weiß will die Entwicklung des Gegners stören und opfert daher einen Zug.

4.	**...**	**d7-d5**
5.	**e4xd5**	

Dass der Angriff von Weiß berechtigt ist, ersieht man an den Folgen von 5. ...Sxd5, nämlich 6. Sxf7 Kxf7 7. Df3+ Ke6 8. Sc3 Se7 (Oder 8. ...Sb4 9. De4!, empfohlen von Leonhard, ...c6 10. d4. Das Opfer der Figur gegen mehrere Bauern ist offenbar begründet.) 9. d4 c6 10. Lg5 mit baldiger langer Rochade. Schwarz kann den König nicht in Sicherheit bringen, die weißen Türme greifen bald sehr stark ein.

5.	**...**	**Sc6-a5**
6.	**Lc4-b5+**	**c7-c6**

Um den Angriff aufrechtzuerhalten. Auf 6. ...Ld7 käme 7. De2.

7.	**d5xc6**	**b7xc6**
8.	**Lb5-e2**	**h7-h6**
9.	**Sg5-f3**	**e5-e4**
10.	**Sf3-e5**	

Der Springer will sich von Bauern stützen lassen. 10. ...Dd4 11. f4 Lc5 12. Tf1 wäre unbedenklich, da nun die weißen Bauern mit c2-c3 und d2-d4 (oder b2-b4) die schwarzen Figuren aus ihren Stellungen treiben.

10.	**...**	**Lf8-d6**
11.	**d2-d4**	**Dd8-c7**
12.	**Lc1-d2!**	

Zieht Vorteil aus der schlechten Stellung des Sa5. Bei 12. ...Lxe5 13. dxe5 Dxe5 14. Le3 stünde Weiß vorzüglich.

12.	**...**	**Sa5-b7**
13.	**Se5-c4**	

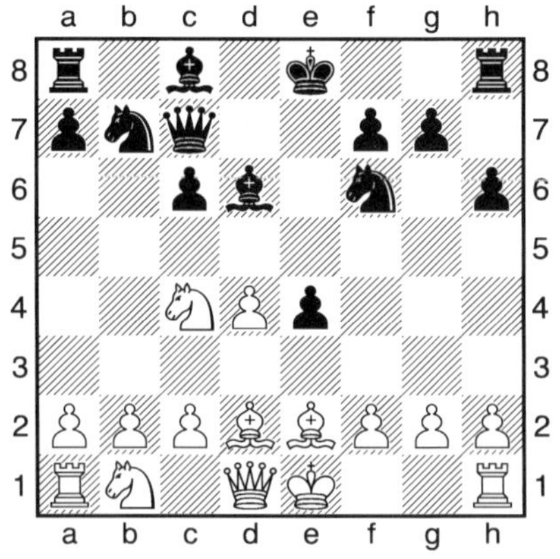

13.	**...**	**Ld6xh2**
14.	**Ld2-e3**	**Lh2-f4**
15.	**Sb1-c3**	

Eine Stellung voller Leben. Weiß steht wohl ein wenig im Vorteil.

Schwarz kann auch einen anderen Angriffsplan befolgen (nach 1. e4 e5 2. Sf3 Sc6 3. Lc4 Sf6 4. Sg5 d5 5. exd5).

5. … Sc6-d4

Der Springer geht in die Mitte, verzichtet für diesen Vorteil auf die Bedrohung des Läufers c4.

6. c2-c3 b7-b5

Der Springer verteidigt seinen guten Posten. Wiche er sogleich, so käme d2-d4.

7. Lc4-f1

Der wertvolle Läufer darf sich nicht tauschen lassen. (Leonhard.)

7. … Sf6xd5

8. c3xd4 Dd8xg5

9. d4xe5

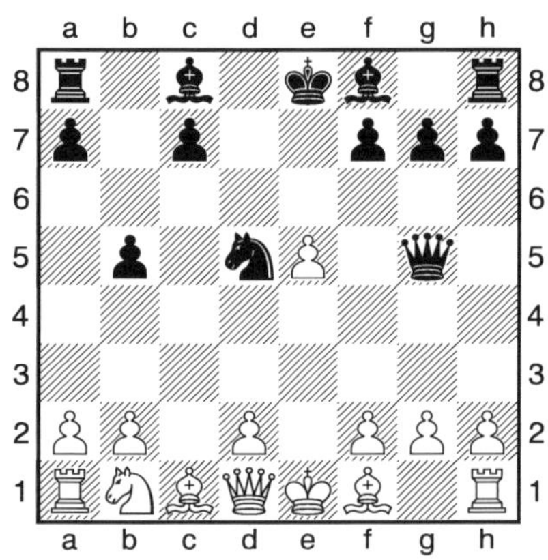

Weiß droht d2-d4. Wenn 9. Dxe5+ 10. De2, bleibt Bauer b5 eine Schwäche und Weiß hat das etwas bessere Endspiel.

Andere Fortsetzungen, die statt der scharfen Angriffe und Paraden ruhige Entwicklung herbeiführen wollen, stehen dem Weißen in Fülle zu Gebote, beispielsweise in 4. d3 oder 4. d4. Nach **1. e4 e5 2. Sf3 Sc6 3. Lc4 Sf6**

4. d2-d4 e5xd4

5. 0-0 Sf6xe4

6. Tf1-e1 d7-d5

7. Lc4xd5 Dd8xd5

8. Sb1-c3

zieht Schwarz am besten die Dame weit vom Bereich der kleinen Figuren.

8. … Dd5-a5

9. Sc3xe4 Lc8-e6

Um die lange Rochade vorzubereiten.

10. Se4-g5 0-0-0

Auf 10. …Dd5 käme 11. Sxf7.

11. Sg5xe6 f7xe6

12. Te1xe6 Da5-f5

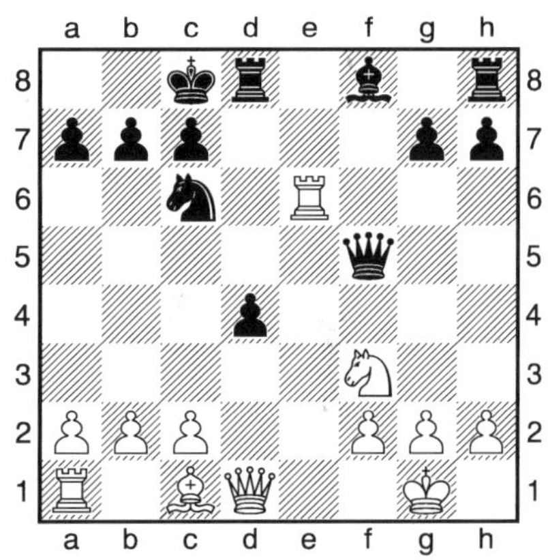

Schwarz steht gut entwickelt

Mittelgambit

1. e2-e4, e7-e5

2. d2-d4

Schwarz wird sich des Angriffs auf e5 am einfachsten erwehren, indem er schlägt.

2. ... e5xd4

3. Dd1xd4

Die frühe Entwicklung der Dame bringt Schwarz einen Zug ein.

3. ... Sb8-c6

4. Dd4-e3

Hier steht die Dame ziemlich sicher und zugleich aggressiv.

4. ... Sg8-f6

5. Sb1-c3

Verfrüht wäre 5. e5 Sg4 6. De4 d5 7. exd6 i. V. Le6 8. dxc7 Dxc7 (doch wohl stärker als ...Dd1+). Schwarz hat eine vorzügliche Angriffsstellung.

5. ... Lf8-b4

6. Lc1-d2 0-0

7. 0-0-0 d7-d6

8. De3-g3 Sc6-e5

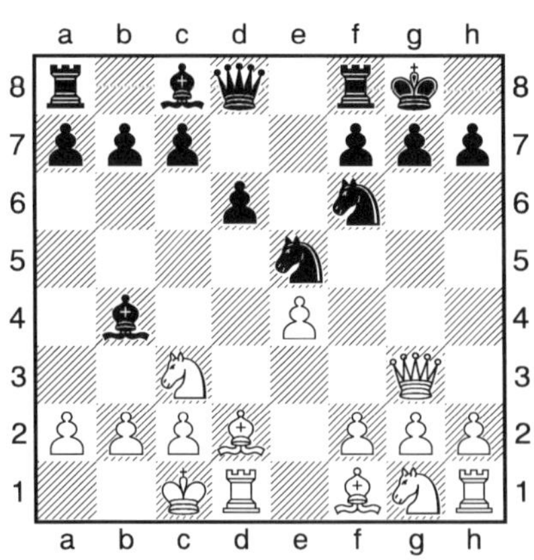

Schwarz droht nun ...Lxc3 nebst ...Sxe4, außerdem noch ...Sh5, gefolgt durch ...f5. Alles in allem scheint er wohl gerüstet für den nun einsetzenden Kampf.

Weiß kann aus der Eröffnung ein wahrhaftes Gambit machen, indem er den Bauern d4 nicht schlägt (1. e4 e5 2. d4 exd4).

3. c2-c3 d7-d5

Das Schlagen des Bauern entwickelt den Weißen so schnell, dass er damit eine genügende Kompensation erhält.

4. e4xd5 Sg8-f6

Auf c3-c4 würde nun ...c7-c6 folgen.

5. Dd1xd4 Dd8xd5

6. Sg1-f3 Sb8-c6

Schwarz steht gut entwickelt.

Königsläuferspiel

1. e2-e4 e7-e5

2 Lf1-c4 Sg8-f6

Schwarz entwickelt sich unter Angriff.

3. d2-d4 Sb8-c6

Auch 3. ...exd4 ist gut.

4. Sg1-f3

Bei 4. dxe5 Sxe5 5. Lb3 Lc5 6. f4 Seg4 7. e5 Sf2 8. De2 Sg8 kommt Weiß auf keinen grünen Zweig.

4. ... e5xd4

5. 0-0

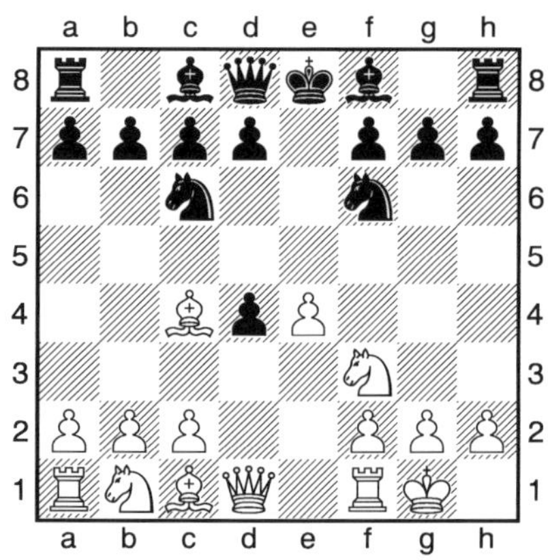

Schwarz hat nun die Wahl, in die Preußische Partie oder den Angriff von Max Lange einzubiegen.

Zieht Weiß eine sehr ruhige Entwicklung vor, so wird er den Damenbauern nur einen Schritt ziehen (1. e4 e5 2. Lc4 Sf6).

3. d2-d3 Sb8-c6

4. Sb1-c3 Lf8-b4

5. Sg1-e2 d7-d5

6. e4xd5 Sf6xd5

7. 0-0 Lc8-e6

Schwarz hat hierbei keine wesentlichen Schwierigkeiten zu überwinden.

Englische Eröffnung

1. e2-e4 e7-e5

2. Sg1-f3 Sb8-c6

3. c2-c3

Schwarz wird am besten tun, weder auf Bauerngewinn, noch Bauernopfer zu spielen, sondern sich ruhig zu entwickeln.

3. ... Sg8-f6

4. d2-d4

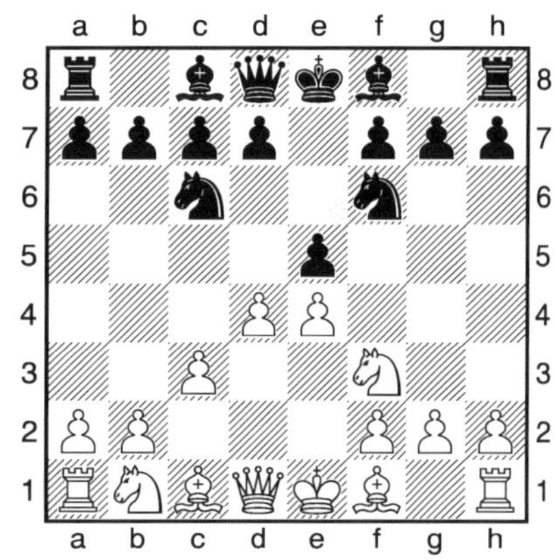

4. ... Sf6xe4

Nun ist der Weg zu d7-d5 frei, also ist Weiß zu einer Gegenmaßnahme gezwungen.

5. d4–d5 Sc6-b8

Der Springer darf nicht nach e7 gehen, da der Läufer f8, eventuell Dd8 schnell bereit sein müssen.

6. Sf3xe5

Oder 6. Ld3 Sc5.

6. ... Lf8-c5

7. Se5-d3 Lc5-b6

8. Lf1-e2 0-0

9. 0-0 d7-d6

10. Sb1-d2 Se4xd2

Der letzte Zug ist gegen Sd2-c4 gerichtet. Nun

entwickelt sich Schwarz leicht mit ...Sb8-d7, ...Tf8-e5, ...Sd7-f8.

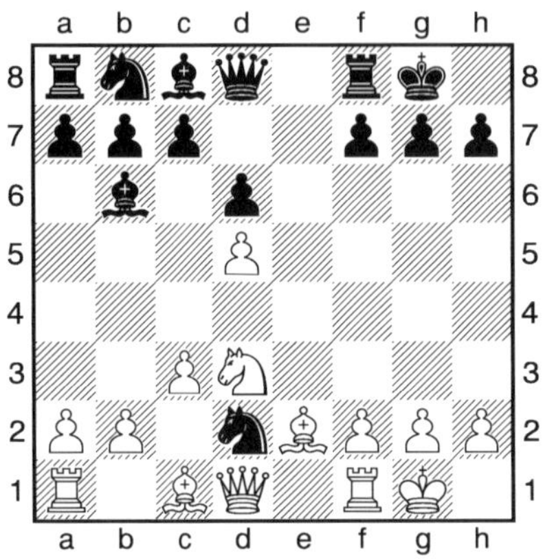

Schwarz ist keineswegs auf obige Variante beschränkt. So kann er recht gut spielen

4. ... e5xd4

5. e4-e5

Auf 5. cxd4 d5 steht Schwarz sicher.

5. ... Sf6-d5

Recht spekulativ wäre 5. ...Se4 6. De2 f5 7. exf6 i. V. d5. Aber einfach ist die Aufgabe für den Weißen auch dann nicht. Beispielsweise 8. Sg5 Dxf6 oder 8. Sfd2 Dxf6 9. f3 d3 10. De3 Dg5, und Weiß hat nicht viel mehr als das Nachsehen.

6. c3xd4 Lf8-b4+

7. Sb1-d2 d7-d6

oder auch

6. ... d7-d6

7. Sb1-c3 Lc8-e6

8. Lf1-b5 Lf8-e7

9. e5xd6 c7xd6

Alles in allem sind die Schwierigkeiten dieser Eröffnung für Schwarz nicht erheblich.

Max Langes Angriff

1. e2-e4 e7-e5

2. Sg1-f3 Sb8-c6

3. d2-d4 e5xd4

4. Lf1-c4 Sg8-f6

5. 0-0 Lf8-c5

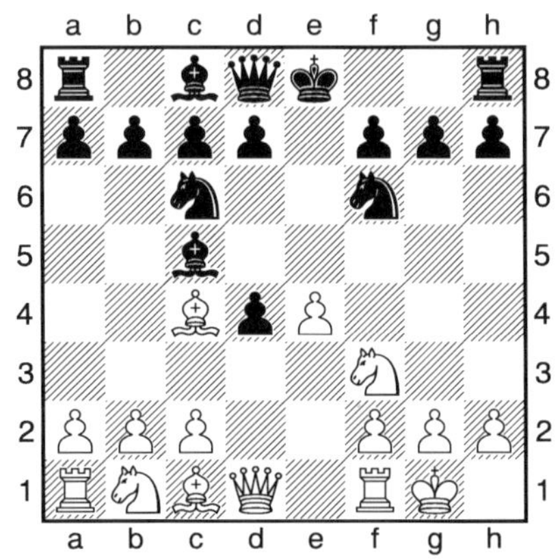

Schwarz will seinen Bauern behaupten, Weiß will die Figuren des Gegners in Unordnung bringen.

6. e4-e5 d7-d5

Dieser Gegenstoß entwickelt Läufer und Dame schnell, lässt aber den Königsflügel im Stich. Steinitz gab stattdessen 6. ...Sg4 an.

A) Bei oberflächlichen Zügen wie 7. Lxf7+ Kxf7 8. Sg5+ Kg8 9. Dxg4 d5 10. e6 Df6 wird die schwache Truppe des Angreifers bald zurückgedrängt.

B) Ähnlich 7. h3 Sgxe5 8. Sxe5 Sxe5 9. Te1 d6 10. f4 d3+ 11. Le3 dxc2 12. Dxc2 Dh4 13. Df2 Dxf2+ 14. Lxf2 Lxf2+ 15. Kxf2 Le6. Schwarz hat gar keine Schwierigkeit, solche übereilten Angriffe zurückzuschlagen und dabei im Vorteil zu bleiben.

C) Weiß muss sich sichern. 7. Lf4. Nun droht h2-h3. Also 7. ...d6 8. exd6 cxd6 9. Te1+ Kf8

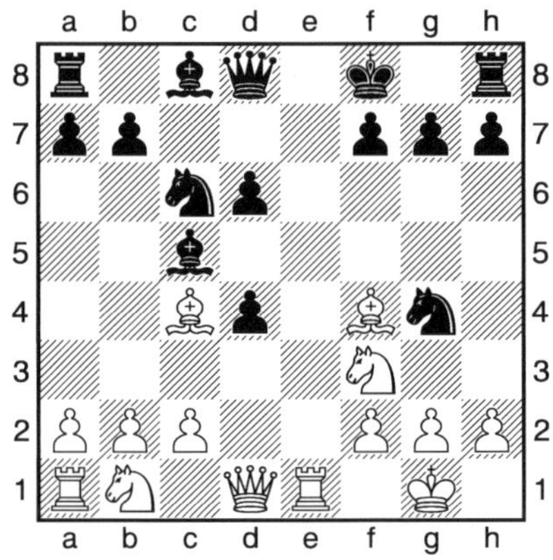

10. h3 Sf6 11. Sbd2 Lf5 12. Sb3 Db6. Die Möglichkeiten sind zahlreich. Weiß wird kaum einen Vorteil beanspruchen dürfen.

Der Angriff von Max Lange entsteht erst, nachdem Schwarz mit 6. …d5 geantwortet hat.

7.	**e5xf6**	**d5xc4**
8.	**Tf1-e1+**	**Lc8-e6**

Schwarz mag 8. …Kf8 ziehen, aber die leitende Idee des Schwarzen sollte die lange Rochade sein; auf dem anderen Flügel bleibt der König dauernd Angriffen ausgesetzt, wie etwa mit 9. Lg5.

9.	**Sf3-g5**	

Bei 9. fxg7 Tg8 10. Lg5 Le7 11. Lxe7 Dxe7 12. Sxd4 Td8 13. c3 Txg7 steht Schwarz sehr gut entwickelt; 14. Da4? Kf8, und g2 ist schwach. – Nun droht Gewinn einer Figur durch 10. Sxe6 nebst Dh5+. Durch diese Wendung erhält sich Weiß den Angriff.

9.	**…**	**Dd8-d5**
10.	**Sb1-c3!**	**Dd5-f5**
11.	**Sc3-e4**	

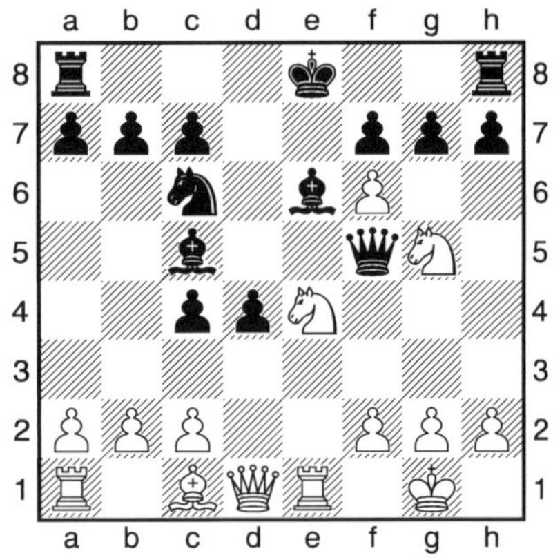

11.	**…**	**Lc5-f8**

Der richtige Zug, da der Königsflügel der Unterstützung bedarf. Bei 11. …Lb6 bleibt der Damenflügel des Schwarzen sehr stark, doch der König kommt nicht in Sicherheit, weil Weiß die lange Rochade stören kann, 12. fxg7 Tg8 13. g4 Dg6 14. Sxe6 fxe6 15. Lg5 mit vehementem Angriff, da Weiß immer mit Df3 wuchtig eingreift. – Eine berühmte Partie Marshall – Dr. Tarrasch verlief wie folgt: 11. …0-0-0 12. Sxe6 fxe6 13. g4 De5 14. fxg7 Tg8 15. Lh6 d3 16. c3 d2 17. Te2 Lb6 18. Kg2. Auf die Dauer ist d2 nicht zu halten. Der Se4 wird durch f2-f3 gefestigt und beherrscht die Lage. Nach dem Textzuge hat Schwarz ein haltbares Spiel.

Der Versuch g2-g4 wird mit …Df5xg4+ widerlegt, denn gewinnt Weiß nach Damentausch und f6xg7 den Läufer g4 durch Doppelschach, geht die Figur durch …h7-h5 wieder verloren. Weiß hat kaum etwas anderes als

12.	**Sg5xf7**	**Ke8xf7**
13.	**Se4-g5+**	**Kf7-g8**
14.	**Sg5xe6**	

Nun geht ja …Df5xf6 auch, es ist aber wichtig, die entwickelten Figuren des Weißen abzutauschen und den Springer e6 daran zu hindern, sich festzusetzen. Zudem steht die Dame auf f5 stark und ziemlich sicher. Daher

14. ... Ta8-e8

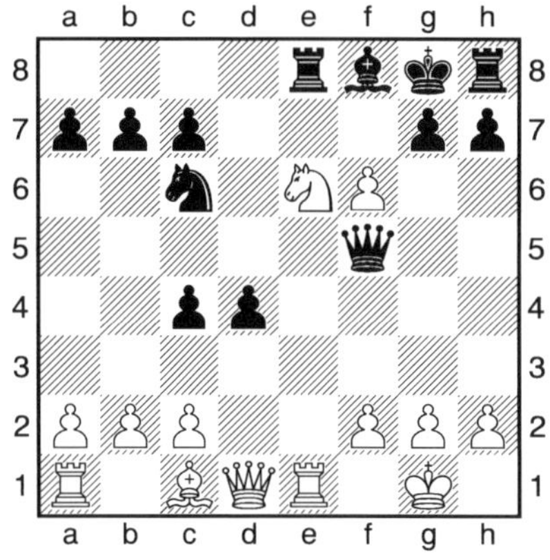

Und nun ist der Angriff abgeflaut, im Wesentlichen, weil die Dame f5 so stark steht. Die Partie nähert sich einem Endspiel, in dem Schwarz eher den Vorteil hat.

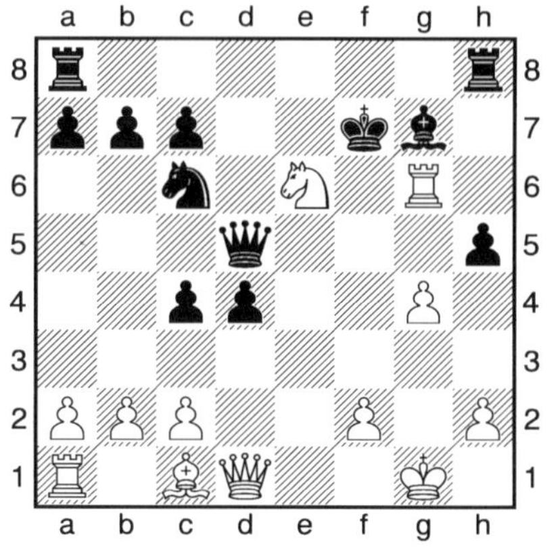

Schwarz erstrebt Abtausch. Über die so entstehende Stellung ein Urteil abzugeben, wäre verfrüht. Der Möglichkeiten sind sehr viele. Beispielsweise 19. Sxc7 Dd7 20. Txg7+ Kxg7 21. Sxa8 hxg4 22. Lf4 Txa8 23. Dd2 oder De2, wobei die Partie den Charakter eines Endspiels annimmt, dessen Chancen etwa gleich verteilt sind

Nachtrag Mai 1928

Zum Angriff von Max Lange wäre noch vieles zu bemerken. Die Stellung ist noch ungeklärt, und vermutlich halten sich die feindlichen Kräfte bei bestem Spiele etwa das Gleichgewicht.

Der 14. Zug des Weißen in der oben angegebenen Variante nach 11. ...Lf8 12. Sxf7 Kxf7 13. Sg5+ Kg8 ist wohl am stärksten 14. Txe6. Es folgt dann **14. ...gxf6 15. g4** Weiß sucht die Dame aus ihrer beherrschenden Stellung zu verdrängen. Auf das schwächliche 15. ...Dg6 könnte 16. Df3 geschehen, das unter anderem Df3-d5 droht. Schwarz wird die Mitte verteidigen müssen, also **15. ...Dd5** Nun **16. Txf6 h5** Schwarz muss wohl Th8 befreien. **17. Tg6+ Lg7 18. Se6 Kf7**

Wiener Partie

	1.	**e2-e4**	**e7-e5**
	2.	**Sb1-c3**	**Sg8-f6**
I.	**3.**	**Lf1-c4**	**Sf6xe4**

Nicht anzuempfehlen ist nun 4. Lxf7+, da Schwarz sich dabei mit ...Kxf7 5. Sxe4 d5 schnell entwickelt. Auch bei 4. Sxe4 d5 5. Ld3 dxe4 6. Lxe4 Sd7 steht Schwarz recht gut.

4.	**Dd1-h5**	**Se4-d6**
5.	**Dh5xe5+**	

Bei 5. Lb3 hat Schwarz die Wahl, mit 5. …Le7 nebst Rochade sich ruhig zu entwickeln oder mit 5. …Sc6 6. Sb5 g6 7. Df3 f5 8. Dd5 De7 9. Sxc7+ Kd8 10. Sxa8 b6 einen aussichtsreichen Angriff in Szene zu setzen.

5. … Dd8-e7

Es kommt zu einem Endspiel, in dem Weiß etwas freier steht, er aber kaum irgend ertragreiche Angriffsziele hat.

II. 3. g2-g3 d7-d5
4. e4xd5 Sf6xd5
5. Lf1-g2 Sd5xc3
6. b2xc3 Sb8-c6

Schwarz steht gut entwickelt.

5. Sg1-e2 Sb8-c6
6. Lf1-g2 Lc8-e6
7. 0-0 Dd8-d7

Auch diese Behandlung ist nicht übel. Schwarz droht, lang zu rochieren und mit …h7-h5 vorzugehen.

III. 3. f2-f4 d7-d5
4. f4xe5 Sf6xe4
5. Dd1-f3 Sb8-c6

Schwarz verteidigt sich durch Gegenangriff. Wenn nun 6. Sxe4 Sd4!

6. Lf1-b5 Se4xc3
7. b2xc3 Dd8-h4+

Die ruhige Fortsetzung 7. …Le7 8. d4 0-0 9. Ld3 f6 führt wegen 10. Dh5 g6 11. Lxg6 zu baldigem Remis.

8. g2-g3 Dh4-e4+
9. Df3xe4 d5xe4

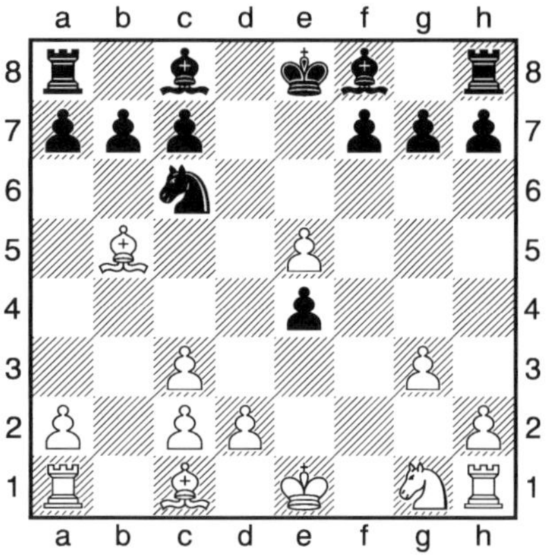

Schwarz droht …Lc8-d7 nebst …Sc6xe5. Ein schwieriges Endspiel, in dem Schwarz nicht zu fürchten braucht, schlechter zu stehen.

Schottische Partie

1. e2-e4 e7-e5
2. Sg1-f3 Sb8-c6
3. d2-d4 e5xd4

Dass dies der schnellste Weg zur Entwicklung sei, ist wohl klar.

4. Sf3xd4 Sg8-f6
5. Sb1-c3 Lf8-b4

Der Bauer e4 ist nun schwer zu decken. Beispielsweise 6. f3 0-0 nebst baldigem …d7-d5.

6. Sd4xc6 b7xc6
7. Lf1-d3

Oder 7. Dd4 De7 8. f3 c5 9. Df2 (nicht nach e3, wo der Bauer d7 bald nach d5 und d4 zu gehen droht) …0-0 10. Ld2 d5. Schwarz steht gut entwickelt.

7. … d7-d5
8. e4xd5

Nicht 8.e5, wie ein altes Spiel beweist: 8. …Sg4 9. 0-0 Lc5 10. h3 Sxe5 11. Te1 Df6 12. De2 0-0

13. Dxe5 Dxf2+ 14. Kh1 Lxh3 15. gxh3 Df3+ 16. Kh2 Ld6. – Freilich ist 10. h3 schlecht. Aber 10. Lf4 g5 11. Lg3 h5 12. h3 h4 13. Lh2 Sxh2 14. Kxh2 Ld4 15. De2 g4 16. hxg4 Dg5 belässt Schwarz die Initiative.

8. … c6xd5

9. 0-0 0-0

10. Lc1-g5 c7-c6

Weiß hat nun ein wenig Angriff, Schwarz einen schönen Bauern in der Mitte.

11. Dd1-f3 Lb4-e7

12. Tf1-e1 Tf8-e8

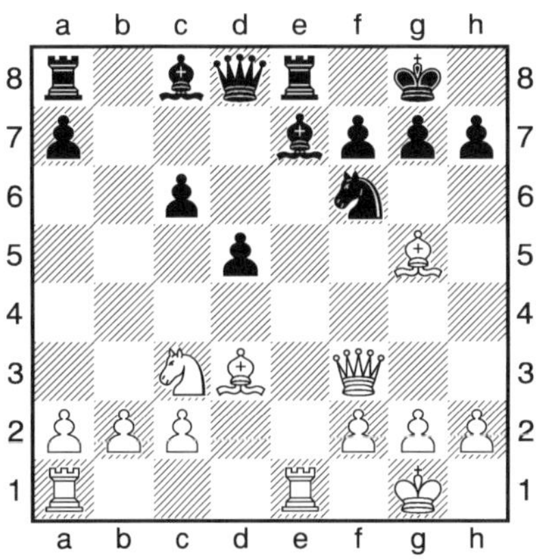

Schwarz wird sich nun unbelästigt entwickeln können.

Weiß kann die Entwicklung des Sb1 hintanhalten, um die Rochade des Schwarzen zu verzögern (1. e4 e5 2. Sf3 Sc6 3. d4 exd4 4. Sxd4 Sf6).

5. Sd4xc6 b7xc6

6. Lf1-d3

Der Überfall 6. e5 scheitert bei kaltblütiger Verteidigung an 6. …De7! (Vorbereitung zur langen Rochade) 7. De2 Sd5. Wenn nun 8. c4, so …La6 9. f4 Db4+, worauf f4 hängt und Weiß in Schwierigkeiten gerät. Auf andere Züge hat Schwarz die Möglichkeit, sich ruhig zu entwickeln, etwa mit …d7-d6 oder mit …Lc8-b7 nebst …0-0-0, eventuell auch einen Gegenangriff zu führen mit …g7-g5 und …Lf8-g7.

6. … d7-d5

7. Dd1-e2 Lf8-e7

8. e4-e5 Sf6-d7

Es macht natürlich gar nichts aus, wenn bei 9. e6 Sf6 Schwarz den König nach f7 bringen muss.

9. 0-0 0-0

Um auf 10. f4 mit …f5 antworten zu können. Schwarz steht gerüstet.

Schwarz kann sich auch mit Angriff auf den Springer d4 entwickeln.

4. … Lf8-c5

5. Lc1-e3

Der freche Versuch 5. Sf5 lässt sich durch 5. …d5 zurückweisen: 6. Sxg7+ Kf8 7. Sf5 dxe4 8. Dxd8+ Sxd8 9. Sg3 f5, und Schwarz ist besser entwickelt als Weiß.

5. … Dd8-f6

6. c2-c3

Blumenfeld hat hier den Angriffszug 6. Sb5 vorgeschlagen. Offenbar erhält Weiß dabei einen peinlichen Doppelbauern und e5 wird ein starker Posten für schwarze Offiziere. Schwarz wird zunächst die Läufer tauschen 6. …Lxe3 7. fxe3, sodann die Felder f3 und h3 schwächen, 7. …Dh4+ 8. g3, und sich verteidigen: 8. …Dd8. Weiß wird den Angriff mit 9. Dg4 aufnehmen, da g7 für Sf6 als Deckung dienen soll. Gut und sicher ist 9. …Kf8 10. Df4 d6 11. Lc4 Sf6 12. 0-0 h5

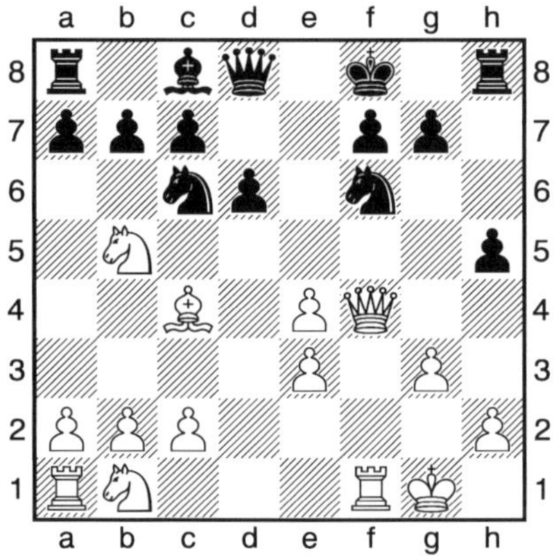

Schwarz steht recht gut entwickelt. 13. S1c3 Se5 14. Lb3 c6 15. Sd4 h4 würde Weiß vor schwierige Aufgaben stellen.

6. ... Sg8-e7

Nun ist 7. Lc4 wegen ...Se5 nicht zu empfehlen. Schwarz hat die Tendenz zu ...d7-d5 und dies lässt sich nicht gut hindern.

7. Lf1-e2 d7-d5

8. Le2-f3 Lc5xd4

9. c3xd4 d5xe4

unter Vereinzelung des Bauern d4.

Paulsen schlug als Vorbereitung zu Sb5 7. Dd1-d2 vor:

7. ... d7-d5

8. Sd4-b5 Lc5xe3

9. Dd2xe3 0-0

Den Bauern c7 zu nehmen, ist nicht ratsam. 10. Sxc7 Tb8 11. Sxd5? Sxd5 12. exd5 Sb4 mit Angriff auf den geöffneten Linien gegen den ungesicherten König. Besser 11. Sd2 dxe4 12. Sxe4 De5 13. Sb5 Sf5 14. De2 a6 15. Sa3 b5. Weiß steht schlecht.

10. Sb1-d2 Lc8-e6

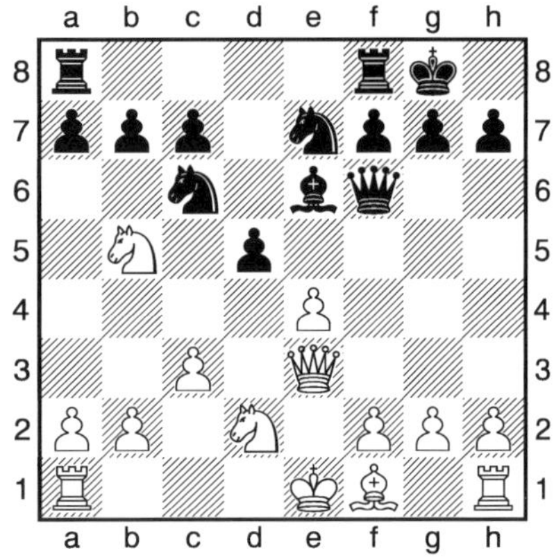

Der Angriff auf c7 hat angesichts der guten Entwicklung von Schwarz keine Gefahr.

Weiß kann auf den unmittelbaren Rückgewinn des Bauern Verzicht leisten, um auf Angriff zu spielen.

4. Lf1-c4 Lf8-c5

Schwarz konnte stattdessen, wie bereits ausgeführt, ...Sg8-f6 ziehen. Nun wäre es recht schwach, mit den bereits entwickelten Figuren weiter anzugreifen. 5. Sg5 Sh6 6. Sxf7 Sxf7 7. Lxf7+ Kxf7 8. Dh5+ g6 9. Dxc5. Schwarz spielt auf Gegenangriff 9. ...d5! 10. exd5 Te8+. Nun geht 11. Kf1 wegen ...b6, das ...La6+ droht, nicht an. Und nach 11. Kd1 steht Weiß, bei dem f2 und g2 schwach sind, auf Verlust.

5. c2-c3

Jetzt kann Schwarz mit ...Sf6 in ein Hauptspiel der Italienischen Partie einbiegen.

5. ... d4xc3

mit der Intention, sich zu verteidigen, dafür die Bauernmehrheit zu behaupten.

6. Sb1xc3 d7-d6

7. Lc1-g5 Dd8-d7

Schwarz muss sich f7 annehmen.

8. Dd1-d2 h7-h6

9. Lg5-h4 Sg8-e7

10. 0-0-0

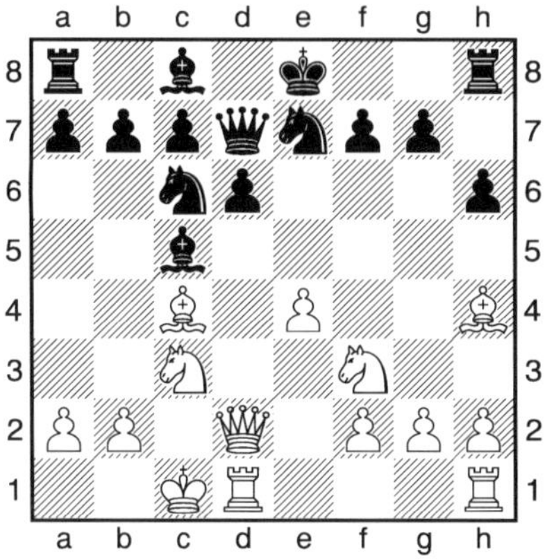

Schwarz hat eine schwierige Aufgabe. Eine mögliche Fortsetzung wäre

10. … Se7-g6

11. Lh4-g3 a7-a6

12. Sc3-d5 b7-b5

13. Lc4-b3 Lc8-b7

14. Kc1-b1 0-0-0

15. Td1-c1

Es kommt zu einem Kampfe, dessen Chancen sich nicht vorhersagen lassen.

Königsgambit

1. e2-e4 e7-e5

2. f2-f4

Die Absicht ist, den Bauern e5 aus der Mitte zu entfernen und womöglich die f-Linie für den Turm zu öffnen.

2. … e5xf4

3. Sg1-f3

Um das Schach auf h4 zu hindern.

3. … g7-g5

Um den Bauern f4 zu halten

4. h2-h4 g5-g4

5. Sf3-e5 d7-d5

Schwarz muss sich so schnell wie möglich entwickeln.

6. d2-d4

Auch der Weiße muss nach schleuniger Entwicklung streben.

6. … Sg8-f6

7. Lc1xf4 Sf6xe4

8. Sb1-d2 Lc8-e6

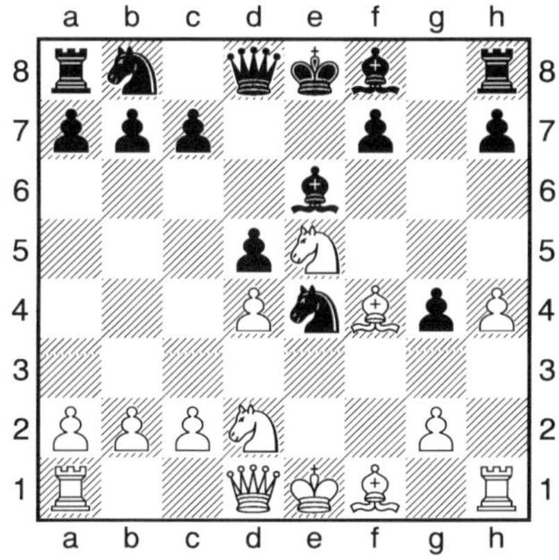

Damit deckt Schwarz f7 und befestigt sich. Weiß kann den Bauern zurückgewinnen, doch nur auf Kosten seines Vorsprungs an Entwicklung.

9. Sd2xe4 d5xe4

10. Se5xg4 Lf8-d6

Schwarz trifft den verwundbaren Punkt g3.

Oder 10. Lc4 Lxc4 11. Sxc4 Sc6 12. c3 (oder 12. d5 Sb4 13. Se3 Lc5) 12. …Dd5 13. Se3 Db5 14. Db3 Dxb3 15. axb3 Ld6 16. Lxd6 cxd6 17. Sxg4 f5 18. Se3 Se7. Ein schwieriges Endspiel, worin Schwarz gute Aussichten hat.

Eine andere Verteidigung obigen „Kieseritzky"-Gambits ist

5.	...	Lf8-g7
6.	d2-d4	Sg8-f6
7.	Lf1-c4	d7-d5
8.	e4xd5	Sf6-h5

Hier steht der Springer sicher und drohend. Schwarz will nun bald rochieren.

9.	Sb1-c3	0-0
10.	Sc3-e2	

Bei 10. Sxg4 Sg3 öffnet sich die e-Linie zum Vorteil von Schwarz, 11. Th2 De7+ 12. Se5 Lxe5 nebst baldigem ...Te8.

10.	...	c7-c5

Schwarz öffnet die Mitte.

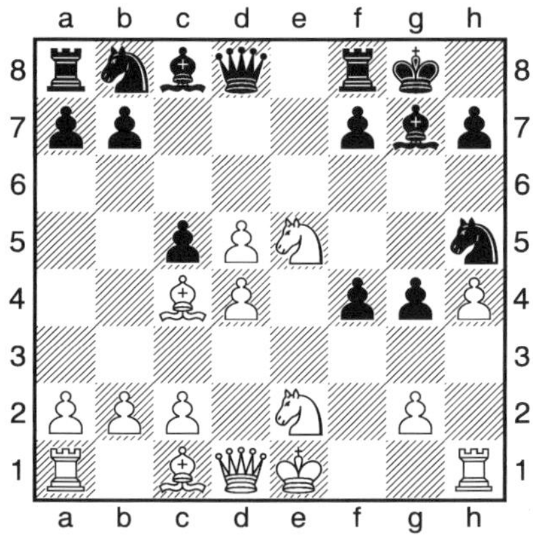

Wenn 11. dxc6 Sxc6, entwickelt sich Schwarz schnell. Auf 11. Sxf4 Sxf4 12. Lxf4 cxd4 verliert der Se5 den Stützpunkt. 13. Dxd4 Sc6.

11.	c2-c3	c5xd4
12.	c3xd4	Sb8-d7

und Schwarz ist gut entwickelt. (Steinitz gegen Zukertort, Wien 1882.)

Weiß kann statt des Kieseritzky-Gambits die kühnere Variante des Allgaier-Gambits wählen.

5.	Sf3-g5	h7-h6
6.	Sg5xf7	Ke8xf7
7.	d2-d4	

Weiß darf keine Zeit verlieren. 7. Dxg4? Sf6 8. Dxf4 Ld6, und Schwarz übernimmt den Angriff.

7.	...	d7-d5
8.	Lc1xf4	Sg8-f6
9.	Sb1-c3	Lc8-e6

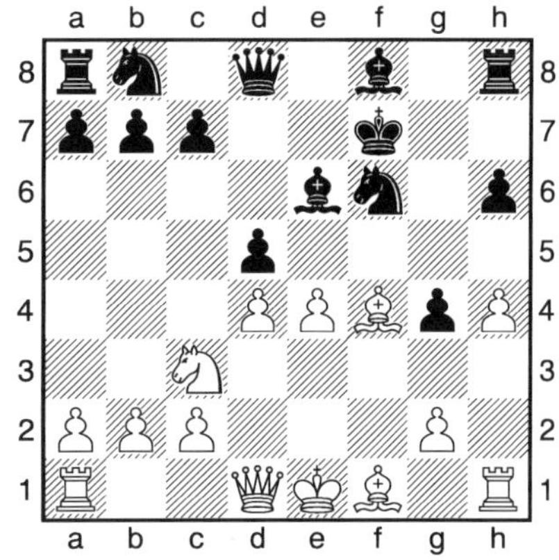

Es ist nicht einzusehen, wie Weiß den Verlust der Figur wettmachen will. Beispielsweise 10. Dd3 Sc6 11. 0-0-0 dxe4 12. Sxe4 (12. De3 Se7) 12. ...Sxe4 13. Dxe4 Dd5.

Es scheint geraten, den Zug 5. h4, der zwar die schwarzen Bauern erschüttert, dafür aber auch Weiß gefährdet, auf eine spätere Gelegenheit zu verschieben. Dann entstehen die Formen des Gambits, die an die Namen Salvio, Muzio, Philidor geknüpft sind.

1.	e2-e4	e7-e5
2.	f2-f4	e5xf4
3.	Sg1-f3	g7-g5

4.	Lf1-c4	Lf8-g7
5.	h2-h4	h7-h6
6.	d2-d4	d7-d6
7.	c2-c3	

Eine andere Spielweise ist 7. Sc3 Sc6 (Nun heischt Punkt d4, durch ...g5-g4 bedroht, Deckung.) 8. Se2 Df6. Der Angriff des Weißen ist nicht überzeugend.

7. ... Sb8-c6

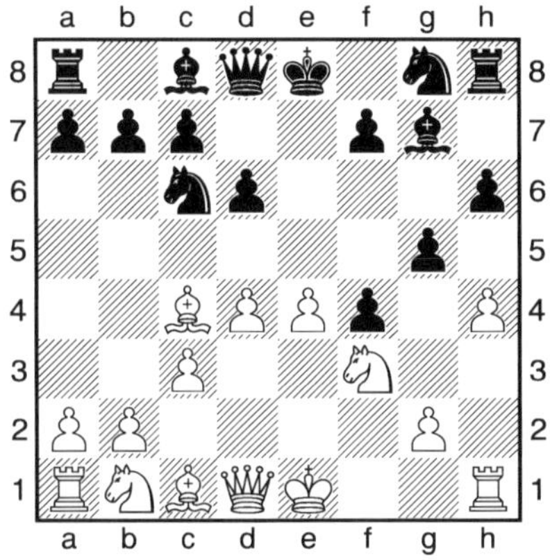

Schwarz will seinen Bauern behaupten und macht es Weiß schwer, den Block der schwarzen Bauern ins Wanken zu bringen.

8. 0-0 Dd8-f6

Um mit ...Sge7 fortzusetzen. Weiß ist zu Angriffen gezwungen, die problematisch sind: 9. g3? Lh3; 9. e5? dxe5 10. dxe5 Dg6.

Tschigorin, ein tiefer Kenner der Gambits, benutzte nicht den h-Bauern, sondern den g-Bauern als Sprengmittel etwa auf folgende Art (1. e4 e5 2. f4 exf4 3. Sf3 g5 4. Lc4 Lg7):

5.	0-0	d7-d6
6.	d2-d4	Sb8-c6

Schwarz kann versuchen, seine Rochade zu beschleunigen: 6. ...h6 7. c3 Se7 8. g3 g4 9. Sh4 f3. Aber dann 10. h3 h5 11. Lg5 mit einer sehr labilen Stellung.

7.	c2-c3	h7-h6
8.	g2-g3	g5-g4
9.	Sf3-h4	f4-f3

Hier hat Weiß, ohne sich auf Opfer im Stile des Vorgabespiels einzulassen, die Möglichkeit zu einer ganzen Reihe von Angriffen.

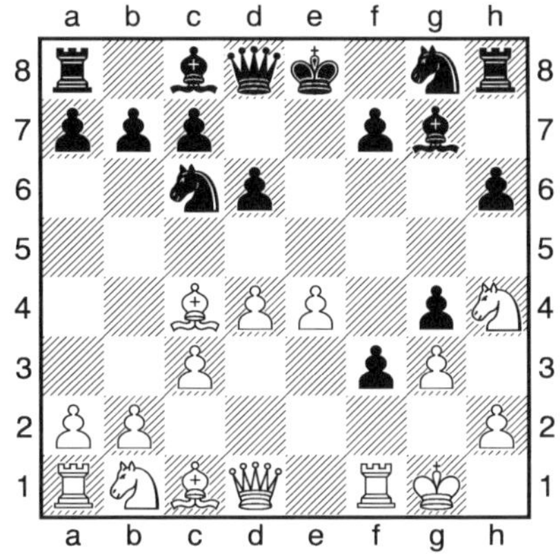

Auf 10. Sd2 Sge7 würde Weiß mit Sdxf3 losschlagen können. Schwarz wird den Sg8 daher wohl nach f6 führen.

Diese Tschigorinsche Behandlung scheint die aussichtsreichste zu sein; sie stellt den Schwarzen wie den Weißen vor schwierige Aufgaben.

Wenn Schwarz nicht die Absicht verfolgt, seinen Bauern zu behaupten, sondern auf Angriff gegen den König spielt, ergeben sich ganz andere Wendungen (1. e4 e5 2. f4 exf4 3. Sf3 g5 4. Lc4).

4.	...	g5-g4
5.	Sf3-e5	Dd8-h4+
6.	Ke1-f1	Sb8-c6

Nun ist schleunige Entwicklung das Wichtigste.

7. d2-d4

Bei 7. Sxf7 wird die Entwicklung von Schwarz überwältigend: 7. ...Lc5 8. De1 g3 9. Sxh8 Lf2 10. Dd1 Sf6. Nun wird Schwarz ...f4-f3 zu forcieren trachten, etwa mit ...d5, ...Lg4, ...Se5 oder ...Sd4 und wird Weiß überrennen.

7. ... Sc6xe5

8. d4xe5 Lf8-c5

9. Dd1-e1 Dh4xe1+

Die Fortsetzung des Angriffs mit ...g3 scheint wegen 10. Sb1-d2-f3 nicht gerechtfertigt.

10. Kf1xe1 Sg8-e7

11. Lc1xf4 Se7-g6

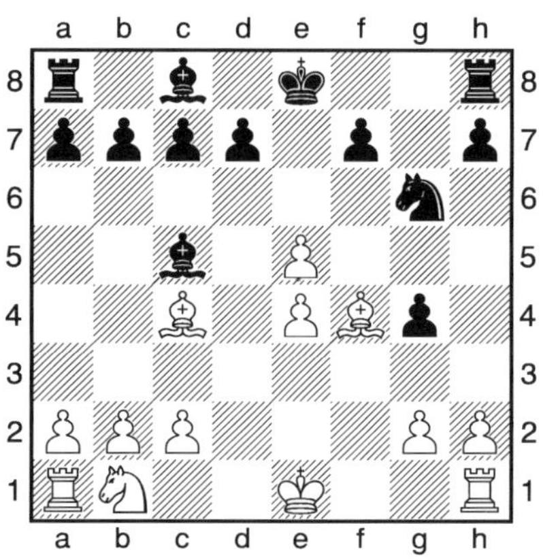

12. g2-g3

Oder 12. Tf1 Sxf4 13. Txf4 Le3, Weiß hat ein schweres Spiel.

12. ... Lc5-d4

Auf 13. Sc3 käme nun ...Sxe5; auf 13. c3 Lxe5 14. Tf1 f6.

Seit alters her hat Weiß sich solchen Schwierigkeiten durch Opfer entziehen wollen. So entstand das Muzio-Gambit.

1. e2-e4 e7-e5

2. f2-f4 e5xf4

3. Sg1-f3 g7-g5

4. Lf1-c4 g5-g4

5. 0-0 g4xf3

6. Dd1xf3 Dd8-f6

Bei so vielen Drohungen gegen den König ist es nötig, die stärkste Figur ins Treffen zu führen, damit sie möglichst viel drohe und decke und womöglich die feindliche Dame zum Tausch nötige.

7. e4-e5

Um die Dame aus ihrer relativen Sicherheit herauszuzwingen, Feld e4 wie die e-Linie zu öffnen.

7. ... Df6xe5

Der Bauer auf e5 behindert ...d7-d6, er muss geschlagen werden.

8. d2-d3 Lf8-h6

Um dem Angriff auf f7 so viele Hindernisse wie irgend möglich in den Weg zu legen.

9. Sb1-c3 Sg8-e7

10. Lc1-d2 Sb8-c6

Weiß macht klar zum Gefecht gegen e7, Schwarz deckt eilig.

11. Ta1-e1 De5-f5

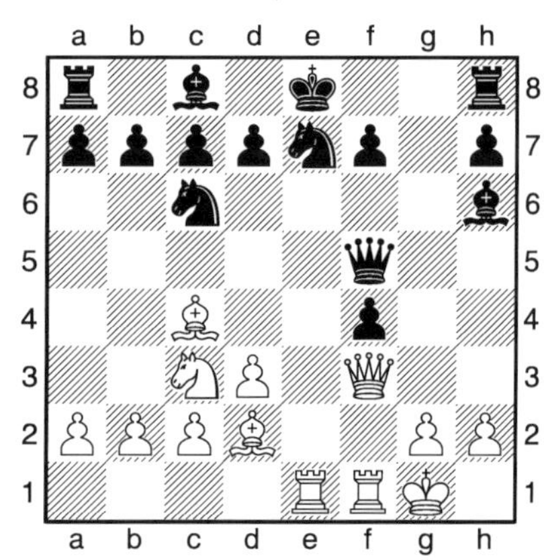

Hier deckt die Dame die Punkte f7, f6, f4 und steht ziemlich sicher. Der formidabel aussehende Zug 12. Te4 exponiert den Turm zu sehr. Schwarz rochiert darauf und droht ...d7-d5. Das Intermezzo 13. Lxf4 Lg7 ändert nichts. Eine eingehend durchstudierte Analyse ist die folgende: **12. Sd5 Kd8 13. De2** Die Idee ist ...Sxd5 14. Lxd5 Dxd5 15. Lc3. **13. ...De6 14. Df2 Dg4** Bei bestem Spiele hat Schwarz auch wohl im Muzio-Gambit Vorteil.

In der Zeit, wo es üblich war, Gambits zu spielen – andere Eröffnungen galten damals für langweilig –, hat man noch viele andere Spielweisen versucht.

Das Cunningham-Gambit

1.	**e2-e4**	**e7-e5**
2.	**f2-f4**	**e5xf4**
3.	**Sg1-f3**	**Lf8-e7**
4.	**Lf1-c4**	**Le7-h4+**

Am besten ist es nun, sich in den Nachteil des Verlustes der Rochade ruhig zu fügen.

5.	**Ke1-f1**	

Nun hat Weiß die bessere Entwicklung. Er beherrscht für den Augenblick die ganze Mitte.

5.	**...**	**d7-d6**
6.	**d2-d4**	**Lc8-g4**
7.	**Sb1-c3**	

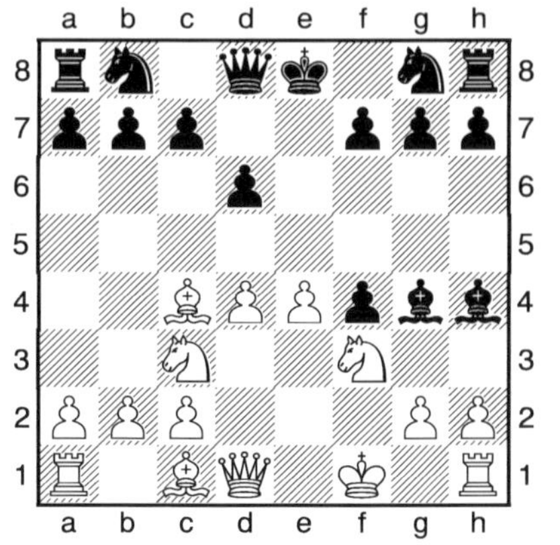

Schwarz kann den Bauern f4 nicht halten. Es folgt etwa

7.	**...**	**Sb8-c6**
8.	**Lc1xf4**	**Lh4-e7**
9.	**h2-h3**	**Lg4-h5**
10.	**g2-g4**	**Lh5-g6**
11.	**d4-d5**	**Sc6-b8**
12.	**Sf3-d4**	**Le7-g5**
13.	**Dd1-d2**	**Dd8-f6**
14.	**Sd4-f5**	

und Weiß steht in der Mitte überlegen.

Freilich sind hier viele Spielweisen angängig, und sicherlich stärkere für Schwarz, aber den Vorteil der Beherrschung der Mitte braucht sich Weiß nicht entwinden zu lassen.

Das Cunningham-Gambit ist fast ganz außer Gebrauch gekommen. Weiß kann schon beim dritten Zuge variieren, indem er das Schachgebot auf h4 gestattet:

Das Läufergambit

1.	**e2-e4**	**e7-e5**
2.	**f2-f4**	**e5xf4**
3.	**Lf1-c4**	**Dd8-h4+**
4.	**Ke1-f1**	**d7-d5**

Das ist nötig, um den Angriff der Dame zu unterstützen.

Bei lauer Unterstützung wird die Dame wieder zurückgeworfen. Beispielsweise 4. ...g5 5. Sc3 Lg7 6. d4 Se7 (oder ...d6 7. e5 nebst Sd5) 7. g3 (Das ist eine von Schachmeistern vor etwa sechzig Jahren durchgeführte Analyse.) 7. ...fxg3 8. Kg2 Dh6 9. hxg3 Dg6 10. Sf3 h6. Und dann geht es rasch bergab mit dem Schwarzen, indem Weiß sich mittels Sd5 die Linien für den Zugriff von Dame und Türmen öffnet.

5.	**Lc4xd5**	

Weiß wird versuchen, die Läuferlinie offen zu halten. Freilich hat auch e4xd5 gewisse Vorteile, wie Öffnung einer Linie für Dame oder Turm und Behinderung des Sb8.

5.	**...**	**g7-g5**

Schwarz will nun, da Lc8 entwickelt ist, f4 halten.

6.	**Sb1-c3**	**Lf8-g7**
7.	**d2-d4**	**Sg8-e7**
8.	**Sg1-f3**	**Dh4-h5**
9.	**h2-h4**	**h7-h6**
10.	**Dd1-d3**	

Um den Sf3 frei zu bekommen.

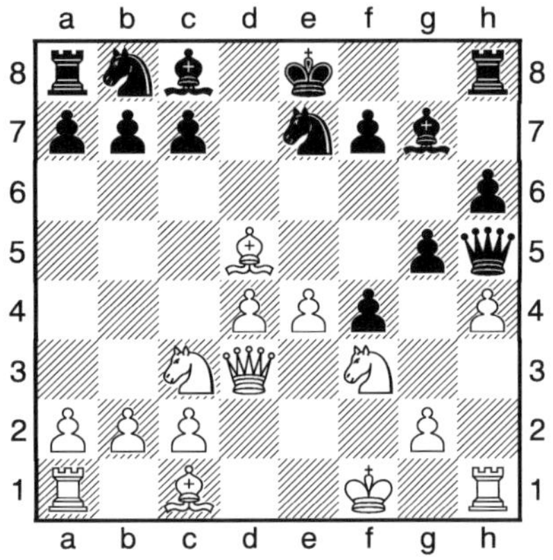

10.	**...**	**c7-c6**
11.	**Ld5-b3**	**Lc8-g4**
12.	**e4-e5**	**Se7-f5**
13.	**Sc3-e4**	**Sb8-d7**

Das Spiel ist verwickelt, aber Schwarz steht seinen Mann dabei. Er droht die lange Rochade.

14.	**Kf1-g1**	**Lg4xf3**
15.	**g2xf3**	**0-0-0**

Um auf 16. hxg5 Dg6 17. Lxf4 mit ...Sxe5 zu antworten. Und auf 16. Sd6+ Sxd6 17. exd6 Dg6 18. Dxg6 Lxd4+. Weiß steht überhaupt recht schlecht.

Will Schwarz den Angriff gegen den König nicht aufnehmen, so kann er sich ruhig entwickeln (1. e4 e5 2. f4 exf4 3. Lc4):

3.	**...**	**Sb8-c6**
4.	**Sg1-f3**	**Sg8-f6**
5.	**Sb1-c3**	**Lf8-b4**
6.	**e4-e5**	**Sf6-g4**
7.	**Sc3-d5**	**0-0**

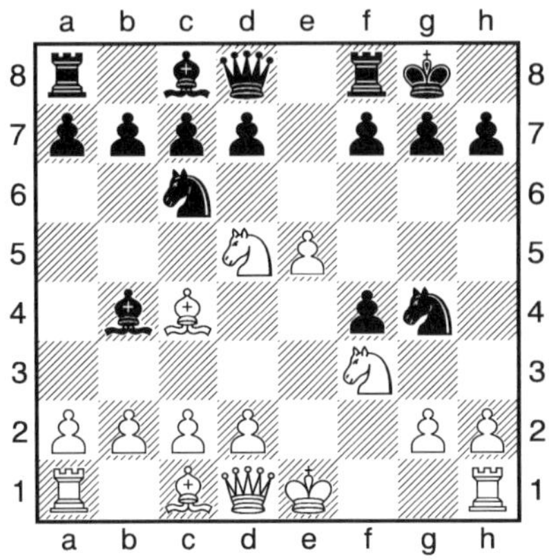

Schwarz droht nun ...Scxe5.

8.	**Sd5xb4**	**Sc6xb4**
9.	**d2-d4**	**d7-d5**
10.	**Lc4-b3**	**f7-f6**

Unterlässt Weiß das frühe Vorgehen des e-Bauern, so steht auch dann Schwarz recht gut (1. e4 e5 2. f4 exf4 3. Lc4 Sc6 4. Sf3 Sf6 5. Sc3 Lb4):

6.	**0-0**	**0-0**
7.	**d2-d3**	**Lb4xc3**
8.	**b2xc3**	**d7-d5**
9.	**e4xd5**	**Sf6xd5**
10.	**Lc4xd5**	**Dd8xd5**
11.	**Lc1xf4**	**Dd5-c5+**
12.	**Kg1-h1**	**Dc5xc3**
13.	**Lf4xc7**	**Lc8-g4**

Will Schwarz das Gambit nicht annehmen, so stehen ihm zwei gute Fortsetzungen zu Gebote.

Ablehnung des Gambits

1.	**e2-e4**	**e7-e5**
2.	**f2-f4**	**Lf8-c5**
3.	**Sg1-f3**	**d7-d6**

Wenn Weiß aus der Stellung des Läufers c5 den Vorteil eines unmittelbaren Angriffs ziehen will, so kann ihm Schwarz die Stange halten.

4.	**c2-c3**	**Sg8-f6**
5.	**d2-d4**	**e5xd4**
6.	**c3xd4**	**Lc5-b4+**
7.	**Lc1-d2**	**Lb4xd2+**
8.	**Sb1xd2**	**d6-d5**
9.	**e4-e5**	**Sf6-g4**
10.	**Lf1-d3**	**f7-f5**

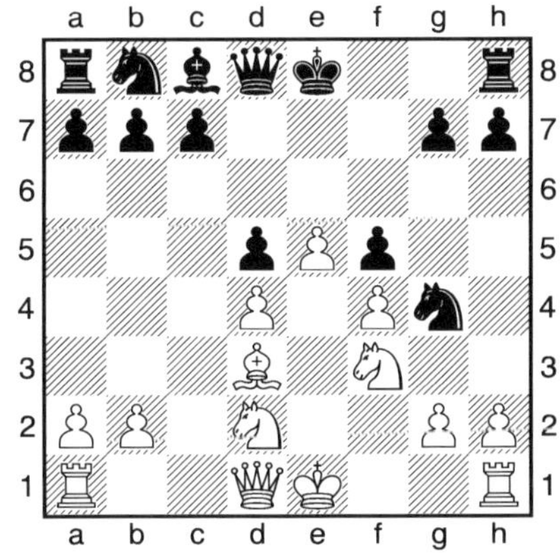

Bei einer ruhigen Entwicklung von Weiß kann sich Schwarz ebenfalls halten, obwohl Weiß doch durch den verschmähten Bauern f4 Druck auf die Mitte ausübt. 1. e4 e5 2. f4 Lc5 3. Sf3 d6:

4.	**Sb1-c3**	**Sg8-f6**
5.	**Lf1-c4**	**Sb8-c6**
6.	**d2-d3**	**Le8-e6**
7.	**Sc3-d5**	**Sc6-d4**

Weiß kann seine vorgeschobenen Figuren nicht halten. Beispielsweise 8. fxe5 dxe5 9. Lg5 c6. Schwarz steht keineswegs im Nachteil.

Falkbeer-Gegengambit

Angriffsspieler lieben es, den Spieß umzudrehen und dem Gambitgeber selbst ein Gambit anzubieten. Aus diesem Gefühl entstand das Falkbeer-Gambit.

1.	**e2-e4**	**e7-e5**
2.	**f2-f4**	**d7-d5**
3.	**e4xd5**	**e5-e4**

Dies ist das Gambit. Mit ...exf4 würde sich das Spiel wohl zum Ausgleich führen lassen, Schwarz will aber seinen schönen e-Bauern nicht mehr für den f-Bauern hingeben.

4.	**d2-d3**	**Sg8-f6**
5.	**d3xe4**	**Sf6xe4**
6.	**Sg1-f3**	**Lf8-c5**
7.	**Dd1-e2**	**Lc8-f5**

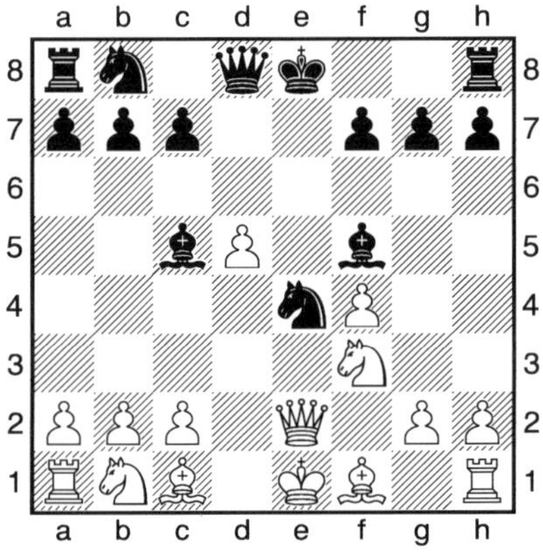

Auf 8. g4 wird Schwarz rochieren können, beispielsweise 8. ...0-0 9. gxf5 Dxd5 10. Le3 Sc6 11. Lxc5 Dxc5. Die schwarzen Türme greifen entscheidend ein.

8.	**Sb1-c3**	**Dd8-e7**

Schwarz hat ein gutes Spiel.

Oder (1. e4 e5 2. f4 d5 3. exd5 e4):

4.	**Sb1-c3**	**Sg8-f6**
5.	**Dd1-e2**	**Lf8-d6**
6.	**d2-d3**	**0-0**
7.	**d3xe4**	**Sf6xe4**
8.	**Sc3xe4**	**Tf8-e8**
9.	**De2-f3**	**Lc8-f5**
10.	**Lf1-d3**	**Lf5xe4**
11.	**Ld3xe4**	**f7-f5**
12.	**Sg1-e2**	

Wenn 12. Le3 Txe4 13. 0-0-0 De8, kommt Weiß in ernste Schwierigkeiten.

12.	**...**	**f5xe4**

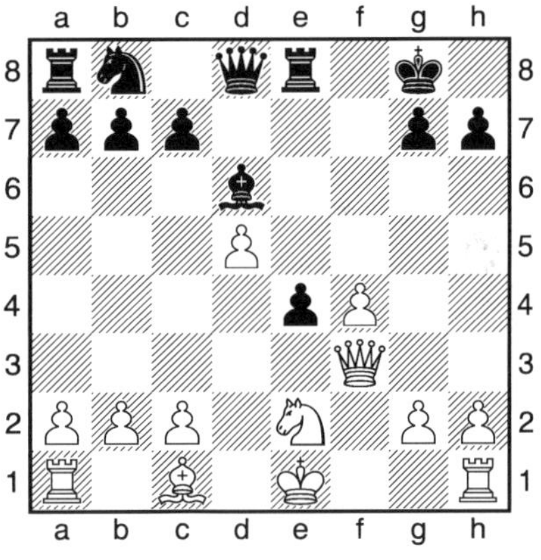

Schwarz hat einigen Angriff, weil der Bauer d5 schwer zu decken ist und der e-Bauer drückt.

Nordisches Gambit

1.	**e2-e4**	**e7-e5**
2.	**d2-d4**	**e5xd4**
3.	**c2-c3**	**d4xc3**
4.	**Lf1-c4**	**Sg8-f6**
5.	**Sb1xc3**	**Sb8-c6**
6.	**Sg1-e2**	

Um nach ...Lb4 rochieren zu können.

6.	**...**	**Lf8-e7**

Schwarz mag den Läufer f8 für den Angriff benützen. 6. ...Lc5 7. 0-0 d6 8. Kh1 0-0. Nun ist es die Frage, ob der Läufer c5 nicht auf dem Königsflügel fehlt. Weiß wird einmal f4-f5 ziehen und eventuell mittels Lc1-g5, auf d5 die Oberhand gewinnen.

7.	**0-0**	**d7-d6**
8.	**f2-f4**	**0-0**

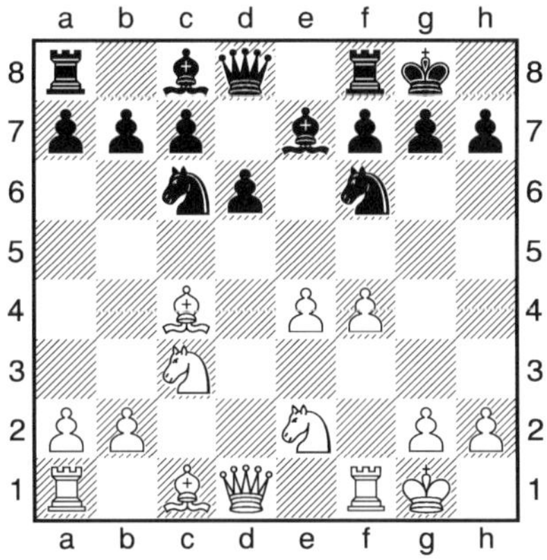

9.	**h2-h3**	

Nötig als Sicherung für Le3, wie als Vorbereitung für g2-g4.

9.	**...**	**a7-a6**
10.	**g2-g4**	**b7-b5**
11.	**Lc4-b3**	**Sc6-a5**
12.	**Lb3-c2**	**c7-c6**

Weiß wird noch lange Angriff gegen den Königsflügel behalten. Um zu entscheiden, ob von Anfang des Opferspiels an die Gegenchancen von Schwarz größer oder geringer sind, bedürfte es einer Goldwaage. Die Partie wird sehr verwickelt werden.

Italienische Eröffnung

1.	**e2-e4**	**e7-e5**
2.	**Sg1-f3**	**Sb8-c6**
3.	**Lf1-c4**	**Lf8-c5**

Die Fortsetzungen 4. Sb1-c3 oder 4. d2-d3 führen zu einer sehr ruhigen Entwicklung, etwa wie folgt:

4.	**d2-d3**	**Sg8-f6**
5.	**Sb1-c3**	**d7-d6**
6.	**Lc1-e3**	**Lc5-b6**
7.	**h2-h3**	**Lc8-e6**
8.	**Lc4-b3**	**h7-h6**
9.	**0-0**	

Die Aufgabe wird verwickelt nur bei der Entscheidung, ob man rochieren soll, wohin man rochieren soll. Vermutlich darf man solche Entscheidung nach Belieben treffen, ohne den Verlust des Spiels dabei zu wagen, sofern man nur später das Rechte trifft. – Die Italiener nannten diesen Stil giuoco pianissimo.

Diese Eröffnung bietet Probleme in dem Augenblick, wo Weiß die Initiative übernimmt, um ein Bauernzentrum zu bilden.

Mit 4. 0-0 d6 5. c3 geht dies nicht mehr. Schwarz kann …Sf6 antworten und auf 6. d4 Lb6 den Bauern e5 halten. Dann aber erreicht Weiß in der Mitte kein Übergewicht. Dies erreicht Weiß nur durch (1. e4 e5 2. Sf3 Sc6 3. Lc4 Lc5)

4. c2-c3

Jetzt lässt sich der Bauer e5 nur noch durch 4. …De7 behaupten, wodurch aber Weiß einen kleinen Vorsprung in der Entwicklung erhält. 5. 0-0 d6 6. d4 Lb6 7. Sa3 Sf6 8. Ld5 nebst baldigem Sc4. Weiß behält die Initiative.

4. … Sg8-f6

Damit hält Schwarz dem Weißen die Stange.

5. d2-d4 e5xd4

6. c3xd4 Lc5-b4+

Schwarz darf keine Zeit verlieren, der Bauer d7 drängt vorwärts.

7. Lc1-d2

Auch Sc3, das zu einem Gambit führt, kommt in Betracht Bei anderen Zügen aber hat Schwarz, sofern er sich schnell entwickelt, keinerlei Schwierigkeit.

7. … Lb4xd2+

Bei 7. …Sxe4 muss Schwarz mit Königszügen Zeit verlieren. 8. Lxb4 Sxb4 9. Lxf7+ Kxf7 10. Db3+ d5 11. Dxb4 Te8 12. 0-0. Nun wird Schwarz wohl kaum anderes haben als …Kg8 13. Sc3. Weiß ist im Vorteil.

8. Sb1xd2 d7-d5

Schwarz kann hier die Mitte mit 8. …Sxe4 brechen, es folgt aber dann 9. d5 Sxd2 10. Dxd2 Se7 11. d6 cxd6 12. 0-0. Weiß gewinnt die beiden d-Bauern leicht zurück und bleibt im Vorteil.

9. e4xd5 Sf6xd5

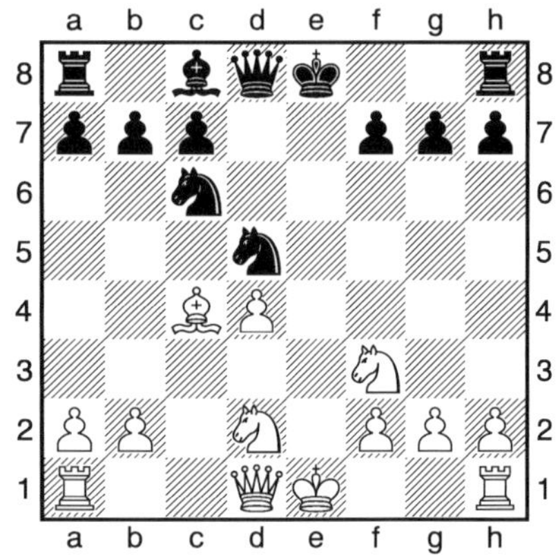

10. 0-0 0-0

11. Tf1-e1 Sc6-e7

12. Ta1-c1

Weiß hat Vorsprung in der Entwicklung, Schwarz den sicheren und starken Vorposten auf d5. Wenn etwa 12. …c6 13. h3, zur Vorbereitung für Se4 (oder Sb3) hat Weiß durch seinen Bauern d4 Übergewicht auf einigen schwarzen Feldern, wie e5, c5, vielleicht d6.

Einen lebhaften Charakter nimmt die Eröffnung an bei (1. e4 e5 2. Sf3 Sc6 3. Lc4 Lc5 4. c3 Sf6 5. d4 exd4 6. cxd4 Lb4+)

7. Sb1-c3 Sf6xe4

8. 0-0 Lb4xc3

Eine der ältesten Varianten.

8. …Sxc3 9. bxc3, und nun:

A) Eine sehr schöne Variante, ist die folgende: 9. …Lxc3 10. Db3 Lxa1 11. Lxf7+ Kf8 12. Lg5 Se7 13. Se5 Lxd4 14. Lg6, und gewinnt leicht; ähnlich 13. …d5 14. Df3 Lf5 15. Le6.

B) 9. …d5 10. cxb4 dxc4 11. Te1+ Se7 12. De2 Le6 13. Sg5 Dd7 14. Sxe6 fxe6 15. Dxc4 Sd5 16. a4 0-0 17. Ld2. Ein Endspiel, das vermutlich etwa gleich steht.

9. d4-d5

Der Angriff von Möller.

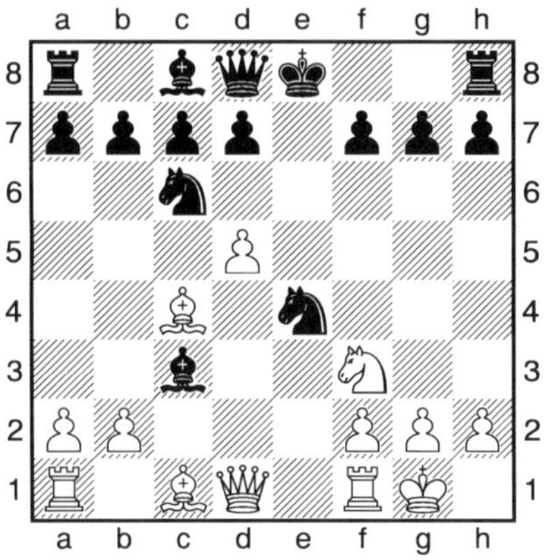

9. ... Lc3-f6

Stützt den Königsflügel und ist daher am besten. Es geht auch 9. …Se5 10. bxc3 Sxc4 11. Dd4 f5! 12. Dxc4 d6 13. Sd4 0-0 14. f3 Sc5 15. Te1 Kh8. Weiß hat eine feste Stellung und kann das Minus des Bauern aushalten. Einen Vorteil kann man freilich für Weiß keineswegs demonstrieren. – Alle anderen Züge sind merklich schwächer.

10. Tf1-e1 Sc6-e7

11. Te1xe4 d7-d6

Wenn Schwarz rochiert, opfert sich der d-Bauer, wie gewöhnlich in solchen Stellungen, um die Entwicklung des Gegners hintanzuhalten. Nach 11. …0-0 12. d6 cxd6 13. Lf4 Lxb2 14. Lxd6 Sf5 15. Lxf8 Lxa1 (15. …d5 16. Dxd5 mit Vorteil.) 16. Dd5 Sh6 (der einzige Zug) 17. Le7 nebst Lf6 und gewinnt.

Oder 13. …Le5 14. Sxe5 dxe5 15. Dd6 Sf5 16. Dxe5 d6 17. Db5 mit besserem Endspiel.

Zuletzt 13. …d5 14. Lxd5 Lxb2 15. Tb1 Sxd5 16. Dxd5 La3 17. Tb3 Le7 18. Tae3 und gewinnt.

12. Lc1-g5 Lf6xg5

13. Sf3xg5 0-0

Wenn 13. …Lf5, so 14. Df3.

14. Sg5xh7 Kg8xh7

Nicht 14. …Lf5 15. Th4 Sg6 16. Th5.

15. Dd1-h5+ Kh7-g8

16. Te4-h4 f7-f5

17. Dh5-h7+ Kg8-f7

18. Th4-h6 Tf8-g8

19. Ta1-e1 Dd8-f8

Weiß erreicht mit diesem Angriff bei bester Verteidigung nur ein Remis durch ewiges Schach. Rubinstein im „Lärobok i schack“ führt aus:

20. Le4-b5 Tg8-h8

21. Dh7xh8 g7xh6

22. Dh8-h7+ Kf7-f6

23. Te1xe7 Df8xe7

24. Dh7xh6+ und Dauerschach.

Evans Gambit

1. e2-e4 e7-e5

2. Sg1-f3 Sb8-c6

3. Lf1-c4 Lf8-c5

4. b2-b4

Weiß bringt ein Opfer, um bei dessen Annahme mit c2-c3 einen Zug für die Bildung einer Bauernmitte zu gewinnen.

Schwarz ist zur Annahme keineswegs genötigt Wenn 4. …Lb6, steht der Läufer dort sicher. Ein wütender Angriff mit 5. b5 schlägt fehl. 5. …Sa5. Wird nun der Bauer e5 geschlagen, so deckt sich Schwarz mit 6. …Sh6 und droht viele Angriffe. 7. d4 d6 8. Lxh6 dxe5 9. Lxg7 Tg8. Weiß gewinnt nur Bauern, Schwarz entwickelt sich immer weiter. 10. Lxf7+ Kxf7 11. Lxe5 Dg5. Schwarz wird den Angriff mit ...Dxg2 oder ...Sc4 fortsetzen und durch seine riesige Entwicklung unschwer gewinnen.

Weicht der Läufer im sechsten Zuge nach e2, ist allerdings der Sa5 gefangen, Schwarz forciert aber den Kampf mit ...d5, um nach exd5 mit ...e4 fortzusetzen. Dann ist an eine Blockade des Springers a5 nicht mehr zu denken, Schwarz wird viel zu aggressiv.

Auch die Annahme des Gambits ist gefahrlos.

4. ... Lc5xb4
5. c2-c3

Der Läufer kann nach c5 wie a5 zurückweichen – nicht so gut nach e7, wo er die Dame an der Deckung des Punktes f7 hindern würde (bei 6. Db3).

Diesen Varianten ward im vergangenen Jahrhundert eine ungeheuer fleißige Analyse zuteil. Man fand die folgenden Fortsetzungen

5. ... Lb4-c5
6. 0-0 d7-d6
7. d2-d4 e5xd4
8. c3xd4 Lc5-b6

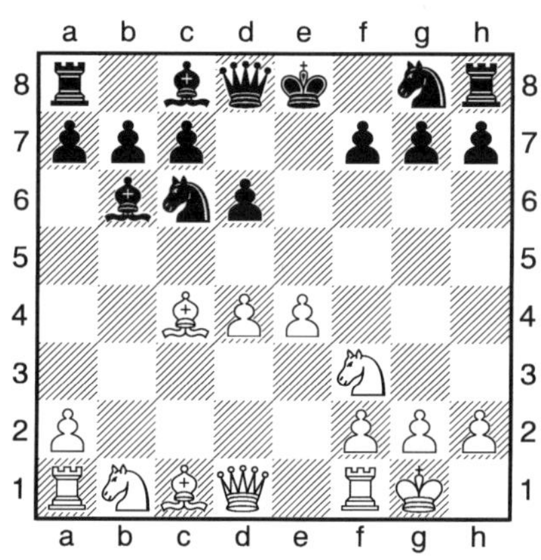

9. d4-d5 Sc6-a5

Nicht ...Se5 10. Sxe5 dxe5 11. La3.

10. Lc1-b2 Sg8-e7

Um beim Schlagen des g-Bauern die g-Linie zur Geltung zu bringen.

11. Lc4-d3 0-0

Weiß wird nun so operieren, dass die Bauern seines Königsflügels vorgehen, etwa f2-f4-f5. Schwarz wird mit den Bauern des Damenflügels vorgehen wollen. Wer zuerst kommt, wird gewinnen.

(1. e4 e5 2. Sf3 Sc6 3. Lc4 Lc5 4. b4 Lxb4 5. c3 Lc5 6. 0–0 d6 7. d4 exd4 8. cxd4 Lb6)

9. Sb1-c3 Se6-a5

Wiederum nicht ...Sf6 wegen 10. e5 dxe5 11. La3.

10. Lc1-g5 f7-f6
11. Lg5-f4 Sa5xc4
12. Dd1-a4+

Weiß steht sehr stark in der Mitte.

(1. e4 e5 2. Sf3 Sc6 3. Lc4 Lc5 4. b4 Lxb4 5. c3 Lc5 6. 0–0 d6 7. d4 exd4 8. cxd4 Lb6)

9. Lc1-b2 Sg8-e7
10. Sf3-g5 d6-d5
11. e4xd5 Sc6-a5

Hierbei hat Schwarz ein bequemes Spiel.

12. d5-d6 Sa5xc4
13. d6xe7 Dd8-d5
14. Sb1-c3 Sc4xb2
15. Sc3xd5 Sb2xd1
16. Tf1xd1 h7-h6

Schwarz kann diesen Angriffen bei guter Stellung entgehen durch (1. e4 e5 2. Sf3 Sc6 3. Lc4 Lc5 4. b4 Lxb4 5. c3 Lc5 6. 0–0 d6 7. d4)

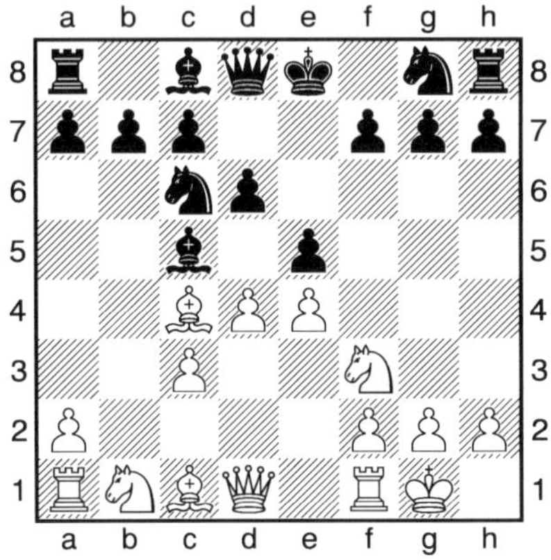

7. … Lc5-b6

Er gibt den Bauern zurück, sofern Weiß die Damen tauschen will; Weiß behält aber dann zerrissene Bauern. (Diesen Zug führte ich bei einer Vorlesung in London vor. Er hat sich bewährt.) Spielt Weiß nicht 8. dxe5 dxe5 9. Dxd8+ Sxd8 10. Sxe5, so behält Schwarz den Bauern e5, und dann kann Weiß nicht mehr eine Übermacht von Bauern auf dem Königsflügel in Bewegung setzen, und Schwarz kann den Angriff zurückschlagen.

Diese Variante spielt auch mit, wenn Schwarz (nach 1. e4 e5 2. Sf3 Sc6 3. Lc4 Lc5 4. b4 Lxb4 5. c3)

5. … Lb4-a5

zieht. Will Weiß sie vermeiden, so darf er jetzt nicht rochieren, sondern muss sogleich in der Mitte vorgehen.

6. d2-d4

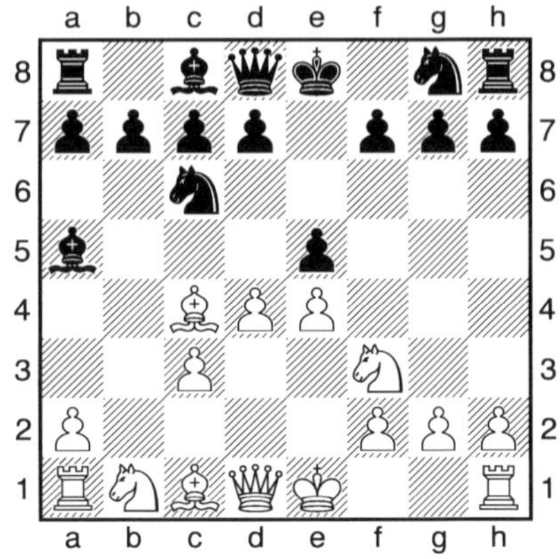

Bei 6.…exd4 kommt Weiß zu einem Angriffe, weil der Punkt f7 nur von der Dame geschützt werden kann, wobei diese, in Anbetracht der sehr offenen Stellung, leicht Angriffen ausgesetzt wird. Beispielsweise 7. 0-0 dxc3 8. Db3 Df6 9. e5 Dg6 10. Sxc3 Sge7 11. La3. Schwarz wird dann versuchen müssen, sich unter Bauernopfer zu befreien, etwa durch 11. …b5 12. Sxb5 Tb8 13. Da4 oder 11. …d6 12. exd6 cxd6 13. Tfd1 0-0, oder er wird die Rochade opfern müssen: 11. …Lxc3 12. Dxc3 b6 13. Tfd1 Lb7 14. Tac1, aber alles dies ist nicht recht befriedigend, nicht klar definiert, nicht planmäßig, ein Tanzen auf einem gespannten Seil, wobei der Tänzer leicht abstürzen kann (beispielsweise 14. …Sa5 15. Ld3 Dh5 16. Dxc7 Lxf3 17. Le2 gewinnt). – Auch ist man die nahezu hundert Jahre, die die Analyse obiger Stellung bereits gewährt hat, zu keinem Abschluss gelangt.

Die gesunde und richtige Spielweise ist es auch hier, einen Plan zugrunde zu legen: e5 zu behaupten. Und so empfiehlt sich 6. …d6, mit der Intention, in die oben dargelegte Spielweise …Lc5-b6 einzubiegen. Will Weiß dieser Spielweise aus dem Wege gehen, so muss er sofort den Angriff aufnehmen; als einziges Angriffsziel ist f7 vorhanden. 7. Db3. Nun geht …De7 oder …Df6 wegen d4-d5 nicht an, wohl aber …Dd7. Danach wird

Schwarz sich schleunig entwickeln können, mit ...Sf6, ...0-0 usw., sofern er nur immer bereit steht, das Plus des Bauern, das er hat, im Interesse schleuniger Entwicklung aufzugeben.

Wegen dieser Bereitwilligkeit ist man in den letzten dreißig Jahren mehr und mehr von der Mode, Gambit zu spielen, abgekommen.

Vierspringerspiel

1.	**e2-e4**	**e7-e5**
2.	**Sg1-f3**	**Sb8-c6**
3.	**Sb1-c3**	**Sg8-f6**

Diese Eröffnung führt zu keinerlei Verwicklungen, wenn Schwarz es nicht will. Freilich ist es gefährlich für Schwarz, Verwicklungen herbeizuführen.

4. Lf1-b5

Damit erlangt Weiß ein wenig Druck auf e5.

4. ... a7-a6

Diese Antwort ist sachgemäß, da Weiß sich nun entscheiden muss, welche Schräge der Läufer einnehmen oder ob er sich abtauschen soll.

5. Lb5xc6

Bei La4 kann Schwarz ...Le7 oder ...Lc5 ohne Nachteil ziehen. Diese Varianten entstehen bei Zugumstellung aus dem Ruy Lopez.

5. ... d7xc6

6. d2-d4

Dies ist nun wohl das Stärkste. Mit 6. Sxe5 Sxe4 7. Sxe4 Dd4 8. 0-0 Dxe5 9. d4 Df5! erreicht Weiß nicht viel, da Weiß nicht dazu gelangt, mit der Dame den Angriff kräftig zu unterstützen. 10. Te1 Le6 11. Lg5 h6, um den Läufer von einer der beiden langen Schrägen, die er innehat, abzudrängen. 12. Dd3 wäre nur ein Schlag ins Wasser, da Schwarz der Drohung Se4-d6+ einfach durch ...Kd7, das den Turm a8 entwickelt, ausweicht. Besser 12. Lh4. Schwarz muss sich freilich hier vorsehen. Mit 12. ...g5 13. Lg3 0-0-0 käme er ins Gedränge, beispielsweise 14. Le5 Tg8 15. Sf6 Tg6 16. g4. Aber 12. ...Ld6 geht an. 13. g4 Da5. Eine irgend entscheidende Wendung ist von Weiß nicht herbeizuführen. 14. Sxd6+ cxd6 15. f4 g5 16. f5 gxh4 17. fxe6 fxe6 18. Txe6+ Kd7 19. De2 Tae8 20.Te1 Dxe1+. Der gewalttätige Angriff hinterlässt Weiß geschwächt.

6. ... e5xd4

Schwarz mag auch 6. ...Lb4 ziehen. Dann kommt es mit 7. dxe5 Dxd1+ 8. Kxd1 Lxc3 9. exf6 Lxf6 10. c3 zu einem Endspiel, in dem Weiß wohl einen sehr geringen Vorteil hat.

7.	**Dd1xd4**	**Dd8xd4**
8.	**Sf3xd4**	**Lf8-b4**
9.	**f2-f3**	

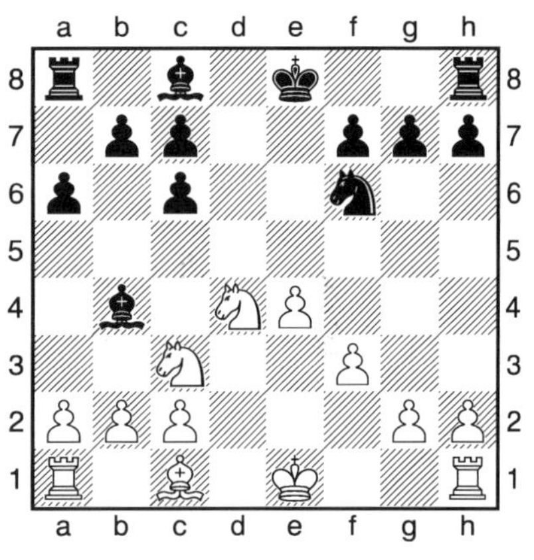

Weiß hat hier wegen seiner besseren Bauernstellung mehr Initiative als Schwarz, trotz dessen starken Läufern. Der Sf6 wird freilich kräftig nach e5 gelangen.

Schwarz kann sich (nach 1. e4 e5 2. Sf3 Sc6 3. Sc3 Sf6 4. Lb5) wohl mit

4. ... Lf8-b4

verteidigen, obwohl die Taktik, den Zügen des Gegners zu folgen, leicht zu Übertreibungen verführt.

5. 0-0 0-0

6. d2-d3 d7-d6

7. Lc1-g5

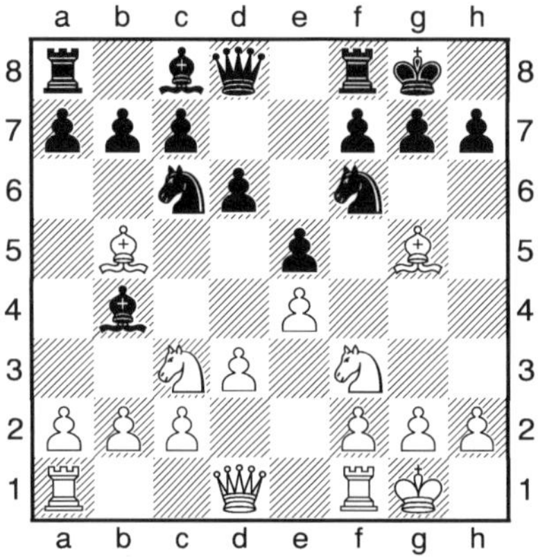

Bisher ging alles den Gang der ungestörten Entwicklung, nun aber droht bereits Sd5. Allzu lange darf Schwarz dem Weißen nicht nachahmen. 7. ...Lg4 8. Sd5 Sd4 9. Sxb4 Sxb5 10. Sd5 Sd4 11. Dd2 (Damit droht 12. Lxf6 gxf6 13. Dh6.) 11. ...Sxf3+ 12. gxf3 Lxf3 13. h3 (Erst sichert Weiß den König.) 13. ...Kh8 14. Kh2 Tg8 15. Tg1 c6 16. Sxf6 gxf6 17. Lh4 Tg6 18. De3 Lh5 19. f4, und Weiß muss gewinnen.

7. ... Lb4xc3

8. b2xe3 Dd8-e7

Auf 8. ...Se7 9. Sh4 kommt Weiß leicht zu f2-f4 und behält guten Angriff. Eine berühmte Partie, Schlechter – Duras, San Sebastian, hatte den folgenden Verlauf: 7. ...Se7 8. Sh4 c6 9. Lc4 Se8 10. f4 Lxc3 11. bxc3 d5 12. Lb3 f6 13. fxe5 fxg5 14. Txf8+ Kxf8 15. Df3+ Kg8 16. Tf1 Sc7 17. Df7+ Kh8. Nun mit Zugumstellung da Weiß hier fehlgriff: 18. Df8+ Dxf8 19. Txf8+ Sg8 20. exd5 cxd5 21. Sf3 (Weiß droht, Schwarz zu zernieren.) 21. ...Le6 22. Txa8 Sxa8 23. Sxg5 Sc7 24. Sxe6 Sxe6 25. Lxd5, und Weiß gewann das Endspiel.

9. Tf1-e1 Sc6-d8

10. d3-d4

Weiß will Linienöffnung für seine Läufer, Schwarz widerstrebt.

10. ... Sd8-e6

11. Lg5-c1 c7-c6

12. Lb5-f1

Überall sonst stehen die Läufer im Wege.

12. ... De7-c7

13. g2-g3

Ein Vorschlag Rubinsteins im „Lärobok i schak“.

13. ... Tf8-d8

Schwarz wird ruhig und wachsam spielen müssen. Er hat ein Gegenspiel mit ...Ld7, ...Tac8, ...c5.

Die letzten Jahre brachten neue Entwicklungen von Belang durch Rubin-stein, Bogoljubow, Svenonius. Rubin-stein verbesserte eine alte Variante. (1. e4 e5 2. Sf3 Sc6 3. Sc3 Sf6 4. Lb5)

4. ... Sc6-d4

In Kämpfen mit Bogoljubow ergab sich das folgende Bild. Am besten ist

5. Sf3xe5 Dd8-e7

Nicht 5. ...Lc5 wegen 6. Le2 d5 7. Sd3 Lb6 8. e5 Se4 9. 0-0 c6 10. Sa4, und Weiß befreit sich und behält sein materielles Übergewicht.

6. f2-f4 Sd4xb5

7. Sc3xb5 d7-d6

8. Se5-f3 De7xe4+

9. Ke1-f2 Sf6-g4+

10. Kf2-g1

Bogoljubow spielte 10. Kg3, doch das ist zu gewagt. Es kommt darauf 10. …Dg6, und der Angriff des Schwarzen wird zu stark. Aber nach dem obigen Zuge kommt der weiße König durch h2-h3 bald in Sicherheit und Weiß bemächtigt sich der e-Linie und der Initiative.

Die Idee von Svenonius ist eine sehr gesunde. Nach den Zügen 1. e4 e5 2. Sf3 Sc6 3. Sc3 Sf6 4. Lb5 Lb4 5. 0-0 0-0 6. d3 zieht er …Lxc3 7. bxc3 d5. Nun entsteht folgerecht eine Verwicklung in der Mitte.

8. **Lb5xc6** **b7xc6**

9. **Sf3xe5** **Dd8-d6**

10. **Lc1-f4** **Tf8-e8**

11. **Dd1-f3**

11. exd5 Txe5 12. d4 Te1 13. Lxd6 Txd1 14. Tfxd1 cxd6 15. dxc6 führt zu der folgenden Stellung.

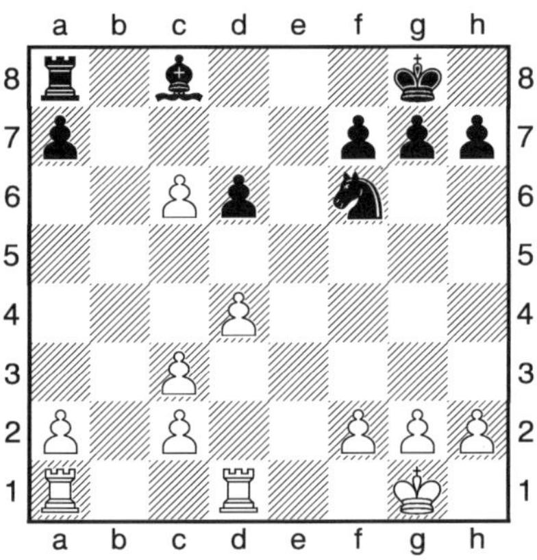

Mit 15. …La6 scheint Schwarz nicht übel zu stehen.

11. **…** **d5xe4**

12. **d3xe4** **Te8xe5**

13. **Ta1-d1**

Nicht 13. Tfd1, da dieser Turm den König zu decken hat. Es folgt …Lg4 14. Dg3 Lxd1 15. Lxe5 Dd2.

13. **…** **Lc8-g4**

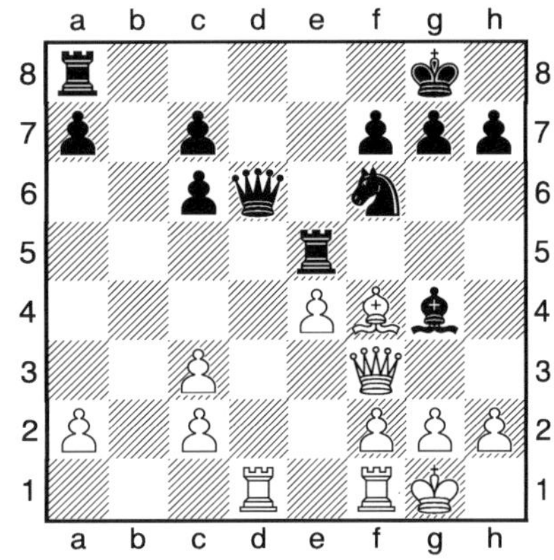

14. **Df3-g3**

14. Txd6 führt zu glatten Remisen.

14. **…** **Sf6xe4**

15. **Dg3xg4** **Dd6-e6**

Ruy Lopez

Die folgerichtigste von allen Eröffnungen, die mit dem Doppelschritt der Königsbauern beginnen. Der Angriff richtet sich wieder gegen e5.

1. **e2-e4** **e7-e5**

2. **Sg1-f3** **Sb8-c6**

3. **Lf1-b5**

Die älteste Verteidigung ist 3. …d6: die direkteste. Sie ist sicherlich eine gesunde und kernige. Freilich besticht sie nicht die Phantasie. Sie ist hausbacken.

3. **…** **d7-d6**

4. **d2-d4** **Lc8-d7**

Wird Sc6 und danach e5 geschlagen, so fällt Bauer e4.

5. **Sb1-c3** **Sg8-f6**

6. **Lb5xc6** **Ld7xc6**

7. Dd1-d3

Nun muss Schwarz sich erklären. Bauern e5 durch …Sd7 zu decken, ist misslich; …De7 auch, da der Zug den Läufer verstellt.

7. … e5xd4

8. Sf3xd4

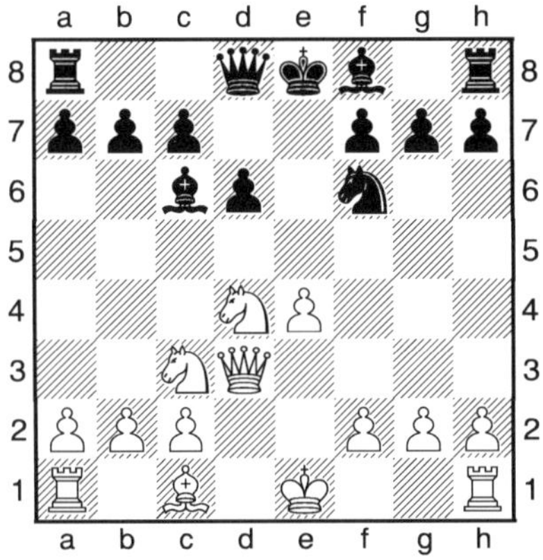

Verführerisch ist 8. …g6, aber dem Damenflügel droht eine Attacke: 9. Sxc6 bxc6 10. Da6 Dd7 11. Db7 mit Gewinn des a-Bauern. – Wenn man sich kaltblütig verteidigt, kann man wohl 8. …Le7 wagen, trotz 9. Sf5 0-0 10. Lg5. Vielleicht genügt …Te8 11. 0–0–0 Lf8 nebst baldigem …Ld7, um in den Ring der Angreifer eine Bresche zu legen.

8. … Lc6-d7

Schwarz will sich die beiden Läufer bewahren und Punkt f5 decken.

9. h2-h3 Lf8-e7

10. Lc1-e3 0-0

Weiß hat nun die Wahl, lang oder kurz zu rochieren. Schwarz wird sich mit …Tf8-e8 und später …c7-c5 und …Ld7-c6 Gegenspiel verschaffen.

Die obige Verteidigung ward begünstigt durch Steinitz, der ebenso geduldig im Ausharren wie verwegen im Gegenangriff war.

Man hat oft versucht, sogleich mit (1. e4 e5 2. Sf3 Sc6 3. Lb5)

3. … f7-f5

zum Gegenangriff zu schreiten, Weiß aber entwickelt sich mit

4. Sb1-c3

und behält einen Vorsprung in der Entwicklung. Es folgt etwa

4. … Sg8-f6

5. e4xf5

Vor Angriffen durch Bauern darf sich Weiß nicht fürchten, die vorgerückten Bauern werden von eigenen Bauern angegriffen und aufgerieben, dabei öffnen sich die Linien zum Vorteil dessen, der mehr Figuren im Spiel hat.

5. … e5-e4

6. Sf3-g5 Sc6-d4

7. d2-d3

Weiß wird seinen Vorteil wahren können.

Eine den voraufgeschickten Regeln der Entwicklung durchaus genügende Verteidigung ist (1. e4 e5 2. Sf3 Sc6 3. Lb5)

3. … Sg8-f6

wodurch Bauer e4 angegriffen wird. Der Angriff auf e5 ist damit wettgemacht. Will Weiß nun scharf spielen, so darf er sich nicht ohne weiteres auf Deckung einlassen und wird daher den Angriff fortsetzen, indem er die e-Linie öffnet und sie mit schwerem Geschütz zu besetzen droht.

4. 0-0 Sf6xe4

Nun nicht sogleich Tf1-e1, denn der Turm verfängt sich noch im Gehege der vielen Bauern und Figuren, solange nicht Abtausch die Bahn freigelegt hat – erst muss der Zug als Drohung wirken. Also

5. d2-d4

Wenn nun ...exd4, ist Tf1-e1 äußerst bedrohlich.

5. ... Lf8-e7

Schwarz blockiert die e-Linie.

6. Dd1-e2 ...

Um auf d1 den Turm, mindestens als Drohung gegen die eingesperrte Dd8 zu verwenden.

6. ... Se4-d6

Verteidigung verbunden mit Gegenangriff.

7. Lb5xc6 b7xc6

Nicht 7. ...dxc6, denn der Turm wirkt nun auf d1 als Drohung. Es käme 8. dxe5 Sf5 9. Td1, und Schwarz ist zu der peinlichen Fesselung ...Ld7 gezwungen, worauf 10. e6 fxe6 11. Se5 mit der gleichzeitigen Drohung De2-h5+ folgt.

8. d4xe5 Sd6-b7

Soweit verlief der Angriff von Weiß logisch und hat den Erfolg gebracht, die schwarzen Figuren zurückzudrängen. Nun aber stehen alle schwarzen Figuren außer Gefahr und sammeln sich bald zum Gegenstoß.

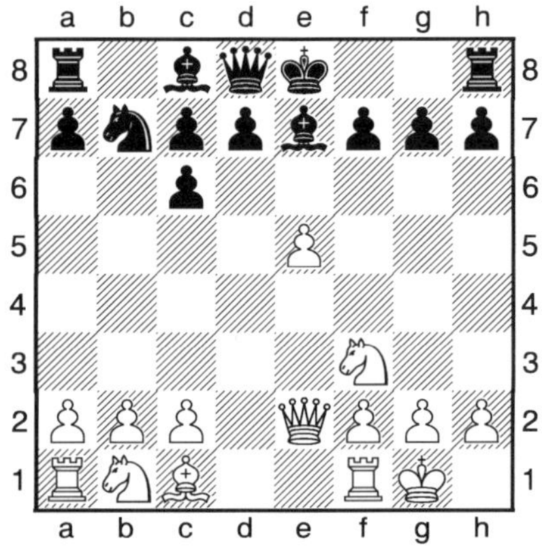

Offenbar muss sich Weiß jetzt entwickeln, denn er hat den Kampf bisher mit erstaunlich wenig Kräften geführt.

9. Sb1-c3 0-0

10. Tf1-e1 Sb7-c5

Weiß hindert ...d7-d5, Schwarz strebt, es möglich zu machen.

11. Sf3-d4

Der Springer darf jetzt hierher, da er nun nicht durch ...Lc5 aufs Korn genommen werden kann.

11. ... Sc5-e6

12. Le1-e3 Se6xd4

13. Le3xd4

Noch immer geht ...d7-d5 nicht, weil sonst das Feld c5, durch Ld4, Sc3-a4 und De2-e3 angreifbar, ganz dem Weißen gehört und der Doppelbauer c6/c7 fixiert wird.

13. ... c6-c5

14. Ld4-e3 d7-d5

Endlich! Schwarz kann nun auch offensiv kämpfen.

15. c5xd6 i. V.

Um die schwarzen Bauern nicht zu stark werden zu lassen.

15. ... Le7xd6

16. Sc3-e4 Lc8-b7

Schwarz verschießt sein Pulver nicht mit ...Lxh2+, worauf c5 fallen und Weiß das Brett beherrschen würde. Bauer c5 ist nicht zu nehmen, denn, wie leicht zu sehen, kommt Schwarz dann zum Angriff auf g2 mit Vorteil

17. Se4xd6 c7xd6

Nun soll d6 Ziel des Angriffs werden.

18. Ta1-d1 Dd8-f6

19. c2-c4 Tf8-e8

20. De2-g4 Te8-e6

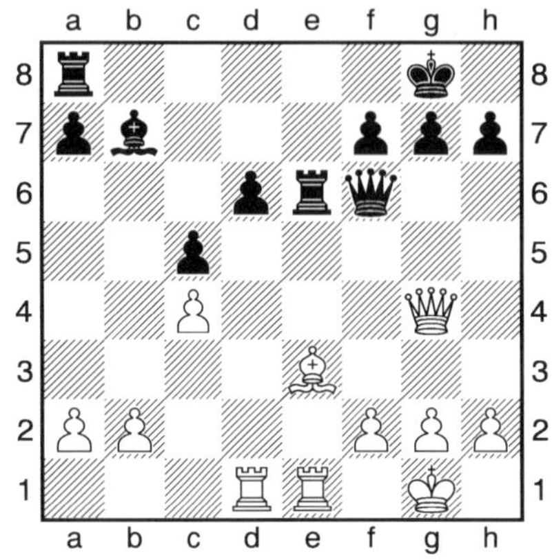

Auf 21. Lg5 würde ...Txe1+ 22. Txe1 Dxb2 geschehen können, auf 21. Lf4 Tae8.

Eine ganze Reihe von Problemen stellt sich, sobald Schwarz mit (1. e4 e5 2. Sf3 Sc6 3. Lb5) **3. ...a6** den Läufer zur Entscheidung zwingt. Weiß wird zunächst versuchen, den Angriff festzuhalten und daher seinen weitreichenden Läufer zu bewahren.

4. Lb5-a4 Sg8-f6

Schwarz wird dann an Entwicklung das Versäumte nachholen. – Nun steht La4 recht beengt und will einen sicheren Rückzug nach c2, sonach spricht manches gegen den sonst üblichen Zug.

5. Sb1-c3 Lf8-c5

6. Sf3xe5

Oder 6. d3 nach Art der italienischen Partie.

6. ... Sc6xe5

7. d2-d4 Lc5-d6

8. d4xe5

Das Vorwärtsstürmen der Bauern mit 8. f4 hinterlässt Schwächen in deren Rücken: 8. ...Sc4 9. e5 0-0 10. 0-0 b5 11. Lb3 Lb7 12. exd6 cxd6 13. f5

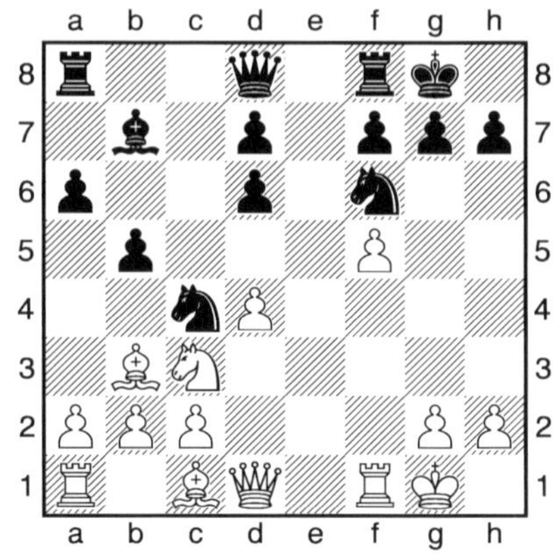

Weiß hat freilich auch Gegenspiel. Problematisch ist nun 13. ...h6.

Das Hauptspiel setzt sich fort mit

8. ... Ld6xe5

9. Sc3-e2

Der ruhigere Zug (1. e4 e5 2. Sf3 Sc6 3. Lb5 a6 4. La4 Sf6 5. Sc3)

5. ... Lf8-e7

ist zugleich der sicherere. Weiß hat dabei wenig Angriff, außer gegen e5. Wenn sogleich 6. Lxc6 dxc6 7. Sxe5, so ...Sxe4. Daher ist der einzige aggressive Zug

6. 0-0 b7-b5

7. La4-b3 d7-d6

Nun wird Weiß den Schwarzen zur Erklärung zwingen wollen, was er mit Bauern b5 will.

8. a2-a4 Ta8-b8

Nicht 8. ...Lg4 9. axb5 Sd4 10. Txa6, und der a-Turm oder der e-Bauer beschäftigt die Dame, die daher nicht rechtzeitig zur Unterstützung des Angriffs nach c8 gelangt. Weiß zieht, etwa auf ...Tc8, d2-d3 und Lc1-e3, und kommt zur Unterstützung des Königs zurecht.

Wenn 8.…b4 9. Sd5 Sxe4 10. d4, so öffnen sich die Linien zugunsten von Weiß, beispielsweise 10. …0-0 11. Te1 Sf6 12. Sxe7+ Dxe7 13. Lg5, mit der Drohung Ld5.

9. a4xb5 a6xb5

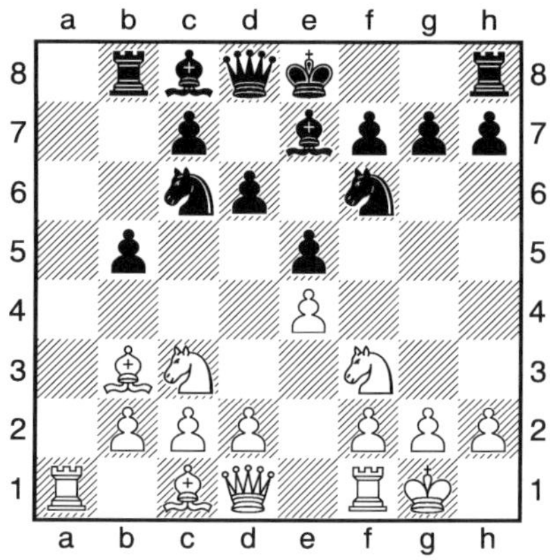

Nach 1. e4 e5 2. Sf3 Sc6 3. Lb5 a6 4. La4 Sf6 kann Weiß schärfer vorgehen, indem er seinen Bauern e4 ungeschützt lässt und dafür e5 zu erobern strebt. Das führt zu Partien ganz anderen Charakters.

5. 0-0 Sf6xe4

6. d2-d4 b7-b5

7. La4-b3 d7-d5

8. d4xe5

Mit 8. a2-a4 gleicht sich das Spiel schnell aus, wie seinerzeit Schlechter im Match mit mir deutlich machte: 8. …Sxd4 9. Sxd4 exd4 10. axb5 (10. Dxd4 Le6) …Lc5 11. c3 0-0 12. cxd4 Lb6.

8. … Lc8-e6

9. c2-c3

Die Absicht dieses Zuges ist, dem eingesperrten Läufer eine zweite Schräge zu verschaffen, zugleich gibt der Zug dem Sf3 einen Stützpunkt auf d4.

9. … Lf8-e7

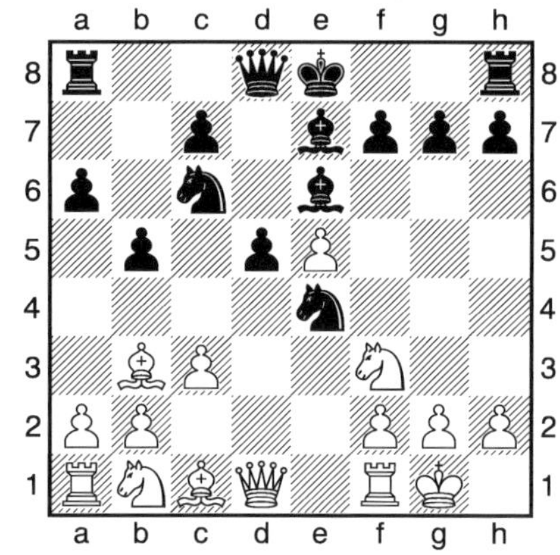

Die natürliche Fortsetzung ist Entwicklung des Springers, denn Schwarz ist in der Entwicklung jetzt voraus.

10. Sb1-d2 0-0

10. …Sc5 11. Lc2 d4 12. Se4 überlässt den weißen Figuren die Mitte.

11. Lb3-c2 f7-f5

12. e5xf6 i. V. Se4xf6

13. Sf3-d4

Auf diese Art erhält Weiß ein gewisses Übergewicht durch Beherrschung des Punktes d4. Das ist im Übrigen, wie es sein sollte.

Breslauer Variante

Man hat in der obigen Stellung eine Unzahl von Fortsetzungen versucht, darunter auch den Angriff ohne fernere Entwicklung. Aus diesem Abenteuer entstand die „Breslauer Variante" (1. e4 e5 2. Sf3 Sc6 3. Lb5 a6 4. La4 Sf6 5. 0-0 Sxe4 6. d4 b5 7. Lb3 d5 8. dxe5 Le6 9. c3 Le7)

10. Tf1-e1 0-0

11. Sf3-d4 Sc6xe5

Mit 11. ...Dd7?? zu decken, verliert durch Sd4xe6 nebst Te1xe4 verdienterweise. In solcher Lage, wo eine Minorität angreift, darf man nicht zurückweichen, sondern muss Opfer bringen und angreifen. Schwarz hat in der gegenwärtigen Stellung übrigens keine Wahl. Mit 11. ...Sa5 12. Lc2 c5 13. Sxe6 fxe6 14. Lxe4 dxe4 15. Sd2 e3 16. Txe3 Lg5 17. Te1 Lxd2 18. Dxd2 erreicht er nichts.

12. f2-f3 Le7-d6

13. f3xe4

Auf Gewinn darf Weiß nicht spielen. Er sollte sich mit 13. Lf4 bescheiden. Dann 13. ...c5 14. Lxe5 (ein Friedensvorschlag) 14. ...cxd4 (der angenommen wird; bei 14. ...Lxe5 15. fxe4 cxd4 16. exd5 steht Weiß besser) 15. Lxd4. Nun steht der Läufer zur Deckung der Punkte f2, g1 bereit, und Schwarz wird es sich überlegen, ob er seine Strafexpedition allzu weit ausdehnen darf. Nach 15. ...Sc5 steht Weiß auf dem Königsflügel dann noch immer schwach, aber unmittelbare Gefahr ist nicht vorhanden, es darf 16. Sd2 geschehen.

Doch die Breslauer Variante besteht darin, dass Weiß in seinem Unterfangen, die Partie auf Gewinn zu spielen, bis ans Ende geht.

13. ... Le6-g4

14. Dd1-d2 Dd8-h4

15. h2-h3

Es drohte ...Sd3.

15. ... c7-c5

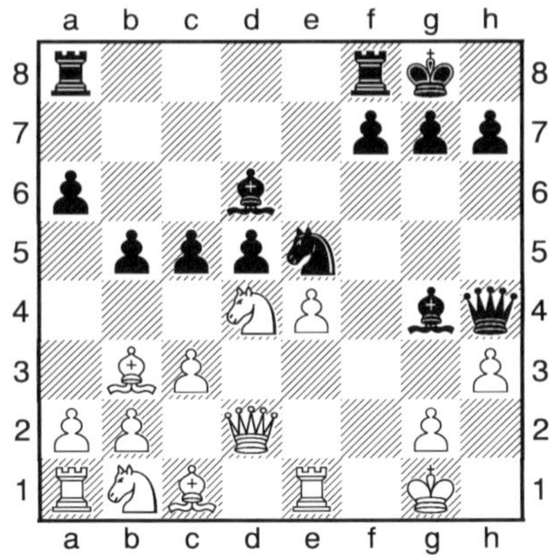

Schwarz steht nun immer recht stark, gleichgültig, wie Weiß fortsetzt. Er steht auch immer etwas stärker als Weiß, was dieser auch versuchen mag. Beispielsweise 16. Te3 cxd4 17. cxd4 Sc4 18. Lxc4 dxc4 19. e5 Lc7 20. hxg4 Lb6 21. Dd1 Td8 22. Te4 f5 23. exf6 i. V. Tfe8. Man hat mit dieser Stellung tausend Versuche angestellt – man kommt bei der Analyse nie zu einem vollständig beweiskräftigen Schluss, aber die Ansicht geht überwiegend dahin, dass Schwarz den Vorteil hat und bei bestem Spiel auf die Dauer gewinnen sollte.

Die folgende wertvolle Variante stammt von Rubinstein: 16. Df2 Dxf2+ 17. Kxf2 Ld7 18. Sf5 Lxf5 19. exf5 Sd3+ 20. Kf1 Sxe1 21. Kxe1 Te8+ 22. Kf2 Te5 mit großem Vorteil.

Eine andere Richtung schlägt die Partie ein, wenn Schwarz den weißen Königsbauern schont und, statt ihn zu schlagen, Entwicklung anstrebt. Zwei Züge, die ihn entwickeln, kommen in Betracht (1. e4 e5 2. Sf3 Sc6 3. Lb5 a6 4. La4 Sf6 5. 0-0)

5. ... d7-d6

6. Tf1-e1 b7-b5

7. La4-b3 Sc6-a5

8. d2-d4 Sa5xb3

9. a2xb3 Lc8-b7

10. Lc1-g5

Durch diesen Zug übt der Weiße einen gewissen Druck aus.

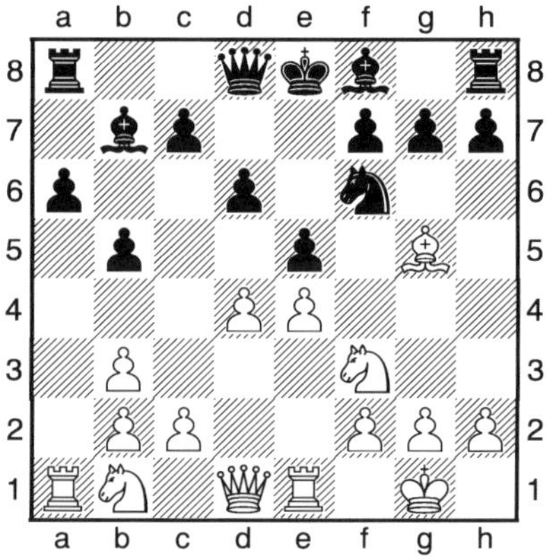

Der andere Entwicklungszug (1. e4 e5 2. Sf3 Sc6 3. Lb5 a6 4. La4 Sf6 5. 0-0).

5. ... Lf8-e7

6. Tf1-e1 b7-b5

7. La4-b3 d7-d6

Man kann, wie man sieht, die beiden Entwicklungszüge miteinander vertauschen.

8. c2-c3

Nun deckt Weiß seinen wichtigen Läufer gegen den Abtausch durch Sc6-a5.

8. ... Sc6-a5

9. Lb3-c2 c7-c5

10. d2-d4 Dd8-c7

Hier stellt sich Weiß das Problem mit ...Lg4. Soll man jetzt oder vorher durch h2-h3 die Fesselung von Sf3 verhindern? Mir scheint, man solle dafür vorderhand keine Zeit verlieren.

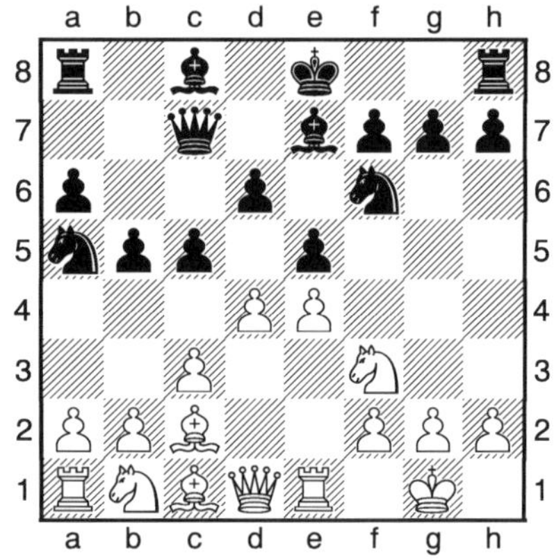

In dieser Stellung strebt der Sb1 über d2, f1 nach e3 oder g3, der Ta1 nach c1, der Lc1 nach g5, e3, vielleicht b2. Schwarz will die c-Linie besetzen, auf d4 scharfen Druck üben, den Lc8, ohne ihn abzutauschen – denn er steht ja sehr frei und wirksam und verteidigt die Punkte f5, d5, a6, b5 – also, ohne ihn abzutauschen, zu Drohungen verwenden.

Der Fortsetzungen sind sehr mannigfache. Beispielsweise:

a) 11. Sbd2 Sc6 12. d5 Sd8 13. Sf1 0-0 14. h3 Se8 15. g4 f6 16. Sg3 Sf7. Schwarz wird noch ...g6, ...Sg7 ziehen, Weiß wird sich bestreben, die g-Linie zu besetzen und mit Sf5 ein Opfer anzubieten;

b) 11. Sd2 Sc6 12. Sf1 cxd4 13. cxd4 Lg4 14. d5 Sd4 15. Ld3 Sh5 16. Sg3 Sf4 17. Lf1 g5 18. Le3.

Neben dieser Spielweise, bei der Weiß wohl das Gesetz des Handelns diktiert, kommt eine einfachere in Betracht, in der Schwarz auf den Zug ...c7-c5 verzichtet (1. e4 e5 2. Sf3 Sc6 3. Lb5 a6 4. La4 Sf6 5. 0-0 Le7 6. Te1 b5 7. Lb3 d6 8. c3).

8. ... 0-0

9. d2-d4 Lc8-g4

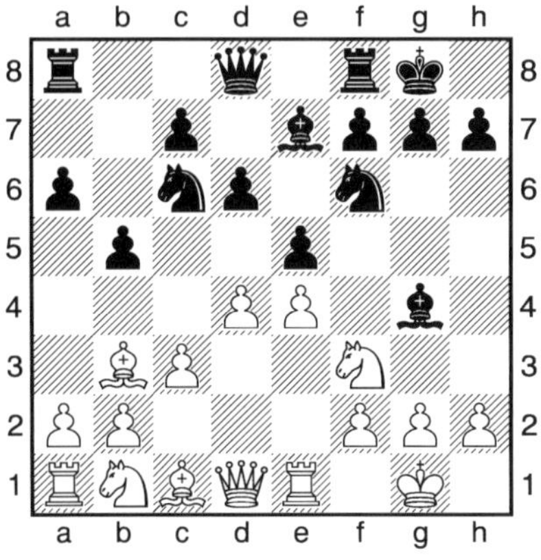

Der Plan des Schwarzen wird in folgender Variante deutlich.

10. Lc1-e3 Tf8-e8
11. Sb1-d2 d6-d5

Die Frage ist, ob nicht 10. Lg5 der Partie eine andere Wendung gibt. Denn nun spielt der Zug Ld5 (nach Abtausch auf f6) als Drohung mit. Zudem ist 10. a4, wodurch die Dame d8 anderweitig beschäftigt wird, von Gewicht. Genug, es gibt auch dabei Probleme, die Dinge sind noch nicht fertig – glück-licherweise.

Zuletzt kann Weiß noch den Plan befolgen, keinerlei Zeit zu verlieren, zu diesem Behufe sogar seinen wertvollen Läufer daranzugeben (1. e4 e5 2. Sf3 Sc6 3. Lb5 a6).

4. Lb5xc6 d7xc6
5. d2-d4 e5xd4
6. Dd1xd4 Dd8xd4
7. Sf3xd4

Schwarz wird sich gegen diese Vereinfachung nicht sperren dürfen, Weiß gewinnt sonst zuviel Raum. Nun hat Weiß vier Bauern gegen drei auf dem Königsflügel, Schwarz hat auf dem Damenflügel Schwierigkeit, sich einen Freibauern zu machen – das geht nur mit Hilfe der Offiziere; dafür hat Schwarz sehr tüchtige Offiziere und darf den Kampf ruhig aufnehmen.

7. … Lf8-d6
8. Sb1-c3 Lc8-d7
9. Lc1-e3 0-0-0
10. 0-0-0

Weiß und Schwarz können natürlich auch andere Pläne befolgen, man hat keinen Maßstab, um zu entscheiden, ob dieser Plan oder jener ein wenig besser sei.

Von Bedeutung ist es nur, zu wissen, dass der Zug f7-f6, sonst sehr schwach, nach dem Abtausch des Läufers f1 sehr wirksam wird. Diese Beobachtung stammt von Steinitz. Dr. Bernstein hat sie auf die obige Frage sehr glücklich angewandt, indem er gegen 5. Sc3 die Verteidigung 5. …f6 empfahl.

Die spanische Eröffnung wird noch lange den Schachmeistern Probleme stellen und fruchtbare Anregungen geben. Sie steht dem Geiste des Schachspiels am nächsten: jenem Geiste, der keine starren Dogmen will, sondern den beweglichen Kampf.

Die halboffenen Spiele

Die Eröffnung von Nimzowitsch

1. e2-e4 Sb8-c6

Weiß wird nun …e5 erschweren wollen.

2. d2-d4 d7-d5

Schwarz wird die Mitte bestreiten. Wenn nun 3. e5, hat Schwarz die Möglichkeit, um den Punkt e4 zu kämpfen, insbesondere, nachdem f2-f4 provoziert worden ist. Dem Prinzip der Entwicklung gemäßer ist

3. Sb1-c3 d5xe4

4. d4-d5

Der Springer hat nirgends Stützpunkte und wird daher zurückgehen.

4. … Sc6-b8

5. Sc3xe4 e7-e6

6. Lf1-c4

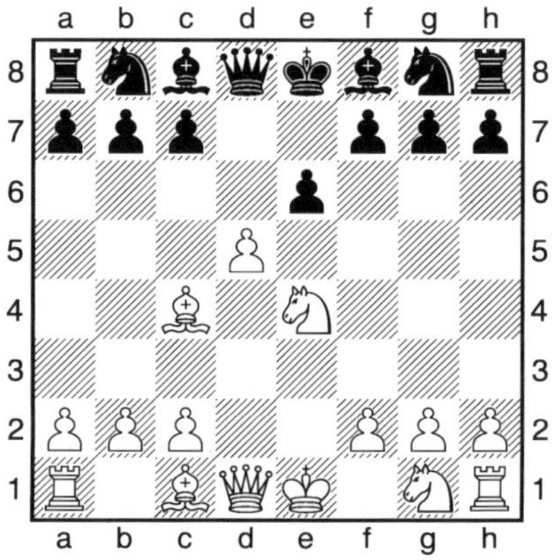

Weiß muss darauf bedacht sein, nun, da die Mitte sich öffnet, seine Stücke schnell herauszubringen.

6. … Sg8-f6

7. Lc1-g5 Lf8-e7

8. Lg5xf6 Le7xf6

9. d5xe6 Lc8xe6

10. Dd1xd8+ Lf6xd8

11. Lc4xe6 f7xe6

Weiß hat die bessere Stellung.

Besser wäre 6. …Le7, aber auch dann hat Weiß Vorteil, indem er auf e6 schlägt. Wenn 6. …De7 7. De2.

Die Eröffnung ist keineswegs verloren, aber es darf sie nur spielen, wer sich geduldig verteidigen und zugleich überraschend angreifen kann.

Eine genaue Theorie dieser Eröffnungen gibt es noch nicht. Man kann nur sagen, dass Weiß danach streben sollte, die Mitte zu halten, bis er die Türme entwickelt hat, und dann vorzugehen, dass Schwarz dagegen der Öffnung der Mitte möglichst widerstreben und sich erst eines feindlichen Läufers bemächtigen sollte, bevor er die Öffnung der Linien gestattet. Weiß darf keine Zeit verlieren, Schwarz keinen Raum.

Die Fianchetti

1. e4 g6 = Fianchetto des Königs

1. e4 b6 = Fianchetto der Dame

Sehr alte Eröffnungen, vermutlich noch aus der Zeit, wo der König nicht rochierte, sondern einmal in der Partie zwei Felder weit springen durfte. Einer solchen Regel sind sie sehr gut angepasst. Ihr offenbares Manko ist, dass sie die Figuren auf umständliche Art herausbringen und den Gegner in der Mitte frei schalten lassen, ihr Vorzug, dass sie in der Mitte keine Angriffsziele bieten. Der Verlauf wird etwa der folgende sein:

1. e2-e4 g7-g6

2. d2-d4 Lf8-g7

3. Sg1-f3 d7-d6

4.	**Sb1-c3**	**Sb8-d7**

Soweit geht es leicht, jetzt aber ist es schwierig, ein Angriffsziel zu erkennen. – Nun, es lohnte sich, den Lg7 aufs Korn zu nehmen, der h6 und f6 verteidigt.

5.	**Lc1-e3**	**Sg8-f6**
6.	**h2-h3**	

Der Le3 muss gesichert werden, sonst geht der Plan in die Brüche.

6.	**...**	**0–0**
7.	**Dd1-d2**	**e7-e5**

Schwarz macht einen Gegenstoß in der Mitte.

8.	**Lf1-d3**	**e5xd4**
9.	**Le3xd4**	**Tf8-e8**
10.	**0-0-0**	

Weiß rochiert lang, weil Schwarz auf g6 ein Ziel für h3-h4-h5 bietet und weil er auf diese Art den Ta1 entwickelt. Weiß steht ein wenig freier.

Ähnlich beim Fianchetto der Dame.

1.	**e2-e4**	**b7-b6**
2.	**d2-d4**	**Lc8-b7**
3.	**Sb1-c3**	**Sg8-f6**
4.	**Lf1-d3**	**e7-e6**
5.	**Sg1-f3**	

Weiß muss sich hüten, die Mittelbauern weiter vorzustoßen oder andere Bauern zur Unterstützung herauszubringen, sein Vorteil beruht nur darin, dass er in der Mitte steht. Ein Vorgehen über die Mitte hinaus muss wuchtig wirken, sonst ist es verkehrt.

5.	**...**	**c7-c5**

Um Punkt e5 in seine Gewalt zu bekommen, auch um gelegentlich mittels ...c5-c4 Bauern e4 zu entfernen.

6.	**0-0**	

Die Mitte öffnet sich, also rochiert der Weiße.

6.	**...**	**c5-c4**

Das ist sehr problematisch.

7.	**Ld3xc4**	**Sf6xe4**
8.	**Sc3xe4**	**Lb7xe4**
9.	**Tf1-e1**	**Le4-b7**
10.	**d4-d5**	

Sobald die Stellung offen wird, steht Weiß im Vorteil.

Aljechins Eröffnung

Diese Eröffnung ist ein Rettungsanker für alle jene, die der Routine entfliehen wollen. Sie hat auch den Vorzug der Vielgestaltigkeit. Freilich kommt sie dem Bedürfnis nach Logik sehr wenig entgegen.

1.	**e2-e4**	**Sg8-f6**
2.	**e4-e5**	

Der gegebene Zug, da sonst Schwarz, nicht Weiß, das Gesetz des Handelns bestimmte.

2.	**...**	**Sf6-d5**

Der Springer darf nicht in der Mitte belassen werden, am besten ist, ihn sogleich zur Erklärung zu zwingen.

3.	**c2-c4**	**Sd5-b6**
4.	**d2-d4**	**d7-d6**
5.	**f2-f4**	

Diese Züge sind vorgeschrieben, sofern Weiß nicht seiner natürlichen Aufgabe, die Initiative zu halten, freiwillig entsagt.

5.	**...**	**d6xe5**
6.	**f4xe5**	**Sb8-c6**

Schwarz möchte ...c7-c5 durchsetzen, aber vorläufig scheitert es an d4-d5, beispielsweise 6. ...e6 7. Sc3, und ...c7-c5 ist wieder verhindert. Daher verschiebt Schwarz den Versuch auf später.

7. Lc1-e3

Nicht 7. Sf3 wegen ...Lg4, und f3 ist schwer zu decken, da d4 und c4 unter Druck stehen. Der Vorstoß 8. e6 fxe6 scheitert, weil dann der Schwarze den Bauern mit ...e5 und auf d5 ...Sd4 zurückopfert und sich bald danach mit ...e6 befreit.

7. ... Lc8-f5

8. Sb1-c3 e7-e6

9. Sg1-f3

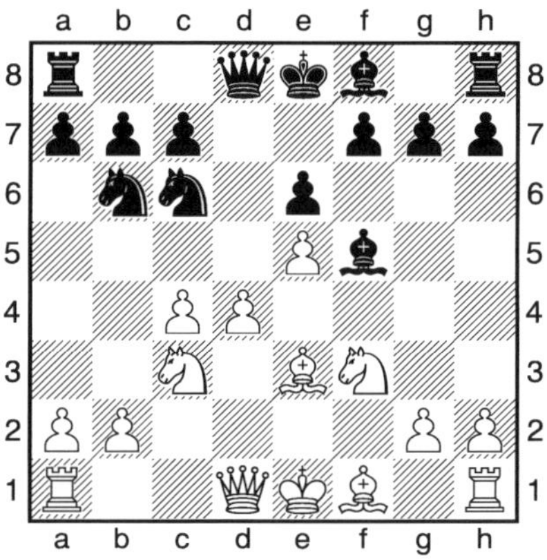

Hier muss Schwarz sich entscheiden, ob er seinen alten Plan, ...c7-c5 durchzusetzen, wieder aufnehmen soll, oder ob er auf Entwicklung spielen, auf d4 drücken und im Übrigen abwarten soll.

Der Angriff 9. ...Sb4 10. Tc1 c5 11. Le2 ist der Angriff einer Minorität gegen Übermacht. Schwarz hat kaum besseres als

9. ... Dd8-d7

10. Lf1-e2 0–0–0

Es droht nun anscheinend ...Lg4, aber der Bauer f7 ist ebenso schwach wie d4. In Wahrheit droht wohl ...f6.

11. Dd1-d2 f7-f6

Wenn 11. ...Le7 12. Td1, droht ...f6 nicht mehr so stark.

12. e5xf6 g7xf6

13. 0-0

Die Lage hat sich geklärt. Weiß hat in seinen Bauern c4, d4 die Gewähr, dass ihm die Initiative bleiben wird; auch ist er stark auf der f-Linie. Schwarz hat die g-Linie. Es ist keine Stellung, sich in Sicherheit zu wiegen; sie ist zu Kombinationen geeignet. Freilich dürfte Weiß merklich stärker stehen als Schwarz, aber ein solches Urteil soll dem Lauf der Geschichte nicht vorgreifen. Man muss Aljechin für die Entdeckung der Möglichkeiten, die in 1.... Sg8-f6 stecken, Dank wissen.

Froms Gambit

1. f2-f4 e7-e5

2. f4xe5

Die Annahme ist ganz gut, eine Ablehnung mit 2. d3 oder 2. e4 nicht das Stärkste.

2. ... d7-d6

3. e5xd6 Lf8xd6

4. Sg1-f3

Die alte Attacke verlief nun Sg8-h6-g4 nebst Opfer auf h2. Dagegen erfand Lipke die Verteidigung d2-d4 nebst Dd1-d3, wonach Dd3-e4+ jene Opferkombination auf h2 aus dem Geleise bringt.

4. ... g7-g5

Ich spielte dies in meinem Match gegen Bird 1890.

5. d2-d4 g5-g4

6. Sf3-e5 Ld6xe5

7. d4xe5 Dd8xd1+

8. Ke1xd1 Sb8-c6

9. Sb1-c3 Lc8-e6

10. Lc1-g5!

Um die lange Rochade zu hindern (Rubinstein).

10. … Sc6xe5
11. Sc3-b5! Ke8-d7
12. Kd1-e1 Le6-c4
13. Ta1-d1+ Kd7-c6
14. Sb5-d4+ Kc6-b6
15. e2-e3 f7-f6
16. Lg5-h4 Ta8-f8

Weiß hat jetzt die Initiative erlangt. Es ist schwierig, den Sg8 zu entwickeln. Freilich ist auch der e-Bauer schwach. Doch, alles in allem, ist das Gambit nicht die richtige Art, dem Zuge f2-f4 zu begegnen. Die Besetzung der Mitte mit …d7-d5 ist stärker.

Caro-Kann

1. e2-e4 c7-c6
2. d2-d4 d7-d5

Der Sinn des ersten Zugs von Schwarz ist die Vorbereitung des zweiten; d5 ist gesichert, also e4 stark bedroht. Da nun auf e4-e5 Schwarz mit …Lc8-f5 nebst …e7-e6 alle seine Stücke gut entwickeln kann, so erwachsen dem Schwarzen Schwierigkeiten nur bei e4xd5, Sb1-c3 oder möglicherweise f2-f3.

3. e4xd5

Wenn nun …Dxd5, ist …c6 fast ein verlorener Zug. Daher scheint das Gebotene

3. … c6xd5
4. c2-c3

Um die Dame zu einem Ausfall nach b3 verwenden zu können, auch um d4 zu sichern.

4. … Sb8-c6
5. Lf1-d3 Sg8-f6
6. Sg1-f3

6. f4? (Dadurch macht der Weiße sich auf e5 sehr stark, doch auf e4 schwach.) 6. …Lg4 7. Sf3 e6 8. 0-0 Ld6 9. Db3 Dc7 10. Se5 Lf5, Schwarz setzt sich so in Besitz von e4 und steht recht gut.

6. … Lc8-g4
7. Sb1-d2 e7-e6
8. 0-0 Lf8-d6
9. Tf1-e1 0-0
10. Sd2-f1

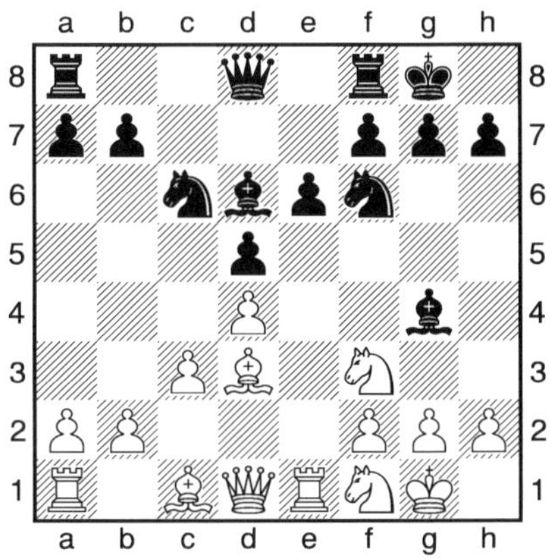

Eine sehr ruhige Partie. Schwarz hat c3 als Angriffspunkt mittels …b5, …a5, …b4, eventuell fortgesetzt durch …a5-a4-a3. Weiß hat die Parade a2-a4 und mancherlei Angriffe gegen den Königsflügel. Alles in allem eine fast ausgeglichene Stellung.

(1. e4 c6 2. d4 d5)

3. f2-f3

Mit der Absicht, die Mitte durch Bauern besetzt zu halten. Schwarz kann diesen Plan nicht einfach durch 3. …dxe4 4. fxe4 e5 ad absurdum führen, weil Weiß sich dann schnell entwickelt, indem er mit 5. Sf3 exd4 6. Lc4 fortsetzt.

3. … e7-e6

4.	Sb1-c3	c6-c5

Dies ist das Gegenspiel von Schwarz.

5.	**e4xd5**	**e6xd5**
6.	**d4xc5**	**d5-d4**
7.	**Sc3-e4**	**Lf8xc5**
8.	**Se4xc5**	**Dd8-a5+**
9.	**Lc1-d2**	**Da5xc5**
10.	**Lf1-d3**	**Sg8-f6**
11.	**Sg1-e2**	**0-0**
12.	**0-0**	**Sb8-c6**

Nun ist bei Weiß Punkt e3 schwach; Schwarz steht überlegen.

Die stärkste Spielweise ist (1. e4 c6 2. d4 d5)

3.	**Sb1-c3**	**d5xe4**
4.	**Sc3xe4**	**Sg8-f6**
5.	**Se4xf6+**	

Weiß darf keine Zeit verlieren. Nach Sg3 darf Schwarz sogleich …e7-e5 spielen und entwickelt sich dann schnell.

5.	**…**	**e7xf6**

So hat Weiß den Vorteil auf dem Damenflügel, wenn auch Schwarz durch gute Entwicklung und Übergewicht an Bauern auf dem Königsflügel Gegenspiel hat.

6.	**Lf1-c4**	

Hier beherrscht der Läufer die wichtigen Punkte d5 und e6.

6.	**…**	**Lf8-d6**
7.	**Dd1-e2+**	**Ld6-e7**

Schwarz tut gut, dem Tausch der Damen auszuweichen, da Weiß für das Endspiel Vorteile hat.

8.	**Sg1-f3**	**0–0**
9.	**0-0**	**Tf8-e8**
10.	**Tf1-e1**	**Sb8-d7**
11.	**c2-c3**	**Sd7-b6**
12.	**Lc4-b3**	

In einer berühmten Partie (Forgács – Dr. Bernstein) wählte in ähnlicher Stellung Weiß den Plan Lc4-f1, b2-b3, c2-c4.

12.	**…**	**Lc8-g4**
13.	**Lc1-d2**	

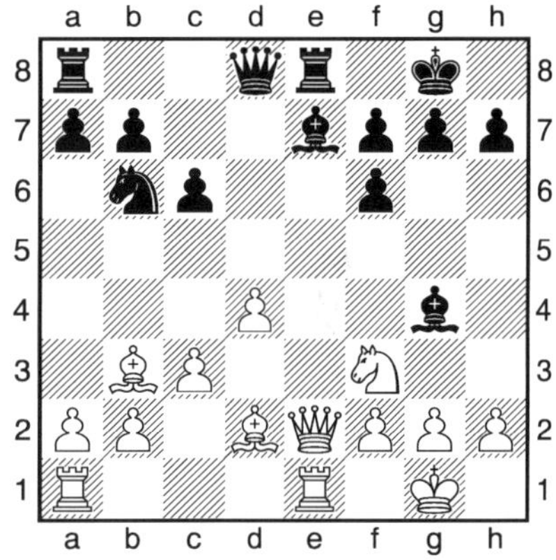

Der Plan von Weiß ist, seine Damenbauern zur Geltung zu bringen und auf seinem Königsflügel defensiv zu bleiben. Schwarz wird versuchen, einen Bauernzug von Weiß auf dem Königsflügel zu erzwingen und dann mit seinen Königsbauern gegen den vorgerückten Bauern zu spielen. Bei sehr gutem Spiel, etwa in einer Korrespondenzpartie zwischen Meistern, hat wohl Weiß einen geringen Vorteil.

Die skandinavische Partie

1.	**e2-e4**	**d7-d5**

Eine im wesentlichen gesunde Idee. Schwarz bestreitet die Mitte von vornherein. Sein Streben ist, jeder weißen Figur eine gleichwertige schwarze entgegenzustellen und sich aufs schleunigste zu entwickeln, etwa nach folgendem Vorbild

2.	**e4xd5**	**Dd8xd5**
3.	**Sb1-c3**	**Dd5-a5**
4.	**d2-d4**	**e7-e5**
5.	**Sg1-f3**	**Lc8-g4**
6.	**d4xe5**	**Sb8-c6**
7.	**Lf1-e2**	**Lf8-b4**
8.	**0-0**	**Sg8-e7**

Den Bauern erhält Schwarz leicht wieder, je später, desto sicherer.

Dieser Idee entgegenzutreten, muss Weiß sich vor dem Abtausch von Bauern und kleiner Offiziere in Acht nehmen; dann bietet zuletzt die Dame auf a5 ein Angriffsziel. So begreift man den Sinn der folgenden Spielweise (1. e4 d5 2. exd5 Dxd5 3. Sc3 Da5)

4.	**Sg1-f3**	**Sb8-c6**
5.	**Lf1-e2**	**Lc8-g4**
6.	**h2-h3**	**Lg4-h5**
7.	**0-0**	**Sg8-f6**
8.	**d2-d3**	**e7-e6**
9.	**Lc1-d2**	

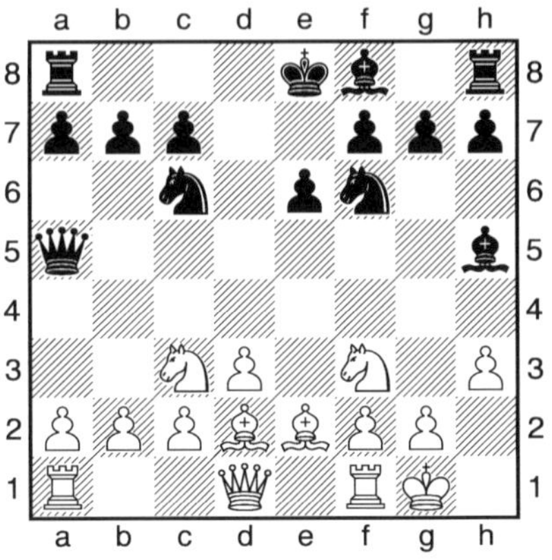

Schwarz wird nicht ohne weiteres ein sicheres Feld für die Dame finden. Man beachte, dass h5, das vorteilhaft wäre, versperrt ist, woher sich der sonst fragliche Zug h2-h3 empfiehlt. Ob freilich gerade in jenem Momente, als er oben geschehen ist, ist fraglich.

Wenn Schwarz im zweiten Zuge nicht mit der Dame schlägt, sondern den Bauern d5 mit ...Sg8-f6 angreift, wird Weiß kaum den Bauern behaupten können, ohne dass Schwarz dafür ein Äquivalent an Raum und Bewegung erhielte; aber das Bild wird sich nicht wesentlich ändern, denn Weiß wird sich weiter entwickeln und nach dem unvermeidlichen Schlagen von Bd5 Zeit gewinnen (1. e4 d5 2.exd5).

2.	**...**	**Sg8-f6**
3.	**d2-d4**	**Dd8xd5**

Auf 3. ...Sxd5 gewinnt Weiß Zeit zur Bildung einer Phalanx: 4. c4 Sf6 5. Sf3. An Entwicklung steht Weiß dem Schwarzen gleich, im Besitz der Phalanx, die wichtige Mittelfelder beherrscht, ist er dem Schwarzen überlegen.

4.	**Sb1-c3**	**Dd5-a5**
5.	**Sg1-f3**	

und nun ist ...e7-e5 unmöglich; auf 5. ...Lg4 aber folgt 6. h3 Lh5 7. g4 Lg6 8. Se5, und die Dame wird schon jetzt aufs Korn genommen, wodurch Weiß aufs Neue einen Zug gewinnt, denn ein Entwicklungszug, etwa ...Sb8-d7, wird mit 9. Sc4 Da6 10. d5 beantwortet, wonach die Dame ganz eingeengt wird. Daher wird Weiß Zeit gewinnen, sich günstig zu entwickeln, etwa bei 8. ...Se4 mit 9. Lg2 Sxc3 10. Dd2.

Die sizilianische Eröffnung

1.	**e2-e4**	**c7-c5**
2.	**Sg1-f3**	**e7-e6**
3.	**d2-d4**	**c5xd4**
4.	**Sf3xd4**	

So wird d4 ein vom Weißen beherrschter Punkt.

4.	**...**	**Sg8-f6**

Auf diese Art verhindert Schwarz, dass Weiß den c-Bauern nach c4, den Sb1 nach d2, den Ta1 nach c1 entwickelt, wobei er auf d5 wie b5 drücken und fest stehen würde.

5.	**Sb1-c3**	**Sb8-c6**

Ob dieser Springer besser nach d7 entwickelt würde, ist fraglich. Vermutlich sind beide Spielweisen gut spielbar.

6.	**Sd4xc6**	**b7xc6**

Sonst steht Weiß ohne Risiko etwas überlegen.

7.	**e4-e5**	**Sf6-d5**
8.	**Sc3-e4**	**Dd8-c7**
9.	**f2-f4**	

So verlief eine Partie, wo ich die weißen Steine gegen Lipschütz führte.

9.	**...**	**f7-f5**
10.	**e5xf6 i. V.**	**Sd5xf6**
11.	**Se4xf6+**	**g7xf6**
12.	**Dd1-h5+**	**Ke8-d8**

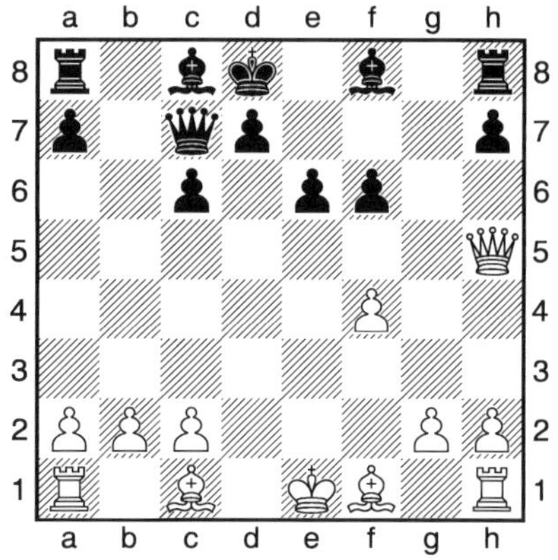

Weiß steht im Vorteil, aber die Stellung ist sehr schwierig, da Schwarz starke Bauern und gute Entwicklung hat. Beispielsweise 13. Le3 d5 14. 0-0-0 Dg7 15. Lc4 Ld7 und ein Angriff gegen den König trifft noch auf erhebliche Schwierigkeiten. Besser ist freilich wohl 13. Ld2 nebst 0-0-0 und späterem c2-c4.

Schwächer ist wohl (1. e4 c5 2. Sf3 e6 3. d4 cxd4 4. Sxd4 Sf6 5. Sc3)

5.	**...**	**Lf8-b4**
6.	**Lf1-d3**	

denn nun droht ein Angriff gegen den König, beispielsweise 6. ...d5 7. e5 Sfd7 8. Dg4, und Schwarz muss sich den Königsflügel schwächen. Zieht Schwarz aber

6.	**...**	**Sb8-c6**
7.	**Sd4xc6**	**b7xc6**
8.	**e4-e5**	**Sf6-d5**
9.	**Dd1-g4**	**g7-g6**

so greift die Dame nun den Lb4 an, und Weiß kann mit Vorteil rochieren, da Schwarz den Bauern nur gewinnen kann, wenn er den schönen Lb4 hergibt, worauf der Schwarze auf den schwarzen Feldern Not leidet, insbesondere nach Lc1-a3.

Weit schwieriger wird das Spiel, wenn Schwarz den Läufer nach e7 entwickelt und den d-Bauern noch zurückhält (1. e4 c5 2. Sf3 e6 3. d4 cxd4 4. Sxd4 Sf6 5. Sc3).

5.	**...**	**d7-d6**
6.	**Lf1-e2**	**Lf8-e7**
7.	**0-0**	**0-0**
8.	**Lc1-e3**	**Sb8-c6**
9.	**f2-f4**	**Dd8-c7**
10.	**Dd1-e1**	**a7-a6**

Um mit ...b7-b5 den Lc8 günstig zu entwickeln.

11.	**Le2-f3**	**Sc6-a5**
12.	**Ta1-d1**	**Sa5-c4**
13.	**Le3-c1**	

Weiß hat eine gute Aufstellung, droht auch Angriff mit De1-g3, aber

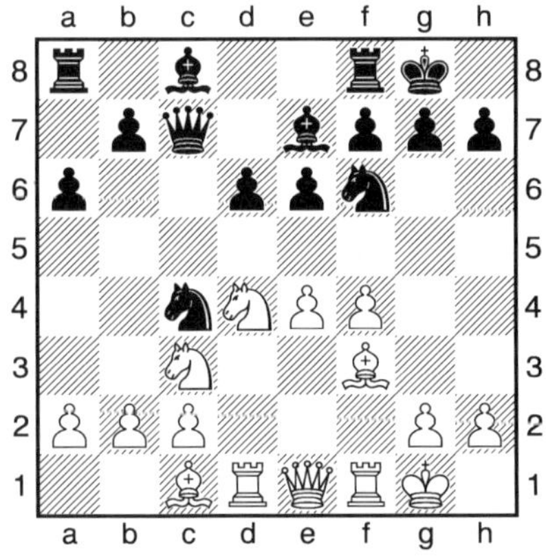

Schwarz hat Gegenspiel auf dem Damenflügel und auch in der Mitte, wo er unter günstigen Umständen mit ...e6-e5 das Feld e5 erobert.

Schwarz kann den Lf8 auch fianchettieren, dann wird er natürlich nicht ...e6 ziehen, sondern dem Lc8 die Schräge bis h3 offen halten (1. e4 c5 2. Sf3).

2.	**...**	**Sb8-c6**
3.	**d2-d4**	**c5xd4**
4.	**Sf3xd4**	**Sg8-f6**
5.	**Sb1-c3**	**d7-d6**
6.	**Lf1-e2**	**g7-g6**
7.	**0-0**	**Lf8-g7**
8.	**Lc1-e3**	**0-0**

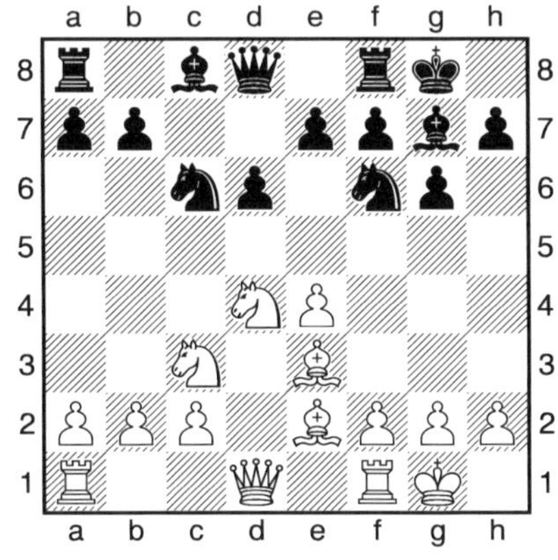

Hier wäre ...d6-d5 verfrüht wegen Le2-b5.

9.	**Kg1-h1**

Weiß wird mit f2-f4 vorgehen wollen. Schwarz hat wieder Spiel auf dem Damenflügel und in der Mitte, etwa 9. ...d5 10. Sxc6 nebst e4-e5 oder 9. ...Sg4 10. Lxg4 Lxg4 11. Dxg4 Sxd4 12. Dd1 nebst f2-f4.

Schwach wäre der Versuch des Weißen, das Spiel in ein Gambit zu verwandeln:

1.	**e2-e4**	**c7-c5**
2.	**b2-b4**	**c5xb4**
3.	**a2-a3**	**d7-d5**
4.	**e4xd5**	**Dd8xd5**
5.	**Lc1-b2**	**e7-e5**

und Schwarz entwickelt sich sehr günstig.

Alles in allem: die sizilianische Eröffnung hat Spannungen.

Die französische Partie

1. e2-e4 e7-e6

2. d2-d4 d7-d5

Diese beiden Züge sind bei scharfem Spiel gegeben.

3. Sb1-c3

Beim Abtausch 3. exd5 exd5 tendiert die Partie sehr zum Remis, wovon der symmetrische Aufmarsch 4. Sf3 Ld6 5. Ld3 Sf6 6. 0-0 0-0 7. Lg5 Lg4 8. c3 Sd7 9. Sd2 c6 10. Te1 Dc7 11. Dc2 Tfe8 ein fürchterliches Beispiel gibt. – An Spannungen sind nur möglich der Vorstoß der c-Bauern c2-c4 oder c7-c5 oder die Vorbereitung der langen Rochade, doch ist in jedem dieser Fälle die Gefahr größer als der Gewinn, so dass sich ein solches Unternehmen kaum verlohnt, gewiss nicht für Schwarz.

3. ... Sg8-f6

Mit ...dxe4 überlässt Schwarz dem Weißen das Feld e4. Freilich wird Schwarz auch dabei noch ein festes Spiel behalten.

4. Lc1-g5

Bei 4. Ld3 kommt ...c5 5. Sf3 cxd4 6. Sxd4 e5 7. Sf3 d4, und Schwarz steht recht gut.

4. ... Lf8-e7

5. e4-e5 Sf6-d7

6. h2-h4

Für Schwarz ist es zumindest sehr gewagt und jedenfalls nicht ratsam, das Opfer des Bauern anzunehmen; den Bauern zur Geltung zu bringen, vermag er doch nicht. Beispielsweise 6. ...Lxg5 7. hxg5 Dxg5 8. Sh3 Dh6 9. g3 a6 10. f4, und Weiß hat eine vorzügliche Entwicklung mit vielen Angriffszielen.

6. ... 0-0

Auf 6. ...c5 7. Sb5 cxd4? 8. Sd6+ Kf8 gewinnt 9. Dh5. Und bei 7. ...f6 kommt 8. Ld3, womit Weiß einen gefährlichen Angriff einleitet.

7. Lf1-d3 Tf8-e8

8. Dd1-h5

Oder 8. Dg4 f5 9. Dh5 Sf8 10. g4 Lxg5 11. hxg5 g6 12. Dh6 c6 (siehe nächstes Diagramm) und der schwarzen Stellung ist schwer beizukommen. Schwarz braucht nur einen Turm nach g7 zu stellen, um Opfer von Springern auf g6 oder h5 abzuhalten. Schwarz hat Gegenspiel auf dem äußersten Damenflügel. Der Läufer c8 beherrscht e6 und hindert Opfer auf f5.

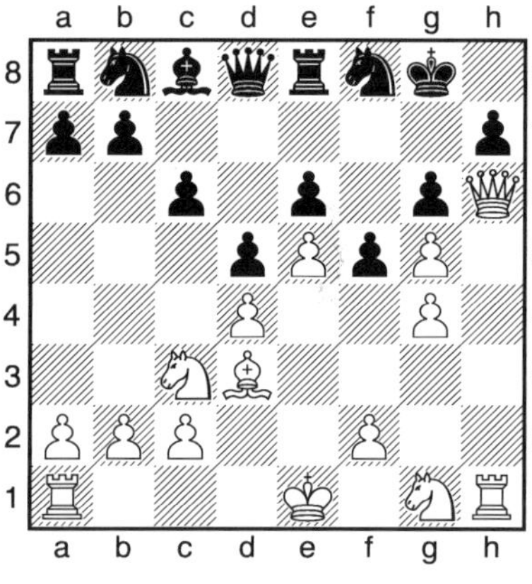

Analysestellung nach 12. ...c6

8. ... Sd7-f8

9. Th1-h3 c7-c5

Wenn nun 10. Tg3, so ...Sc6.

10. Th3-f3 Sf8-g6

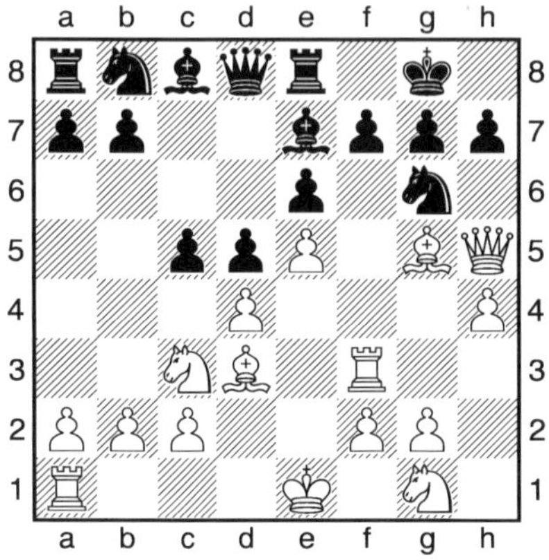

Es ist dieses Springermanöver, das den Angriff des Weißen aufhält und dem Schwarzen die Zeit gewährt, einen Gegenstoß zu machen. Ein abschließendes Urteil zu fällen ist vorderhand, angesichts der außerordentlichen Fülle der Möglichkeiten, gar nicht denkbar; doch die Partie hat offenbar sehr viele Gefahrenmomente für beide Parteien.

Nachtrag Mai 1928

In der oben angeführten ersten Variante der französischen Partie 1. e4 e6 2. d4 d5 3. Sc3 Sf6 4. Lg5 Le7 5. e5 Sd7 6. h4 0-0 7. Ld3 Te8 8. Dh5 Sf8 9. Th3 c5 10. Tf3 Sg6 hat mein Bruder, Dr. Berthold Lasker, nachgewiesen, dass der neunte Zug des Schwarzen verfrüht ist und durch 9. …Sd7 ersetzt werden muss. In der oben erreichten Stellung nämlich erlangt, wie mein Bruder ausführt, Weiß einen durchschlagenden Angriff. **11. Sh3** Der Springer will nach g5. **11. …Sd7 12. Txf7!** Dies Opfer, wiewohl Schwarz ungemein viele Möglichkeiten zur Verfügung hat, weist die Schwäche der schwarzen Stellung auf. **12. …Kxf7 13. Lxe7! Kxe7** Schwarz hat wegen des furchtbar drohenden Sh3-g5+ nichts anderes. **14. Dxh7!** Es entsteht nun eine wunderhübsche Stellung.

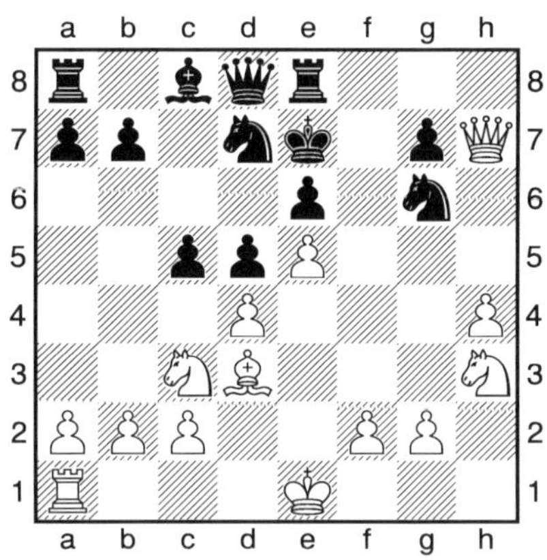

Schwarz hat einen Turm plus, und man sollte meinen, dass er sich auf irgendeine Art einen kleinen Vorteil erhalten könnte, jedoch der Angriff des Weißen hat viele Ressourcen. Beispielsweise

A) 14. …Sh8 15. Dxg7+ Sf7 16. Sg5 Tf8 17. Sxe6. Wird der Springer geschlagen, so entscheidet Dg4+ und in weiteren drei Zügen Matt. Auf

17. …Tg8 18. Sxd5+ Kxe6 19. Sf4+ Ke7 20. Sg6+ Ke6 21. Lc4+ usw.

B) Wiederum 14. …Sxe5 15. dxe5 Sxe5? 16. Dxg7+ Sf7 (auf …Kd6 käme Sb5+) 17. Sg5 Tf8 18. Lg6 De8 19. Sh7 und gewinnt. Freilich, der 15. Zug von Schwarz war schwach. Er konnte den wichtigen g-Bauern mit **15. …Tg8** halten. Weiß wird dann den Bauern e5 verteidigen. **16. f4**, und Schwarz dem König ein gutes Fluchtfeld mit **16. …Df8** verschaffen, worauf nun …Tg8-h8-h6 Entlastung droht. Weiß wird vor allem seine Reserven heranziehen. **17. 0-0-0**, um den Turm zur Verwendung zu bringen. Die Stellung ist voller Feinheiten. Beispielsweise:

B1) 17. …Kd8 18. Sg5!

B1.1) 18. …Dxf4+ 19. Kb1 Te8 20. Dxg7 Dxh4 21. Sb5 gewinnt.

B1.2) 18. …Sb6 19. f5 exf5 20. e6 Ke7 21. Te1. Schwarz kann sich nicht entwickeln. 21. …Th8 22. Dg6 Th6 scheitert an Df7+. Und 21. …d4 22. Sd1 Sd5 wird mit 23. Te5 beantwortet.

B2) Auch bei 17. …Sb6 bringt das Vorgehen des f-Bauern die baldige Entscheidung. 18. f5 exf5 19. Sf4 oder 18. …Ld7 19. fxe6 Lxe6 20. Tf1 Dc8 21. Sg5 oder 20. …Db8 21. Sf4.

B3) Schwarz kann noch versuchen, die exponierte Lage der weißen Dame auszunützen. 17. …Th8 18. Dg6:

B3.1) Es droht nun Dg5+, und 18. …Th6 reicht dagegen nicht aus, weil danach 19. Dg5+ Kf7 20. f5 die Linien entscheidend öffnet, was übrigens auch bei dem Opferangebot 19. …Sf6, das zunächst unberücksichtigt bliebe, der Fall wäre.

B3.2) Schwarz mag noch ein riskantes Opferspiel versuchen: 18. …Kd8 19. Dxe6. Nun steht freilich die weiße Dame umdroht. 19. …Sb6. Aber Weiß hat die feine Parade 20. Sg5! Wenn 20. …Dxf4+ 21. Kb1, kann Schwarz nichts mehr machen; oder 20. …Th6 21. Df7 mit Gewinn; oder 20. …Txh4 21. g3 oder energischer 21. Sxd5 mit gewonnenem Endspiel, da die weißen Mittelbauern die Qualität mehr als aufwiegen.

B3.3) Der schwarze König muss sonach auf e7 ausharren. 18. …Sb6, um dem König das Fluchtfeld d7 zu öffnen. 19. f5 Th6. Auf …Ld7 oder …Df7 würde bald die Besetzung der f-Linie entscheiden und 19. …exf5 20. Sxd5 Sxd5 21. Dd6+ führt die Katastrophe herbei. Aber auch 19. …Th6 hilft wenig: 20. Dg5+ Ke8 21. Lb5+ Ld7 22. fxe6 Txe6 23. Sf4 Th6 24. e6, und Schwarz steht jämmerlich.

Folglich geht 14. …Sxe5 nicht an.

C) Auch 14. …Tg8 nützt nicht viel, weil nach 15. Dxg6 Sf8 16. Dg5+ Kd7 17. dxc5 Weiß mit drei Bauern für die Qualität ein offenbares Übergewicht behauptet. Dies alles stellt klar, dass Schwarz bei ruhigem Spiel verloren ist. Er mag nun Gegenangriff suchen, indem er das Feld d8 räumt und der Dame größtmögliche Wirkung verschafft.

D) **14. …Dd8-b6**

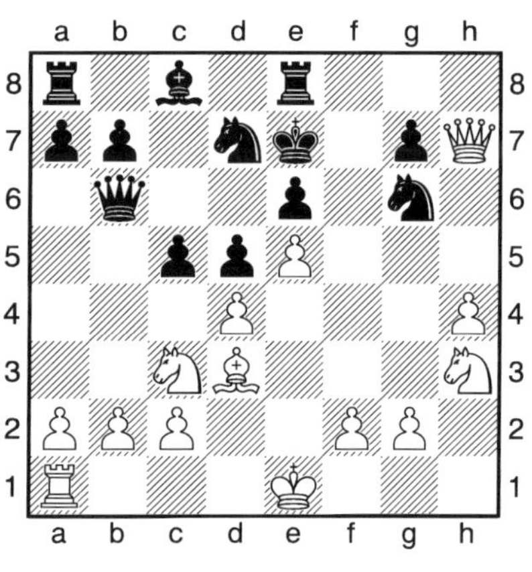

Hier dürfen weder Schwarz noch Weiß zagen. **15. Dxg6 Dxb2 16. Kd2 Dxa1 17. Sg5** Weiß droht nun Matt in drei Zügen. **17. ...Kd8 18. Sb5** Schwarz hat keine genügende Verteidigung. Beispielsweise:

D1) 18. ...Sf8 19. Dxg7 Ld7 20. Sf7+ Kc8 21. Sfd6+ Kb8 (Wenn 21. ...Kd8 22. Df6+ gewinnt zunächst Sf8 und nachher die Partie, da der Angriff anhält.) 22. Sxe8 a6 23. Dxf8 axb5 24. Dd6+ Ka7 25. Dxc5+ und gewinnt.

D2) 18. ...Te7 19. Sxe6+ Txe6 20. Dxe6 Sxe5 21. Dxd5+ Sd7 22. Dg8+ Ke7 23. Dxg7+ Kd8 24. Dg5+ Ke8 25. Lg6+ Kf8 26. Df4+ nebst baldigem Matt.

D3) 18. ...Sxe5 19. Dxg7 Ld7 (Auf ...Sd7 oder ...Te7 hätte Weiß keine Schwierigkeiten.) 20. Df6+ Kc8 21. Sd6+ Kb8 (Nach ...Kc7 22. Dxe5 droht Weiß Doppelschach.) 22. Dxe5 Dxd4 23. Dxd4 cxd4 24. Sxe8 Lxe8 25. Sxe6 Lf7 26. Lf5 mit gewonnenem Endspiel.

Es verbleibt noch die Verteidigung

E) 14. ...Da5 zu analysieren. 15. Dxg6:

E1) 15. ...cxd4 16. Dg5+ Kf8 17. Df4+ Ke7 18. Dxd4 (Weiß hat nun zwei Bauern für die Qualität bei überragender Stellung). Auf 18. ...Dc7 setzt Weiß mit 19. Sb5 fort.

E2) 15. ...Kd8 16. Dg5+ Te7 (Wenn 16. ...Kc7 17. a3, und Weiß befreit sich und behält ein weit überlegenes Spiel.) 17. Sf4 Sf8 18.dxc5 d4 19. 0-0-0. Es ist ersichtlich, dass auch in diesen Abwandlungen Weiß eine überlegene Stellung behauptet. Alles in allem, Schwarz darf den Zug ...c7-c5 nicht tun, bevor er ...Sb8-d7 entwickelt hat. Die schöne Untersuchung meines Bruders hat dies klargestellt.

Die älteren Meister pflegten die französische Partie so zu behandeln, dass sie das Feld d4 frei machten, um es mit einem Springer zu besetzen, der von dort Druck ausübte. Es gibt viele Arten, dieses Ziel zu erreichen, beispielsweise diejenige von Steinitz:

1.	**e2-e4**	**e7-e6**
2.	**d2-d4**	**d7-d5**
3.	**Sb1-c3**	**Sg8-f6**
4.	**e4-e5**	**Sf6-d7**
5.	**f2-f4**	**c7-c5**
6.	**d4xc5**	**Sb8-c6**

Dies ist besser als ...Lxc5 7. Dg4, wobei Schwarz sich auf dem Königsflügel eine Schwäche schafft; freilich wäre damit die Partie für Schwarz keineswegs verloren.

7.	**Lc1-e3**	**Sd7xc5**
8.	**Sg1-f3**	**Lf8-e7**
9.	**Lf1-d3**	**0-0**
10.	**Sc3-e2**	

Weiß wird sich des Punktes d4 versichern, auch gegen ...f7-f6, wonach Weiß auf f6 schlägt. Das Spiel nimmt dann ein langsames Tempo an. Schwarz hat die c-Linie als Kompensation für die starke Stellung des Sd4.

Nicht zu empfehlen ist der Vorstoß von e4-e5, sofern dabei kein Zug gewonnen wird. Da e5 von Schwarz leicht angegriffen werden kann, muss der Bauer d4 ihm helfen und wird selbst Angriffsziel; dabei kommen die Offiziere des Weißen zu kurz. Freilich wird auch bei dieser Spielweise noch der Erfolg erreicht, dass Weiß an Raum gewinnt. Um ein Beispiel zu geben:

1.	**e2-e4**	**e7-e6**
2.	**d2-d4**	**d7-d5**

3. e4-e5 c7-c5

4. Sg1-f3 Sb8-c6

5. d4xc5 Lf8xc5

6. Lf1-d3 Sg8-e7

7. 0-0 Se7-g6

8. Ld3xg6 h7xg6

9. Sb1-d2 Lc8-d7

10. Sd2-b3 Lc5-b6

11. a2-a4

Oder:

4. … Dd8-b6

5. c2-c3 Sb8-c6

6. Lf1-e2 c5xd4

7. c3xd4 Sg8-e7

8. Sb1-a3 Se7-f5

9. Sa3-c2 Lf8-b4+

10. Ke1-f1 h7-h5

Diese Eröffnungsweisen sind nicht aggressiv, man darf aber keineswegs glauben, dass sie zu verlorenen Stellungen führen. Auch sie können wechselnde und für beide Teile gefährliche Kämpfe ergeben.

Wie schade, dass bei der französischen Verteidigung Weiß es in seinem Belieben hat, die Partie in ein ödes, gedankenleeres Remisspiel auslaufen zu lassen! Sie enthält sonst so viele Aufgaben, die das Herz des echten Schachfreundes erfreuen.

Sizilianisch im Anzuge

1. c2-c4 e7-e5

Da die sizilianische Partie dem Schwarzen viele Aussichten bietet, liegt es nahe, sie im Anzuge, also mit einem Zuge mehr, zu versuchen.

2. Sb1-c3 Sg8-f6

3. Sg1-f3 Sb8-c6

4. e2-e3

Soll Schwarz nun 4. …d5 spielen? Aber nach 5. cxd5 Sxd5 6. Lb5 kommt nun der Bauer e5 ins Gedränge; in dieser Variante würde der eine Zug, den Weiß voraus hat, schwer wiegen. Muss er sich mit …d6 zufrieden geben? Weiß wird dann mit d2-d4 vorgehen und recht aggressiv stehen, etwa wie folgt:

4. … d7-d6

5. d2-d4 Lf8-e7

Nimmt e5, so nimmt der Springer wieder und steht recht drückend.

6. Lf1-e2 0-0

7. 0-0 Lc8-f5

8. b2-b3 Tf8-e8

9. Lc1-b2 Sf6-d7

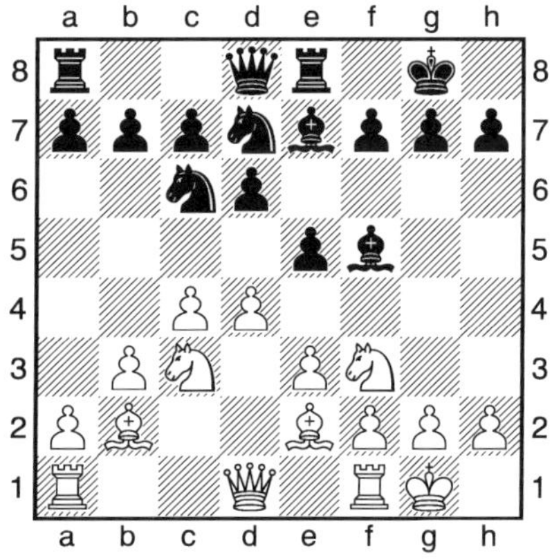

Es fällt dem Schwarzen schwer, die Initiative zu ergreifen, weil Weiß das Feld d5 beherrscht, wohin er mit Springer oder Bauern rücken kann, je nach dem Plane, dem er folgen will: Vorrücken der Bauern des Damenflügels oder Öffnung der Linien gegen den König.

Will Schwarz die abwartende Taktik, zu der ihn obige Spielweise verurteilt, meiden, so ist es ihm zu empfehlen, die Züge von Weiß zunächst nachzuahmen.

1.	**c2-c4**	**c7-c5**
2.	**Sb1-c3**	**Sb8-c6**
3.	**Sg1-f3**	**Sg8-f6**
4.	**d2-d4**	**d7-d5**
5.	**e2-e3**	**e7-e6**

Oder aber mit dem Willen, auch eigene Wege zu wallen, wie etwa bei

5.	**Lc1-g5**	**c5xd4**
6.	**Sf3xd4**	**Dd8-b6**

wodurch ein lebhaftes Spiel entsteht, beispielsweise

7.	**Sd4-b5**	

oder aber 7. Le3 e5 8. Sxc6 Dxb2.

7.	**...**	**d5xc4**
8.	**Lg5xf6**	**g7xf6**
9.	**Sc3-d5**	**Db6-a5+**
10.	**Dd1-d2**	**Da5xd2+**
11.	**Ke1xd2**	**Lf8-h6+**
12.	**e2-e3**	**0-0**
13.	**Lf1xc4**	**Tf8-d8**
14.	**Kd2-e2**	**Lh6-g7**

Natürlich sind die Möglichkeiten sehr zahlreich, und es kann nicht die Absicht sein, sie aufzuzählen. Aber die oben angegebenen vier ersten Züge von Schwarz sind wohl gewiss gesunde.

Nachtrag Mai 1928

In der englischen Partie 1. c4 ist die lebhafte Spielweise **1. ...e5 2. Sc3 Sc6 3. Sf3 Sf6 4. d4** beachtenswert. Schwarz wird am sparsamsten **4. ...exd4** antworten. Eine bescheidene anspruchslose Taktik des Schwarzen wäre die folgende: **5. Sxd4 Sxd4 6. Dxd4 Le7** Schwarz wartet, wie Weiß sich die Fortsetzung des Angriffs denkt. Inzwischen erhält sich Schwarz seinen wichtigen Königsläufer. Eine mögliche Fortsetzung wäre **7. g3 0-0 8. Lg2 d6 9. 0-0 Sd7** Mit diesem Zuge droht Schwarz sich zu befreien. **10. Sd5 Sb6** Es ist natürlich schade, den schönen Le7 daranzugeben, aber Sd5 steht drückend. Weiß muss sich nun entscheiden. Er kann mit 11. Sxe7+ Dxe7 und nun etwa 12. Le3 oder 12. e4 einen kleinen Vorteil bewahren, und Schwarz wird geduldig spielen müssen, um den beiden weißen Läufern die Stange zu halten, aber Schwarz hat keine wesentlichen Schwächen, und es wird ihm wohl gelingen, den Lc8 zu befreien und evtl. zu tauschen. Nimmt Weiß nicht e7, so schlägt Schwarz Sd5, es sei denn, dass dieser freiwillig das Feld räumt. Auch dann hat Schwarz die Aufgabe seiner Entwicklung vollendet.

Die geschlossenen Spiele

Damengambit

1. d2-d4 d7-d5

2. c2-c4

Die Annahme des Gambits darf keineswegs von der Absicht getragen sein, den Bauern zu behaupten.

2. ... d5xc4

3. Sg1-f3!

Nicht 3. e3, wegen ...e5 4. Lxc4 exd4 5. exd4 Ld6, wonach Schwarz ein freies Spiel hat.

3. ... e7-e6

Wenn 3. ...b5 4. a4 c6 5. axb5 cxb5 6. b3.

4. e2-e3 Sg8-f6

5. Lf1xc4 a7-a6

Um sich mit ...b5 zu entwickeln.

6. a2-a4 c7-c5

7. 0-0

Um so bald als möglich den Turm auf der offenen d-Linie verwenden zu können.

7. ... Sb8-c6

8. Sb1-c3 Lf8-e7

9. Dd1-e2 0-0

10. Tf1-d1 c5xd4

11. e3xd4 Sc6-b4

Weiß hat die Initiative, Schwarz steht gedrückt.

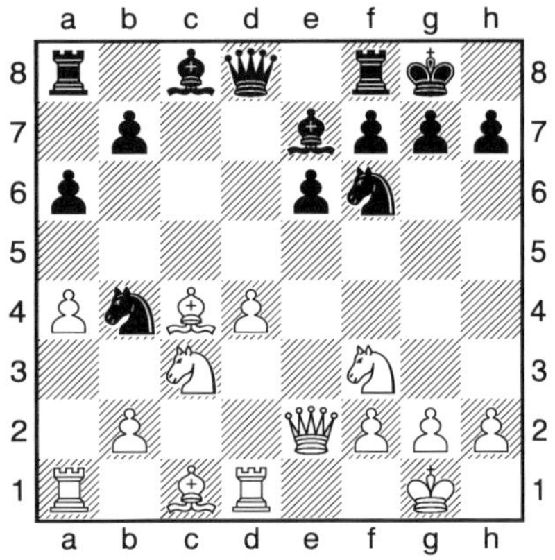

Eine Entwicklungsmöglichkeit ist ...Da5, ...Td8, ...Lc8-d7-e8. Eine andere ...Sd5, ...b6 nebst ...f5, wobei die Figuren gut stehen, aber e6 sehr schwach ist.

Das Normale ist, den Bauern mit einem Bauern zu decken, insbesondere unter Entwicklung (1. d4 d5 2. c4):

2. ... e7-e6

3. Sg1-f3 c7-c5

Dieser Versuch ist beachtenswert, weil Schwarz dadurch in der Mitte fast so stark wird wie Weiß. Nur öffnen sich die Linien sehr schnell, so dass die Initiative von Weiß viel Wert hat.

4. c4xd5

Weiß will damit auf d5 dem Schwarzen einen verwundbaren Punkt bereiten, sich selbst auf d4 einen starken Punkt schaffen.

4. ... e6xd5

5. Sb1-c3 Sb8-c6

6. g2-g3

Um auf d5 zu drücken. Mit 6. Lg5 Le7! 7. Lxe7 Sgxe7 8. e3 (Bei 8. dxc5 d4! ist Bauer c5 auf die Dauer nicht zu halten, und Schwarz gewinnt dabei an Raum.) ...Db6 9. Dd2 cxd4 10. exd4 gleicht sich das Spiel aus.

6.	...	Sg8-f6

Schwach wäre 6. ...Lg4 7. Lg2, weil der freie, bewegliche Lc8 mehr wert ist als Sf3.

7.	Lf1-g2	Lf8-e7
8.	0-0	0-0
9.	Lc1-g5	Lc8-e6

Der Bauer d5 erheischt diesen Zug, wiewohl der Läufer dort nicht so stark steht wie etwa auf f5 oder g4.

10.	d4xc5	Le7xc5
11.	Ta1-c1	Lc5-e7
12.	Sf3-d4	Sc6xd4

Um den Le6 zu bewahren.

13.	Dd1xd4	Dd8-a5

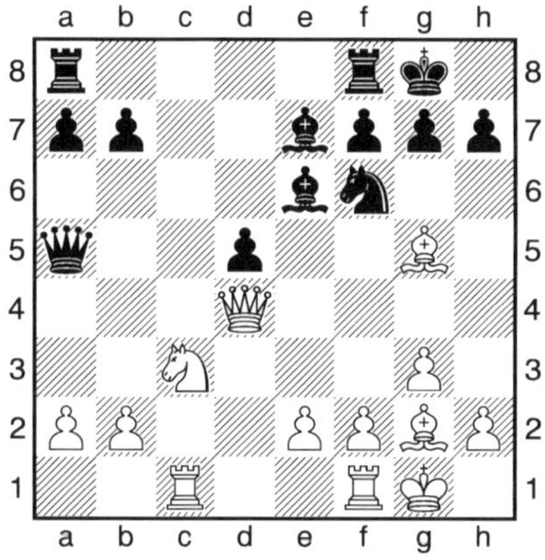

Diese Züge sind eine logische Folge, die in sich vollendet ist, wiewohl man die Zugfolge noch ändern kann. Eine Partie Marshall – Rubinstein setzte sich hier fort: 14. b4 Da3 15. Dd3 Dxb4 16. Lxf6 Lxf6 17. Sxd5 Lxd5 18. Lxd5 Tad8, wonach Weiß in seinem mächtigen Ld5 ein Übergewicht hat.

1.	d2-d4	d7-d5
2.	c2-c4	e7-e6
3.	Sg1-f3	Sg8-f6
4.	Sb1-c3	Sb8-d7

Wenn Schwarz nicht sogleich den c-Bauern zieht, so ist es vernünftig, ihn nicht zu versperren, um dessen Vorstoß bereit zu halten.

5.	Lc1-g5	Lf8-e7

Auch 5. ...c6 kann hier sehr wohl geschehen. Schwarz kann dann nach 6. e3 Da5 7. Sd2 Lb4 8. Dc2 0-0 9. Le2 mit ...dxc4 10. Lxf6 Sxf6 11. Sxc4 Dc7 auf Grund seiner beiden gut zusammenwirkenden Läufer ein Spiel bekommen, wiewohl Weiß in der Mitte den Vorteil hat.

6.	e2-e3	0-0
7.	Ta1-c1	Tf8-e8
8.	Dd1-c2	c7-c6

Weiß ist nun fast gezwungen, den Lf1 zu ziehen, da er keinen anderen Entwicklungsgang zur Verfügung hat.

9.	Lf1-d3	d5xc4
10.	Ld3xc4	Sf6-d5
11.	Sc3-e4	

Oder 11. Lxe7 Dxe7 mit der Intention, sich durch ...Sxc3 und ...e6-e5 zu befreien.

11.	...	Sd7-f8

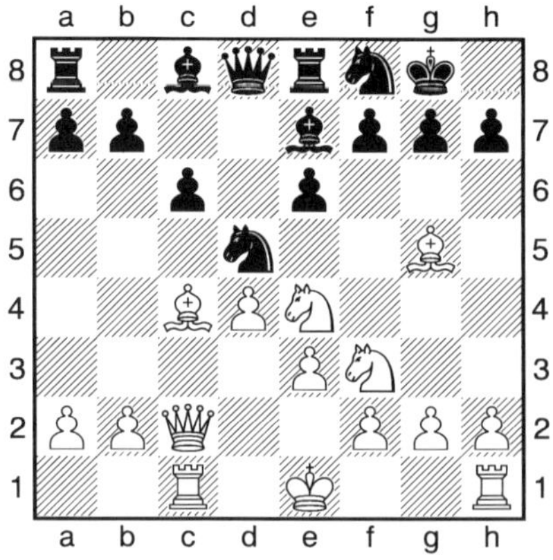

Schwarz wird den Angriff des Weißen nun zurückweisen und sich, wenn auch langsam, befreien können, da er keine Angriffsziele bietet.

1.	**d2-d4**	**d7-d5**
2.	**c2-c4**	**c7-c6**
3.	**Sg1-f3**	**Sg8-f6**
4.	**Sb1-c3**	**d5xc4**

Auch dies ist spielbar, wiewohl Weiß bei bestem Spiele immer die Initiative behält.

5. e2-e3

Wenn 5. a4 Lf5 6. e3 Sa6! 7. Lxc4 Sb4, gibt die ausgezeichnete Stellung des Sb4 dem Schwarzen Gegenspiel.

5.	**...**	**b7-b5**
6.	**a2-a4**	**b5-b4**
7.	**Sc3-a2**	**e7-e6**
8.	**Lf1xc4**	**Lf8-e7**
9.	**0-0**	**0-0**
10.	**Dd1-e2**	**Sb8-d7**
11.	**Tf1-d1**	**c6-c5**
12.	**b2-b3**	**Dd8-b6**
13.	**Lc1-b2**	**Lc8-b7**
14.	**Sa2-c1**	**Tf8-d8**
15.	**Sc1-d3**	

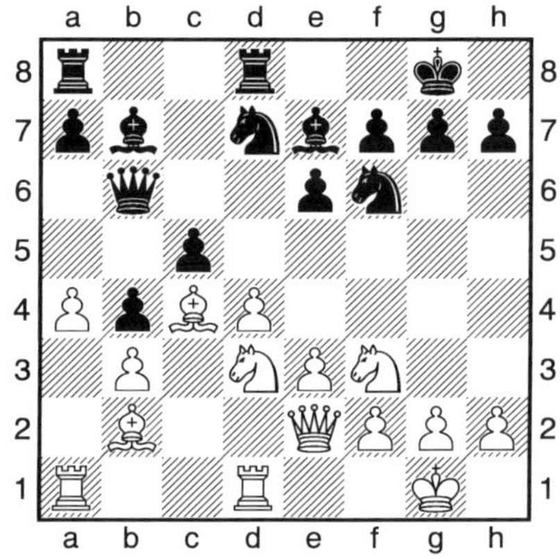

Weiß hat eine Schwäche auf c3, die Schwarz Hoffnung gibt, eine Gegenaktion einleiten zu können.

Andere Verteidigungen des Damengambits, wiewohl spielbar, sind drückend oder nicht vollauf gesund.

Andere Damenbauerspiele

1. d2-d4

Schwarz wie Weiß mögen variieren, und zwar auf sehr mannigfache Art. Weiß kann den Lc1 nach f4 spielen oder b2 oder nach d2. Nur haben diese Eröffnungen nicht so viel Kraft wie die oben besprochenen, sie sind mannigfach, aber nicht pointiert. Ein Beispiel wird genügen.

1.	**...**	**d7-d5**
2.	**Lc1-f4**	**Sg8-f6**
3.	**e2-e3**	**c7-c5**
4.	**Sg1-f3**	**Sb8-c6**
5.	**Lf1-d3**	**e7-e6**
6.	**0-0**	**Lf8-e7**
7.	**c2-c3**	**Dd8-b6**
8.	**Dd1-c2**	

Auch Schwarz kann, wiewohl unter größerer Gefahr, aus dem gewohnten Geleise gehen.

1.	**d2-d4**	**Sg8-f6**
2.	**Sg1-f3**	**g7-g6**

die so genannte „Indische Eröffnung“

3.	**c2-c4**	**Lf8-g7**
4.	**Sb1-c3**	**0-0**
5.	**e2-e3**	**d7-d6**
6.	**Lf1-d3**	**Sb8-d7**
7.	**0-0**	**e7-e5**

Nun ist ein halboffenes Spiel daraus geworden.

8.	**Dd1-c2**	**Tf8-e8**
9.	**Lc1-d2**	

Weiß wird nun die Türme nach d1 und e1 ziehen und seine Entwicklung vollenden, um dann eine Linie oder zwei zu öffnen. Er hat eine feste und starke Stellung.

Von diesen Spielweisen weitläufig zu reden, wäre methodisch falsch. Ihre Weise der Behandlung erhellt nicht aus den Erfahrungen, die man im Beginn der Partie an der Aufgabe der Entwicklung macht, sondern aus den Prinzipien, die in den folgenden Kapiteln besprochen und begründet werden.

J. Zukertort - R. Réti

1.	**Sg1-f3**	**d7-d5**
2.	**c2-c4**	

Ein geistvoller Beginn, der zwar nicht allzu viel Kraft, aber eine ungeheuer große Mannigfaltigkeit hat. Diese Eröffnung ist wohl ebenso plastisch wie die Eröffnung mit dem beiderseitigen Doppelschritt der Königsbauern.

Schwarz ist nicht an eine bestimmte Marschroute gebunden, muss sich aber vor vielen Fußangeln vorsehen. Weiß will in der Mitte die Oberhand gewinnen, und Schwarz muss sich hüten, mit den Mittelbauern zu früh vorzugehen, um nicht, während er noch unentwickelt ist, Linien zu öffnen.

2.	**...**	**e7-e6**
3.	**b2-b3**	**Sg8-f6**
4.	**Lc1-b2**	**c7-c5**
5.	**g2-g3**	**Sb8-c6**
6.	**Lf1-g2**	**a7-a5**

Hierdurch entgeht man der Nötigung, den Lc8 zu spielen, um Ta8 zu entwickeln. Auf 7. cxd5 käme ...Sxd5, und wenn auch Lb2 drückt und vielleicht zu ...f7-f6 zwingt, hat Schwarz doch eine gute Mitte.

2.	**...**	**c7-c6**

Weiß kann nun in das reguläre Spiel mit 3. d4 einbiegen, aber auch die Mitte noch ungeklärt lassen.

3.	**g2-g3**	**Sg8-f6**
4.	**Lf1-g2**	**Lc8-f5**

Hiermit strebt Schwarz nach Beherrschung von e4 und befreit Ta8. Schwarz muss aber wachen, dass Sf3 den Läufer nicht tausche; auf Sf3-h4 muss der Läufer nach e4 oder g4 ausweichen, um Weiß zu Vorstößen von Bauern zu zwingen.

5.	**0-0**	**e7-e6**
6.	**d2-d3**	**Sb8-d7**
7.	**b2-b3**	**Lf8-d6**
8.	**Lc1-b2**	**0-0**
9.	**Sb1-d2**	**e6-e5**

Jetzt darf man es wagen.

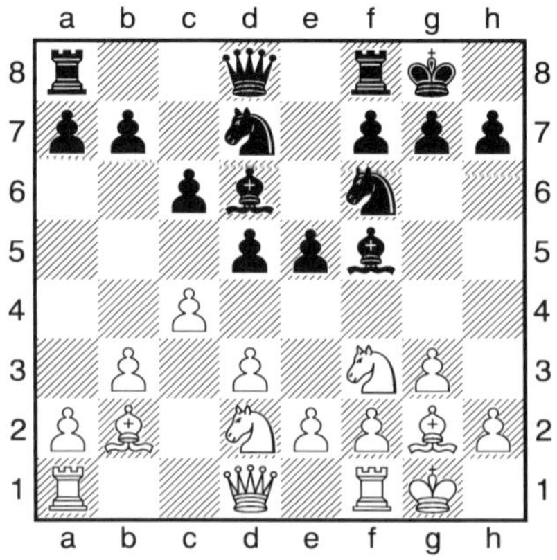

Schwarz steht fest genug in der Mitte und hat etwas Gegenspiel mit ...a7-a5.

Ziehen wir nun das Fazit dieser Untersuchungen! Die obigen Spielweisen sind entstanden aus der Praxis der Meister, sind fleißig gesammelt und gesichtet worden, dennoch unterstehen sie Regeln, wie man nach getaner Arbeit erkennen kann.

- Erstlich: Es ist für jede Partei von Wert, Felder zu beherrschen. Nicht also nur der Gewinn an Material, sei es an Figuren oder auch bloßen Bauern, ist von Gewicht, sondern auch die Beherrschung von Raum, auf den der Gegner sich nicht wagen darf, ohne seine Truppe dort zu verlieren. Je mehr Raum beherrscht wird, desto geringer die Beweglichkeit des Gegners, desto eingeschränkter die Zügezahl, mit denen er drohen oder decken kann.
- Zweitens: Die Felder sind keineswegs gleichwertig; die Felder der Mitte sind die bedeutsamsten, weil von dort Läufer, Dame und Springer die größte Zahl von Feldern bestreichen. Der Kampf in der Eröffnung geht daher im Wesentlichen um die Beherrschung des Zentrums e4, e5, d4, d5, und daran anschließend des erweiterten Zentrums c3 bis c6 bis f6 bis f3.
- Drittens: Der wird aus der Eröffnung den Vorteil haben, dem es gelingt, so bald als möglich, also mit äußerster Ausnützung jeden Zuges, Bauern und Figuren zur Beherrschung des erweiterten Zentrumsturms heranzuführen. Und dieser Vorteil sollte in der Folge dazu führen, dass man den Gegner einengt.
- Viertens: Für die Zwecke der Eröffnung haben die verschiedenen Bauern und die Offiziere verschiedenen Wert. Rechnen wir den Vorteil des ersten Zuges = 1, so mag bei normalem Verlauf der Partie folgende Tabelle zutreffen:

Der Wert des		
2. Zuges	=	0,8
3. Zuges	=	0,75
4. Zuges	=	0,66
5. Zuges	=	0,5
d- und e-Bauern	=	2
c- und f-Bauern	=	1,5
b- und g-Bauern	=	1,25
a- und h-Bauern	=	0,5
Springers	=	4,5
Königsläufers	=	5
Damenläufers	=	4,5
Königsturms	=	7
Damenturms	=	6
der Dame	=	11

Das sind, natürlich bloße Schätzungen, und die Zahlen sind sicherlich ungenau, aber bei verwickelten Problemen, etwa bei Bauern- und Figurenopfern, mit denen man in der Eröffnung Züge gewinnen will, können sie zur Erhellung der Lage gute Dienste leisten und die ungefähre Richtung anzeigen, nach der man ungefährdet steuern darf.

Eine ähnliche Tabelle müsste man für die Felder entwerfen, doch bin ich nicht sicher, ob eine solche Tabelle die obige Gestalt hätte, ob sie nicht vielmehr weit verwickelter sein müsste, indem sie nicht bloß mit einfachen Zahlengrößen, sondern mit verwickelteren Systemen, etwa Zahlenpaaren oder Feldergruppen arbeiten müsste. Der Vorzug der obigen Betrachtungsweise ist aber gerade ihre Einfachheit. Lassen wir dies Problem daher lieber mathematikfrei! Besser, sich für den Wert der Felder selbständig ein Gefühl anzuzüchten. Durch Übung und intelligente Kritik erwirbt man sich ein gesundes Urteil dafür. Und ein selbst erworbenes gesundes Urteil ist hundertmal wertvoller als ein angelerntes, weil die Erwerbung eines Urteilvermögens den mit offenen Sinnen Begabten in den Stand setzt, auch in ganz andern Aufgaben, die das Leben stellt, sich furchtlos und sachgemäß ein eignes Urteil zu bilden und danach entschlossen zu handeln.

Genug, zu wissen und aus den vorangehenden Varianten belegen zu können, dass es für Zwecke der Beherrschung von Feldern – wohlgemerkt nicht für Zwecke des Angriffs gegen den König – auf die Felder der Mitte und sodann der erweiterten Mitte ankommt.

Auch der Angriff gegen den König spielt in der Eröffnung mit, und auch die Art, wie man Felder beherrscht.

So ist Druck gegen die Felder der Rochadestellung von Vorteil, aber doch nur ein Vorteil zweiten Ranges, weil wer die Mitte beherrscht, diesen Vorteil durch Hemmung oder Abtausch drohender Figuren leicht illusorisch machen kann. So ist es ferner von Gewicht, ob man auf beherrschte Felder Figuren stellen kann, die dort vor Angriffen minderwertiger Steine des Feindes, etwa Bauern oder Springer, sicher stehen. Und offene Linien für die Türme, offene Schrägen für die Läufer haben für den Angriff gegen den König und gegen Bauern besonderen Wert, der dem von ein paar Bauern gleichkommen kann.

Aber hier begegnen wir Problemen, die schon nicht mehr dem Stadium der Eröffnung eigentümlich sind, und die wir sehr genau und von ganz andern Gesichtspunkten aus ins Auge fassen müssen.

Drittes Buch

Die Kombination

Nach diesen Untersuchungen, die die Arbeit vieler benützen und sie heterogen zusammenstellen, wenden wir uns nun wieder der systematischen Betrachtung zu, die kein Mosaik, sondern eine durch Vernunft verbundene Einheit sein muss. Zu diesem Zwecke beginnen wir mit der Erläuterung eines Begriffes, dessen Aufgabe es ist, Licht auf die moderne Phase der schachlichen Entwicklung zu werfen.

In jeder Lage gibt es einige Züge, die gewalttätig wirken, die eine völlige Umwälzung hervorbringen wollen, die plötzlich und stark drohen: ein Matt, Schlagen von Steinen, Umwandlung eines Bauern. Deren Tendenz ist, kurz gesagt, eine Umwertung aller Werte. Solchen gewalttätigen Angriffszügen stehen ebenso gewalttätige zur Abwehr gegenüber, Angriff und Gegenangriff und Deckung bilden daher eine Kette, die oft sehr verwickelt, bisweilen aber leicht zu verfolgen ist. Reiht sich in dieser Kette Ring an Ring in einheitlicher Folge, so nennt man sie eine „Variante"; oft aber verzweigt sich die Kette, indem etwa zwei oder mehr Deckungen statthaft sind, dann redet man von Varianten, von einem „Netz" von Varianten.

Solche Variantennetze muss der Schachfreund in seiner Analyse der Stellung durchdenken, um zu prüfen, ob sich bereits durch gewalttätige Züge ein günstiges Ergebnis erzwingen lässt. Diese Prüfung stellt er oft an, sicherlich, wenn die feindlichen Kräfte einander nahe gerückt sind, damit er keine Gelegenheit verpasse. Gewöhnlich aber bleibt es bei dem Versuche; die Berechnung setzt sich gewöhnlich nicht in die Tat um, weil das Variantennetz für gewöhnlich keinerlei erstrebenswertes Ergebnis zeitigt.

Wenn nun aber das Variantennetz ein positives, erstrebenswertes Ergebnis birgt, dann heißt die Gesamtheit, das Gefüge der Varianten eine „Kombination". Und der Spieler, der den von ihm entdeckten Varianten folgt, „macht eine Kombination".

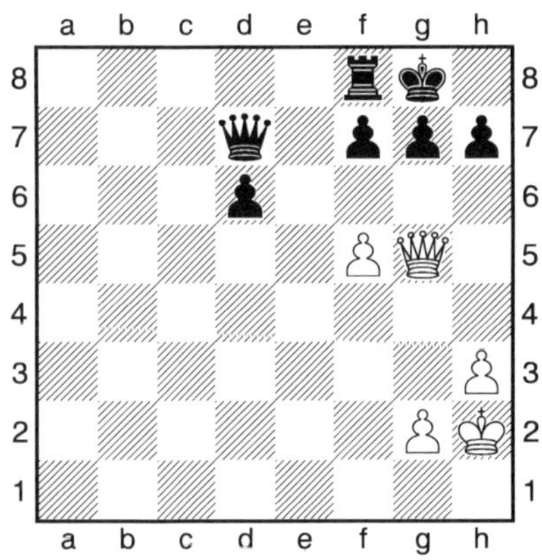

Weiß am Zug macht eine Kombination, die aus nur einer Variante besteht. Sie beginnt mit dem Matt drohenden Zug f5-f6, der ...g7-g6 erzwingt. Alsdann folgt Dg5-h6, eine neue Mattdrohung, die Schwarz nicht decken kann, denn weder die schwarze Dame noch der Turm können das Feld g7 entlasten.

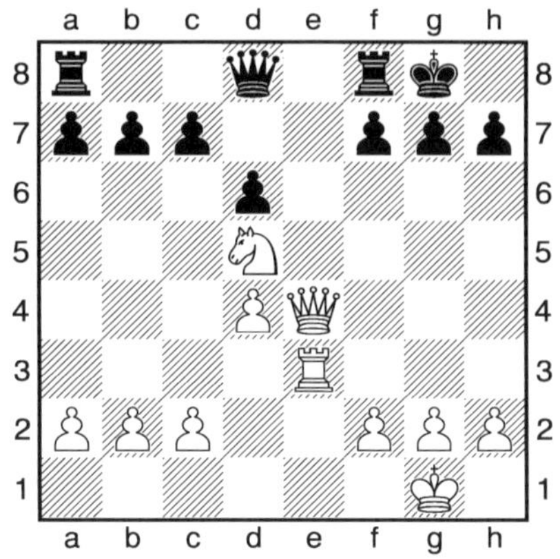

Weiß am Zug

Weiß, der die „Qualität" verloren hat, kann durch eine Kombination, die zwei Varianten hat, den Sieg gewinnen. Sie beginnt mit Se7+. Nimmt die Dame den Springer, so verliert Schwarz die Dame und steht dann auf Verlust, wie nicht näher ausgeführt zu werden braucht. Diese Variante ist trivial. Nimmt Schwarz den Springer nicht, so muss er ...Kh8 ziehen. Danach geschieht Dxh7+, ...Kxh7, Th3 matt. Diese zweite Variante enthält die „Idee" der Kombination, das Opfer der weißen Dame.

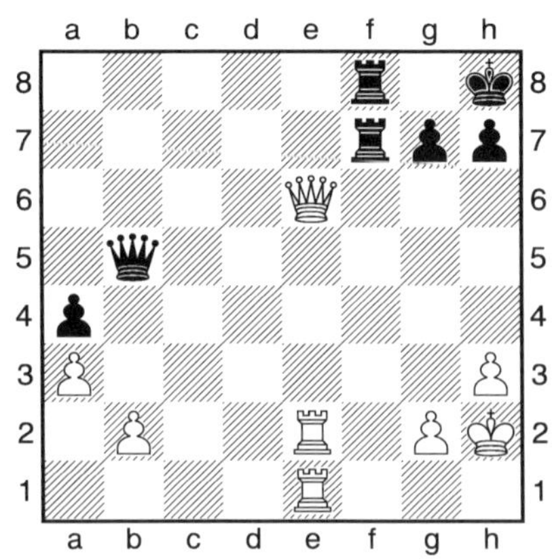

Weiß am Zug

Te8+ und nun nicht ...Dxe8, sondern ...Tf8.

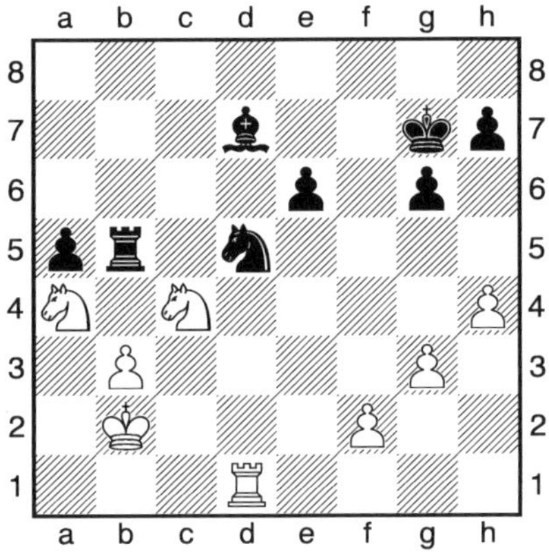

J. R. Capablanca – R. Yates

Weiß am Zug

Weiß macht eine Kombination, wodurch er einen Bauern gewinnt.

1.	**Sa4-c3**	**Tb5-c5**
2.	**Sc3-e4**	**Tc5-b5**
3.	**Se4-d6**	**Tb5-c5**
4.	**Sd6-b7**	**Tc5-c7**
5.	**Sb7xa5**	

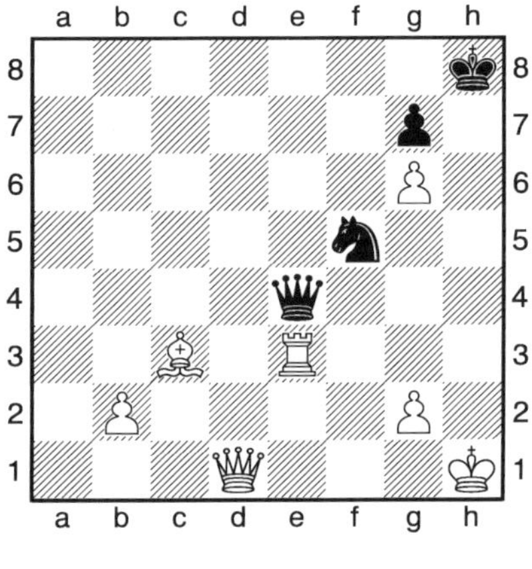

Schwarz am Zug

Im nächsten Diagramm rettet Schwarz die anscheinend hoffnungslos verlorene Stellung durch ...Dxg2+, Kxg2, ...Sxe3+, Kf3, ...Sxd1, Ld4, ...Sxb2, Lxb2, und Schwarz macht das Endspiel remis, da er nicht aus der Ecke zu vertreiben ist. Man beachte die große Zahl mehrfacher Angriffe durch den Springer.

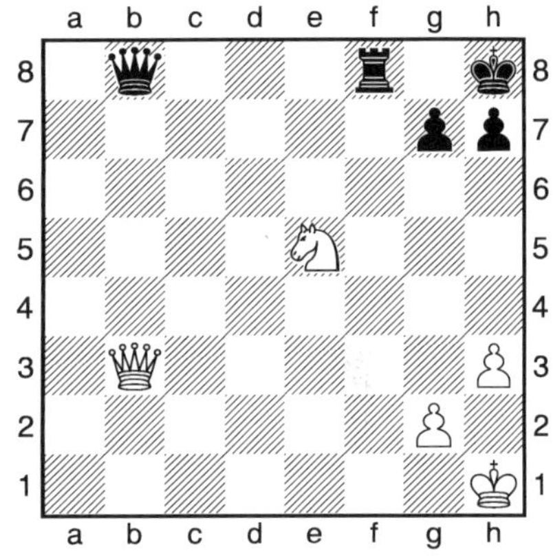

Weiß am Zug

Weiß sieht leicht, dass bei Sf7+ der Turm den Springer nicht nehmen darf und also der König dadurch in ein Abzugsschach getrieben wird. Aber wie soll Weiß gewinnen? Gewiss, nach Sf7+, ...Kg8, gibt ...Sh6 Doppelschach, und der König muss in die Ecke. Doch dies führt nur zum Remis durch ewiges Schach; oder nicht? Plötzlich durchzuckt den Weißen eine Idee und, von der Qual des mühevollen Suchens erlöst, kündet er jubelnd Matt in vier Zügen an. Die Idee ist, dem Könige das einzige Feld, auf dem er entweichen kann, g8, durch ein Opfer zu versperren: **1. Sf7+ Kg8 2. Sh6++ Kh8 3. Dg8+ Txg8 4. Sf7 matt.**

Wie schon an diesen wenigen Beispielen zu ersehen, hat eine Kombination immer eine Idee, eine Spitze. Man erkennt diese Idee an der Überraschung, die sie dem Zuschauer verursacht, sowie an dem Gefühle von Befreiung, das sie dem Nachdenkenden schenkt. Die Idee löst eine Aufgabe mit einem Schlag.

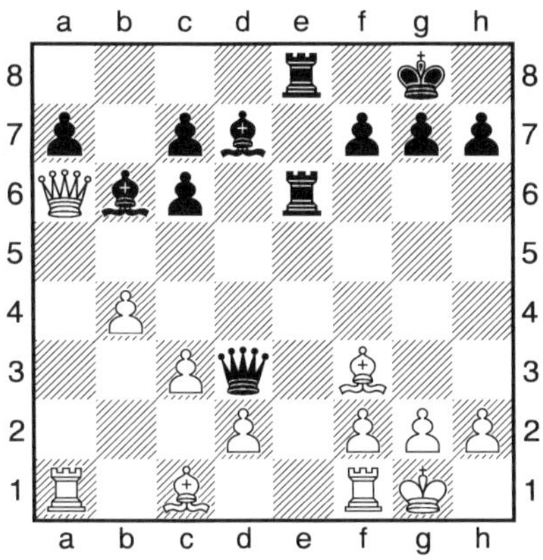

L. Paulsen– P. Morphy

Schwarz am Zug

Der junge Morphy ist im Turnier zu New York 1857 am Zug gegen seinen Rivalen Paulsen. Er hatte den Damenbauern und damit den Läufer und Turm mit der Dame blockiert; nun ist sie angegriffen. Soll er sie decken und den Abtausch gestatten? Aber der König des Feindes ist nur von wenigen Offizieren geschützt. Sollte da nicht eine Kombination sein, den Augenblick zu nützen? Etwa ...Dxf1+? Aber die Dame nimmt zurück, nicht der König. Oder ...Lxf2+? Aber der König nimmt, und das Schach auf d4, das vernichtend wäre, ist durch c3 gedeckt, der König behält also sichere Zuflucht g1. Nein, Schachgebote führen zu nichts. Aber wie, wenn die Dame den Läufer schlägt? Das entblößt die g-Linie. Es folgt gxf3, ...Tg6+, Kh1, ...Lh3 und Tg1 geht ja nicht, g2 ist nicht zu decken. Weiter rechnete Morphy nicht, das andere hatte er im Gefühl.

Paulsen wird durch die Kombination überrascht und leistet nicht den nötigen Widerstand. Die Partie verlief

1.	**...**	**Dd3xf3**
2.	**g2xf3**	**Te6-g6+**
3.	**Kg1-h1**	**Ld7-h3**
4.	**Tf1-d1**	

Das war nicht das Stärkste. Gewiss, Tg1 ging wegen ...Txg1+ nebst ...Te1+ nicht an, aber es gab noch eine andere Art, das in zwei Zügen drohende Matt zu decken, nämlich durch Angriff auf den formidablen Tg6 mit 4. Dd3. Wenn dann 4. ...Lg2+ 5. Kg1 Lxf3+ 6. Dxg6 hxg6 7. d4 Te4 8. h3, stünde Weiß leidlich. Also 4. ...f5. Sodann nicht Dc4+, wegen ...Kf8, was Df7 hindert, sondern 5. Td1 Lxf2 6. Df1, und Weiß kann noch kämpfen, oder 5. ...Lg2+ 6. Kg1 Lxf3+ 7. Kf1 Lxd1 8. Dc4+ Kf8 9. d4, worauf Schwarz freilich das Endspiel mit 9. ...Le2+ 10. Dxe2 Tg1+ usw. gewinnen würde. Aber wenn auch, Weiß hätte es dem Schwarzen schwerer machen müssen.

4.	**...**	**Lh3-g2+**
5.	**Kh1-g1**	**Lg2xf3+**
6.	**Kg1-f1**	**Lf3-g2+**

Noch stärker war ...Tg2, worauf Weiß in ein Mattnetz gerät.

7.	**Kf1-g1**	**Lg2-h3+**
8.	**Kg1-h1**	**Lb6xf2**
9.	**Da6-f1**	**Lh3xf1**

und Morphy gewann schnell.

Die Betrachtung der gewalttätigen Züge ist nötig, weil man auf diese Art einen kurzen Weg zum Abschluss der Partie einzuschlagen vermag, sofern ein solcher vorhanden. Die Methode ist auch sehr praktisch, da sie die ungeheuer große Zahl bloßer Möglichkeiten beiseite lässt und die Aufmerksamkeit, wenigstens zunächst, auf einige wenige Möglichkeiten, die der menschliche Geist leicht beherrschen kann, konzentriert. Ist eine Kombination, die zum Gewinn führt, vorhanden, so ist damit der handgreifliche Beweis geliefert, dass die Partie gewonnen ist. Da helfen keine Ausreden mehr. Im Leben werden die Partien nie so unstrittig gewonnen wie im Spiel; das Spiel gibt uns Genugtuungen, die uns das Leben versagt. Und für den Schachspieler heißt der große Sorgenbrecher, der die Arbeit krönende Erfolg, die Kombination.

Die Kombination wird im Kopfe eines Schachfreundes geboren. Viele Gedanken kommen da zur Welt, richtige und falsche, starke und schwache, gesunde und kranke. Sie kommen zur Welt und stoßen einander, und einer trägt den Sieg davon über die Rivalen und setzt sich in einen Zug auf dem Schachbrett um.

Ob nun ein Schachmeister wirklich so wie eben angedeutet denkt? Vermutlich ungefähr so, dabei aber mit mancherlei Umwegen und Wiederholungen. Doch kommt es weniger darauf an, zu wissen, wie er einen Gedanken fasst, viel wichtiger ist es, zu verstehen, dass umgekehrt ein Gedanke ihn erfasst und hin und her wendet und nicht mehr loslässt. Beim Meister, der den Stoff beherrscht, entsteht eine Idee nicht von ungefähr, sondern hat einen Daseinsgrund außerhalb des Denkers.

Es genügt nicht, zu wissen, dass eine Kombination aus lauter gewaltsamen Zügen besteht, man muss auch einen Grund angeben können, warum in der zu untersuchenden Stellung eine Kombination stecken soll. Einen König, der hinter Bauern gesichert steht, der von einigen sicher postierten Offizieren vernünftig verteidigt wird und der einige Beweglichkeit hat, kann man nicht in der Eile Matt setzen. Will man in solcher Stellung mit aller Gewalt eine Kombination entdecken, die zum Matt führt, so verliert man nur Zeit und Gehirnkraft. Mehrfache Angriffe sind nur bei besonderen Konstellationen möglich; für sie gibt es bestimmte geometrische Bedingungen, wie etwa, dass König und Dame ungeschützt in derselben Linie, Reihe oder Schräge stehen, oder dass sie in der Domäne eines Springers postiert sind. Um solche mehrfachen Angriffe auszuführen, bedarf es außerdem einiger sehr beweglicher und sehr drohender Steine. Wie schon aus diesen zwei Beispielen ersichtlich ist, sind die Bedingungen dafür, dass eine Kombination existiert, sehr eng umschrieben. Diese Bedingungen sind auch der Existenzgrund von Ideen im Hirne des Meisters. Erst wenn der feindliche König wenig beweglich und nicht allzu sicher ist, macht der Meister den Versuch, eine Kombination, die ein Matt bezweckt, zu suchen, erst dann, das weiß er, sind Mattideen in der Stellung vorhanden; so ist es auch mit anderen Ideen. Eine Idee muss also ein Motiv oder ein Netz, ein Gewebe von Motiven haben, das aus der Natur der Stellung erklärlich und ersichtlich ist.

Betrachten wir nun die Motive im Einzelnen.

Die „Einkreisung“

Von allen Motiven das verbreitetste ist die Schwäche eines sehr wenig oder gar nicht beweglichen Steines. Ein solcher fordert den Angriff heraus. Die Kombination muss suchen, einen solchen Stein zu gewinnen, indem sie ihn und die herbeieilende Deckung angreift. Oft wird ein Läufer von einer Kette von Bauern angegriffen, so, dass ihm jede Beweglichkeit genommen wird, wie im folgenden fehlerhaften Partieanfang: 1. e4 e5 2. Sf3 Sc6 3. Lb5 a6 4. La4 d6 5. d4 b5 6. Lb3 Sxd4 7. Sxd4 exd4 8. Dxd4? (besser Ld5) c5 9. Dd5 Le6 10. Dc6+ Ld7 nebst …c4. Oft wird einer Figur, die ins gegnerische Lager eingebrochen ist, der Rückweg abgeschnitten und die Umzingelte fällt dann, oft nach tapferer Gegenwehr, an der die gesamte Macht des zu Hilfe eilenden Heeres sich beteiligt. Oft fällt ein blockierter Bauer, oft eine durch Fesselung ihrer Beweglichkeit beraubte Figur, oft wird der König selbst, nachdem ihm die Fluchtfelder abgeschnitten sind, Ziel eines verderblichen Angriffs.

Um diesem Motiv einen Namen zu geben, heben wir die zwei ihm zugrunde liegenden Gedanken hervor: den Gedanken der Kraft und den der Unbeweglichkeit. Das Unbewegliche muss die Gewalt ertragen. Der leicht beschwingte kleine Vogel wird dem Saurier mit Leichtigkeit entfliehen, der fest verwurzelte riesige Baum aber muss ihm standhalten, Laub und Frucht und vielleicht sein Leben drangeben. Nennen wir es das Motiv der „Einkreisung“, da auch dieser Begriff die oben genannten beiden Gedanken der Gewalt und der Hemmung, des Feststehens, miteinander verknüpft.

Das geometrische Motiv

Ein zweites Motiv lässt sich aus den Spielgesetzen herleiten, da es aus der Geometrie des Schachbretts und der Züge der Steine herführt. Wir nennen es kurz das „geometrische“ Motiv. Infolge dieses Motivs sind, wie wir ja schon wissen, mehrfache Angriffe sowie auch Hemmungen möglich.

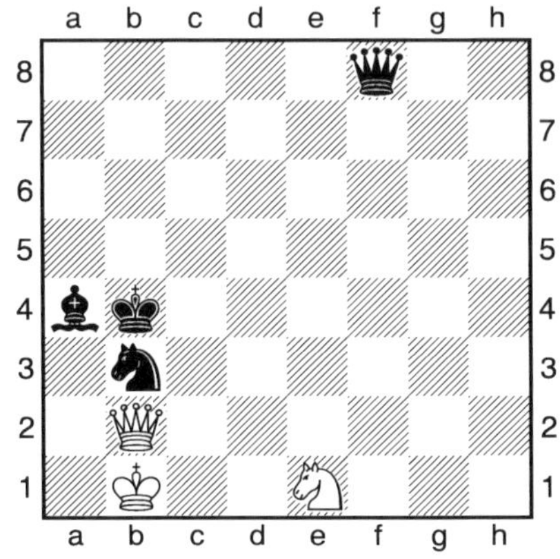

Weiß am Zug

gedeckt. Indessen hätte der schwarze König dort nur geringe Beweglichkeit, dort wird er eingekreist. So entsteht die gewinnende Kombination: **1. Da3+ Kxa3 2. Sc2 matt.**

Die „Hemmung“

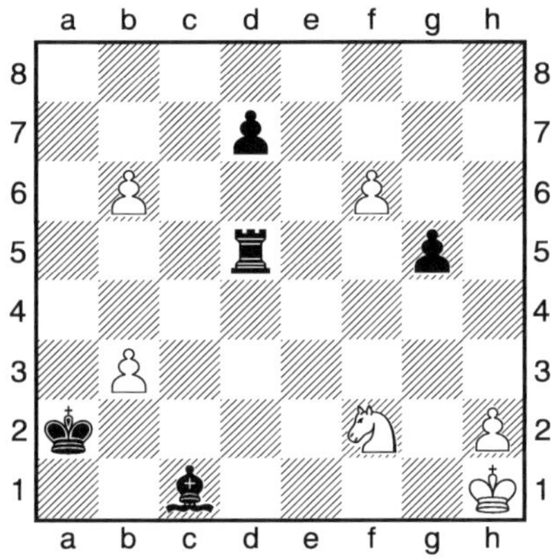

A. Troitzki
Weiß zieht und gewinnt

Der „Schnittpunkt“

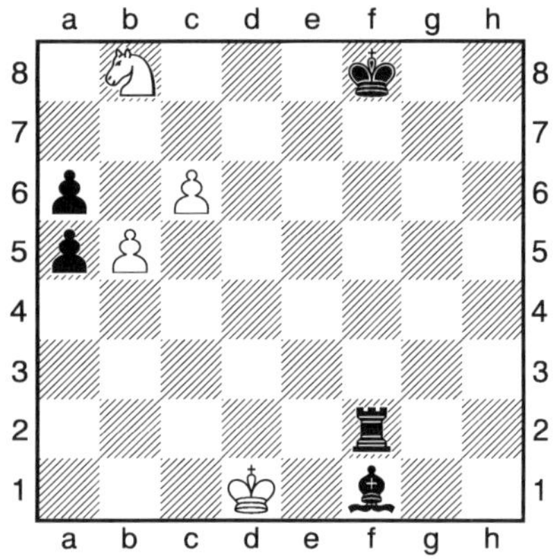

A. Troitzki
Weiß am Zug gewinnt

Ein Motiv, das auf rein geometrischen Erwägungen beruht, ist die Hemmung eines Turms durch Läufer oder umgekehrt, herbeigeführt etwa durch Besetzung des Schnittpunktes der Linien eines Läufers und eines Turmes.

In diesem schönen Beispiel für die Ausnützung von Hemmungen kann der Läufer den f-Bauern von a3 aus aufhalten, der Turm den b-Bauern von der b-Linie aus, oder der Läufer den b-Bauern von f4 aus, der Turm den f-Bauern von der f-Linie aus. Schwarz hat die Wahl. Um nun die beiden Figuren bei diesen Aufgaben in Verwirrung zu bringen, lenkt Weiß den Turm von der fünften Reihe ab. Es geschieht dies durch Verwendung des Springers. **1. Sd3** Wenn nun …La3, so 2. b4 und gewinnt leicht. Also **1. …Txd3 2. f7** Wenn 2. …Tf3, so 3. b7, und …Lf4 verstellt nun den Turm, und wenn 2. …La3, so 3. b4 Lxb4 4. b7, und der Läufer verstellt wieder den Turm. Man beachte, wie sehr in der ursprünglichen Stellung der Bauer g5 sowohl den Turm wie den Läufer hemmt.

Die Lösung fängt mit brutalen Zügen an. **1. c7 Lh3 2. bxa6 Lg4+** Um …Te2 spielen zu können. **3. Kc1 Lf5 4. a7 Tc2+ 5. Kd1 Le4** Die Verteidigung scheint nun in Ordnung, aber **6. Sc6** besetzt den Schnittpunkt der Läufer-Schrägen und der Turm-Geraden, und nun wird einer der Bauern ungefährdet zur Dame. Auch bei anderen Varianten kehrt das nämliche Motiv wieder.

Das Motiv der Hemmung, dessen geometrische Auswirkung wir oben betrachteten, begründet sich aus einem Prinzip des Kampfes, nämlich dem natürlichen Streben nach freier Betätigung der Kräfte, das die gegnerischen Steine haben. Diesem Streben wirkt die hemmende Figur entgegen, sei es, indem sie Dame, Turm, Läufer oder Bauer den Weg versperrt (sie „obstruiert“ oder „blockiert“), sei es, dass sie die eigenen hemmenden Steine des Gegners an ihren Plätzen festhält, und zwar durch oder Fesselung, oder Abschneiden der Fluchtfelder, oder durch Drohungen und Angriffe, die jene hemmenden Steine an ihre Plätze bindet. So wird der Gegner nicht bloß durch meine Steine gehemmt, sondern durch seine eigenen, ungünstig postierten Steine, die er gern ziehen möchte, deren Bewegung ich aber erschwere und womöglich verhindere.

In der folgenden Stellung will Weiß, der materiell im Vorteil steht, sein Übergewicht in wenigen Zügen zum Gewinn ausnützen und er macht eine Kombination, die den Aufmarsch des Gegners unterbindet.

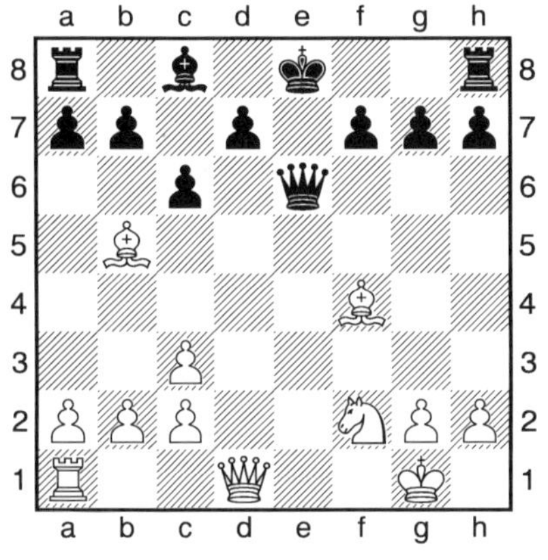

Post – Kagan
Weiß am Zug

1. Lf4-d6!

Damit sind der Bauer d7, sonach Läufer c8 wie Turm a8 gehemmt, ferner ist die Rochade behindert und der König steht eingeengt. Zudem enthält die offene e-Linie Dame wie König, lädt also zu Te1 ein.

1. ... c6xb5
2. Dd1-d2 De6-h6

Schwarz würde gerne die Damen tauschen, um den König zu entlasten.

3. Ta1-e1+ Ke8-d8
4. Ld6-f4!

Diese Idee ist hübsch, sauber, stark; das Feld d6 kann mit Erfolg sowohl vom Läufer wie von der Dame besetzt werden, sonach macht der Läufer der Dame Platz, und Schwarz, dessen Dame die sechste Reihe wegen Dd6 nicht verlassen darf, muss sich entscheiden. Kommt 4. ...Dg6, so 5. Sg4; der Springer ist wegenDd6 immun und droht Sg4-e5 mit tödlicher Wirkung, beispielsweise 5. ...Te8 6. Se5 De6 7. Dd6! Diese eine Möglichkeit ist also verhängnisvoll. Bleibt die zweite, dass die schwarze Dame auf der sechsten Reihe das Feld d6 passiert. Dann kommt es wie in der Partie.

4. ... Dh6-c6
5. Lf4-d6

Damit ist die Dame von e7 und g5 abgeschnitten.

5. ... f7-f6
6. Dd2-f4

und Schwarz verliert nach 6. ...Te8 7. Lc7+ nebst 8. Txe8+ die Dame.

Die Motive einer Kombination können außerordentlich verwickelt sein. Sie sind verzweigt, miteinander verknüpft und verflochten. Was eint die Vielheit der Motive? Eben dic Idee, die darum etwas Schöpferisches hat. Motive, wie etwa ein mehrfacher Angriff auf ungeschützte Steine oder ein Absperren von Fluchtfeldern des Königs, haben etwas Handwerksmäßiges, die Idee etwas Künstlerisches. Selbst die eben bezeichneten einfachen Motive atmen Kunst, wenn sie zu dem Zwecke gebraucht werden, Felder zu erobern, die scheinbar dem Gegner gehören. Beispielsweise betrachte ich diese Studie von L. Kubbel. (Aus „150 Endspiele“ des feinsinnigen Autors.)

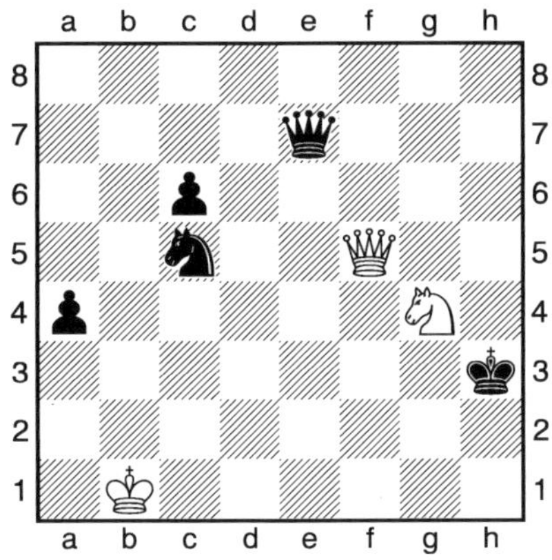

L. Kubbel
Weiß zieht und gewinnt

Weiß kann durch Abzug des Springers Schach bieten, aber wohin soll der ziehen? Er ist nirgends, im gewöhnlichen Sinne des Wortes, geschützt – denn die Dame, die den König angreifen soll, darf ihre Zeit damit nicht verlieren, den Springer zu schützen, und ein anderer Stein ist nicht nahe vorhanden. Da hilft das Motiv, dass König und Dame in einer und derselben Linie schwach stehen. Folglich darf sich der Springer ungeschützt in die Linie der Dame stellen, weit von der Dame, so dass die Dame verloren geht, wenn der König den Springer schlägt. Und nun erwächst ein Gewebe von Motiven, das die Idee des Komponisten offenbar macht, wie folgt:

1. Se3+ Kg3 (am besten) **2. Dg4+ Kf2** (am besten) **3. Df4+ Ke2** (am besten) **4. Df1+** Der Springer ist gleichsam gedeckt, da der König ihn wegen De1+ nicht nehmen darf. **4. ...Kd2 5. Dd1+ Kc3 6. Dc2+ Kb4** Auf ...Kd4 ginge durch Sf5+ die Dame verloren. **7. Db2+ Sb3** (am besten) **8. Da3+** und gewinnt die Dame oder setzt Matt.

Hier folgt noch ein einfaches Beispiel, das den Praktiken einer Partie, nicht dem Ideengang eines Komponisten, also der Realität, nicht der Dichtung entspringt.

Anscheinend ist der Springer c7 nicht zu retten, aber das Feld a8 gehört dem Schwarzen nur scheinbar,

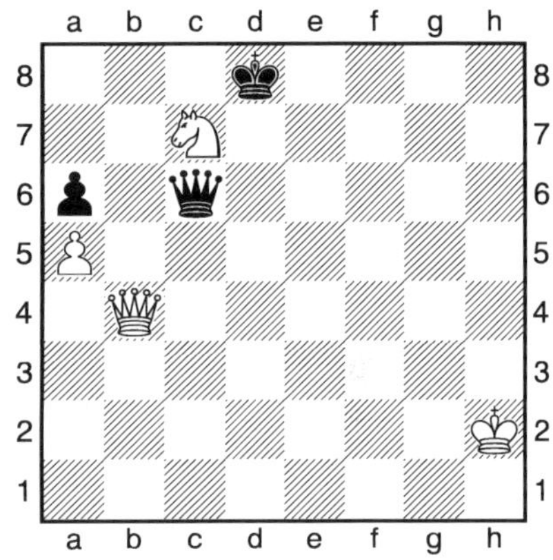

Weiß am Zug

nicht in der Tat, der Springer rettet sich nach dort und sodann nach b6, wo er keiner Unterstützung mehr bedarf.

Dies Motiv tritt sehr oft in Endspielen auf, indem ein Freibauer benützt wird, andere Bauern, die entfernt von ihm stehen, oder auch Offiziere zu decken.

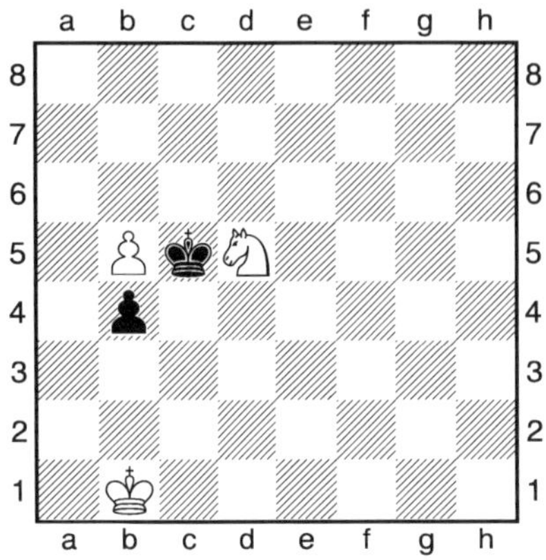

Weiß am Zug

Der Springer kann den Bauern nicht decken, wohl aber der Bauer den Springer durch b5-b6, und nun plötzlich decken die beiden einander wechselseitig und geben dem weißen König Zeit, herbeizueilen und die Partie zu entscheiden.

Überhaupt verringert sich die Macht, oder sagen wir der Machtbereich, eines Steines, so wie im obigen Falle des schwarzen Königs, in dem Augenblicke, wo er eine gewisse Aufgabe zu erfüllen hat, beispielsweise die Aufgabe, einen Turm zu hemmen oder ein Matt oder einen drohenden Mehrangriff zu decken. Eine solche Aufgabe oder eine Vielheit solcher Aufgaben, die einem Steine oder mehreren Steinen zuerteilt sind, sei seine oder deren „Funktion" genannt, mit einem Ausdruck, der der Biologie entlehnt ist. Aus der Betrachtung der Funktionen ergeben sich Motive, die zu einer Kombination verarbeitet werden können.

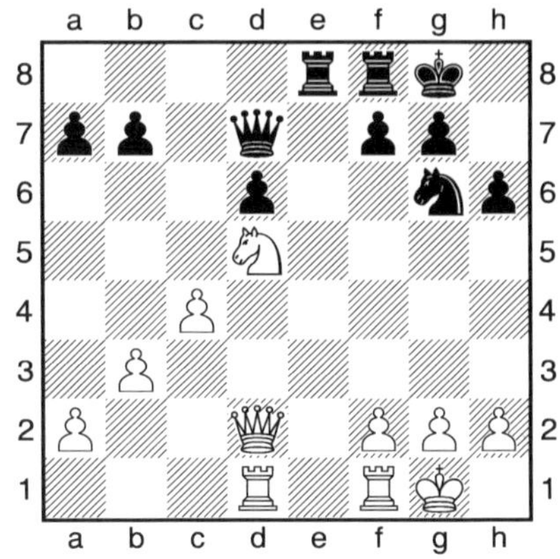

Der Bauer g7 hat die Funktion, h6 zu decken und auch das Feld f6 gegen eine Springergabel mit Doppelangriff auf König und Dame zu verteidigen- Also gewinnt Weiß einen wichtigen Bauern durch Dd2xh6: beiden Aufgaben kann der Bauer nicht gerecht werden.

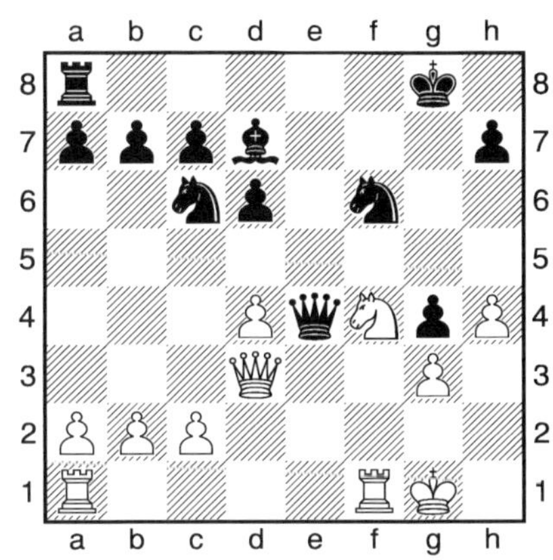

W. Steinitz – Hirschfeld
Weiß am Zug gewinnt

Der Springer f6 muss die Dame e4 decken, daher ist er Angriffsobjekt. Steinitz hat den Angriff bereits vorbereitet, er ist durchschlagend, überwältigend, da der schutzlose Springer doppelt angegriffen wird und mit Schach geschlagen zu werden droht: 1. Sh5 Schwarz gab auf.

Schwarz hätte es sich reiflich überlegen sollen, ob er einer so unsicher postierten Figur wie dem Sf6 eine so gewichtige Aufgabe wie die Deckung einer Dame anvertrauen durfte.

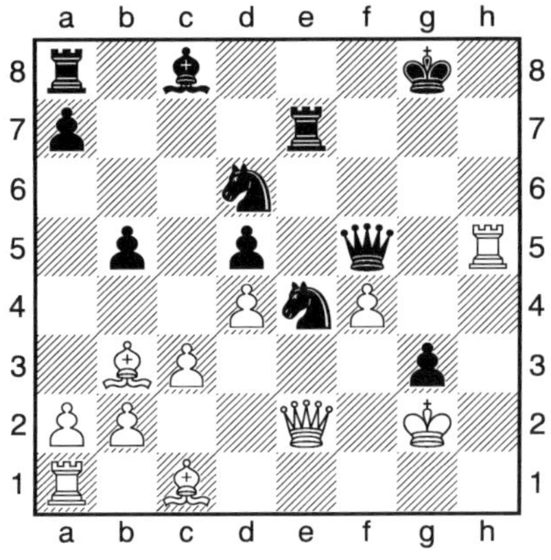

Löwental – Mayet
Schwarz am Zug

Der Punkt d5 scheint für den Läufer erobert, Weiß ist im Begriffe, zu triumphieren. Aber die Dame e2 hat die Funktion, den Turm h5 zu decken, ein Angriff auf die Dame ist daher wohlmotiviert, nämlich einen ganzen Turm wert. Sonach 1. ...Sf6 und gewinnt ohne Mühe.

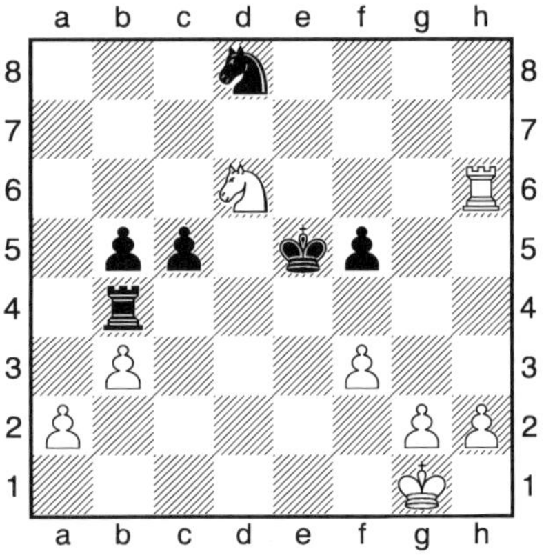

W. Steinitz – M. Tschigorin
Weiß am Zug

Die Funktion des schwarzen Königs ist, den Bauern f5 zu decken, der Turm b4 hat b5 zu decken. Da diese beiden Steine Funktionen haben, sind sie gegen Störungen sehr empfindlich. Schwarz will mit ...Sd8-e6 seinen untätigen Springer aktiv machen, Eile ist daher wünschenswert; auch, weil ...c5-c4 droht. Geht 1. f4+ ? In der Tat, es geht, da auf ...Kxf4 2. Th4 die geometrische Figur der Stellung von König und Turm ausnützt.

Der schwarze König hat nur ein Fluchtfeld und sehr wenige Sicherungen, ist sonach Angriffsziel. Se4-f6 wäre Matt, wenn nicht die Db6 deckte. Aus dieser Funktion der Dame folgt, dass sie augenblicklich nur Wirkung in der sechsten Reihe hat.

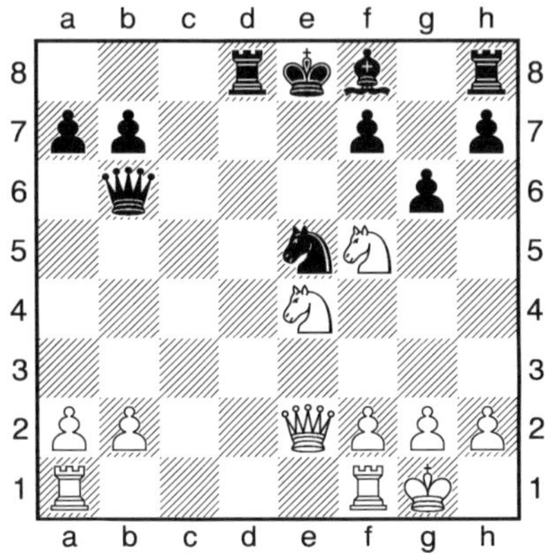

A. Aljechin – Kußmann
Weiß am Zug

1. Db5+ Sd7 Nun droht ...Dxb5, da der Springer d7, sobald er entfesselt ist, das Feld f6 deckt. Aber Weiß sorgt dafür, dass diese Deckung auch bei Entfesselung illusorisch wird, indem er zugleich eine neue furchtbare Figur heranführt. **2. Tfe1** Der Deckungszug ...Le7 nützt nicht viel, da der Läufer auf e7, nur vom König gedeckt, ein zu schwaches Hemmnis ist; es würde 3. Sd6+ Kf8 4. Txe7 Dxb5 5. Txf7+ Kg8 6. Sh6 oder Se7 Matt folgen. **2. ...Lb4 3. Sf6+ Kf8 4. Sxd7+ Txd7 5. De5** nebst baldigem Matt.

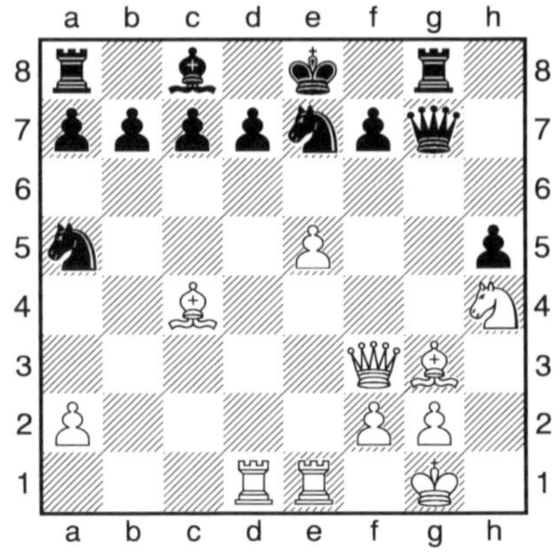

W. Steinitz – Meitner
Weiß am Zug

Der Bauer f7 deckt den König auf der Schräge h5-e8, der Bauer d7 hemmt Td1 und deckt Feld d8. Daher liegt es nahe, diese so belasteten Bauern anzugreifen, mit der Absicht, den die Wirkung von Te1 obstruierenden Bauern e5 aus dem Wege zu schaffen.

1. e6! Auf 1. ...fxe6 gewinnt 2. Dxh5+ den Sa5, auf 1. ...dxe6 gewinnt 2. Lxc7 durch die d-Linie, auf 1. ...Sxc4 2. exf7+ Dxf7 3. Sf5 entscheidet die e-Linie.

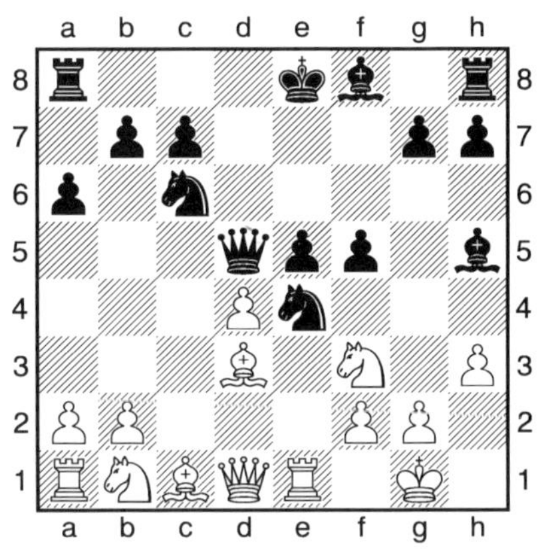

Prof. Berger – Dr. Schmid
Weiß am Zug

Der Se4 hemmt Te1 und deckt so e5, der Bauer f5 deckt e4, der Lh5 fesselt Sf3. Infolge dieser Verflechtung von Funktionen ist f5 belastet, Lh5 drohend. Also empfiehlt sich g2-g4.

1.	**g2-g4**	**Lh5-g6**
2.	**g4xf5**	**Lg6xf5**
3.	**Ld3xe4**	**Lf5xe4**
4.	**Sb1-c3**	**Le4xf3**
5.	**Sc3xd5**	**Lf3xd1**
6.	**Sd5xc7+**	**Ke8-f7**
7.	**Sc7xa8**	**Ld1-f3**
8.	**d4xe5**	

und Weiß gewann.

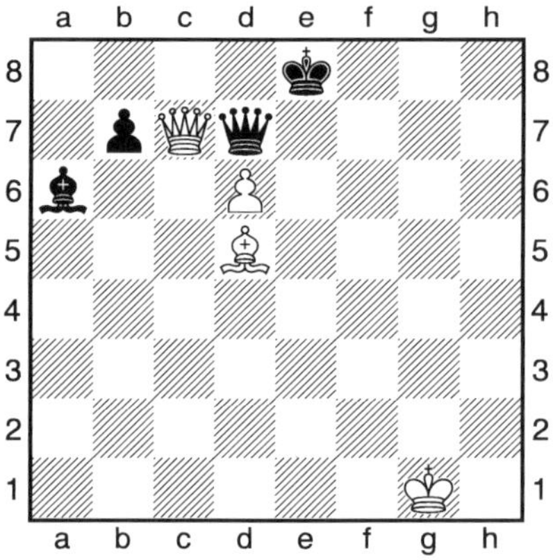

Weiß am Zug

Der König hat die Aufgabe, die Dame zu decken. Sein Bereich schrumpft also zusammen; nach f8 oder f7 kann er nicht. Daher gewinnt Weiß durch Ld5-f7+ die Dame oder setzt Matt. Manchmal erfüllt ein Stein, ohne es zu wollen, eine Aufgabe für den Gegner. Beispielsweise, er hemmt die eignen Steine. Die Vernichtung seiner Schädlichkeit ist dann ein dankbares Motiv.

Ein sehr häufiges Motiv ist daher die Angriffswut eines verlorenen, sagen wir eines verzweifelten Steines. Er ist ein wahrer Desperado. Er läuft Amok. Die Verzweiflung mag auch daher rühren, dass er auf dem von ihm innegehaltenen Posten seiner eignen Partei schadet, indem er etwa seinem eigenen Bauern den Weg zur Königin versperrt.

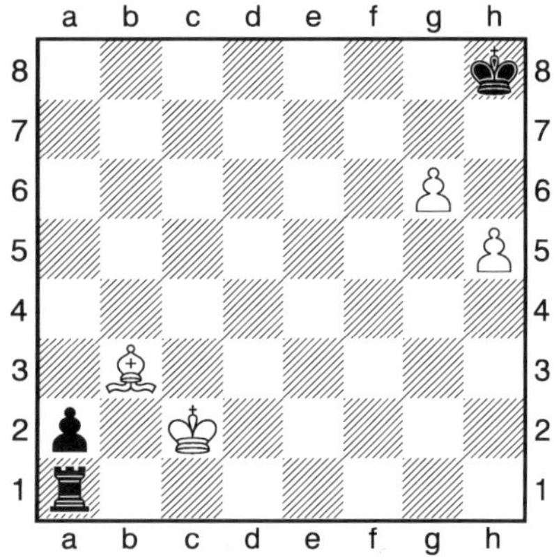

Schwarz am Zug

Der Turm ist Desperado. Während er auf a1 harrt, um a2 zu schützen, ist alles in Gefahr. Er sucht sich ein Angriffsziel, das wertvollste, den König. **1. ...Tc1+.** Dadurch ist a2 gerettet, und Schwarz gewinnt.

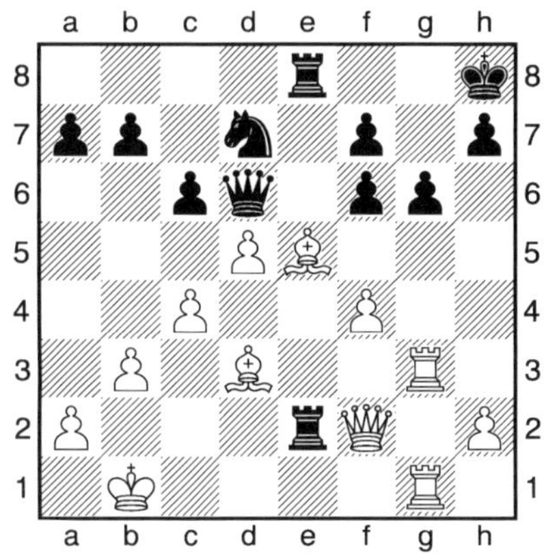

L. Forgács – O. Duras
Schwarz am Zug

Die Dame d6 ist Desperado, da ihretwegen Te2xf2 nicht geht und Te2 in Gefahr schwebt. Sie vernichtet das Stärkste, das Aggressivste, dessen sie gerade habhaft werden kann: **1. ...Dxe5** und gewinnt.

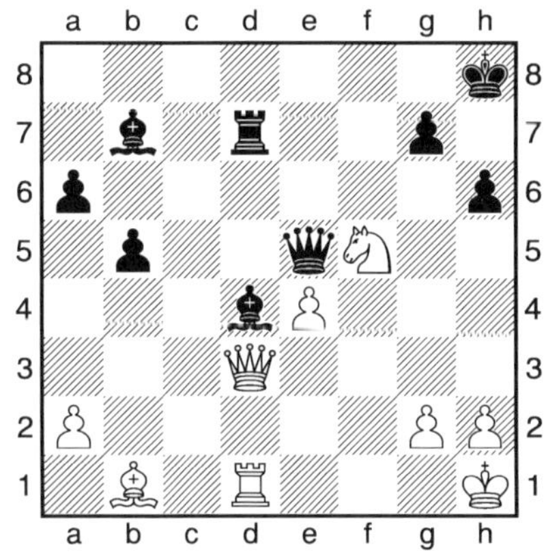

Von Popiel – G. Marco
Schwarz am Zug

Der Ld4 ist bei Strafe, den Td7 zu verlieren, gefesselt und von einer Übermacht angegriffen, ein rechter Desperado. Er musste also das Äußerste zu drohen versuchen, ein Matt, **1. ...Lg1.** Marco sah den Zug nicht und gab die Partie, die er hätte gewinnen sollen, auf.

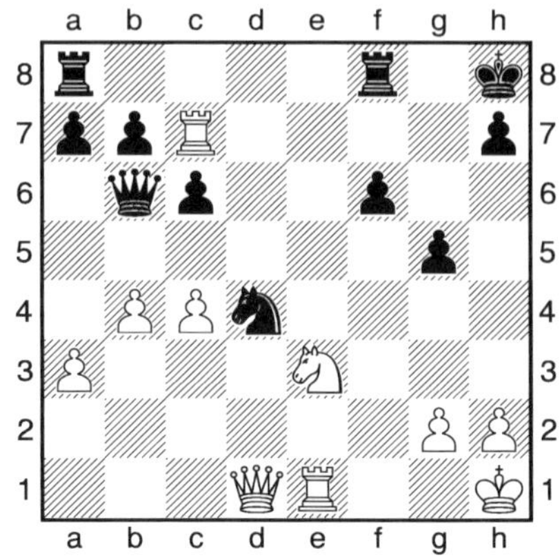

Weiß am Zug

Der weiße Springer e3 versperrt dem eigenen Turm den entscheidenden Angriff Te1-e7 und ist daher Desperado. Er macht den wütenden Angriff Se3-d5 und befreit den Turm durch sein Opfer.

1. Sd5 cxd5 2. Txh7+ Um Zeit zu gewinnen, opfert sich auch dieser Turm. Mit Te1-e7 würde Weiß zwar auch gewinnen, aber langsamer. **2. ...Kxh7 3. Dh5+ Kg8 4. Te7** nebst baldigem Matt.

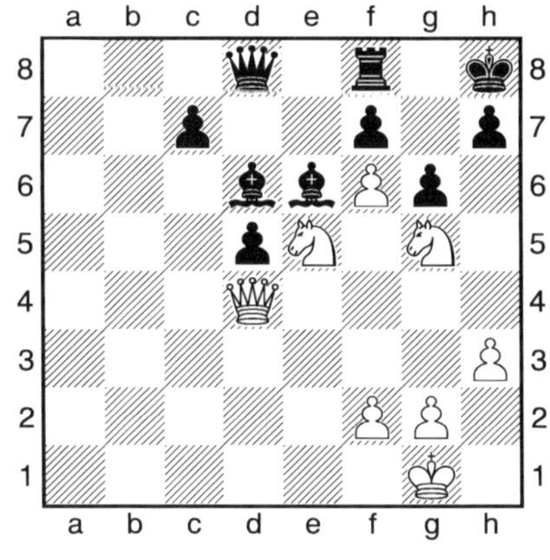

Weiß am Zug gewinnt

Der Springer e5 und der Bauer f6 hemmen die eigene Dame, f7 hemmt f6, h7 schützt die h-Linie. Der Springer ist Desperado und greift das Wichtigste an. **1. Sxg6+ Kg8 2. Dh4** nebst baldigem Matt.

Um die Motive der Kombination zu verstehen, muss man schürfen. Weiß greift Dame und Turm durch Bauern e5 an, Dame und Turm sind also Desperados. Sie suchen ein Schach. Aber …Td6-d1+ ist gedeckt durch die Dame, die damit Funktion ausübt, also gebunden ist, und …Dg6+ ist gedeckt durch g3, der damit auch gebunden ist. Folglich ist f4 nur schein-

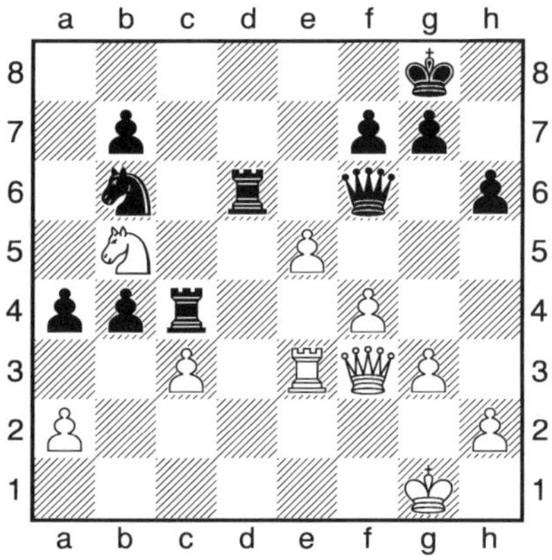

S. Tarrasch – Em. Lasker

Schwarz am Zug

bar gedeckt, und Schwarz kann mit Angriff auf die Dame …Tc4xf4 ziehen. Alles übrige ist trivial. Schwarz behält nach diesem Zug immer ein zum Sieg genügendes materielles Übergewicht.

Hat der Kombinateur die Motive erkannt, die ihm für seine künstlichen Verflechtungen zu Gebote stehen, und hat er daraus die gewaltsamen Züge abgeleitet, die in Betracht gezogen werden müssen, so bleibt es manchmal ein Problem, die Reihenfolge dieser Züge zu bestimmen. Eine falsche Reihenfolge gestattet oft die Möglichkeit einer Verteidigung, die bei der richtigen Reihenfolge verschlossen bleibt.

Im nächsten Beispiel ist der Angriff auf f7 abgeschlagen, Weiß hat aber einen Zug in Aussicht, der vieles auf einmal angreift, nämlich Te5-e7. Lässt der sich erzwingen? Zwei Möglichkeiten sind dafür vorhanden, Tf1-e1 oder Df4-e3. Nun aber hat Weiß einen unhaltbaren Bauern auf d4, wo zudem

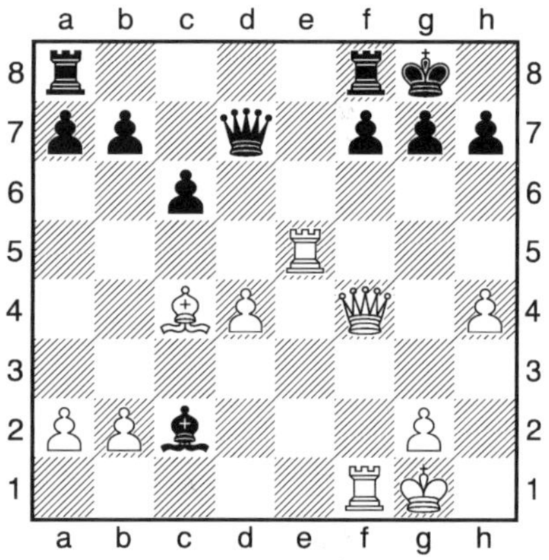

Bogoljubow, Réti und Spielmann – Englund Jacobson, Nyholm, Olson

Weiß am Zug

Damentausch droht, sobald Schwarz …Ta8-d8 gezogen hat. Und gegen Tf1-e1 ist …Ta8-d8 nicht übel; dadurch würde d4-d5 erzwungen und die Intention würde nicht zur Ausführung gelangen. – Verbleibt als zweite Möglichkeit Df4-e3. Natürlich scheitert …Ta8-e8 an Tf1xf7. Doch …Ta8-d8 ist stark. Dann scheitert Te5-e7 an …Dd7xd4, denn Weiß hat keine Zeit zu Txf7, weil De3 mit Schach genommen wird. Wie aber, wenn die beiden Züge miteinander vertauscht werden? Das ergibt die Idee, die in der Partie zur Ausführung gelangt.

1.	**Df4-e3**	**Ta8-d8**
2.	**Tf1xf7**	**Tf8xf7**
3.	**Te5-e7**	

Nun scheitert ...Dxd4 an dem Matt nach Damentausch.

3.	**...**	**Dd7-c8**
4.	**Te7xf7**	**Kg8-h8**
5.	**Tf7xg7**	

und der auf der siebten Reihe entblößte König wird matt.

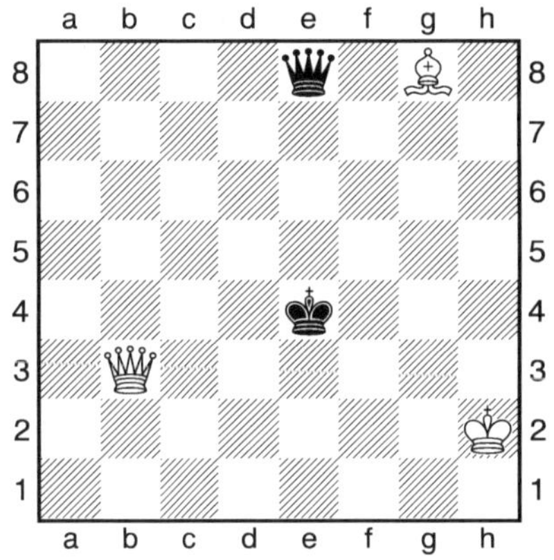

A. Troitzki
Weiß zieht und gewinnt

Hier hat Weiß zwei starke Züge, insofern er den Schwarzen in seiner Bewegungsfreiheit dadurch sehr hemmen kann, Db3-b4+ wie Lg8-h7+. In der richtigen Reihenfolge gemacht, führen sie zum Gewinn. Das Damenschach tut es nicht, der zwingendere Zug ist 1. Lh7+ Darauf hat Schwarz nur eine gute Antwort **1. ...Kd4** Nun **2. Db4+ Kd5** Jetzt darf sich der Läufer zum Opfer anbieten, dadurch die bereits außerordentliche Wirkung der Dame auf b4 noch steigernd **3. Lg8+** und gewinnt die Dame durch ein folgendes Schachgebot.

Die meisten Kombinationen kommen in der Partie nicht vor, sie geschehen nicht, aber sie spielen mit, sie bestimmen den Verlauf der Partie trotz alledem. Sie erscheinen als Absichten und werden vom Gegner erkannt und zur rechten Zeit verhindert.

Eine beabsichtigte Kombination heißt „Drohung". Eine Drohung wird zum Angriff, sofern nichts unternommen wird, ihr zu begegnen. Verhindere ich die Drohung, was gewöhnlich durch eine große Zahl von Zügen geschehen kann, so verteidige ich mich dagegen.

Am ehesten verteidigt man sich mit Hilfe von untätigen Figuren. Muss man die Verteidigung einer tätigen Figur übertragen, so muss man Acht geben, , dass die Figur nicht zu stark belastet wird, da sie sonst der Fülle der Funktionen nicht mehr genügen kann.

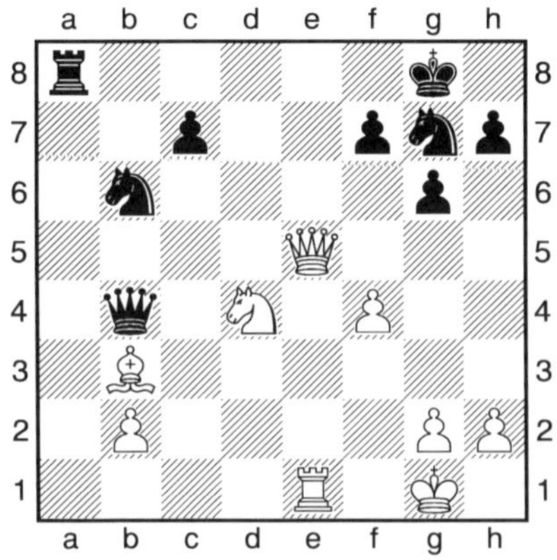

S. Tarrasch – A. Burn
Weiß am Zug

Schwarz droht ...Ta8-e8 und zugleich ...c7-c5. Wie kann der bedrohte Te1 fortziehen und zugleich ...c7-c5 abwehren? Te1-e3 würde nichts helfen, da noch immer ...Ta8-e8 käme. Te1-d1 empfiehlt sich, weil der Turm dort sicher steht und De5 von der Deckung des Springers d4 entbindet. Aber bei ...c7-c5 geht eine Figur verloren, es sei denn, dass ein gewaltsamer Angriff durchdringt. In der Tat, da ...c7-c5 der Dame b4 die Felder e7 und f8 versperrt, hat Lb3xf7+ dann gute Aussicht. Dr. Tarrasch berechnet das Opfer und beschließt den rettenden Zug

1. Te1-d1

Nun war es an Schwarz, die Folge von ...c5 zu berechnen. Er musste das Opfer Lxf7+ als Antwort darauf in Betracht ziehen, denn Ld5 würde Schwarz nur zur Festigung seiner Stellung durch ...Te8 Anlass geben und den Ld5 exponieren. Aber Schwarz rechnet gar nicht oder nicht genau, sonst musste er den Bauern c7 durch ...Se8 decken und seinem König Luft verschaffen, zugleich den schwachen Punkt f6 stärken, wonach Schwarz noch immer recht günstig gestanden hätte.

1. ... c7-c5?

2. Lb3xf7+ Kg8xf7

Die Ablehnung des Opfers kommt nicht in Frage.

3. Sd4-c6

Weiß will De7+ nebst Td8+ ziehen und sodann auf ...Kf7 mit Se5+ fortsetzen, daher verbietet sich ...Dc4 wie auch (wegen späterem Dg8+) ...Db3. Am besten war sonach ...Db5. Auch dann hätte Weiß das bessere Spiel. Schwarz zog aber ...Db3 und verlor schnell.

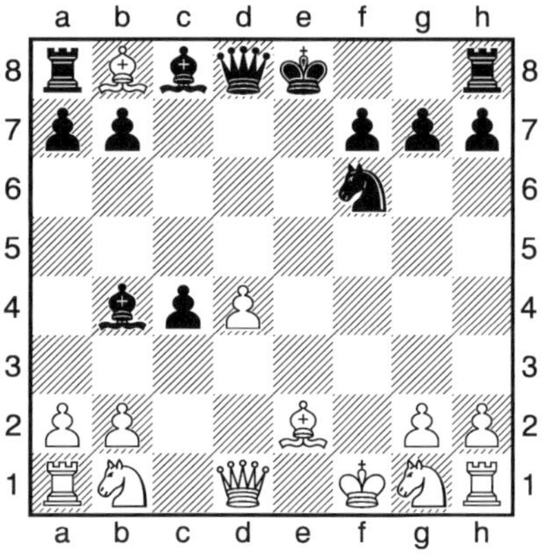

Dr. S. Tartakower – J. R. Capablanca
Schwarz am Zug

Auf ...Ta8xb8 gewänne Da1-a4+ eine Figur. Aber Schwarz hat eine siegreiche Verteidigung. Er deckt b4 unter gleichzeitiger starker Drohung und gewinnt die ihm genommene Figur zurück.

1. ... Sf6-d5

Es droht ...Se3+. Auf 2. Lf4 folgt ...Df6, worauf nicht bloß ...Dxf4, sondern auch wegen der Fesselung des Läufers der Gewinn der Dame droht, also zu g2-g3 keine Zeit bleibt.

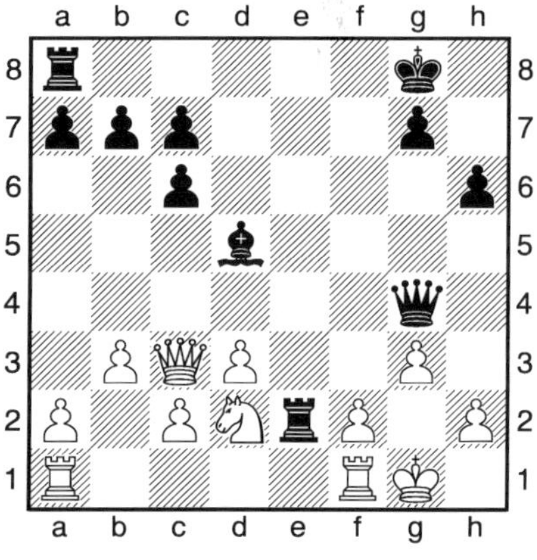

W. John – H. Süchting
Weiß am Zug

Die Drohung von Schwarz ist ...Txd2 nebst ...Df3. Die Deckung f2-f3 verbietet sich, weil dadurch der Turm e2 zu starke Aktion erhält; Schwarz zieht dann ...Dh3 und gewinnt mehrere Bauern und die Partie. Weiß spielte 1. Se4, um den furchtbaren Ld5 zu hemmen.

Es folgte:

1. ... Df3

womit Ld5xe4 droht.

2. Da5 Txe4

3. c4 Txc4

und Weiß gab auf. Richtig war **1. Tae1**, um den Punkt e4 später mit dem Turm zu besetzen. Dann folgt **1. ...Tae8 2. Se4 Df3 3. Txe2 Txe4 4. dxe4! Dxc3 5. exd5**, und das Spiel sollte remis werden.

Von den obigen Motiven kommen einige sehr oft in der lebenden Partie vor, andere selten. Der Grund dafür ist in der Anfangsstellung zu suchen. Bei richtigem Spiel entwickelt sich der Kampf in gewissen Bahnen, und daher überwiegen gewisse Kombinationen:

1. Ein Angriff gegen den König wird meist begleitet von Bedrohungen der Bauern f7, g7, h7 bei Schwarz, bei Weiß analog f2, g2, h2, oft unter Opfer von Figuren auf diesen Punkten.

2. Wiederum beim Angriff gegen den König erfolgt die Bedrohung der Grundreihe (der achten bei Schwarz, der ersten bei Weiß) durch Turm oder Dame.

3. Dem Angriff gegen den König wie auch der Einschränkung seiner Beweglichkeit wie der Bedrohung der in der Ursprungsstellung befindlichen Bauern dient die Besetzung der vorletzten Reihe durch Turm oder Dame.

4. Fesselung der Springer auf f3, c3, f6, c6 durch die feindlichen Läufer nebst konzentrischem Angriff auf die gefesselte Figur.

Nicht, dass solche Kombinationen eine Logik für sich hätten, aber ihr häufiges Vorkommen macht sie bemerkenswert.

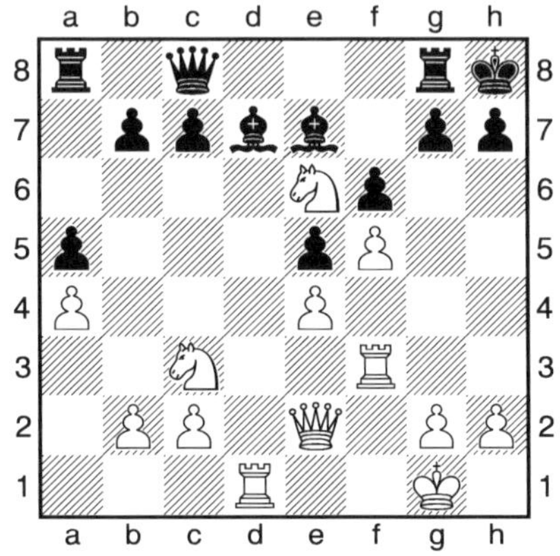

P. Morphy – H. Baucher
Weiß am Zug

1. Th3 mit der Absicht Txh7+ nebst Dh5 matt. Verteidigt sich Schwarz mit ...Le8, so steht Se6 dominierend und sicher. Stattdessen zog Schwarz **1. ...h6 2. Dd2** Es droht Matt in zwei Zügen durch Txh6+. Der Ld7 ist daher nicht zu retten.

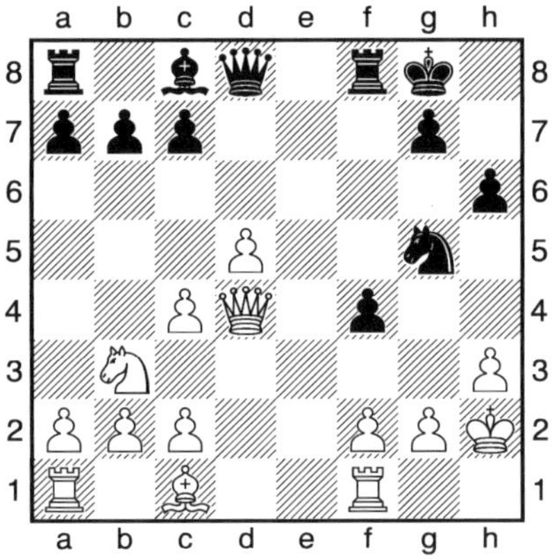

J. de Rivière – P. Morphy
Schwarz am Zug

1. …Sf3+ Da die weißen Figuren den Punkt h3 nicht decken können, ist dies Opfer, das h3 der Deckung beraubt, von durchschlagender Kraft. **2. gxf3 Dh4 3. Th1 Lxh3** Dies hält den König fest, da auf 4. Kg1 Dg5+ folgt. **4. Ld2 Tf6** Aufgegeben.

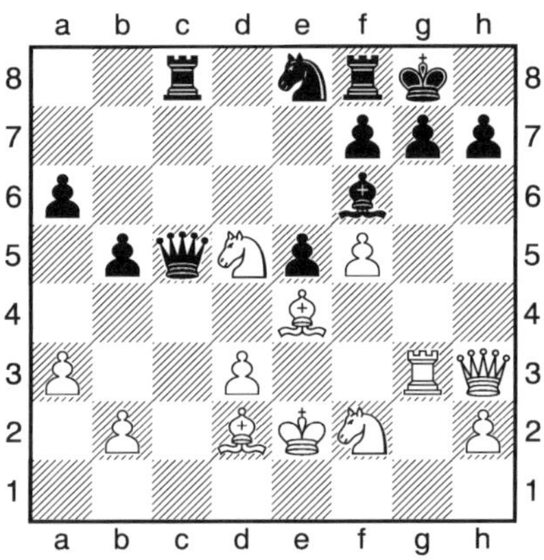

W. Steinitz – Schachfreund
Weiß am Zug

1. Sxf6+ Sxf6 2. Txg7+ Kxg7 Der König wird nun eingeengt und auf Matt gestellt. **3. Dh6+ Kg8 4. Dg5+ Kh8 5. Dxf6+ Kg8 6. Dg5+ Kh8 7. f6 Tg8 8. Dh6 gewinnt.**

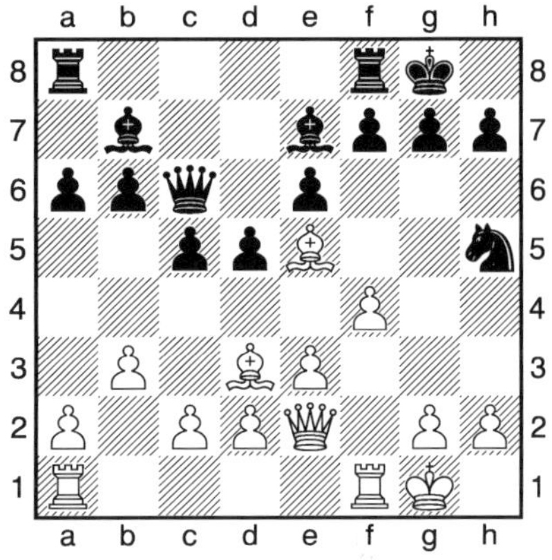

Em. Lasker – Bauer
Weiß am Zug

1.	**Ld3xh7+**	**Kg8xh7**
2.	**De2xh5+**	**Kh7-g8**
3.	**Le5xg7**	**Kg8xg7**
4.	**Dh5-g4+**	**Kg7-h7**
5.	**Tf1-f3**	**e6-e5**
6.	**Tf3-h3+**	**Dc6-h6**
7.	**Th3xh6+**	**Kh7xh6**
8.	**Dg4-d7 und gewinnt.**	

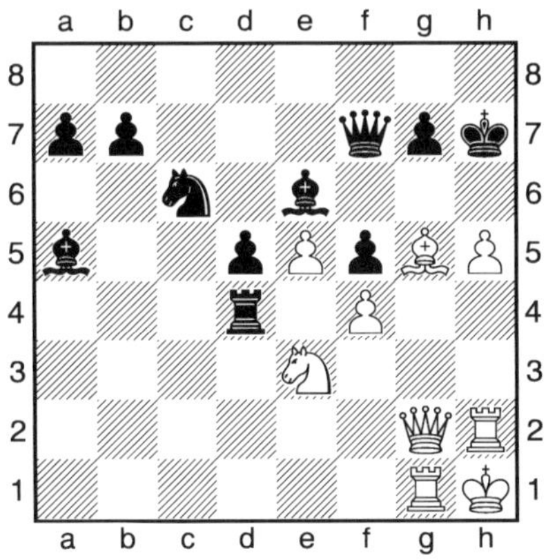

A. Albin – W. Steinitz
Weiß am Zug

Der Angriff auf g7 ist angezeigt, indessen würde die plumpe Ausführung, h5-h6, ganz verfehlt sein, weil danach …g7-g6 folgte und die Bauern g6, h6 die von den weißen Türmen eingenommenen Linien blockierten. Albin verwendet den Bauern h5, um g7-g6 zu unterbinden, und schafft dennoch den Bauern g7 aus dem Wege, kraft seiner schweren Truppe auf g- und h-Linie: **1. Lf6.** Wenn nun 1. …gxf6, so 2. h6 mit der Folge 3. Dg7+ Dxg7 4. hxg7+ Kg8 5. Th8+, wobei dann der h-Bauer als Freibauer, oder bei 2. …Se7, als Deckung für Th8-f8 entscheidend eingreift. Diese Kombination Albins hat zwar ein oft wiederkehrendes, recht vulgäres Motiv: die Wegschaffung eines den feindlichen König sichernden Bauern; entschädigt aber durch kunstvolle Einfügung anderer Motive: Öffnung von Linien, Gewalt des Freibauern.

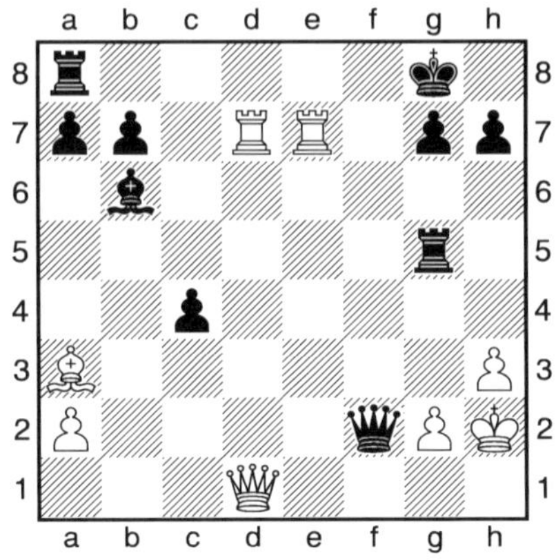

W. Steinitz mit Weiß
(aus einer Vorgabe-Partie)
Weiß am Zug

1. Dd5+ Der Turm g5 muss g7 schützen und kann daher bei Strafe eines Matts in drei Zügen die Dame nicht nehmen. **1. …Kh8 2. Td8+** Steinitz gewann anders, doch dies würde am schleunigsten gewinnen: **2. …Txd8 3. Dxd8 Lxd8 4. Te8.** Hier zeigt sich die Kombination auf der vorletzten und letzten Reihe, wie sie oft auftritt.

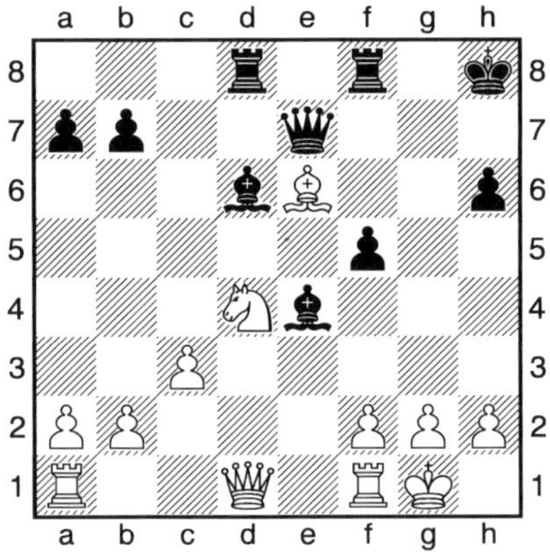

Steneberg – Boltz
Schwarz am Zug

Schwarz gewinnt durch eine Kombination, deren Motiv oft mitspielt: Hinwegreißen der Sicherungen des Königs, sei es auch durch ein mehrfaches Figurenopfer. Hier übernehmen die nur vom Könige gedeckten Bauern g2, h2 allein den Schutz des Königs, und das genügt nicht gegenüber der starken Figurenmacht des Schwarzen. Es folgt **1. ...Lxh2+ 2. Kxh2 Dh4+ 3. Kg1 Lxg2 4. Kxg2** (oder 4. f3 Tg8) **Tg8+ 5. Lxg8 Txg8+ 6. Kf3 De4 matt.** – Freilich hätte auch 1. ...Dh4 gewonnen.

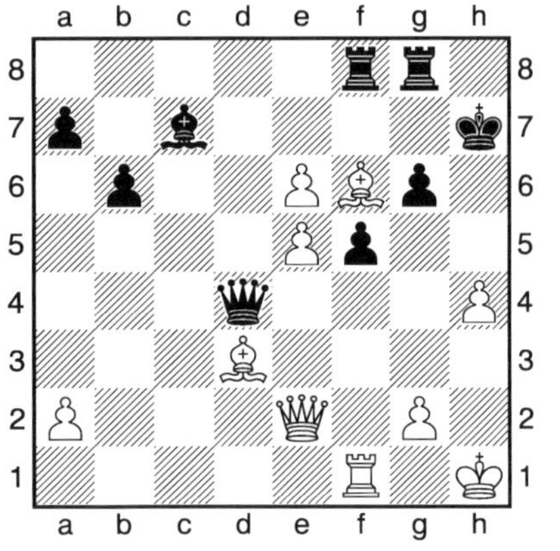

S. Boden – J. Owen
Weiß am Zug

Schwarz droht ...Txf6, um nachher h4 zu schlagen. Weiß kommt ihm in der Zertrümmerung der feindlichen Sicherungen zuvor:

1.	**Tf1xf5**	**Tf8xf6**
2.	**De2-h5+**	**g6xh5**
3.	**Tf5xh5+**	**Kh7-g7**
4.	**Th5-h7+**	**Kg7-f8**
5.	**e6-e7+**	**Kf8-e8**
6.	**Ld3-b5+**	**Dd4-d7**

Oder 6. ...Tc6 7. Lxc6+ Dd7 8. Lxd7+ Kxd7 9. e8 gewinnt.

7.	**Lb5xd7+**	**Ke8xd7**
8.	**e5xf6**	**Tg8-g4**
9.	**Th7-h8**	**Tg4-e4**
10.	**g2-g4**	

Die Freibauern marschieren hemmungslos, Schwarz gibt auf.

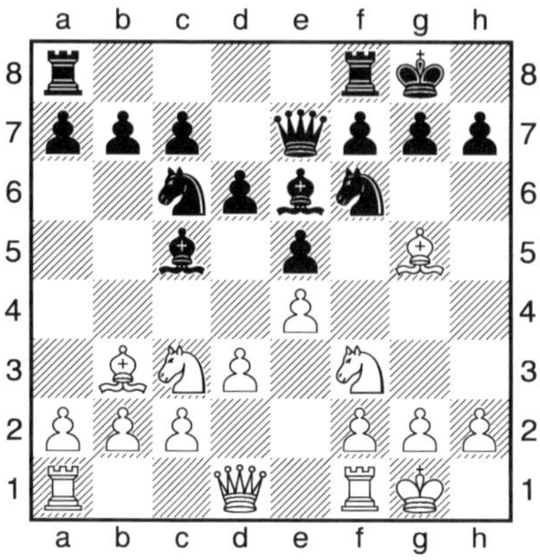

I. Kolisch – L. Paulsen

Weiß am Zug

1.	**Sf3-h4**	**h7-h6**
2.	**Sh4-f5**	**Le6xf5**
3.	**Sc3-d5**	

Der typische Angriff auf den gefesselten Springer f6.

3.	**...**	**De7-d7**
4.	**Lg5xf6**	**Lf5-e6**
5.	**Dd1-h5**	**Kg8-h7**
6.	**Kg1-h1**	**Le6xd5**
7.	**e4xd5**	**Sc6-d4**
8.	**f2-f4**	

Um die Turmlinie zu öffnen und, wird der Läufer f6 geschlagen, dann den Turm nach f6 zum Angriff auf h6 zu führen.

8.	**...**	**Dd7-f5**

Das typische Hilfsmittel der Verteidigung bei einem Angriff gegen den König: der Damentausch.

9.	**Dh5xf5**	**Sd4xf5**
10.	**f4xe5**	**Sf5-e3**
11.	**Lf6-e7**	**Se3xf1**
12.	**Ta1xf1**	**Ta8-e8**

Der Bauer f7 musste gedeckt bleiben, Weiß steht nun augenscheinlich im Vorteil.

Das Hereinhauen in die Sicherung des Königs ist oft recht leicht, aber gewöhnlich, wenn mit Figurenopfer verbunden, falsch. Wird der König nicht eingeengt oder stehen nicht feindliche Figuren ungedeckt, so rettet sich der König auf ein entlegenes sicheres Feld, die Dame wird zum Abtausch angeboten, der Abtausch erzwungen, und das Übergewicht der Figur macht sich im Endspiel gegen einen bis zwei, manchmal auch drei Bauern geltend.

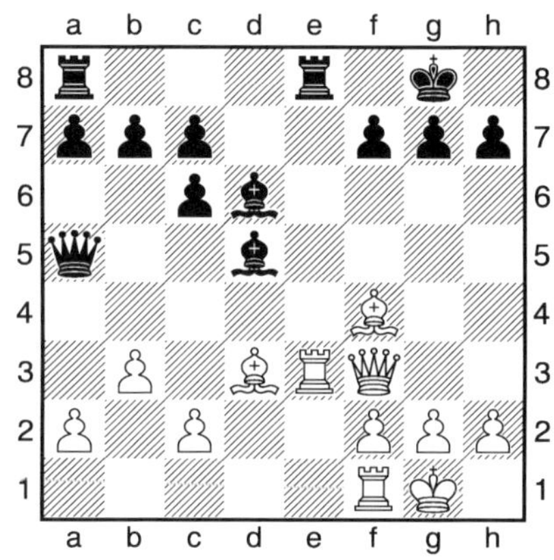

J. Zukertort – W. Steinitz

Weiß am Zug

Weiß steht misslich, könnte aber noch mit 1. Dh3 g6 2. Lxd6 cxd6 3. Txe8+ Txe8 4. Dd7 den Kampf versuchen, ähnlich bei 2. ...Txe3 mit 3. Dxe3 cxd6 4. De7. Anstatt der gewissenhaften Verteidigung beschließt er eine verzweifelte Attacke, ohne die Kombination genau zu prüfen, und verletzt so das Ethos des Schachmeisters.

1. Lxh7+ Kxh7 2. Dh5+ Kg8 3. Th3 f6 4. Dh8+ Kf7 5. Dh5+ Ke7 Tatsächlich machte Steinitz diesen Zug nicht sogleich, sondern aus uhr-taktischen

Rücksichten erst nach Wiederholung einiger Züge. **6. Te3+ Kf8 7. Dh8+ Lg8 8. Lh6 Te7 9. Txe7 Kxe7 10. Lxg7 Df5** Jetzt hat Schwarz mehr Kraft aktiv als Weiß; der Kampf ist schon entschieden. Es folgte noch **11. Te1+ Kf7 12. Lh6 Dh7** und nach dem erzwungenen Abtausch der Damen gab Zukertort sehr bald auf.

Man vergleiche mit diesen nahe liegenden Kombinationen, die herden- weise auftreten, die folgende aus meiner Partie in New York gegen Eduard Lasker, die lang, verwickelt, zwingend und eigenartig ist.

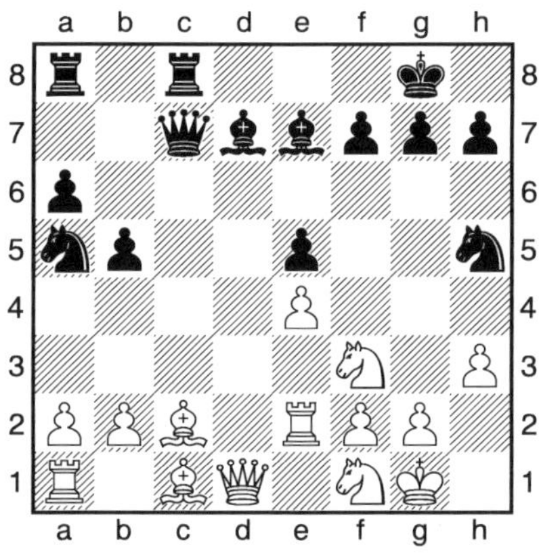

Em. Lasker – Ed. Lasker

Weiß am Zug

1. Sxe5 Lxh3 2. Sxf7 Das nützt die Schwäche des von der Dame beherrschten Feldes d5 aus. **2. ...Le6 3. Sg5 Lc4 4. Ld3 Td8 5. Tc2 Sf4 6. Lxf4 Dxf4 7. Sh3 De5 8. Lxc4+ Sxc4 9. De2** Nun folgt eine kurze Ruhepause, worin die Vertreibung des Sc4, eine Lebensfrage für Weiß und Schwarz, das treibende Motiv ist. **9. ...Td4 10. f3 Tad8 11. Tac1 Lc5 12. Kh1 Lb4** Der Springer soll nun einen verzweifelten Einbruch nach d2 machen. **13. b3 Sd2** Ginge der Springer zurück, so wären die Schwierigkeiten bald geendet, da Weiß dann unschwer einen Turm abtauscht und allmählich durch Übermacht gewinnt. **14. Se3** Die Drohung ist, durch Tc1-d1 und Vertreibung von Lb4 den Sd2 zu gewinnen. Schwarz macht dafür einen Angriff gegen den König und sucht Kompensationen für den Springer, der zwar eingeschlossen, dafür aber furchtbar drohend steht. **14. ...La3 15. Td1 Lb4 16. a3** Jetzt beginnt ein Wirbel von Angriffen und Verteidigungen. **16. ...La5 17. b4 Lc7 18. f4 Sxe4 19. Kh2 Txd1 20. Sxd1 De7** Nur hier führte ich die Kombination nicht richtig zu Ende. Ich zog Txc7, wonach ein schwieriges Endspiel entstand. Im Sinne der Kombination dagegen war **21. Sdf2 Td4 22. De3!** mit Gewinn, denn auf 22. ...Lb6 folgt 23. Sxe4 Dxe4 24. Tc8+ Kf7 25. Sg5+.

Wiederum vergleiche man mit den Gang–und-gäbe-Kombinationen das folgende sehr individuelle, feinsinnige Spiel von Aljechin.

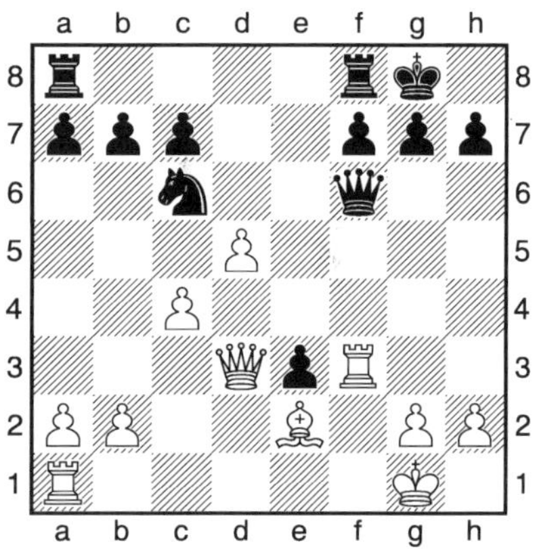

S. Tartakower – A. Aljechin

Schwarz am Zug

1. ...Dxb2 2. Tb1 Dxa2 3. dxc6 Dieser Zug geschah nicht, bildet aber das Hauptspiel der Kombination. **3. ...Tad8**

Es war nun zu erwägen:

a) 4. cxb7 Txd3 5. Lxd3 e2! 6. Tc3 Dd2 mit Vorteil für Schwarz;

b) 4. Db3 Dxe2 5. Txe3 Dg4 6. cxb7 Td2 7. Tg3 Dd4+ nebst ...Tb8, und Schwarz steht nicht übel;

c) 4. De4 Tde8 (nicht ...Tfe8 wegen 5. cxb7 Txe4 6. b8D) 5. Dd3 Td8 remis.

Eine Kombination muss richtig sein, sonst ist sie nur ein Versuch, ein Fehlgriff, ein Irrtum und eigentlich ein Unding.

Eine Kombination muss aber nicht nur richtig sein, sondern hat noch andere Bedingungen zu erfüllen. Daher gibt es neben der Kunst, Kombinationen zu erdichten, auch eine solche der Kritik.

Von mehreren Kombinationen, die zugleich möglich sind, ist jene zu wählen, die den stärksten Vorteil gewährt; von allen Mattführungen die einfachste, denn sie ist zugleich die dem Risiko des Irrtums, das allem Menschlichen anhängt, am wenigsten ausgesetzte.

Freilich lässt sich nicht deduzieren, dies sei einfacher als jenes, so etwas lässt sich nur fühlen. Hier berührt sich die Lehre von der Kombination mit der Lehre vom Schönen, worüber in einem anderen Kapitel gesprochen werden wird. Aber es sei schon hier gesagt, dass nur ein kitschiger Geschmack das unnötig Verwickelte dem Einfachen vorzieht. Von zwei gleich zweckmäßigen Zügen wählt der gesunde Mensch den geradlinigeren, den durchsichtigeren, den weniger paradoxen.

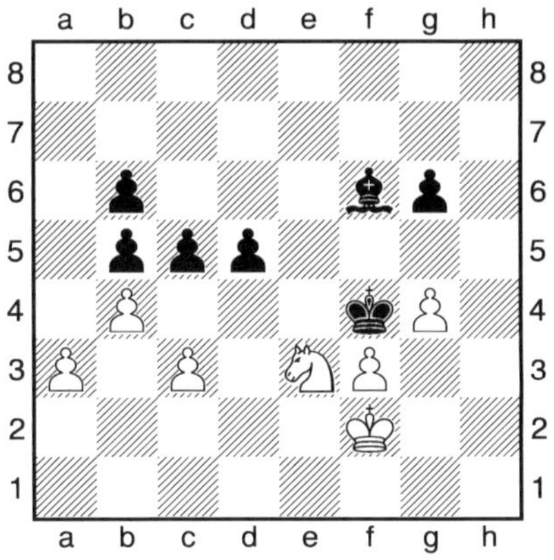

H. Bird – W. Steinitz
Schwarz am Zug

Steinitz zog hier ...d4, und sein Biograph sagt zu diesem Zug (L. Bach- mann, „Schachmeister Steinitz“, erster Band, S. 167): „Das schwierige Endspiel führt Steinitz mit bewundernswerter Korrektheit und feiner Beurteilung der Stellung zum Siege. Eine durch Hartnäckigkeit der Verteidigung wie treffliche Angriffsführung seitens des Siegers gleich bemerkenswerte Partie.“ Nichts von dem allen ist wahr. Wenn Bird richtig spielt, macht er mit Leichtigkeit remis. Nach **1. ...d4 2. Sd5+ Ke5 3. Sxf6 dxc3** musste er nicht 4. Ke3? ziehen, sondern **4. Sd7+ Kd6** (am besten) **5. Sxc5 bxc5 6. Ke2**, worauf ...c4 sogar verliert, ...cxb4 aber noch remis hält. Nach 6. ...c4 7. Kd1 Ke5 8. Kc2 Kf4 9. Kxc3 Kxf3 sprengt nämlich 10. a4 die Bauern, und Weiß marschiert ungehindert zur Dame. Wenn 8. ...Kd4, so 9. f4 Ke4 10. Kxc3 Kxf4 11. a4 bxa4 12. b5 Ke5 13. Kxc4, und der a-Bauer geht ohne Kompensation verloren.

Am besten verzichtet Schwarz auf jeden Gewinnversuch: 6. ...cxb4 7. axb4 Ke5 8. Kd3 Kf4 9. Kxc3 g5 10. Kd4 Kxf3 11. Kc5 Kxg4 12. Kxb5 und so weiter mit Remisschluss. – Man darf wohl ohne Übertreibung sagen, dass die schachliche Literatur von Fehlern wie dem eben genannten wimmelt.

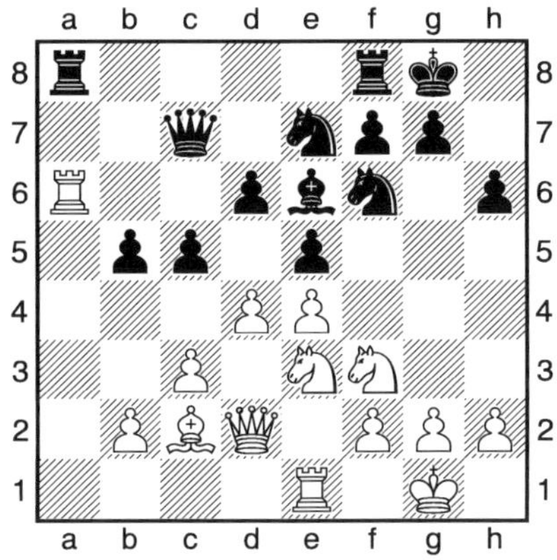

C. Schlechter – G. Salwe
Weiß am Zug

1. dxe5 Einleitung zu einer Kombination, die in Leningrad 1909 preisgekrönt war. Die Kritik war aber mangelhaft. Da beim Einstehen des Sf6 der Punkt h6, also g7 und der ganze Königsflügel in Gefahr gerät, wird Sf6 Desperado und macht den wütenden Zug **1. …Sxe4!** Damit ist die Kombination widerlegt, da Schwarz ohne Gefahr materiellen Vorteil erlangt.

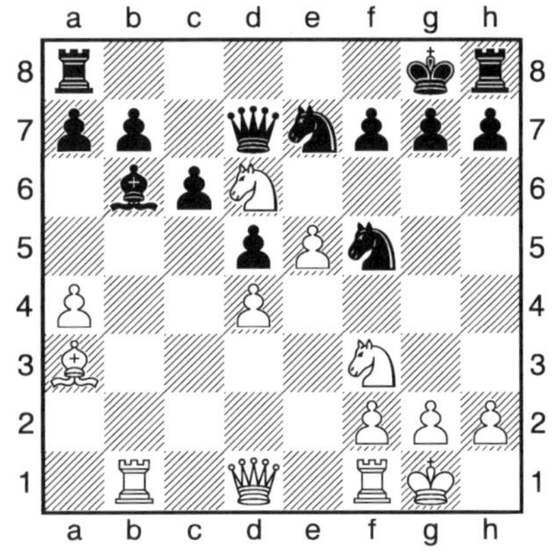

M. Tschigorin – W. Steinitz
Weiß am Zug

Hier machte Tschigorin die Kombination Sd6xf7 und gewann in wenigen Zügen. Es gab nur eine Stimme, die Schachpresse war voll des Lobes. Niemand kritisierte. Die Kombination ist aber in der Tat durchaus verfehlt, da sie brachliegende Kräfte des Gegners frei macht und bei bestem Gegenspiel den Gewinn in Frage stellt.

Der Gewinn war sogleich mit **1. a5** zu erzielen. Auf **1. …Lxa5** folgt **2. Txb7 Dd8 3. Sg5** und nun etwa **…Sxd6 4. exd6 Sf5 5. Dg4 Sh6 6. Df4 Df6 7. De5** oder 4. …Sg6 5. Df3. Schwarz erliegt der Übermacht, da Th8 nicht mitspielt. Auch andere Züge wie 1. …Lc7 oder 2. …Lc7 helfen nicht, weil Schwarz zu schwach steht und ein Angriff auf f7 tödlich wird. Nach dem Opfer aber erhält Schwarz neue Kräfte. Steinitz verteidigte nur nicht richtig. Nach 1. Sxf7 Kxf7 2. e6+ Kxe6 3. Se5 sollte er …De8 ziehen und sich bestreben die Dame zu opfern und dadurch die Wucht des Angriffs zu brechen, beispielsweise bei 4. Te1 Kf6 5. g4 h5 6. gxf5 Sxf5 7. Sg4+ hxg4 8. Txe8 Taxe8 oder bei 6. Lxe7+ Dxe7 7. gxf5 Tae8 8. Sg4+ hxg4 9. Txe7 Txe7 10. Dxg4 Th6. Auf diese Art könnte Schwarz noch sehr lange Widerstand leisten, und der Gewinn wäre wegen der starken Damenflügelbauern des Schwarzen problematisch.

Im günstigsten Falle wird der Kritiker sagen, dass Tschigorin einen Toten lebendig gemacht, mit ihm gefochten und ihn wiederum getötet hat.

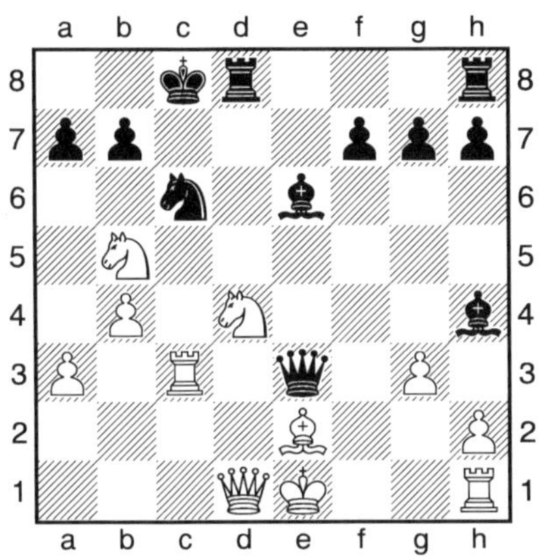

Em. Lasker – D. Janowski
Schwarz am Zug

Schwarz zog hier **1. …De4**, es folgte **2. 0-0 Lf6 3. Txf6 gxf6 4. Lf3 De5 5. Sxa7+** und gewann. In der Schach- literatur findet man an sehr vielen Stellen die folgende Kombination als für Schwarz gewinnbringend angegeben: 1. …Dxc3 2. Sxc3 Lf6 3. 0-0 Lxd4+ nebst …Lxc3. Aber das Gesetz der Kombination ist, alle Möglichkeiten zu erwägen.

Warum 3. 0-0? Ist denn sonst nichts möglich, nicht Dc1, nicht Sb5? Man findet den rechten Zug in Tarraschs „Die moderne Schachpartie“: 3. Dc1 wäre nicht der rechte Zug, weil nach Lxd4 4. b5 Schwarz die Drohung des Abzugsschach gut mit …Se5 parieren kann und dann gewinnen würde. Richtig ist 3. Scb5. Darauf hat Schwarz nichts Besseres als 3. Lxd4, da auf 3. Sxd4? nun 4. Dc1+ peinlich würde, denn …Kb8 würde mit 5. Df4+ zum erstickten Matt führen. Es kommt 4. Sxd4 Sxd4 5. Kf2, und die Stellung ist etwa ausgeglichen, wiewohl noch voller Probleme. Dies ist die Angabe Tarraschs.

Wie man aus der Geschichte dieser Kombination erkennt, soll der Schachfreund einer Analyse nicht nur deswegen, weil sie gedruckt vorliegt, trauen; er muss prüfen und selbst denken und sich ein eigenes Urteilsvermögen gewissenhaft erarbeiten.

Soll Weiß in der folgenden Stellung d4-d5 ziehen? Bachmann, der Biograph von Steinitz, zitiert eine lange Analyse, die mit dem Urteil beginnt: „Entschieden stärker (als e3-e4, der von Steinitz gewählte Zug) wäre d4-d5 gewesen.“ Oh, nein! Entschieden schwächer! Schwarz verteidigt sich wie folgt

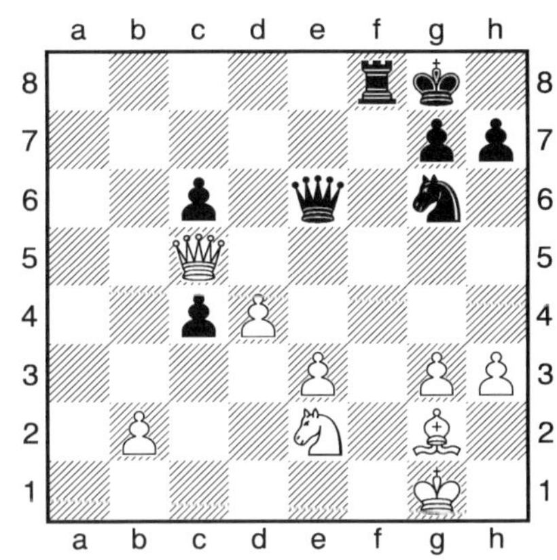

W. Steinitz – Em. Lasker
Weiß am Zug

1.	**d4-d5?**	**De6-e5**
2.	**Se2-f4**	**Sg6-e7**
3.	**Kg1-h2**	

Auf 3. Se6 käme einfach …Te8; Weiß ist um Angriffszüge verlegen, weil sein Bauer d5 gefesselt,

sein Bauer e3 schwach ist. Auf 3. Dd4 käme der Abtausch …Dxd4 4. cxd4 cxd5 5. Sxd5 Sf5 mit zum Gewinn genügenden Vorteil.

3. … c6xd5

4. Sf4xd5 Se7-f5

Von den angegebenen Gesichtspunkten aus kann man Kombinationen verstehen und kritisch betrachten. Und aus diesen beiden Elementen wächst und erstarkt auch die schöpferische Tätigkeit.

Hier folgen als Beispiele und zur Übung Kombinationen, die nicht ersonnen, sondern aus der Praxis entstanden sind. Sie werden hier nach den angegebenen Gesichtspunkten erläutert und kritisiert.

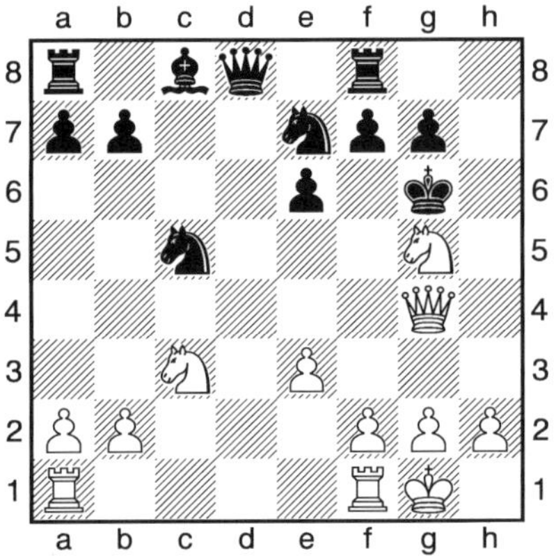

J. R. Capablanca – L. Molina

Schwarz am Zug

Da die weiße Dame drohend steht, muss sie angegriffen und von ihrem günstigen Platz vertrieben werden. Capablanca (in seinem Buch „My Chess Career") gibt an, dass …e5 diesem Zwecke nur scheinbar entsprechen würde, weil darauf Se6+ nebst dem feinen Zug f2-f4 folgen würde. Richtig ist daher

1. … f7-f5

2. Dg4-g3

Die Dame steht noch immer drohend. Schwarz zog nun …Kh6, was zu passiv ist. Er sollte die Dame wiederum bedrohen. In seinen sonst ausführlichen Noten zu dieser Kombination erwähnt Capablanca die angegebene Möglichkeit nicht, was methodisch ein starker Mangel ist. Nach

2. … f5-f4

kann nun auf 3. Dg4? der vorher unwirksame Zug …e5 ohne Gefahr geschehen, also ist Weiß zum Nehmen des Bauern gezwungen.

3. e3xf4 Se7-f5

mit demselben Motiv des Angriffs auf die Dame. Noch immer kann Weiß wegen …Th8 nicht die h-Linie betreten. Auf

4. Dg3-g4 Sf5-h6

ist Weiß nicht in besserer Lage. Spielt Weiß auf Gewinn, muss die Dame ihre Angriffsstellung aufgeben, denn sie kann sich weder auf g3 noch auf g4 halten, außer bei Remisschluss. Von der dritten Reihe wird sie durch …Dd3 verscheucht, nach e3 gelangt sie nicht. Sie ist nach h4 gezwungen.

5. Dg4-h4

Nun ist f4 ein bequemes Angriffsobjekt.

5. … Dd8-d2

und der Angriff geht auf den Schwarzen über. Die von Capablanca nicht erwähnte Variante liefert die für die Beurteilung der Kombination wesentlichsten Probleme. Zugegeben, dass die Kombination gefahrlos geschehen durfte, da Weiß Remis hat, ist es mehr als fraglich, ob Weiß damit auf Gewinn spielen durfte.

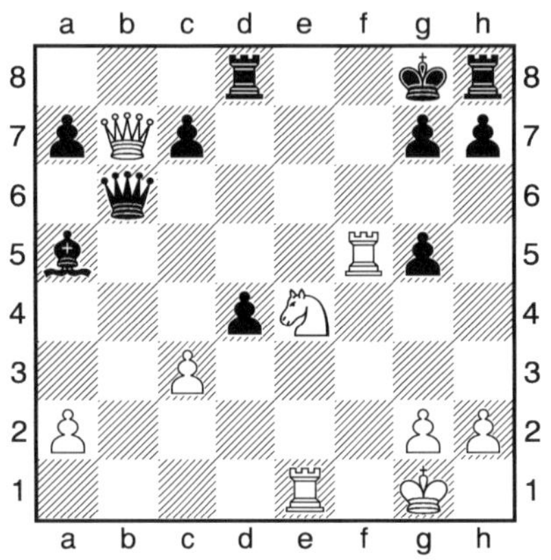

J. Caldas Vianna – Silvestre

Weiß am Zug

Weiß ist in Schwierigkeiten, da eine Fortsetzung des Angriffs gegen den König durch Schachgebote nicht möglich ist, denn der Springer e4 versperrt den Te1 und also die Mattführung durch Db7-d5+ nebst Te1-e8. Se4-f6+ öffnet bei g7xf6 dem Könige sichre Felder. Daher entschließt sich Weiß zu einem Springerzug, der nicht so gewaltsam ist, aber freilich noch vieles droht.

1. Se4-d6

Dieser Zug droht die Dame mit furchtbarer Kraft ins Spiel zu bringen. Nimmt aber Schwarz die Dame, so nimmt der Springer zurück und greift Turm und Läufer an. Das ist das Problem, das Schwarz lösen muss. Löst er es gewissenhaft, so erkennt er, dass nach dem Abtausch der Damen für Turm oder Läufer eine Drohung gesucht werden muss, und sucht er die Drohung, so findet er sie in ...La5xc3. Bei besonnenem, gewissenhaftem Suchen musste er also die Damen tauschen und ...La5xc3 ziehen, und konnte dann den Vorteil erringen, beispielsweise mit 3. Sxd8 Lxe1 4. Te5 (droht Matt und den Läufer zu schlagen) ...Lb4 mit günstigem Endspiel. Vielleicht aber war Schwarz, zu früh von der Gewissheit des Sieges durchdrungen, über den klugen Einfall des Weißen bestürzt und antwortete zunächst in der Eile

1. ... d4xc3+?

Danach ist das Spiel kaum zu retten, weil der Damentausch nun zu einem für Weiß günstigen Endspiel führt: 2. Kh1 Dxb7 3. Sxb7 c2 4. Sxa5 Td1 5. Tf1, erobert den Bauern c2 und muss bei bestem Spiel gewinnen.

2. Kg1-h1

Von nun an ist die Kombination des Weißen zwingend.

2. ... h7-h6

3. Db7-d5+ Kg8-h7

4. Dd5-e4 Kh7-g8

5. De4-e6+ Kg8-h7

6. Tf5-f6

mit der Drohung Tf6xh6+

6. ... Th8-f8

7. De6-f5+ Kh7-g8

8. Tf6xf8+ Td8xf8

9. Df5xf8+ aufgegeben

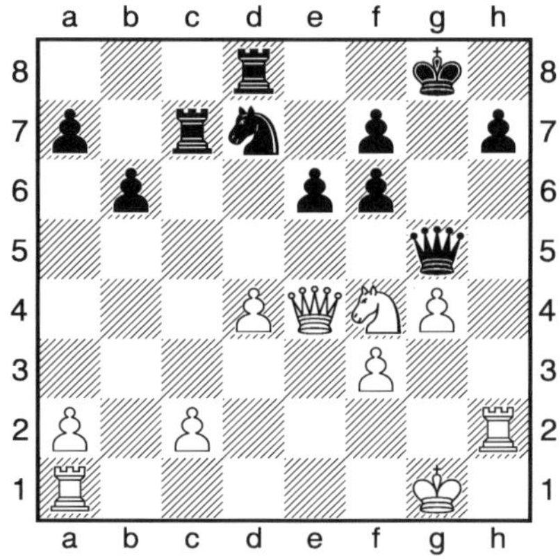

Dr. O. Bernstein – E. Snosko-Borowski
Weiß am Zug

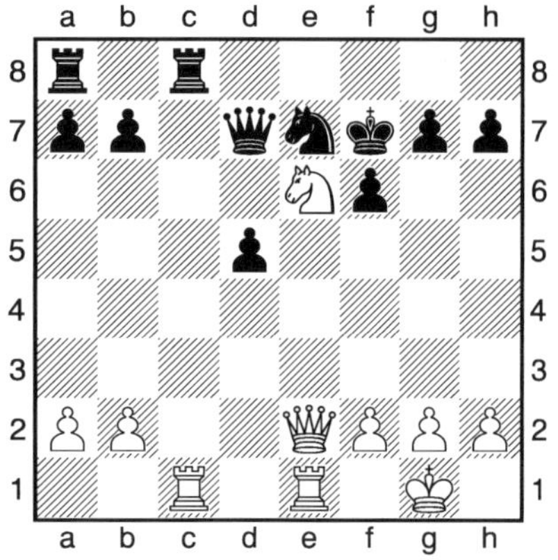

W. Steinitz – C. von Bardeleben
Weiß am Zug

Der schwarze König steht unsicher, aber er strebt einem sicheren Felde, e7, zu. Diesen Zufluchtsort zerstört Weiß durch ein Opfer.

1.	**Sf4xe6**	**f7xe6**
2.	**De4xe6+**	**Kg8-h8**

Man beachte die Fülle der vielfachen Angriffe, dadurch ermöglicht, dass die beiden schwarzen Türme ungeschützt und durch Sd7 gehemmt sind. Auf ...Kf8 wäre 3. Dd6+, auf ...Kg7 3. De7+ gekommen.

3.	**De6-e7**	**Dg5-g8**
4.	**Th2xh7+**	**Dg8xh7**
5.	**De7xd8+**	**Sd7-f8**
6.	**Dd8xf8+**	**Dh7-g8**
7.	**Df8xf6+**	**aufgegeben**

Der schwarze König steht unsicher, die schwarze Dame ungedeckt, Se7 in der von Weiß beherrschten Linie: drei Motive. Da g7 schwach ist, ergibt sich als Einleitung der Doppelangriff **1. Dg4**, der Matt in zwei Zügen droht. Darauf **1. ...g6 2. Sg5+** Angriff auf die ungedeckte Dame **2. ...Ke8** Hier hat Dd7 die Funktion, Tc8 zu decken wie auch Se7, und Ke8 die Funktion, die Dame zu decken wie auch Se7. Beide, K und D, sind also funktionell überlastet, und es liegt nicht fern, an **3. Txe7+** zu denken. Wenn 3. ...Kxe7 4. Te1+ Kd6 5. Db4+ Kc7 6. Se6+ Kb8 7. Df4 usw. Andererseits aber droht Schwarz Matt durch ...Txc1. Daher ist **3. ...Kf8** möglich. Und nun ergibt sich aus dieser reizenden Verflechtung von Motiven **4. Tf7+ Kg8 5. Tg7+ Kh8 6. Txh7+ Kg8 7. Tg7+ Kh8 8. Dh4+** nebst Mattführung in acht Zügen.

Imnächsten Beispiel steht der weiße König unbeweglich und bedroht.

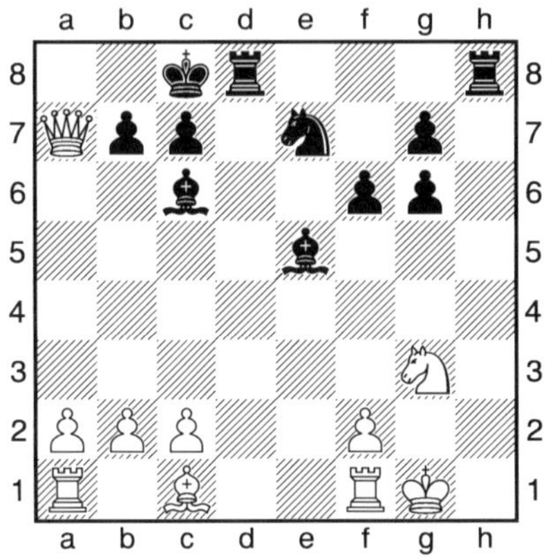

E. Schiffers – M. Tschigorin
Schwarz am Zug

Man muss die gewaltsamen Züge versuchen, also beispiels- weise alle Schach- gebote berechnen. 1. ...Th1+ 2. Sxh1 Lh2+ 3. Kxh2 Th8+ 4. Kg3 (oder 4. Lh6, was nur Aufschub, nicht Abhilfe gewährt) ...Sf5+ nebst ...Th4 matt. Wahrhaftig, es geht! Und es war leicht genug zu finden, da die Kombination nur ein Motiv und nur eine Variante enthält. Merkwürdigerweise ward sie von Tschigorin nicht gesehen.

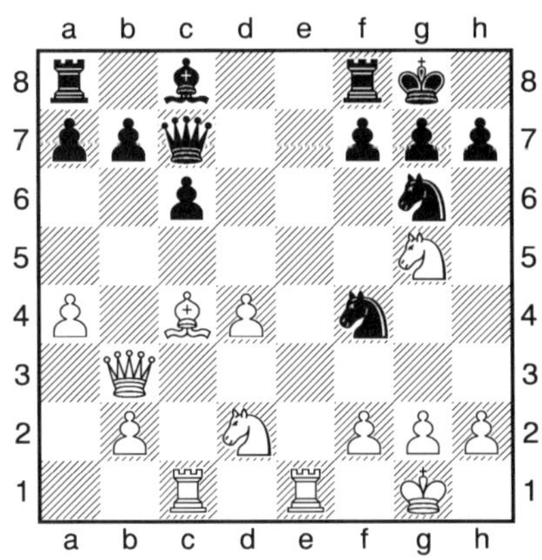

E. Schiffers – M. Harmonist
Weiß am Zug

Der Bauer f7 ist dreimal angegriffen und dreimal gedeckt, nämlich von K, D, T. Wird die schwächste der deckenden Figuren abgelenkt, so ist die Gefahr für den Bauern am größten. So muss man Te1-e8 erwägen. Offenbar gerät Schwarz, schlägt er den Turm und fällt dann f7, sofern er den Te8 verteidigen will, mit dem König in die Linien der schweren Offiziere von Weiß; verteidigt er den Turm nicht, so steht der König auf h8 eingeschlossen. Daher ergibt sich die Kombination **1. Te8 Txe8 2. Lxf7+ Kh8 3. Lxe8 Se2+ 4. Kh1 Sxc1 5. Sf7+ Kg8 6. Sh6++ Kf8 7. Dg8+ Ke7 8. Lxg6 hxg6 9. Dxg7+ Kd8 10. Df8+ Kd7** Hier steht der König schlecht, Weiß hat Zeit, eine Hilfstruppe heranzuführen, die Fluchtfelder abschneidet. **11. Se4 Dd8 12. Dd6+ Ke8 13. Sf6+ aufgegeben.**

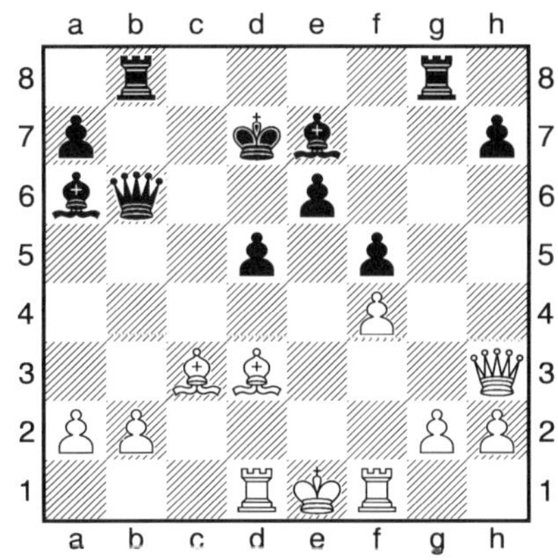

A. Reggio – J. Mieses
Schwarz am Zug

Schwarz hat zwei Schachgebote, ...Lh4+ harmlos, ...De3+ vernichtend, wenn nicht Dh3 deckte. Sie also wird zum Angriffsziel, sie muss gehemmt, abgelenkt, gefesselt werden. An gewaltsamen Zügen gegen die Dame gibt es nur einen: 1. ...Tg3 Wegen des drohenden Matt in zwei Zügen darf der Bauer nicht schlagen. **2. Dxg3 Lh4** und damit gewinnt Schwarz die Dame und in der Folge die Partie.

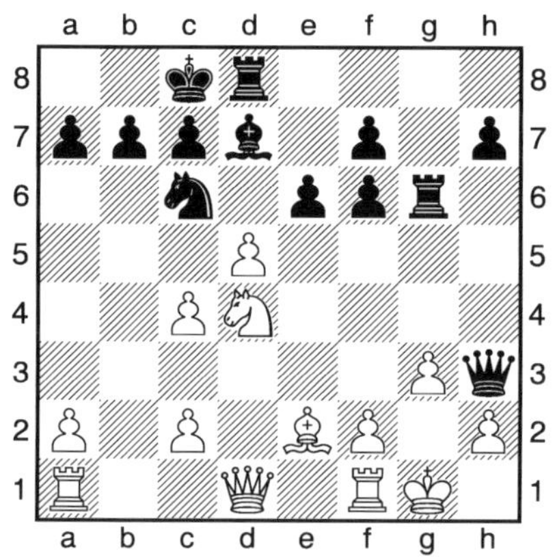

A. Nimzowitsch – Dr. G. Flues
Weiß am Zug

Darf Weiß d5xc6 spielen? Der Angriff dringt durch. Wenn

1. dxc6

und nun 1. …Lxc6 2. Sxc6 (mit Mattdrohung) …Txd1 3. Tfxd1 bxc6 4. c5, wonach Le2-a6+ droht und zudem noch Tab1. Aber wie ist die Verteidigung gegen

1. … Th6

Weiß kann das drohende Matt durch Sf3 in einem Zuge decken, außerdem in zwei Zügen, etwa durch Le2-h5 nebst Tf1-e1 oder durch ein Schachgebot mit Läufer oder Turm f1 nebst einem weiteren Zuge. Nicht gut wäre daher die Variante 2. cxd7+ Txd7 3. Lh5 Txh5 4. Te1 Dxh2+ 5. Kf1 Dh1+ 6. Ke2 De4+, und Schwarz setzt in wenigen Zügen Matt. Zum Gewinn zureichend ist

2. cxb7+

Auf 2. …Kxb7 gewinnt Weiß den für die Verteidigung wichtigen Zug Lf3+, auf

2. … Kb8

aber geht der Angriff mit

3. Sc6+

weiter, etwa wie folgt

2.	…	Kxb7
4.	**Sxd8+**	**Kc8**
5.	**Dxd7+**	**Kxd7**
6.	**Tfd1+** nebst Lf3.	

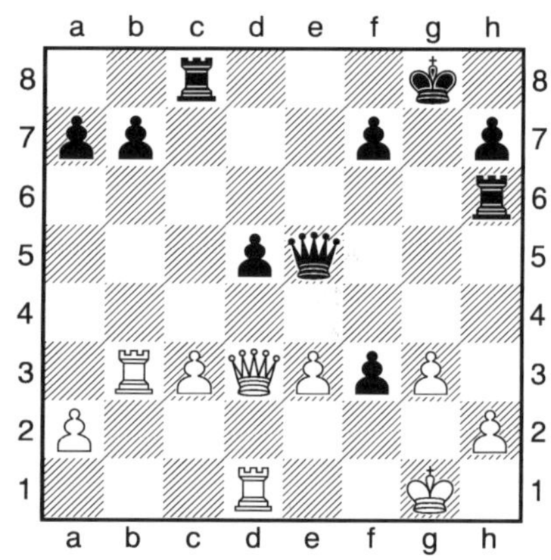

D. Przepiorka – W. Cohn
Schwarz am Zug

Die Stellung des weißen Königs ist schlecht gesichert. Der Bauer h2 ist nur vom Könige gedeckt, das Feld g2 ungedeckt, f2 nur vom Könige verteidigt, g3 nur vom Bauern h2 und von der Dame oder einem der Türme erst in zwei Zügen erreichbar. Die Dame d3 deckt weiße Punkte, die belanglos sind, sie gehört offenbar nach d4. Schwarz deckt die Schwächen mit einem Schlage auf **1. …Txh2 2. Kxh2 Tc6** Weiß gibt auf, da g3 nicht zu decken ist.

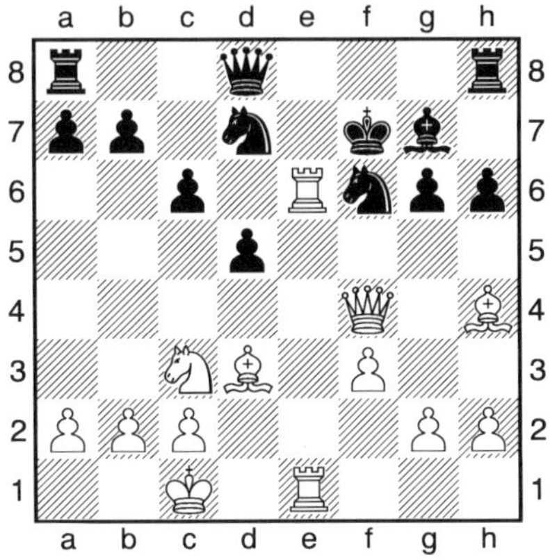

S. Freiman – L. Forgács
Weiß am Zug

Der schwarze König ist Gefahren ausgesetzt, nur der Bauer d5 deckt ihn vor der Katastrophe des Lc4. Auch soll d5 den Punkt e4 decken. Der Bauer ist überlastet. **1. Se4** Der Springer droht Se4-d6+ zu stark und muss geschlagen werden. **1. …dxe4 2. Lc4 Kg8 3. Txf6+ Kh7 4. Txg6 Sf6 5. Df5 aufgegeben.**

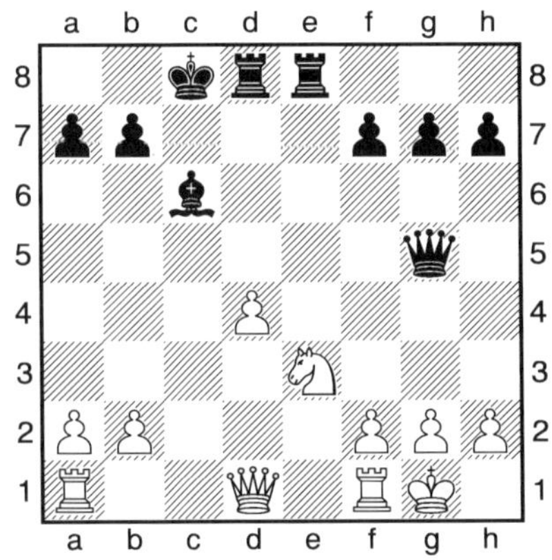

A. Rubinstein – Em. Lasker
Weiß am Zug

Schwarz droht offenbar Te8xe3. Weiß verteidigt sich durch Gegenangriff und gewinnt: **1. Tc1 Txe3** Besser war noch …Kb8 2. Tc5 Df4 3. d5 Txe3 4. Dc1 Te4. **2. Txc6+ bxc6 3. Dc1! Txd4** Auch nach 3. …Te5 4. Dxc6+ Kb8 5. dxe5 Dxe5 6. Tc1 steht Weiß vorzüglich. **4. fxe3 Td7 5. Dxc6+ Kd8 6. Tf4** Weiß gewann das Endspiel.

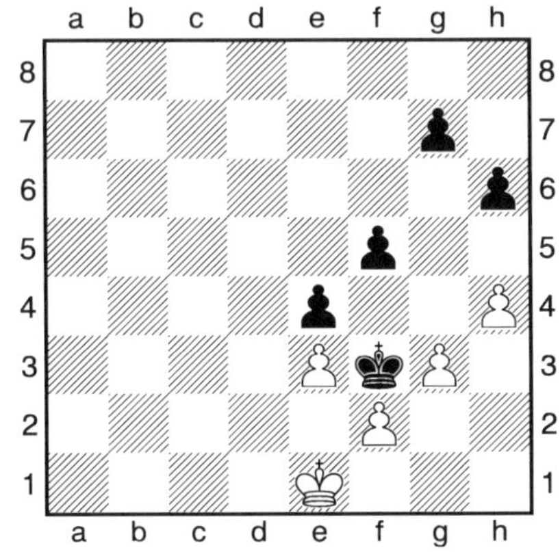

Dr. J. Esser – Davidson
Schwarz am Zug

Der Bauer g3 muss h4 decken, f2 muss g3 und e3 decken, e3 muss e4 hemmen, der sonst f2 angreifen kann, also sind g3 und e3 belastet. Der Zug f5-f4 kommt in Frage. Welches ist der rechte Moment für den Zug? Derjenige, wo der König auf e1, f1 oder g1 steht? Nun, der schlechteste Stand ist der entfernteste, also e1, der rechte Moment der jetzige: **1. …f4 2. gxf4** Wenn 2. exf4 e3 3. fxe3 Kxe3, und der weiße König steht zu weit, um rechtzeitig g3 zu Hilfe kommen zu können. **2. …Kg4 3. Ke2** Nun ist h4 verloren. Welches ist der rechte Zeitpunkt, den Bauern zu schlagen? Sobald der weiße König von seinem günstigen Felde, wo er mit f2-f3 einen Freibauern erlangen kann, durch Zugzwang vertrieben sein wird. **3. …h5 4. Kf1** Wenn 4. f3+ exf3+ 5. Kf2 hat Schwarz noch ...g6 in Reserve und gewinnt durch Zugzwang. **4. ... Kxh4 5. Kg2 Kg4 6. Kh2 Kf3 7. Kg1 h4 8. Kf1 h3** und Schwarz gewinnt.

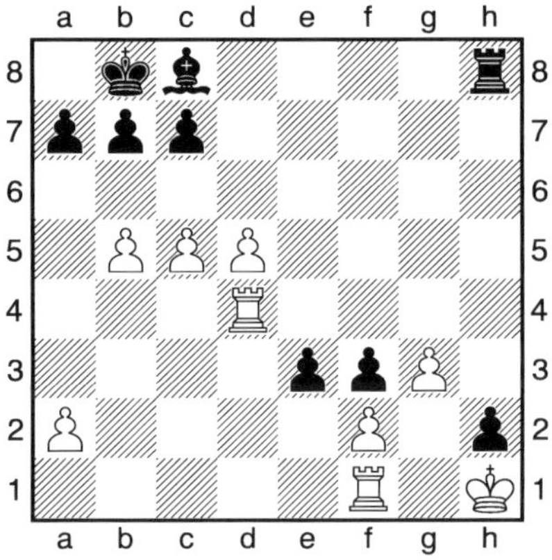

G. Mackenzie – J. Blackburne

Weiß am Zug gewinnt

Die Funktionen der einzelnen Steine sind die folgenden: Der weiße König muss h2 blockieren, der Tf1 muss e3 aufhalten. Die Absicht von Lc8, der nur den König deckt, ist, aggressiv mit Lc8-h3-g2 vorzugehen. Da e3-e2 nicht zu hindern, muss Tf1 auf der ersten Reihe bleiben und vor jedem Abtausch, etwa durch den schwarzen T auf g1 oder d1, ängstlich behütet werden. Das Ziel von Weiß muss sein, den Tf1 flüssig zu machen, eventuell f3 zu gewinnen, den schwarzen König eingeschlossen zu halten, ihn mit Mattangriffen zu behelligen; zur Einschließung dienen die weißen Damenbauern. Da nun Td4 den Punkt d1 gedeckt halten will, scheitert Td4-h4 an e3-e2 nebst Th8-d8, und es verbleibt als einziger Zug, der einen funktionslosen Stein ins Treffen führt, g3-g4. Die Kombination entwickelt sich hieraus wie folgt: **1. g4 e2 2. Te1 Th4 3. Tf4 Txg4** Damit droht ...Tg1+ **4. Txg4 Lxg4** Nun ist Te1 sicher. **5. Kxh2 Lf5 6. Kg3 Le4 7. Th1 Kc8 8. c6 bxc6 9. dxc6 Kd8 10. Kf4 Ld5 11. Ke5 Lxa2 12. Kf6** Das Ziel der Kombination, entweder f3 zu erobern oder Mattangriff gegen den eingekerkerten schwarzen König durchzuführen, wird gerade noch erreicht. **12. ...Lg8 13. Th8 e1D 14. Txg8+ De8 15. Txe8 Kxe8 16. Ke6**, und Weiß gewinnt, da die Stellung des schwarzen Königs noch immer äußerst ungünstig ist.

Man beachte, dass Schwarz wegen der fortgesetzten Bedrohung des Bauern f3 nicht Zeit zu ...a6 fand, und dass 2. ...Tg8 an 3. Kxh2 Lxg4 4. Kg3 scheitert!

Anstatt des fruchtlosen Versuches, den König durch Kb8-c8 zu befreien, kann Schwarz ihm einen sicheren Seitenplatz durch 7. ...a6 zu verschaffen trachten. Die Kombination geht dann folgerichtig weiter 8. b6 cxb6 9. cxb6 Kc8 10. Kf4 Lxd5 11. Ke5 nebst Kd6. Und zuletzt noch in dieser Variante 8. ...Kc8, um Punkt d6 gedeckt zu halten. Dann rettet Weiß seine Bauern: 9. Th8+ Kd7 10. bxc7 Kxc7 11. d6+ Kc6 12. Th1 (Weiß hat nun ein genügendes Übergewicht, um bei langsamem Spiel den Sieg zu erringen.) 12. ...b6 13. cxb6 Kxd6 14. Kf4 Ld5 15. Tc1. Weiß wird nun Kf4-e3-d2 spielen und hat dann den Turm frei, der eine Menge Angriffsziele hat, beispielsweise den a-Bauern; auch droht er a2-a4-a5. Alledem kann Schwarz auf die Dauer nicht Widerstand leisten.

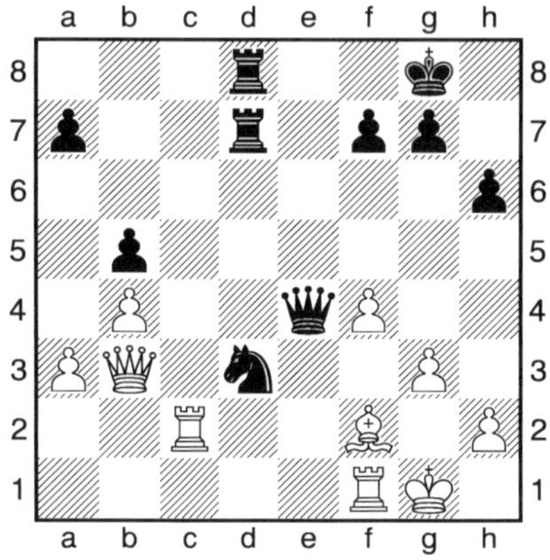

S. Tartakower – Em. Lasker
Schwarz am Zug

Der Bauer f4 hat die Aufgabe, den Punkt e5 zu decken und so ...Sd3-e5 zu hindern.

1. ...g5 Nun folgt auf 2. fxg5 Se5 3. Lc5 Td1 oder 3. Tc3 Td3. **2. Da2 gxf4 3. Te2 Dg6 4. Dc2 Kh7 5. Dc3 Tg8 6. Kh1 Dh5 7. Td2 fxg3** mit leichtem Gewinn.

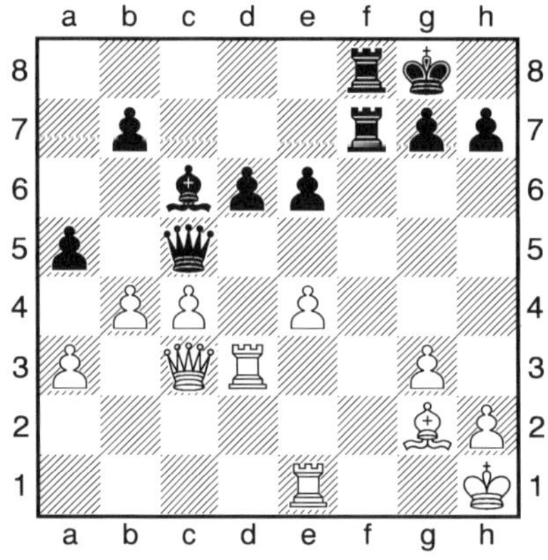

A. Rubinstein – R. Spielmann
Schwarz am Zug

Der Angriff ...Tf1+ ist durch Lg2 und Te1 gedeckt; er erfordert die Doppeldeckung, da Schwarz die Türme verdoppelt hat. Beide Steine decken zugleich den Bauern e4. Sollte **1. ...Lxe4** gehen? Die Frage ergibt sich aus der Verflechtung der Funktion der Steine.

Der Zug genügt jedenfalls zur Deckung der Dame, da Schwarz durch die Fesselung von Lg2 nunmehr Matt droht. Der Zug ist überhaupt so drohend, dass das Angebot angenommen werden muss. Bleiben also zwei Varianten zu erwägen; bei beiden wird ...Tf1+ die Antwort des Schwarzen sein. Wenn nun **2. Lxe4 Tf1+ 3. Txf1 Txf1+ 4. Kg2** steht Weiß exponiert und der König ist auf die h-Linie oder f-Linie zu treiben. Besser auf die f-Linie, damit die weißen Bauern fallen und der König auf die Dauer schutzlos bleibt; zu einem schleunigen Matt genügen die Kräfte von Weiß nicht. Also **4. ...Tg1+ 5. Kf3 Dh5+ 6. Ke3 Dxh2** Nun wird g3 schwach und fällt, und dann muss der König irgendwo einen sicheren Punkt suchen, aber das ist schwer und prekär. Hier entscheidet das Urteil, das allmählich Schwarz durch die Übermacht seiner Bauern und in Anbetracht der höchst ungünstigen Lage des weißen Königs gewinnen sollte.

Die zweite Variante, **2. Txe4**, war die der Partie. Sie verlief **2. ...Tf1+ 3. Lxf1 Txf1+ 4. Kg2 Df2+ 5. Kh3 Th1 6. Tf3 Dxh2+ 7. Kg4 Dh5+** Dem so sehr exponierten König werden nun die Fluchtfelder abgeschnitten. **8. Kf4 Dh6+ 9. Kg4 g5** Und nun steht Weiß vor der Katastrophe. Er musste Te4xe6 ziehen und verlor nach weiteren acht Zügen.

Zugzwang, Patt und Dreieck

Es gibt eine Art von Zugfolgen, die einen Zusammenhang haben und einer Idee unterstehen, die also in diesem Betracht eine Kombination darstellen, die aber nicht aus gewalttätigen Zügen bestehen. Man nennt auch derartige Zugfolgen gewöhnlich eine Kombination, hat aber der sie leitenden Idee einen besonderen Namen gegeben, der sie von anderen Ideen scharf abhebt, den Namen des „Zugzwangs". Nach den Spielregeln darf man auf das Recht des Zuges nicht verzichten, auch, wenn man es möchte. Das Zugrecht ist also zugleich ein Zwang, ein Zugzwang, der aber für gewöhnlich nicht als ein solcher empfunden wird. Nur, wenn die Steine bereits für Angriff und Verteidigung die ihnen mögliche vorteilhafteste Stellung eingenommen haben, bringt eine jede Veränderung einen Nachteil mit sich, und dann wird man sich des Zwanges bewusst. Wer die vorteilhafteste Stellung aufgeben muss, kommt manchmal in entscheidenden Nachteil und wird dann Schritt für Schritt aus allen seinen starken Positionen verdrängt. Wer einen solchen Moment lange voraussieht und in dessen Erwartung eine Reihe zweckmäßiger Züge macht, macht eine Kombination, die der Idee des Zugzwangs untersteht.

Der Begriff des „Gewalttätigen" passt für die Züge solcher Kombinationen nicht, oder doch nur infolge einer etwas gewalttätigen Deutung des Begriffs. Bei solcher Kombination hat man nicht die Vorstellung einer auf Gewalt gegründeten Handlung, sondern die eines feinen Gedankens. Der Kombinateur fängt dabei den Gegner in einem Netz spinnewebfeiner Gedanken, während er bei einer wirklichen Kombination den Gegner hier mit starken Seilen bindet, dort mit einer Keule erschlägt. Durch den Zugzwang erhält das Schachspiel etwas Kniffliges, etwas Scholastisch-Unwirkliches. In auf Zugzwang gegründeten Kombinationen triumphiert der auf reine Logik gestützte Scharfsinn über die im Schachspiel sonst wirksame Idee der Kraft.

Ähnlich ist es mit Kombinationen, die in einem Patt münden. Das Patt entspringt nicht dem Sinn für das Wirkliche. Als Vorbild dafür diente vielleicht die Idee des Sanktuariums, eines Ortes, wo ein jeder, auch der schlimmste Verbrecher, solange er dort weilte, Schutz fand. In der Wirklichkeit, wo es so viele Vorbilder für ein Matt gibt, kann man kaum eines für das Patt entdecken.

Die Kombinationen, die als Motiv den Zugzwang und das Patt haben, sind daher ein Tummelplatz für Spitzfindigkeiten.

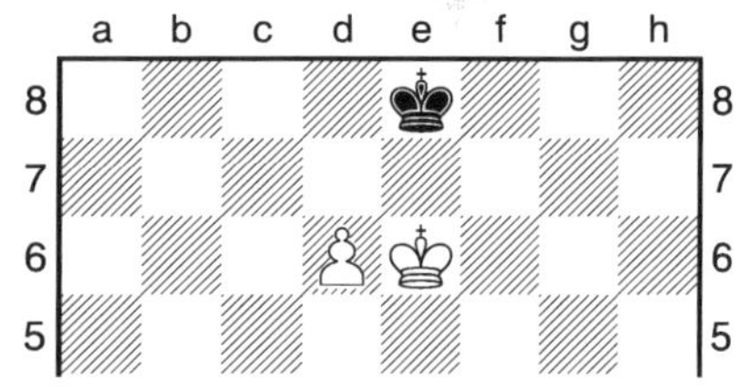

Schon in diesem elementaren Endspiel macht sich die Idee des Zugzwangs und des Patt geltend. Nach der Idee der Kraft müsste Weiß gewinnen, hier aber gewinnt Weiß nur, wenn Schwarz am Zuge ist, und zwar nur durch Zugzwang, sonst endet das Spiel in einem Patt.

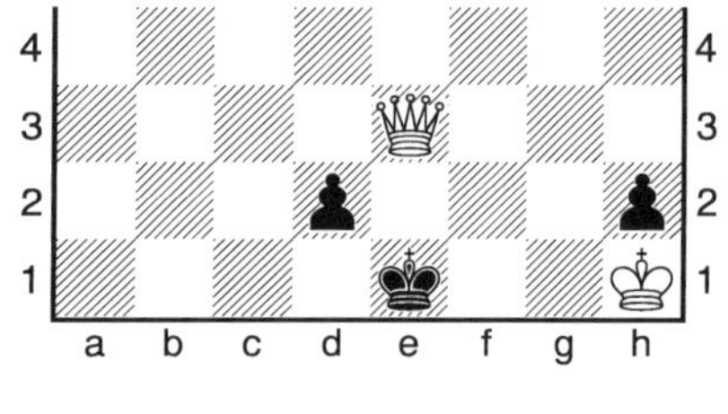

Schwarz zieht und macht remis

Dies ist das Ende einer Studie von Troitzki. Mit Ke1-f1 schützt Schwarz seinen Bauern, ohne ihn zu verstellen, denn bei De3xd2 wäre Schwarz patt. Durch diesen Witz entwindet sich der Schwarze der Kraft, die ihn gepackt hat.

Der Zugzwang tritt gewöhnlich in Endspielen auf, wobei nur wenig Kräfte auf dem Brette stehen, am meisten bei Endspielen mit König und Bauern. Da die Bauern nicht rückwärts gehen können, so können sie nicht ad libitum Züge verlieren, werden bald blockiert, und es obliegt den Königen, die Zugpflicht zu bestreiten, sobald die Bauern nicht mehr marschieren können. Bei diesem Kampfe der Könige gegeneinander, die unter dem Drucke der Zugpflicht stehen, spielen geometrische Bedingungen wesentlich mit: die Opposition und das Dreieck. Manchmal tritt auch die mathematische Idee des Entsprechens oder der Korrespondenz in Kraft. Diese Endspiele sind daher eigentlich keine Probe auf kämpferische Energie, sondern auf etwas ganz anderes, auf eine gewisse Beherrschung logischer und mathematischer Momente, auf eine Art von Rechnung und Berechnung.

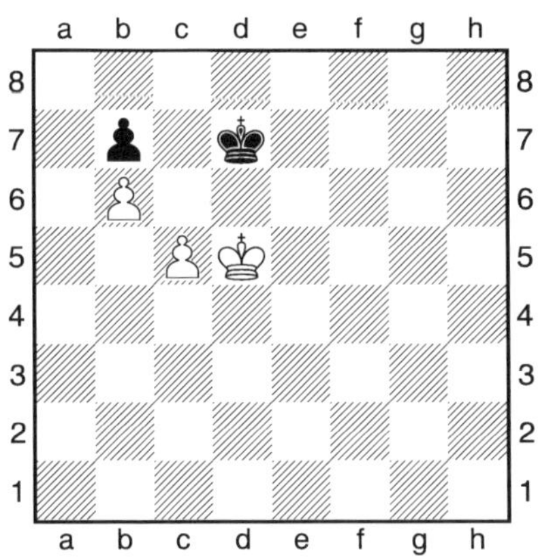

Weiß zieht und gewinnt

Hier spielt der Zugzwang wie das Patt eine Rolle. Der schwarze König kann nicht nach e8 oder e7 wegen c5-c6. Er kann nach c6, d8, c8. Weiß verteidigt seinen Bauern von d4, c4, d5 aus. Weiß hat eine weit größere Beweglichkeit als Schwarz und daher leichtes Spiel. Er vertreibt zunächst den König von d7 durch Spiel im Dreieck e5, d4, d5.

1. Ke5 Kc6 2. Kd4 Kd7 3. Kd5 Die Ursprungsstellung, nur ist Schwarz am Zuge und muss durch Zugzwang d7 aufgeben. Die Idee des „Dreiecks" ist offenbar, dass der das Dreieck beherrschende König drei Züge machen kann, um sein Standfeld zu verlassen und dahin zurückzukehren, während der kein Dreieck zur Verfügung habende König dazu zwei oder vier Züge, niemals aber deren drei braucht. Nachdem Schwarz d7 aufzugeben gezwungen ist, kommt das Ende schnell. **3. …Kd8 4. Kd6 Kc8 5. Ke7 Kb8 6. Kd7 Ka8** Jetzt aber spielt das Patt mit. Der schablonenhafte Zug Kd7-c7 verbietet sich. Doch nun spricht der Bauer sein Wort. **7. c6 bxc6 8. Kc7** Auch 8. Kxc6 würde gewinnen, und zwar durch Zugzwang. Nun wird der Bauer mit Gewalt zur Dame geführt.

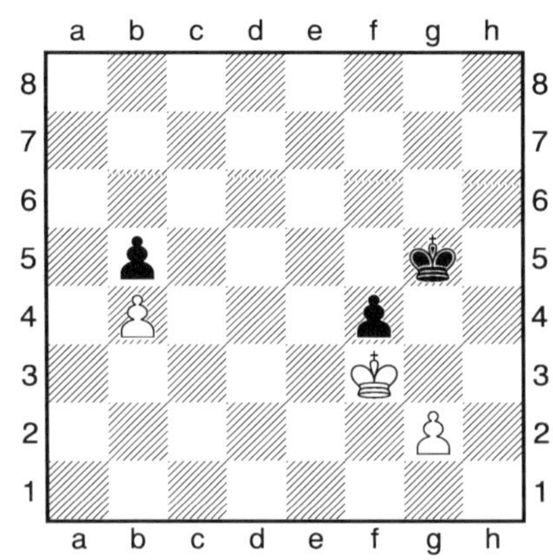

H. Weenink
Weiß zieht und gewinnt

Da Bauer g2 schwach ist, der Angriff aber den König nach b5 ruft, kann Weiß nur gewinnen, wenn er den Bauern g2 bei günstiger Königsstellung zum Abtausch bringt. Nun hat aber Schwarz die Opposition. Es kommt **1. Ke4 Kg4** Und nun handelt es sich darum einen Zug zu verlieren, damit Schwarz vom Bauern f4, der unbedingt fallen soll, durch Zugzwang weggedrängt werden kann. **2. Kd5 Kh5** Wenn 2. …Kf5 3. Kd4 Kg5 4. Ke5 Kg4 5. Kf6 ist das Ziel schon erreicht. **3. Kc6!** Nun geht Kh5-g6, das die Opposition halten würde, nicht an, weil der weiße König b5 nimmt, zurückkehrt und rechtzeitig f4 gewinnt. **3. …Kg5 4. Kc5 Kh4 5. Kd4 Kg4 6. Ke4 Kg5 7. Ke5 Kg4 8. Kf6** und so weiter. Mit diesen Ausführungen ist der Gedanke des Endspiels genügend gekennzeichnet. Die Taktik ergibt sich aus dem Plane unschwer.

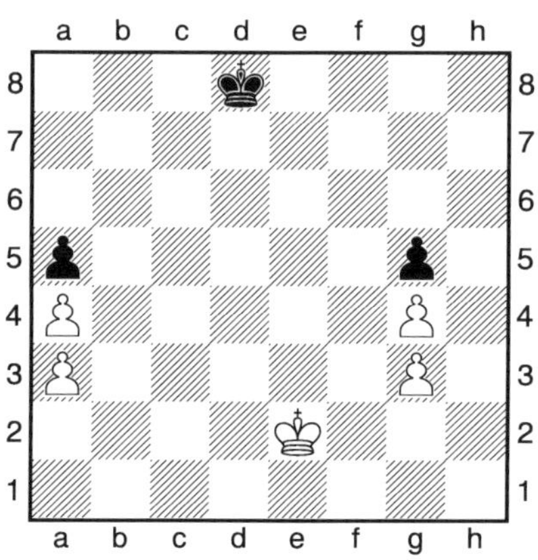

Weiß zieht und gewinnt
Schwarz am Zug macht unentschieden

Hier entsprechen einander die Mittelfelder auf die folgende Art. Steht der weiße König auf c4, muss der schwarze auf c6 stehen, um den weißen abzuwehren; kommt der weiße König nach e4, muss in diesem Momente der schwarze König nach e6 gehen, um g5 sowohl wie a5 zu verteidigen. Folglich entspricht dem Felde d4 das Feld d6. Nachdem dies erkannt ist, setzt sich die Korrespondenz der Felder weiter fort. Dem Felde d3, von wo aus c4, d4, e4 erreichbar sind, entspricht d7, von wo c6, d6, e6 erreichbar sind. Analog entsprechen einander c3 und c7, e3 und e7, und also c2 und c8, d2 und d8, e2 und e8. Es folgt, dass Weiß mit dem Zuge gewinnt, nämlich durch Ke2-d2, Schwarz mit dem Zuge remis macht, nämlich durch Kd8-e8. Der Gewinnweg ist der folgende **1. Kd2 Kc8** Da nun Schwarz das Feld e7 aufgegeben hat, so **2. Ke3 Kd7 3. Kd3 Kd6 4. Kd4** Geht Schwarz links, so Weiß rechts, und umgekehrt.

Zieht dagegen Schwarz an, so betritt er mit 1. …Ke8 das korrespondierende Feld und setzt diese Methode unentwegt fort, wohin auch der weiße König marschiere. Also trifft der weiße König bei einem eventuellen Vormarsch den schwarzen König immer in der richtigen Verteidigungsstellung an und kann nie die fünfte Reihe forcieren.

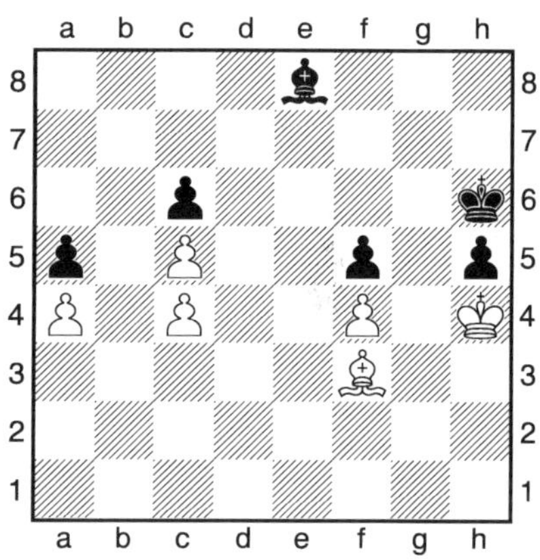

W. Schelfhout – Muurlink
Weiß zieht und gewinnt

Weiß hat für den Läufer f3 in der Diagonale h1 bis a8 drei Punkte zur Verfügung, Schwarz in der Diagonale e8 bis a4 nur zwei; auch der König h6 hat zur Verteidigung von h5 und g5 nur zwei Felder zur Verfügung. Also steht der Läufer überlegen und treibt den Schwarzen in Zugzwang wie folgt.

1. Lg2 Ld7 (oder ...Kg6) **2. Lh1 Le8** (oder ...Kg6-h6). Beide Züge, Le8-d7 und Kh6-g6, darf Schwarz nicht tun, da sonst bei 3. Lh1-f3 der Bauer h5 der Gewalt zum Opfer fällt. **3. Lf3** Aber auch so ist Bauer h5 nicht verteidigungsfähig, weil Schwarz durch Zugzwang gezwungen ist, c6 oder h5 aufzugeben und c6 der wertvollere Bauer ist. Auf ...Lf7 folgt 4. Lxc6 Lxc4 und nun am einfachsten 5. Le8 Lb3 6. c6 Lxa4 7. c7. **3. ...Ld7 4. Lxh5 Lc8 5. Le8 Lb7 6. Ld7 Kg6 7. Kg3 Kf6 8. Kf3 Kg6 9. Ke3 Kf6 10. Kd4** ... Nun bedroht der weiße König das Feld e5, der schwarze König bleibt an f6 gefesselt. **10. ...La8 11. Lc8** und gewinnt durch Zugzwang.

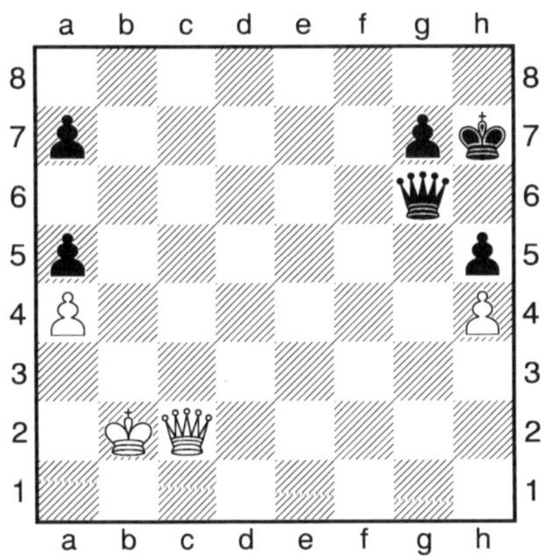

Em. Lasker

Weiß zieht und macht remis

Hier spielen das Patt-Motiv, der Zugzwang und das „ewige Schach" mit. Falsch wäre 1. Ka1 wegen ...a6, und Schwarz gewinnt durch Zugzwang. Richtig ist **1. Ka3 Kh6 2. Dc1+Kh7 3. Dc2 a6 4. Db1.** Eine von mir verfasste Studie, Abänderung einer durch von Gottschall schon vor langer Zeit vorbildlich komponierten Aufgabe, die, soweit ich mich erinnere, die Form hatte W: Kb1, Dc2, Bh4; S: Kh7, Dg6, Bc3, g7, h5 mit der Lösung Kb1-a1.

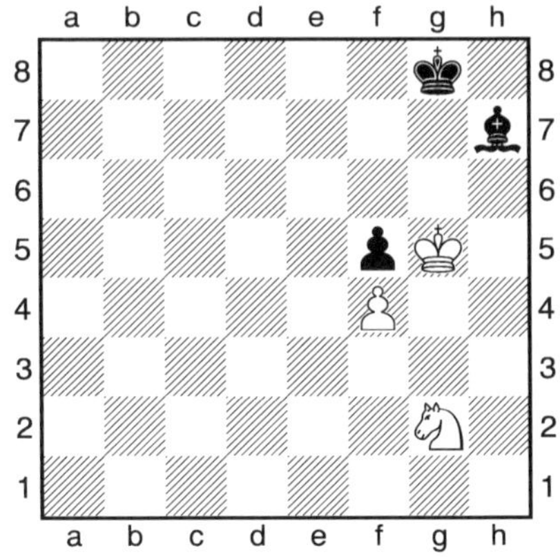

A. Troitzki

Weiß zieht und gewinnt

Hier ist die Idee des Zugzwangs sehr schön durchgeführt. Zunächst wird der König in seiner Freiheit gehemmt. **1. Kh6 Kh8** Damit der Läufer nicht aufs freie Feld gelange, wird für den Fall von Lh7-g8 ein Matt vorbereitet. **2. Sh4 Kg8** Nun strebt der Springer nach größerer Wirkung, ohne das Feld g6 aufzugeben. Ziel ist, neben g6 auch g8 zu bedrohen. **3. Sf3 Kh8 4. Se5 Kg8 5. Sc6 Kh8 6. Se7** und gewinnt den Läufer durch Zugzwang.

Bauernumwandlung

Bei weitem natürlicher ist das Motiv der Umwandlung des Bauern. Sie ist keine Metamorphose, wie die der Raupe zum Schmetterling, sondern eine Entwicklung. Der Bauer wird nicht durchaus verwandelt, er wird nur befördert, wie ein gemeiner Soldat, der sich ausgezeichnet hat, zum Offizier.

Die Umwandlung des Bauern vollzieht sich in drei Stadien:

1. Freimachung des Bauern durch Entfernung der antagonistischen, Bauern. Beispielsweise durch den „Durchbruch“
2. Vormarsch des Bauern durch Marschieren oder Schlagen,
3. zuletzt Eroberung des Umwandlungsfelds.

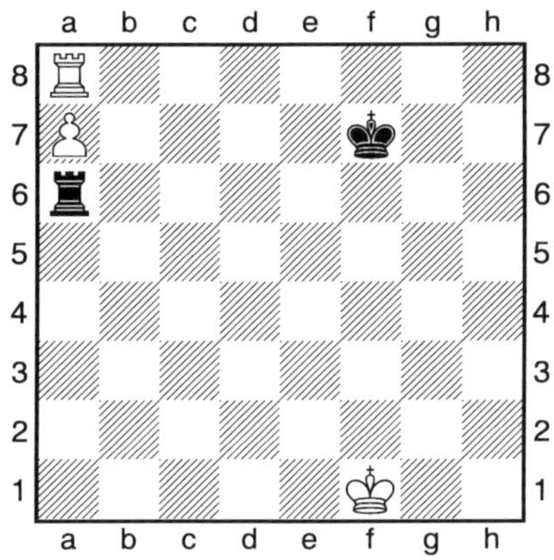

Weiß zieht und gewinnt

Durch **1. Th8**, das geometrische Motiv.

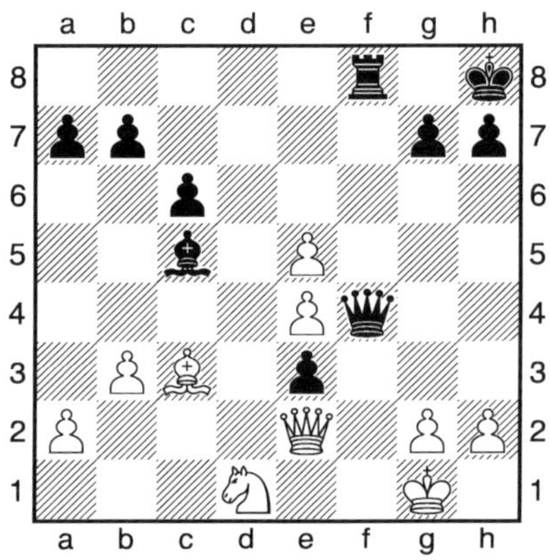

Dr. H. Lindehn - S. Bergh

Schwarz am Zug

1. …Df1+ 2. Dxf1 e2+ 3. Sf2 exf1D+ und gewinnt.

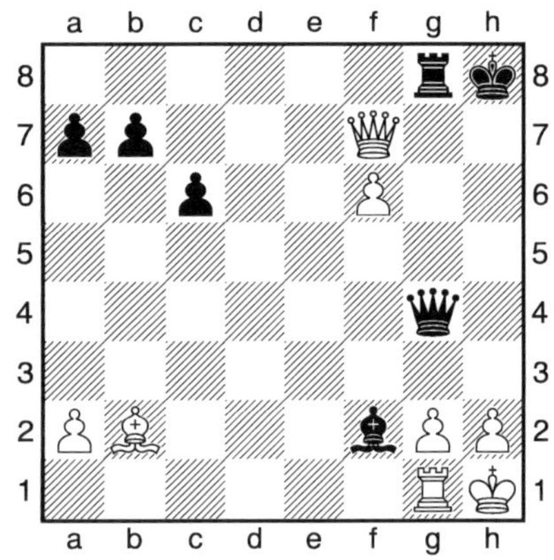

J. Dufresne – D. Harrwitz

Weiß am Zug

Weiß gewinnt mit Hilfe des Freibauern, der imstande ist, mit Schach auf die siebte Reihe zu gelangen und also ideell schon auf der siebten Reihe steht: **1. De8 Kh7 2. f7** aufgegeben.

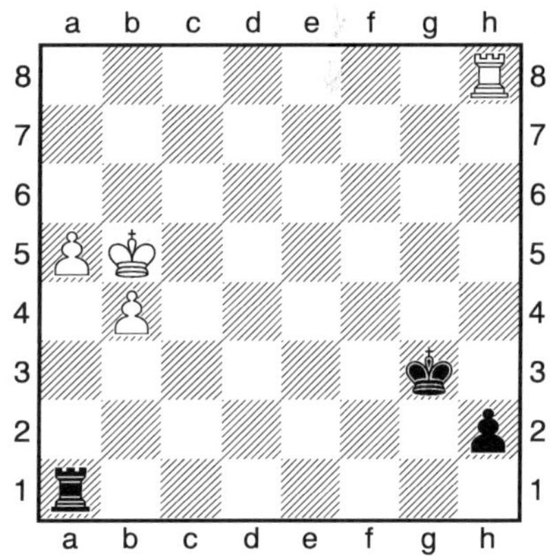

G. Maróczy – Dr. S. Tarrasch

Weiß am Zug

Weiß würde gewinnen, wenn er den feindlichen Freibauern unschädlich machte und seine eignen methodisch vorschöbe. 1. Txh2 Kxh2 2. Ka6 Kg3 3. b5 Kf4 4. b6 Ke5 5. b7 Tb1 6. Ka7 Kd6 7. b8 D und gewinnt. Der schwarze König kommt einen Zug zu spät an. In der Partie geschah **1. Kc6 Tc1+ 2. Kb6 Tc4!** Nun droht ...Th4. **3. Txh2 Txb4+ 4. Kc5 Ta4 remis.**

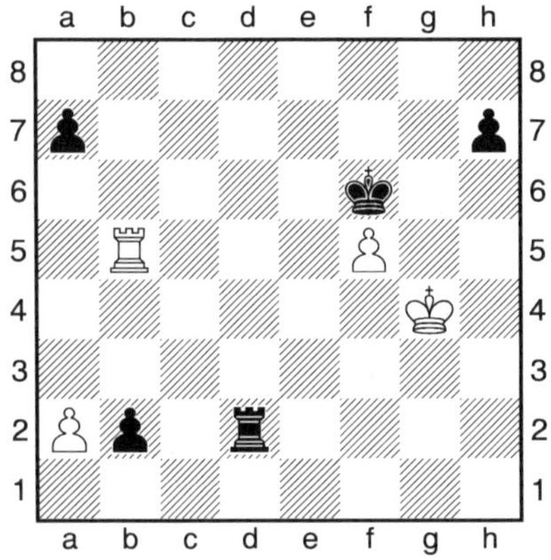

A. Hallgarten – E. Diemer
Schwarz am Zug gewinnt

Turm oder König müssen f5 decken, der Turm muss b2 aufhalten. Für Schwarz gilt, den Turm d2 hintern den Bauern auf die b-Linie zu bringen oder f5 zu gewinnen. Zunächst wird dem Turm b5 eine doppelte Funktion aufgebürdet und der König deplaziert.

1. ... h7-h5+

Der Bauer ist zu stark, als dass man ihn passieren lassen könnte, und auf 2. Kh4 gewänne dieselbe Fortsetzung wie in der Partie.

2. Kg4xh5 a7-a5

Geht nun der König zurück, so folgt ...Td4+ nebst ...Td4-b4.

3. a2-a3 Td2-e2

4. Kh5-g4

Weiß ist immer verloren; zieht der Turm, fällt der Bauer f5; zieht der a-Bauer, so ...Te2-d2; da der König h5 nicht nach h6 darf, so muss er durch Zugzwang die vierte Reihe betreten.

4. ... Te2-e4+

5. K beliebig Te4-b4

und gewinnt.

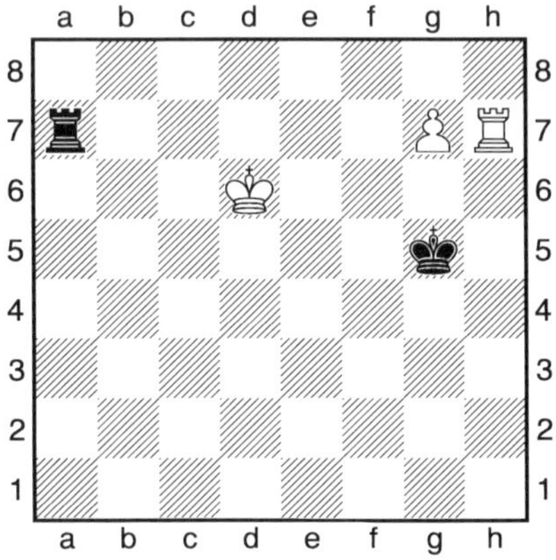

Aus Chess Player's Chronicle
Schwarz am Zug, Weiß gewinnt

Der Turm kann den Bauern nicht auf der achten Reihe aufhalten, denn auf 1....Ta8 käme 2. Th8 und gewinnt. Er kann versuchen, ihn auf der g-Linie aufzuhalten. Freilich steht der schwarze König auf g5 als Hemmnis, aber g6 ist noch frei. Dahin also strebt der Turm.

1. ... Ta7-a6+

Der König nun erreicht nichts auf der siebten oder achten Reihe, weil er dort vor den Schachgeboten des Turms keinen Ruhepunkt hat, außer auf b7 oder b8, wo er aber außer Spiel wäre. Beispielsweise 2. Kc7 Tg6 nebst ...Kf6 oder 2. Kd7 Ta7+ 3. Kc8 Ta8+ 4. Kb7 Tg8. Eine Entscheidung kann also nur herbeigeführt werden, indem der König die fünfte Reihe betritt. Dann darf der Turm mit Schachgeboten nicht fortfahren, weil er sonst nicht mehr auf die g-Linie gelangt. Der Turm wird sonach nach g6 müssen. Fragt sich noch, auf welches Feld der fünften Reihe der König ziehen soll. Am stärksten wäre das Feld e5, aber offenbar ist für Weiß wie Schwarz die Beweglichkeit äußerst knapp, Zugzwang kommt in Frage und es scheint weise, das stärkste Feld aufzubewahren, um erst den schwarzen König durch Zugzwang vom Turm und Bauern abzudrängen. Die Prüfung zeigt, so ist es in der Tat.

2. Kd6-d5 Ta6-g6
3. Kd5-e5 Kg5-g4
4. Th7-h1

Hier kommt zuletzt noch das geometrische Motiv zu Wort.

4. … Kg4-f3
5. Th1-f1+ Kf3-e3
6. Tf1-f7

nebst Ke5-f5 und gewinnt.

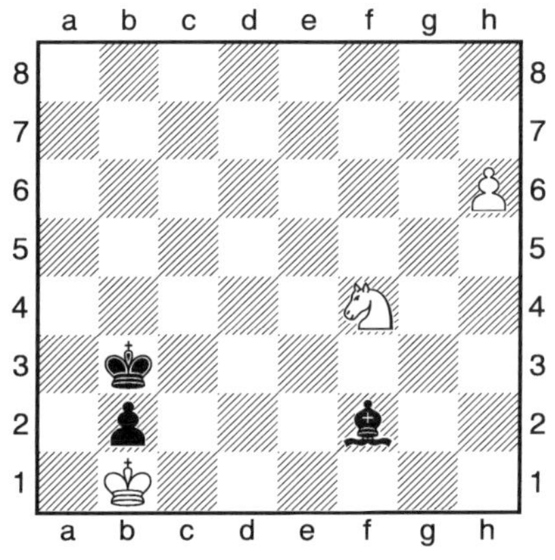

L. Kubbel
Weiß am Zug gewinnt

Dem schwarzen Bauer kann das Verwandlungsfeld nicht erobert werden, wohl aber kann der Springer seinen Bauern vor dem Zugriff des Läufers schützen. Problem ist, den Läufer zu hindern, die Schräge a1 bis h8 zu betreten, bis der Bauer auf h8 angelangt ist, was zwei Züge erfordert. Daher muss zunächst das Feld d4 vom Springer angegriffen werden. Der Springer bevorzugt von den zwei Feldern e6 und e2, die ihm dazu zur Verfügung stehen, naturgemäß jenes, von wo er den König mehr bedroht, also **1. Se6** Wenn nun 1. …Le1 oder 1. …Lh4, so 2. Sc5+ nebst 3. Se4, wenn 1. …Lg3, so 2. Sd4+ und 3. Sf3. In jedem Falle bleibt die erstrebte Schräge dem Läufer unerreichbar.

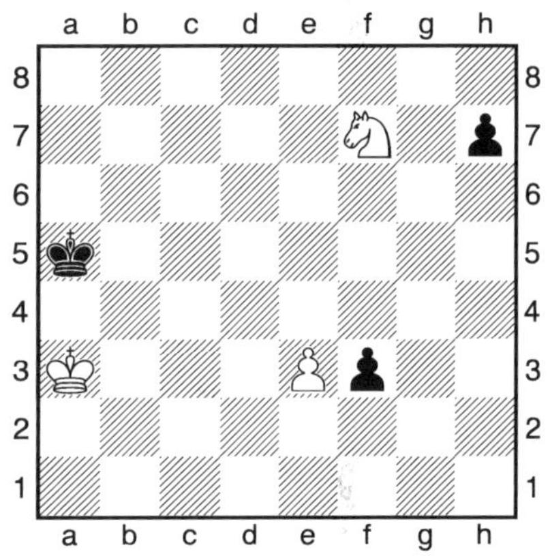

L. Kubbel
Weiß zieht und gewinnt

Hier führen die Freibauern das große Wort. Der Bauer f3 ist drohend. Der Springer kann ihn nur mit Hilfe eines Schachgebots gerade noch auf f1 aufhalten. Doch auch dann noch ist die Aufgabe schwer, denn der schwarze König wird herbeieilen und e3 und den Springer bedrohen, und der weiße König steht weit. – Wie ausbalanciert die Lage ist, erkennt man an der Verführung 1. Se5, die bei ...Kb5 nur zum Remis führt, denn nach 2. Sxf3 Kc4 3. e4 h5 fällt der e-Bauer. Richtig ist **1. Sd6,** was den König von b5 fernhält. **1. ...f2 2. Sc4+ Kb5 3. Sd2 f1D** Notwendig, um dem Könige Bahn zu machen, da sonst Ka3-b3 leicht gewinnt. **4. Sxf1 Kc4 5. Kb2 Kd3 6. Kc1 Ke2** Eine bittere Notwendigkeit, weil sonst Kc2-d1 alles in Verteidigungszustand setzt. Nun setzen sich die Freibauern in Bewegung: **7. e4 Kxf1** Marschiert jetzt der weiße Freibauer zur Dame, so marschiert der schwarze Freibauer nach h2 und macht remis. Aber der weiße König kann den feindlichen Bauern zu halten versuchen. **8. Kd2 h5 9. Ke3 Kg2** Der König ist gezwungen, zum Schutze des Bauern herbeizueilen. **10. e5 h4 11. e6 h3 12. e7 h2 13. e8D h1D** Zum Schluss der Kampf gegen den schlecht postierten schwarzen König, dem die noch in der Ecke befindliche Dame nicht zu helfen vermag. **14. Dg6+ Kh3 15. Dh5+ Kg2 16. Dg4+ Kh2 17. Kf2** und gewinnt.

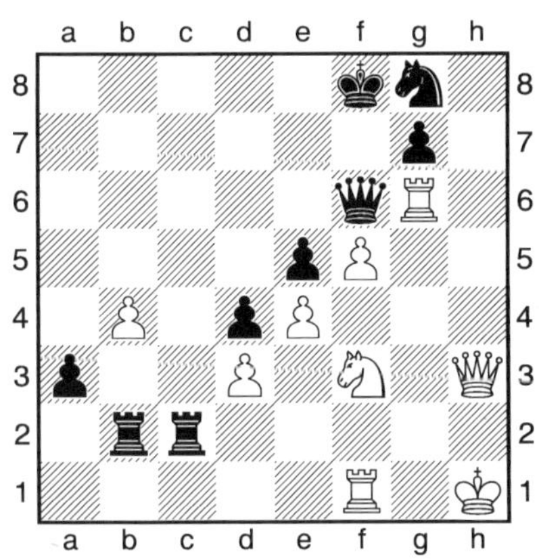

M. Tschigorin – Dr. S. Tarrasch

Schwarz am Zug

1. ...a2 Der vom Turm unterstützte Freibauer ist ein genügendes Gegengewicht für das Opfer der Dame. **2. Txf6+** Es war angebracht, zu erwägen, ob die Dame mit dem Turm nicht zu teuer bezahlt sei, denn es droht das schreckliche ...Tb2-b1. Aber nach 2. Sg5 verteidigt sich Schwarz zunächst mit ...Ke7. Wenn dann 3. Dh7, so ...Kd6, und 4. Dxg7 geht nicht an, weil die Dame ja ein Matt in zwei Zügen zu decken hat. Schwarz gewinnt dann nach 4. Sf3 Tb1 5. Se1 a1D 6. Dxg8 (oder Dxg7) ...Txe1, indem er den Schachgeboten der Dame, da diese nirgends Unterstützung findet, zuletzt entkommt. **2. ...gxf6 3. Td1 Tb1 4. Df1 Tcb2 5. Sd2** Das Feld b1 muss gedeckt werden. **5. ...Txd1 6. Dxd1 Txd2 7. Dc1 Txd3** Die Schachgebote sind nicht zu fürchten, da h8 ein sicherer Platz für den König ist. Es droht nun ...Td3-b3; auf Da1 kommt ...Ta3 oder ...Td2. **8. Kg2 Tc3 9. Da1 Tc2+ 10. Kf3 d3 11. Dd1 Tb2** Natürlich hätte auch ...d2 gewonnen, der gewählte Zug ist aber noch stärker. **12. Da4 d2** Aufgegeben.

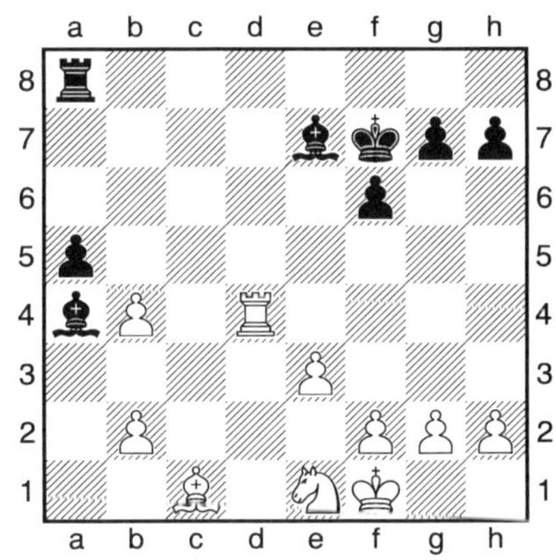

Sir Thomas – F. Marshall

Schwarz am Zug

Motiv ist hier der mehrfache Angriff durch den Turm auf der ersten Reihe, die Schwäche von b2, die Kraft des Freibauern.

1. ... Lb5+ 2. Kg1 axb4 Nun folgt auf 3. Sc2 natürlich ...Tc8, auf 3. Sd3 aber ...Ta1. **3. Ld2 Ta1**

4. f3 Tb1 5. Kf2 Txb2 6. Kg3 b3 7. f4 Txd2 8. Txd2 Lb4 9. Td1 Lxe1 10. Txe1 Ld3 und gewinnt.

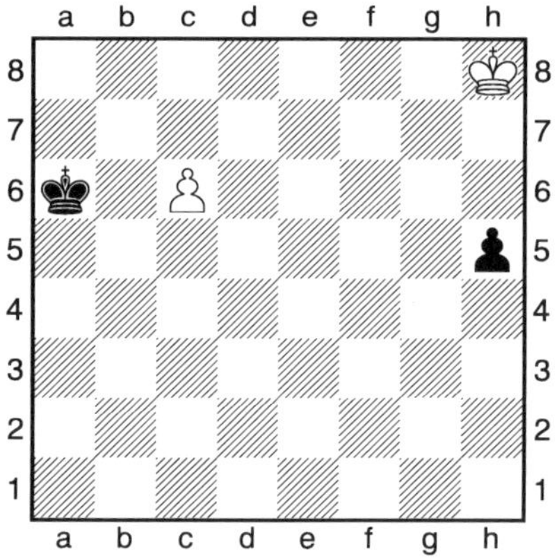

R. Réti

Weiß zieht und macht remis

Weiß kann hier wunderbarer- weise den so entfernt stehenden Bauern c6 verwerten, indem er König und Bauern zum Zusammenspiel bringt.

1. Kg7 h4 2. Kf6 Nun droht Weiß mit Ke7 (oder Ke6) den Bauern c6 zur Dame zu führen. **2. ...Kb6 3. Ke5** Nun droht Ke5-d6, auch Ke5-f4. Das Remis ist jetzt offensichtlich.

Der „Durchbruch“

Ein altes Beispiel für den Durchbruch. Weiß verschafft sich einen Freibauern, er „durchbricht“ die feindliche Phalanx:

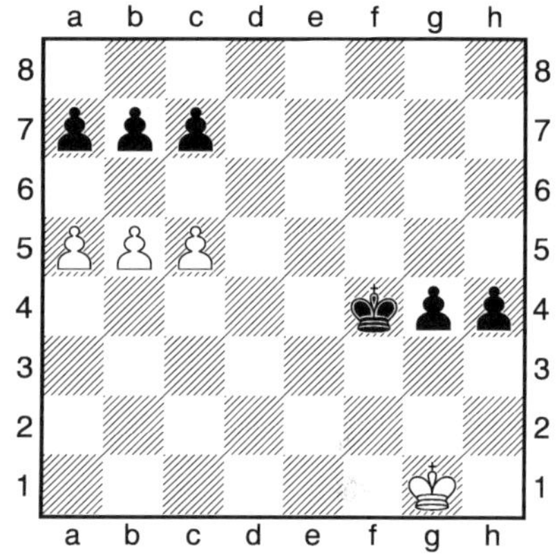

Weiß zieht und gewinnt

1. b6 cxb6 2. a6 bxa6 3. c6 oder **1. ...axb6 2. c6 bxc6 3. a6.**

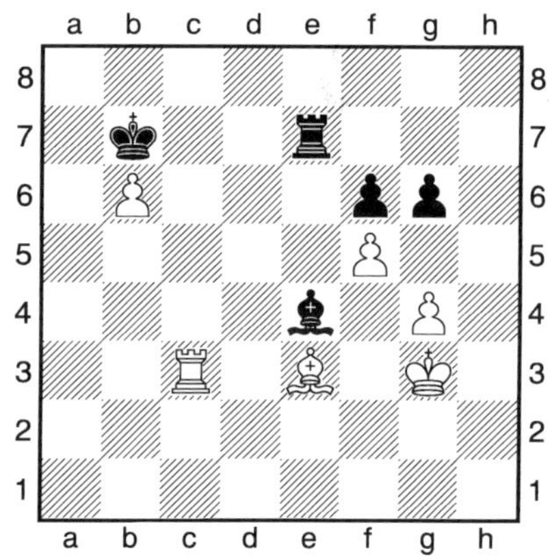

Dr. S. Tarrasch – Em. Lasker

Weiß am Zug

Hier konnte Dr. Tarrasch durch eine Kombination gewinnen, deren Motiv der Durchbruch ist:

1. g5 Weiß erhält nun immer einen Freibauern: **1. ...fxg5** Ich zog hier schwächer ...Tf7, worauf 2. Ta3 gewonnen hätte, doch Weiß zog gxf6 und das Spiel ward remis. **2. f6 Tf7 3. Ld4 Td7 4. Te3!** Wenn nun 4. Txd4 5. f7 Td8 6. Txe4 Tf8 7. Te7+ Kxb6 8. Kg4 Kc6 9. Kxg5 Kd6 10. Kf6 und gewinnt. Und nun:

A) 4. ...Lf5 5. Te7 Txe7 6. fxe7 Ld7 7. Kf3 Kc6 8. Ke4 Kd6 9. Lc5+ Kc6 10. Ke5 und gewinnt.

B) 4. ...Lc6 5. Te7 Txe7 6. fxe7 Kc8 7. Kg4 Kd7 8. Lf6 Ke8 9. Kxg5 Kf7 10. Kf4 Ke8 11. Ke5 Kd7 12. Lg5 und gewinnt.

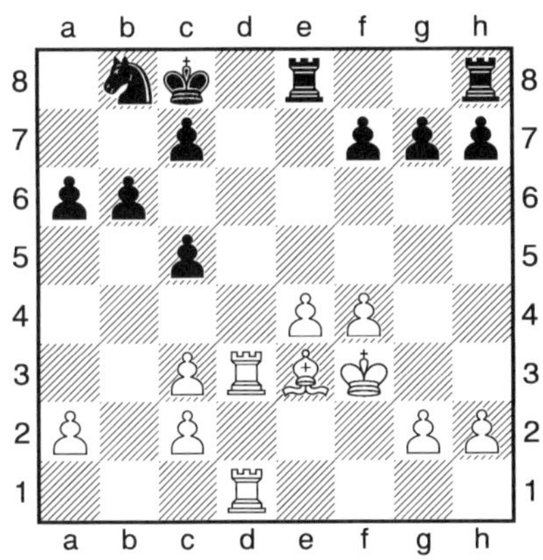

Em. Lasker – D. Janowski

Weiß am Zug

Problem für den Weißen ist es, sich einen Freibauern zu verschaffen. Schwarz hat zwar das Übergewicht auf dem Damenflügel, wird sich aber wegen seines Doppelbauern dort nur schwer, nur mit Hilfe seiner Offiziere, einen Freibauern schaffen können.

Weiß beginnt den Angriff mit einem paradoxen Zuge. Um sich einen Freibauern zu verschaffen, geht man gewöhnlich mit dem überwiegenden Bauern einer Reihe nach vorn, hier also mit dem e-Bauern. Mit Rücksicht auf den Läufer aber ist der Zug bedenklich, weil Weiß dann auf den weißen Feldern seinen Halt zu verlieren droht, hat er doch einen Läufer auf schwarzen Feldern. Beispielsweise könnte beim Vorgehen von e4-e5 später einmal c5-c4 folgen und Schwarz sich mit dem Springer auf d5 festsetzen; auch ...h7-h5, ...g7-g6 nebst ...Sc6 verschaffte dem Schwarzen dann ein Übergewicht auf den weißen Feldern. Andererseits muss Weiß sich einen Freibauern zu verschaffen trachten, da sonst die Partie gleichsam still steht. Er tut dies, indem er mit den Bauern die weißen Felder betritt und dem Läufer den Kampf um e5 überlässt.

1. f4-f5!

Schwarz will sich nun des Feldes e5 versichern. Er kann dies mit Hilfe der Offiziere allein zu tun trachten, etwa, wie Tarrasch („Die moderne Schachpartie“) angibt mit ...Sc6, ...Te7, ...The8, worauf Weiß Lf4, Te3 und beispielsweise g2-g4 antwortet. Nun droht Weiß etwa mit Tde1 e4-e5 durchzusetzen und erzwingt ...Se5+, sobald er es nur will. Dann aber, was Tarrasch richtig einschätzt, kann Schwarz den Punkt e5 ohne Hilfe des Bauern f7 doch nicht behaupten, denn Weiß zieht beispielsweise Kf3-f4 und einen Turm nach h3. Mit Hilfe der Offiziere allein kann Schwarz e5 nicht behaupten. Fragt sich nur, wann der Zug ...f7-f6 geschehen soll. Vermutlich hat Tarrasch Recht, dass er den Zug tadelt, aber er hat Unrecht, ihn überhaupt zu untersagen, der Zug geschieht wohl nur zu früh.

1. ... f7-f6
2. g2-g4 Te8-e7
3. Le3-f4 Th8-e8
4. Td3-e3 Sb8-c6
5. g4-g5

Nach 5. …fxg5 6. Lxg5 Se5+ 7. Kg3 Tf7 8. Lf4 Sc4 9. Te1 wird Weiß den Punkt e5 erobern können.

5.	**…**	**Sc6-a5**

Das verschlimmert die Lage von Schwarz, weil nun Weiß, während Schwarz untätig bleibt, Reserve heranholt.

6.	**h2-h4**	**Sa5-c4**
7.	**Te3-e2**	**Te7-f7**
8.	**Td1-g1**	**Kc8-d7**
9.	**h4-h5**	

Um mit 10. h6 den ganzen Königsflügel aufzurollen, beispielsweise 10. …gxh6? 11. gxf6 mit zwei furchtbaren Freibauern oder 10. …g6 11. fxg6 hxg6 12. gxf6 mit einem starken Freibauern auf h6.

9.	**…**	**Sc4-d6**
10.	**h5-h6**	**f6xg5**
11.	**Tg1xg5**	**g7-g6**
12.	**f5xg6**	**h7xg6**
13.	**Tg5xg6**	**Te8-f8**
14.	**Tg6-g7**	**Tf7xg7**
15.	**h6xg7**	

und Schwarz gab bald danach auf.

Diese Beispiele, die sich leicht vermehren ließen, werden wohl ihrem Zwecke genügen. Die Methode ist das Interessanteste, das Wesentliche, nicht so sehr das Beispiel, und die Methode ist nun wohl genügend geklärt, um einsichtig zu werden. Man kann nun leicht aus den oben umrissenen Motiven Stellungen aufbauen, die eine erstaunliche Kombination zulassen, etwa, indem man von irgendeiner erstaunlichen Schlussstellung ausgeht und sie durch erstaunliche Züge, etwa Damenopfer, herbeiführt, wobei man die letzten Züge zuerst komponiert, immerfort rückwärts schreitend, so dass man zuletzt am Anfang der beabsichtigten Kombination steht. Oder man kann eine in der Partie vorgekommene Stellung, die eine feine Pointe hat, von den Nebensächlichkeiten befreien und die Idee dadurch scharf herausarbeiten. So haben schon viele Kombinationen erdichtet, zu allen Zeiten. Einige große Meister dieser Kunst, haben es auf andere Weise, schöpferisch, nicht mehr schematisch vollbracht. Von dieser Kunst und ihrem starken ästhetischen Eindruck wird später gesprochen werden. Für den Augenblick genügt es, darauf hinzuweisen, dass künstliche Kombinationen, die recht versteckt sein können, soweit Menschenwitz sich verstecken kann, in ungeheurer Fülle veröffentlicht sind, schon seit tausend Jahren Bei alledem ist es allein die praktische Partie, die die tiefsten und feinsten Gedanken an den Tag bringt, ebenso wie die Natur und nicht der Künstler die großartigsten Werke erschafft, ebenso wiederum, wie nicht in der Retorte des Alchemisten, sondern in den tiefen Schächten der Berge das Gold zu finden ist.

Nicht allzu sehr also soll sich der Schachjünger dem Reiz der ersonnenen, künstlichen Aufgaben hingeben, vielmehr soll er mit allen Kräften trachten, in der lebendigen Partie die Kombination aufzuspüren und zu meistern. Dazu aber bedarf er neben der Kenntnis der Motive, aus denen jede Kombination zusammengefügt ist, noch einer ganz anderen Methode, die scheinbar der Kombination wesensfremd, wo nicht gar feindselig gegenübersteht. Wohlgemerkt nur scheinbar, aber der Schein ist in diesem Falle ungeheuer täuschend. Ihn zu entlarven sei unsere nächste Aufgabe. Gewiss wird der Lernende dabei zunächst enttäuscht, denn gerne glaubt er, das Schöne sei wahr, das Wahre sei schön. Aber folgt er nur mutig unserer Mahnung, aus der lebendigen Partie zu schöpfen, wird er ebenso gewiss allgemach einer ihm vorher ungekannten Schönheit inne werden, deren Reiz ihm nicht mehr verblasst.

Viertes Buch

Das Positionsspiel

Während durch Kombination Werte plötzlich umgewertet werden, werden sie befestigt und bestätigt durch das „Positionsspiel". Dadurch tritt dieses in einen Gegensatz zur Kombination, der auffällig wird, sobald ein „Kombinateur", ein Spieler, dessen Stärke in der Kombination liegt, seinem Gegenpart, einem „Positionsspieler", gegenübersitzt. Die beiden sind oft grundverschiedene Naturen. Der Kombinateur ein Abenteurer, Vagabund, Verschwender, der Positionsspieler gläubig an feste Dogmen, der sich eine sichere Stellung aufbaut und jeden, auch den kleinsten Wert, den er besitzt, ängstlich hütet. Der Kombinateur schimpft den Positionsspieler Philister, Banause, Holzschieber, der Positionsspieler erwidert Romantiker, Phantast, dünkelhafter Eigenbrötler. Es gibt ausgesprochene Typen dieser Art, und sie machen sich über einander lustig. So erzählt man von einem Kombinateur die folgende Geschichte: Er „kiebitzte". Plötzlich unterbrach er die Spieler. „Ich sehe eine großartige Kombination, ein Damenopfer," rief er dem am Zuge Befindlichen zu. „Nimmt Ihr Gegner dann den Bauern, ist er sogleich matt, und weicht er aus, so matt in zwei Zügen." – „Gut," antwortete der Angeredete, „aber die Hauptsache, wenn er die Dame nimmt ?" – „Das ist die einzige Variante," erwiderte der Kombinateur, „die ich noch nicht angesehen habe."

Wie augenfällig aber auch bei der Mehrheit der Schachfreunde der Gegensatz sei, im Meister ist der Gegensatz aufgehoben. In ihm ergänzen sich das Spiel auf Kombination und Position. Durch Kombination will er die falschen Werte stürzen, die wahren Werte will er durch Positionsspiel zur Geltung bringen. Er ist wie ein Disputant, der sich wohl auf Sophismen versteht, sie aber nur braucht, um seinen Thesen, die er für wahr, kraftvoll und gesund hält, gegen die kunstvollen Sophismen des schlauen Gegners den Weg zu bahnen.

Der Plan

Der Gedanke, der hinter der Kombination steht, heißt Idee, der Gedanke hinter dem Positionsspiel Plan. Die Idee hat eine Spitze, die überrascht, die mit einem Schlage das Bild der Stellung umwandelt, der Plan hat Weite und Tiefe, die imponieren und die in langsamem Aufbau der Stellung eine Struktur geben.

Das Verfahren bei der Analyse einer Stellung einerseits durch die Aufsuchung von in ihr enthaltenen Kombinationen, andererseits durch Fassen von Plänen, unterscheidet sich durch die Richtung des Denkens. Die Aufsuchung von Kombinationen geht von der gegebenen Stellung aus, das Fassen von Plänen führt zu vorgestellten, vorläufig nur erst in der Phantasie vorhandenen Stellungen hin. Bei dem ersten Prozess ist die gegebene Stellung das Wesentliche und Wurzelhafte, bei dem zweiten Prozess ist die in der Phantasie vorhandene Stellung, die beabsichtigte Stellung, die vorherrschende und den Lauf der Gedanken bestimmende. Bei ersterem Prozess frage ich mich und suche zu ergründen, ob unter den Stellungen, die sich durch erzwungene Züge aus der vorliegenden ergeben, solche befinden, die mir erwünscht sind, und, wenn ja, welche dies sind; bei dem anderen Prozess erhoffe ich, eine Stellung, die mir vorschwebt, erreichen zu können, und suche festzustellen, ob gangbare Wege zu jener nur erst in der Phantasie ersehnten Stellung aus der vorliegenden hinführen, insbesondere, ob ich den Gegner methodisch auf einen dieser Wege bringen, wo nicht gar zwingen kann.

Dem Ergebnis der Analyse kann ich es nicht unzweideutig anmerken, auf welchem Wege des Denkens es entstanden ist, wiewohl ich dafür aus der Psychologie her in die Augen fallende Anzeichen habe. Ein Geist mit geräumigem Gehirn, der, ohne sich zu irren, Millionen von Varianten behalten könnte, brauchte nur zu kombinieren und würde auf den Behelf des Positionsspiels verzichten können. Ein Mensch kann nur vier oder fünf Varianten klar durchdenken, da er ja nur wenig Zeit für das Schach übrig hat. Und hätte er auch mehr Zeit und wäre er auch ein starkes Talent, Hunderte von Varianten auseinander zu halten, würde seinen Kopf erhitzen. Sein Kopf ist nicht dazu gemacht, eine Tabelle zu ersetzen. Sein Geist hat eine wunderbare Fähigkeit, vermöge deren er weit vorausschauende Pläne fassen kann, ohne jede Möglichkeit einzeln ins Auge zu fassen. Aus der Psychologie des Menschen kann ich entscheiden, ob dieser Schachzug zu einer Kombination gehört, jener zu einem Plane.

Es gibt einfache Stellungen, an denen man den Prozess des Kombinierens wie den des Plänefassens zu gleicher Zeit üben kann. Derartige Stellungen kann man von zwei Seiten zu verstehen trachten, und dies ist ein starker Genuss. Aber es sei sogleich hervorgehoben, dass die Methode, einen Plan zu fassen, nicht für das Einfache gemacht ist, sondern das Verwickelte, das Unübersehbare. Freilich ist Verwicklung nur ein relatives Ding; für den Mathematiker beispielsweise sind die verschlungenen Bewegungen der Planeten um die Sonne ungeheuer einfach. Bei alledem aber braucht ein jeder Geist für das, was für ihn verwickelt ist, diese wunderbare Fähigkeit des Fassens von Plänen, die ihm die Natur verliehen hat.

Betrachten wir die folgende Stellung, ohne sie durch bloße Kombination begreifen zu wollen.

Schwarz schwebt als Ideal eine Stellung vor, wo der Bauer b7 vom Brette verschwunden ist und sein König auf a8 steht, oder auf b7, wenn der weiße Bauer auf b6, La7 steht. Weiß hingegen will es erreichen, dass sein König auf b6, sein Läufer irgendwo b8 beherrschend, den feindlichen König von a8 abschneidet. Weiß muss also verhin-

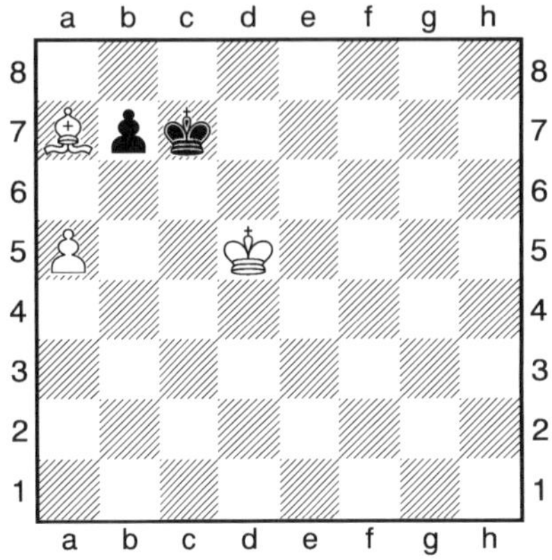

J. Metger – L. Paulsen
Weiß am Zug gewinnt

dern, dass der Bauer b7 vorrückt und ...Kb7 folgt. Auf ...b6 oder ...b5 muss Weiß sonach a5-a6 antworten, der b-Bauer darf nicht mit Schach vorrücken, auch nicht nach b6. Aus diesem Gewebe von Plänen ergibt sich das folgende Spiel: **1. Kd4! Kc6 2. Lb6 Kd6 3. Kc4 Kc6 4. Kb4 Kd6 5. Kb5 Kd7 6.Lg1 Kc7 7. Lh2+** nebst Kb6.

Nehmen wir nun ein verwickelteres Beispiel.

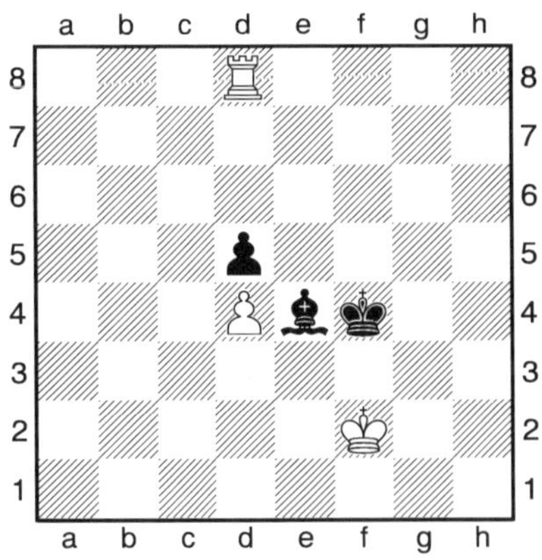

Weiß am Zug

Weiß fasst den Plan, den schwarzen König durch König und Turm zu verdrängen und dann das Aktionsgebiet d4, d5, e4, e5 zu beherrschen und dort durch Opfer der Qualität die Entscheidung herbeizuführen.

1.	**Td8-h8**	

Schwarz will im Aktionsgebiet der Bauern bleiben und womöglich mit dem Könige nach e4 gelangen.

1.	**...**	**Le4-f5**
2.	**Th8-h4+**	**Lf5-g4**
3.	**Kf2-g2**	

Die erste Etappe: der schwarze König muss im Zugzwang zurück.

3.	**...**	**Kf4-g5**
4.	**Kg2-g3**	**Lg4-f5**
5.	**Th4-h8**	**Lf5-g6**
6.	**Th8-f8**	**Lg6-e4**
7.	**Tf8-e8**	

Zweite Etappe: der schwarze König muss auch die fünfte Reihe räumen und sich auf die sechste zurückziehen.

7.	**...**	**Kg5-f6**
8.	**Kg3-f4**	**Le4-g2**
9.	**Te8-a8**	**Kf6-f7**

Endlich ein Punkt, wo Schwarz standhalten kann, weil Weiß dort wegen ...Le4+ nicht die Opposition nehmen kann.

10.	**Kf4-e5**	**Lg2-e4**
11.	**Ta8-a7+**	**Kf7-e8**

Aber bei ...Kg6 folgt sogleich 12. Td7 und 13. Txd5. Schwarz sieht noch eine letzte Chance

12.	**Ke5-e6**	**Ke8-d8**
13.	**Ke6-d6**	**Kd8-c8**

Schwarz geht auf die andere Seite der Bauernstellung, wo der Turm weniger Raum hat. Sein Bestreben ist, das Feld d7 zu beherrschen, so dass beim Opfer des Turmes auf d5 der König nach d7 zieht und das Endspiel von K und B gegen K durch Opposition remis wird.

13. Ta7-a8+ Kc8-b7

14. Ta8-g8

Weiß will die c-Linie beherrschen.

14. ... Le4-f3

15. Tg8-g3 Lf3-e4

16. Tg3-c3 Le4-g2

17. Tc3-c5

Schwarz kann jetzt kein d7 benachbartes Feld erreichen und gibt auf.

Weiß konnte auch durch einen anderen Plan gewinnen, indem er nämlich den König nach c5 spielt Kf2-e2-d2-c3. Zieht dann Schwarz den König nach e3, so fesselt Weiß den Läufer, indem er die e-Linie besetzt, und vertreibt durch Zugzwang oder durch Schachgebot den König von e3. Dann marschiert der weiße König nach c5. Der schwarze König nimmt inzwischen eine Verteidigungsstellung in der Nachbarschaft von d7 ein, und der Endkampf verläuft, indem der Turm e5 besetzt, nicht anders wie oben.

Die Bedeutung des Plänefassens ist eine ungeheuer große und wird gerade neuerdings anerkannt:

„ … wähle ein Angriffsziel, lautet die Regel. … ziellos umherzuschwimmen, das wäre die strategische Blamage.“ (Aus Nimzowitsch, „Mein System“, 1925, erste Lieferung, S. 35.)

Der Plan soll eine lange Reihe von Zügen beherrschen und zu einem ersprießlichen Ende führen. Dadurch unterscheidet er sich von der Kombination. Man hat zwar künstlich aufgebaute Stellungen erdacht, worin man eine Kombination von sehr vielen Zügen machen kann, aber in der praktischen Partie beim Kampfe zweier ebenbürtiger Meister kommen derartige Stellungen nicht vor, da verzweigt sich das Netz der Varianten unermesslich, und es bedarf zur Ordnung und Sichtung der ungeheuren Zahl der Möglichkeiten eines Ariadnefadens, eben des Planes.

Geben wir zunächst Beispiele, um den Leser mit der Materie vertraut zu machen.

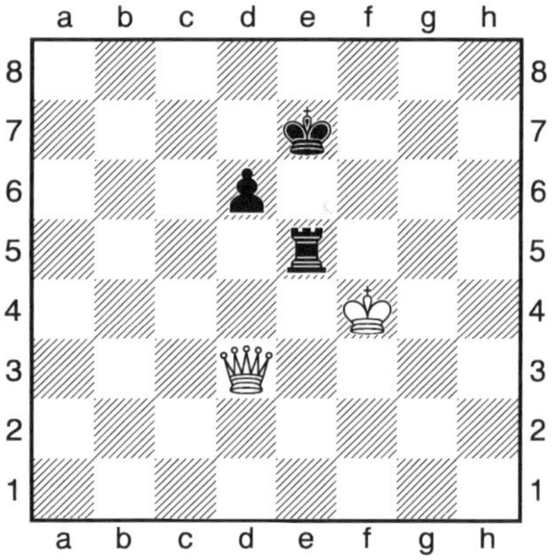

François André Philidor

Weiß zieht und gewinnt

Der Plan des Weißen geht dahin, den schwarzen König vom Bauern zu trennen und seinen König zuletzt an den Bauern heranzuführen. Der Weiße hat die Absicht, seine Dame nach d8 zu führen; dann wird der schwarze König auf e6 oder c6 stehen. Durch Schachgebot auf e8 oder c8 gewinnt die Dame das Feld d7. Dann hemmt der schwarze König den Turm, der die fünfte Reihe halten muss, um den weißen König vom Bauern fernzuhalten, und dann ist ein kombinierter Angriff von König und Dame auf den Bauern schon in die Nähe gerückt.

Dieser Plan, der sich darauf gründet, dass wegen der Nachbarschaft des Bauern d6 gewisse Punkte der achten Reihe wichtig sind, dass aber der König sie nur schwer verteidigen kann, führt zu folgendem Spiel:

1.	**Dd3-h7+**	**Ke7-e6**

Oder ...Kd8 2. Df7 Kc8 3. Da7. Nun kann wegen De7 der Turm nicht nach c5. 3. ...Kd8 4. Db8+ Kd7 5. Db7+ Kd8 6. Dc6 Ke7 7. Dc7+, und zuletzt erreicht die Dame das Feld d8.

2.	**Dh7-c7**	**Te5-c5**
3.	**Dc7-d8**	**Tc5-e5**
4.	**Dd8-e8+**	**Ke6-d5**

Sonst geht die Dame nach d7 und hält den König vom Bauern fern.

5.	**De8-c8**	

Der König hemmt nun den Turm. Zieht der König, so folgt Dc8-c6.

5.	**...**	**Te5-e4+**
6.	**Kf4-f5**	

Eine Etappe ist erreicht, der König hat die fünfte Reihe überschritten. Nun muss er noch an den Bauern herangelangen, also die e-Reihe überschreiten. Schwarz verteidigt jeden Fuß des Bodens, das ist Ehrensache.

6.	**...**	**Te4-e5+**
7.	**Kf5-f6**	**Te5-e4**

Weiß will mit der Dame nach d3 gelangen, während die schwarzen Steine so wie gegenwärtig stehen, oder auf eine andere Weise den Turm zum Verlassen der e-Linie zwingen.

8.	**Dc8-b7+**	**Kd5-d4**
9.	**Db7-b4+**	**Kd4-d5**
10.	**Db4-d2+**	**Kd5-c6**
11.	**Dd2-c2+**	**Kc6-d5**
12.	**Dc2-d3+**	**Te4-d4**

Es ist erreicht. Nun den König an den Bauern, dann noch den schwarzen König und Turm voneinander trennen.

13.	**Dd3-b5+**	**Kd5-e4**
14.	**Kf6-e6**	**Ke4-e3**
15.	**Db5-b6**	**Ke3-d3**
16.	**Db6-b3+**	**Kd3-e4**
17.	**Db3-c3**	**Td4-d3**
18.	**Dc3-e1+**	**Ke4-f3**
19.	**Ke6-d7**	

Nun sind König und Turm getrennt, zudem muss der Turm den Bauern decken. Jetzt will Weiß den schwarzen König weiter vom Turm oder den Turm vom Bauern abdrängen.

19.	**...**	**Td3-d4**
20.	**Kd7-c6**	**Td4-d3**
21.	**Kc6-b5**	

Es droht Kb5-c4.

21.	...	d6-d5
22.	Kb5-c5	

Nun endlich muss der König f3 weichen.

22.	**...**	**Kf3-f4**
23.	**De1-e2**	

und der Kampf ist aus.

Das Drama lässt sich natürlich in mannigfacher Art spielen. Man beachte den Raum, den die Dame für ihre Operation benötigt; er umfasst die achte Reihe und sicherlich die b-Reihe. Also geht der Plan des Weißen nicht durch, wenn man die Position um eine Reihe nach oben oder zwei Reihen nach links rückt, d. h. also ein Springerbauer macht remis und auch ein Bauer auf der siebten (bei Weiß zweiten) Reihe, weil dann die Dame keinen Raum hat, den König vor den Bauern zu drängen und so schon die erste Etappe verfehlt.

Steht der Bauer am Rand oder steht er sehr weit vorn, so ergeben sich andere Motive, und für diese Fälle gelten sonach die obigen Erwägungen nicht.

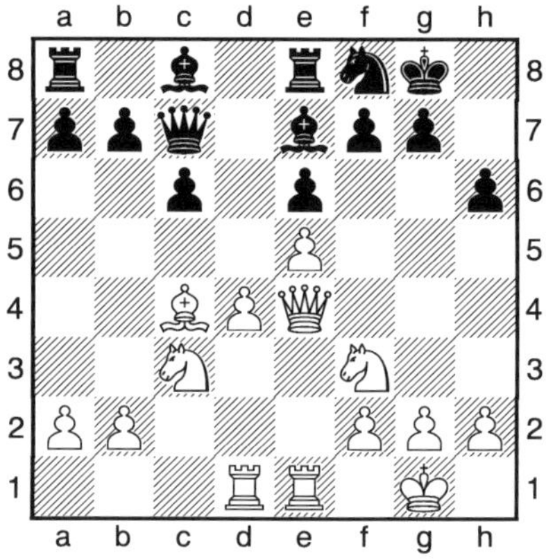

L. Forgács – E. Cohn

Weiß plant, eine Übermacht von Offizieren gegen den schwarzen König zu werfen und durch Bedrohung von g7, f7, h6 die geringe feindliche Macht, die ihm dort gegenübertreten kann –groß kann sie nicht sein, da der schwarze Raum dort zu eng – zu erdrücken. Schwarz plant, inzwischen in der Mitte den Feind zu engagieren, aber er braucht viel Zeit dazu.

1. De4-g4 b7-b6

2. Dg4-h5 Lc8-b7

3. Te1-e4

Der Marsch des Turmes zum Königsflügel ist geglückt.

3. … Le7-b4

4. Te4-g4 Lb4xc3

Ein Feind weniger.

5. b2xc3 Kg8-h8

6. Sf3-g5 Te8-e7

7. Sg5-e4 Ta8-d8

8. Td1-d3 c6-c5

9. Se4-f6

Nun droht Dh5xh6+.

9. … Sf8-g6

10. Td3-h3

Weiß droht nun Dh5-g5 nebst Th3xh6+. Schwarz hat keine Deckung dagegen und gibt auf.

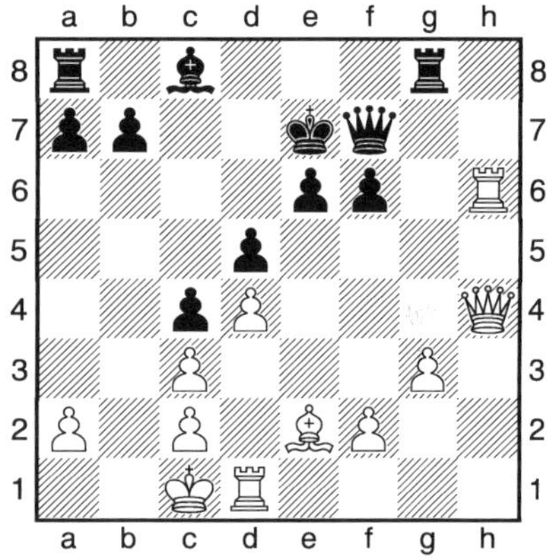

L. Forgács – R. Spielmann

Weiß am Zug

Weiß verfolgt den Plan, die Bauern, die die Linien gegen den König verstopfen, aus dem Wege zu räumen und seinen schweren Offizieren den Zugang zu öffnen.

1. f2-f4 Lc8-d7

2. f4-f5 e6xf5

3. Le2xc4

Auf …dxc4 kommt 4. Te1+, und nun auf einen Königszug 4. Txf6, auf …Le6 aber 4. d5. Damit hat Weiß seinen Plan im Wesentlichen durchgeführt. Nun folgt noch ein Angriff gegen den entblößten König.

3. … Tg8-g4

4. Td1-e1+ Ld7-e6

Wenn 4. …Kd8, so folgt 5. Txf6 mit Gewinn.

5. Dh4-h1 Ke7-d6

6. Th6-h7 Df7-g8

Die Dame muss e6 gedeckt halten, weil sonst Te1xe6 geschieht. Daher geht auch Tg4-g7 nicht an.

7. Lc4-b3 Tg4-e4

8. Th7xb7 Ta8-c8

9. Dh1-f1 Tc8-c6

10. Te1xe4

Aufgegeben.

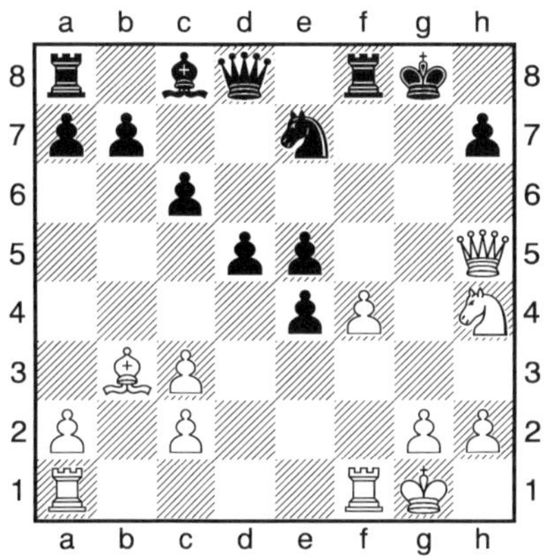

Dr. J. Perlis – G. Salwe
Weiß am Zug

Weiß, der auf der Damenseite gegenüber der dort vorhandenen schwarzen Bauernmasse hoffnungslos im Nachteil ist, beschließt, seinen Damenflügel im Stich zu lassen und alle seine Kraft auf den Königsflügel zu werfen. Daher verschmäht er den Bauern e5 und rückt sogleich mit seinem f-Bauern vor, um damit die Offiziere des Gegners einzuengen und unter Umständen zu vertreiben.

1. f4-f5 Tf8-f6

Schwarz muss den Bauern, der ungestüm nach vorn drängt, blockieren.

2. Ta1-e1 Kg8-h8

3. g2-g4 Lc8-d7

4. Sh4-g6+

Die Öffnung der f-Linie ist entscheidend.

4. …Sxg6 5. fxg6 Txg6 6. Tf7 Db6+ 7. Kh1 Tg7 8. Dxe5 Tag8 9. Tef1 Db5 10. T1f2 Dc5 11. Txg7 aufgegeben.

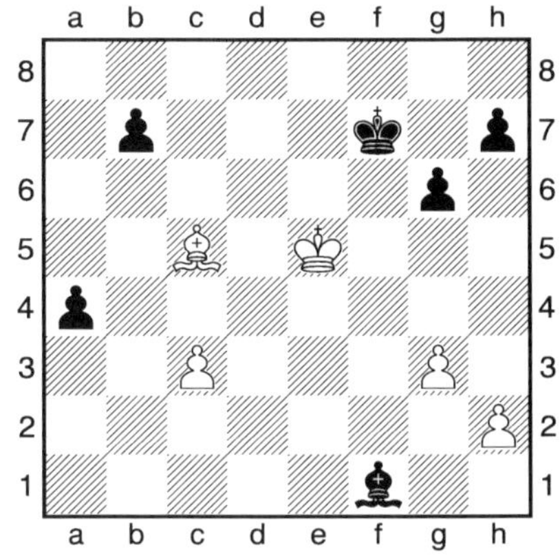

M. Vidmar – R. Spielmann
Schwarz am Zug

Schwarz, der einen Freibauern auf dem Damenflügel hat und daher Offiziere des Gegners dorthin zwingt, will sich ein Angriffsziel auf dem Königsflügel schaffen, der von den weißen Offizieren wird verlassen werden müssen. Es gibt nur ein solches Angriffsziel: den Bauern h2. Dem darf nicht gestattet werden, sich nach h4 in Sicherheit zu begeben. 1. …g5 wäre ein untaugliches Mittel wegen 2. Kf5 h6 3. h4.

1. … Lf1-h3!

2. Lc5-a3 g6-g5

3. La3-b4 Kf7-g6

4. c3-c4 Kg6-h5

5. Ke5-f6 Kh5-g4

6.	**Lb4-a3**	**Lh3-g2**
7.	**La3-d6**	**Lg2-f1**
8.	**Kf6-g7**	

Schwarz hat erreicht, was er wollte; indem er auf h2 drückte, hat er den weißen König aus der Mitte vertrieben, die nun der schwarze König beherrscht. Von dort kann er sich nach beiden Flügeln wenden. Nun ist der Angriff des Schwarzen wuchtiger als der Gegenangriff des Weißen, wie sich schon aus dem zahlenmäßigen Übergewicht des Schwarzen ergibt: dem Bauern a4 steht auf weißer Seite kein Äquivalent gegenüber.

8.	**...**	**Kg4-f5**

Um auf 9. Kxh7 wie folgt zu gewinnen: 9. ...Lxc4 10. h4 gxh4 11. gxh4 Le2 12. Kh6 b5 13. h5 Ke6 14. Lf8 Kd5 15. Kg5 Lxh5 16. Kxh5 Kc4 17. Kg4 b4 18. Kf3 b3 19. La3 Kc3 usw.

9. c5 a3 10. c6 a2 11. g4+ Ke4 12. Le5 bxc6 13. La1 c5 14. Kxh7 c4 15. Kg6 Kd3 16. Kxg5 c3 aufgegeben.

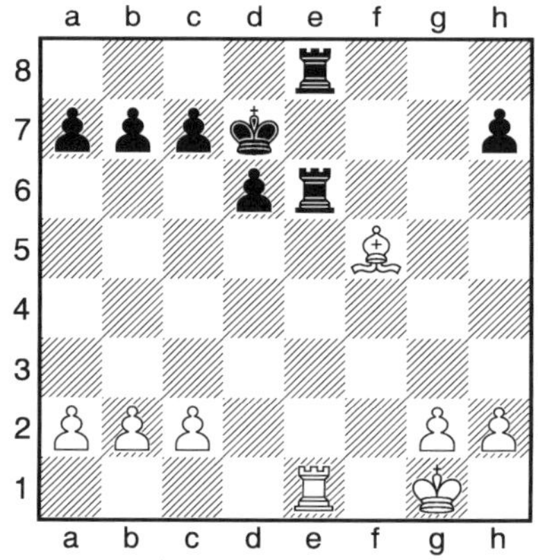

A. McDonnell – Lewis
Weiß am Zug

Weiß, der auf dem Königsflügel das Übergewicht eines Bauern und in der Mitte die Figuren des Gegners an den gefesselten Turm gebunden hat, plant, die Fesselung aufrechtzuerhalten, um durch das Vorrücken seines Mehrbauern zu gewinnen. Aus diesem Plan ergibt sich die folgende Spielführung.

1. c4 Um die Befreiung ...d5, ...Kd6 zu erschweren. **1. ...c6 2. g4?** Zu früh! Erst b2-b4 war am Platze. **2. ...d5?** Nun sollte Schwarz ...a5 ziehen, um sich dann mit ...b6, ...d5 zu befreien. Geschieht darauf 3. a3, so natürlich ...a4. Jetzt wird der Schwarze erdrosselt. **3. c5 b6 4. b4** Nun kann Schwarz sich nicht mehr aus der Fesselung lösen. **4. ...d4 5. Te5 bxc5 6. bxc5 h6 7. Kf2 Te7 8. Ke2**, gewinnt den d-Bauern und dann die Partie mit leichter Mühe.

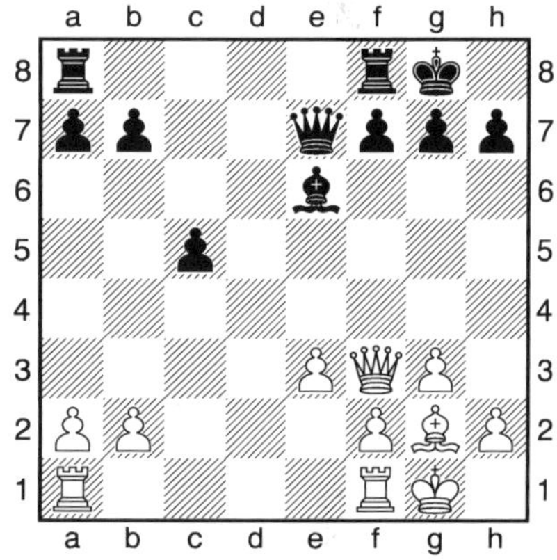

F. Marshall – J. R. Capablanca
Weiß am Zug

Hier bemerkt Dr. Tarrasch in seinem Buch „Die moderne Schachpartie“, S. 207: „Jetzt handelt es sich nur für beide Spieler darum, einen Plan zu fassen, und zwar den natürlichen, auf der Hand liegenden, den die Stellung selbst eingibt. Dieser lag für Weiß darin, sein Bauernübergewicht auf dem Königsflügel durch Vorstoß des e- und f-Bauern (etwa e3-e4, De3, f2-f4-f5, e4-e5) zur Geltung zu bringen und womöglich zur Einleitung eines Königsangriffs zu benutzen. Allein Marshall ... verfehlt diesen einzig richtigen Plan, spielt also im Folgenden ohne erkennbaren Plan und kommt dadurch in Nachteil."

Die Partie verlief wie folgt:

16.	**Tf1-c1**	**Ta8-b8**
17.	**Df3-e4**	**De7-c7**
18.	**Tc1-c3**	

Weiß musste die offene Linie besetzen.

18.	**...**	**b7-b5**

„Capablanca seinerseits fasst den gegebenen Plan, nämlich die berühmte Majorität der Bauern auf der Damenseite zur Geltung zu bringen und führt ihn konsequent zum Gewinn durch." (Dr. Tarrasch)

19.	**a2-a3**	**c5-c4**
20.	**Lg2-f3**	**Tf8-d8**

„Capablanca demonstriert seinem Gegner alle seine Versäumnisse." (Dr. Tarrasch)

21. Td1 Txd1 22. Lxd1 Td8 23. Lf3 g6 24. Dc6 De5 25. De4 Dxe4 26. Lxe4 Td1+ 27. Kg2 a5 28. Tc2 b4 29. axb4 axb4 30. Lf3 Tb1 31. Le2 b3 32. Td2 Tc1 33. Ld1 c3 34. bxc3 b2 35. Txb2 Txd1 36. Tc2 Lf5 37. Tb2 Tc1 38. Tb3 Le4+ 39. Kh3 Tc2 40. f4 h5 41. g4 hxg4+ 42. Kxg4 Txh2 und nach sieben Zügen gab der Weiße auf.

Über die nächste Stellung schreibt Capablanca in seinem Buch „My Chess Career" S. 127: „Augenscheinlich ist es er Plan von Weiß, seine Stellung zu festigen und zuletzt mit seinem Mehrbauern zu gewinnen. Er nimmt aber nicht die besten Maßnahmen gegen den Plan des Schwarzen, der in Folgendem besteht: die Türme auf die offenen Linien zu bringen, den Springer womöglich nach c4, und durch den Druck der beiden Türme, des Springers und Läufers, wenn nötig auch der Dame, gegen den a- und b-Bauern seinen materiellen Verlust d wettzumachen und dabei positionellen Vorteil zu behaupten!"

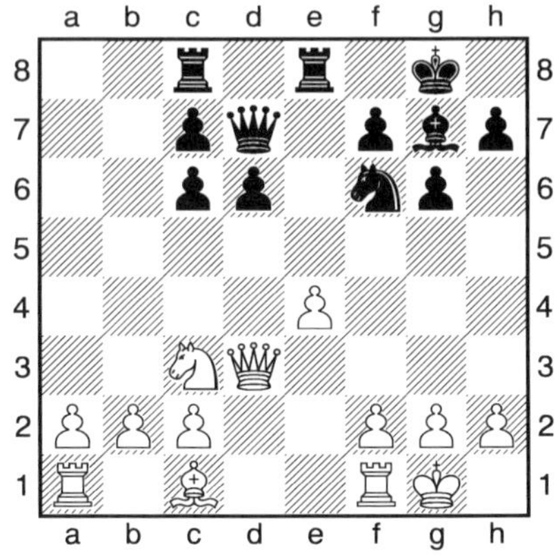

A. Nimzowitsch – J. R. Capablanca

Schwarz am Zug

Die Partie verlief wie folgt:

1.	**...**	**Dd7-e6**
2.	**f2-f3**	**Sf6-d7**
3.	**Lc1-d2**	**Sd7-e5**
4.	**Dd3-e2**	**Se5-c4**
5.	**Ta1-b1**	**Tc8-a8**

„Wenn Weiß nun 6. b3 zieht, so ...Sxd2 7. Dxd2 Ta3, und der a-Bauer muss fallen. Trotzdem sollte Weiß diesen Plan befolgt haben, da er nichts Besseres hat."

6.	**a2-a4**	**Sc4xd2**
7.	**De2xd2**	**De6-c4**
8.	**Tf1-d1**	**Te8-b8**
9.	**Dd2-e3**	**Tb8-b4**
10.	**De3-g5**	**Lg7-d4+**
11.	**Kg1-h1**	**Ta8-b8**
12.	**Td1xd4**	

Der Damenflügel wird sonst aufgerieben. Nach dem Gewinn der Qualität gewann Schwarz leicht.

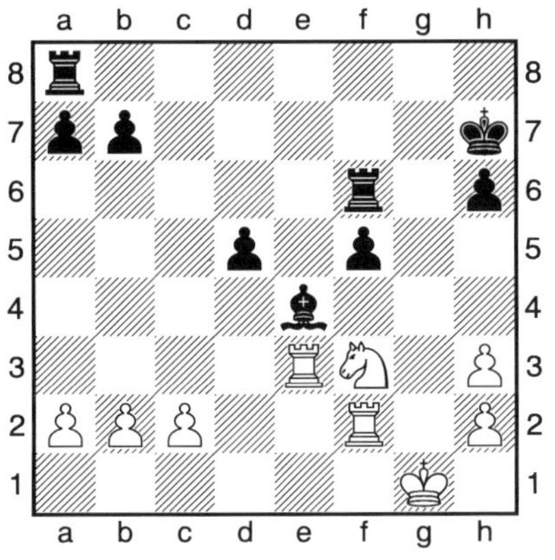

Dr. Kaufmann und Fähndrich – J. R. Capablanca
Schwarz am Zug

Aus Capablancas „My Chess Career", S. 116.

1.	**...**	**Tf6-b6**

„Der Anfang eines ausgedehnten Plans, dessen erstes Ziel es ist, den Vormarsch eines der weißen Damenbauern zu erzwingen, so dass die weißen Türme nicht die Gelegenheit haben, die schwarzen Damenbauern anzugreifen." (Capablanca.)

2. b2-b3

Der Zug c2-c3 würde die Bauern sichern, aber er geht wegen der schlimmen Stellung des weißen Königs nicht an. Es würde folgen 2. ...f4 3. Tee2 (oder Te1) Tg8 4. Kf1 Ld3 mit Gewinn der Qualität. Dagegen bot Tb3 längeren Widerstand.

2. ... Ta8-c8

„Um den Te3 an der Besetzung von c3 zu hindern. Zugleich zwingt der Zug den Springer auf d4 zu bleiben und fesselt einen Turm an die Deckung des c-Bauern."

3. Sf3-d4 Tb6-f6
4. Tf2-f4 Kh7-g6

„Erzwingt den Vormarsch des c-Bauern, der im Plane von Schwarz liegt. Wenn Tf4-f2, so wird der Bauer f5 bald vorrücken und der Turm c8 den Punkt c3 besetzen."

5. c2-c3 Kg6-g5
6. Sd4-e2 Tf6-a6!

„Der Plan ist im Reifen. Weiß ist zu a2-a4 gezwungen und Schwarz wird dann mit b7-b5 durchbrechen."

7. h3-h4+ Kg5-f6
8. a2-a4 b7-b5!

„Nun, wo der Turm eindringt und der König in die Mitte vorrückt, wird die gewaltige Kraft des Läufers auf e4 offenbar. Der freie f-Bauer wird bald vorrücken, und die Partie wird aus sein."

9.	**a4xb5**	**Ta6-a1+**
10.	**Tf4-f1**	**Ta1xf1+**
11.	**Kg1xf1**	**Kf6-e5**
12.	**Se2-d4**	**f5-f4**
13.	**Te3-h3**	**Tc8-g8**
14.	**Kf1-e1**	**Tg8-g1+**
15.	**Ke1-e2**	**Tg1-g2+**
16.	**Ke2-f1**	**Tg2-b2**
17.	**Kf1-e1**	**h6-h5**
18.	**Ke1-d1**	**Le4-f5**
19.	**Sd4xf5**	

erzwungen

19. ... Ke5xf5
20. c3-c4

„Wenn 20. Td3 Ke4 21. Td4+ Ke3 22. Txd5 f3 23. Te5+ Kf4 24. Te7 f2 25. Tf7+ Ke3, und Weiß muss zuletzt den Turm für den Bauern hergeben."

20. ... Kf5-e4

21.	**Th3-c3**	**f4-f3**
22.	**Kd1-e1**	**d5-d4**

Aufgegeben.

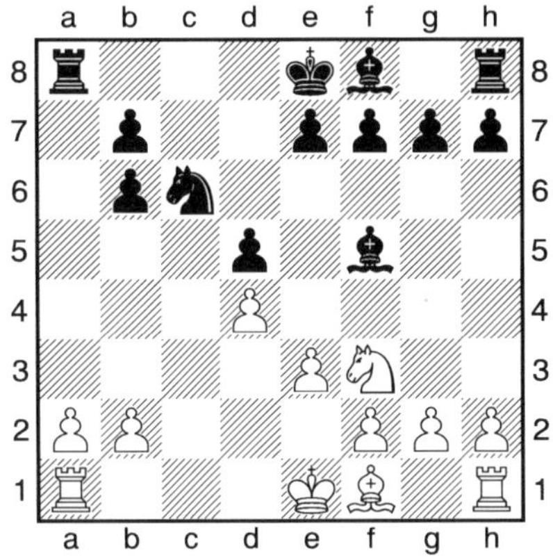

D. Janowski – J. R. Capablanca
Schwarz am Zug

Aus Capablancas „My Chess Career“, S. 153: „Der Plan des Schwarzen ist, den Doppelbauern vorzurücken und einen Springer nach c4 zu bringen. Weiß wird ihn dann nehmen müssen, und Schwarz wird mit dem b-Bauern wiedernehmen, dabei ihn entdoppelnd und den Druck gegen den weißen a- und b-Bauern steigernd.“

1.	**...**	**Lf5-d7**

In Ausführung des Planes geht sogar ein entwickelter Stein zurück. Der Plan ist Herr.

2.	**Lf1-e2**	

„Besser Lf1-b5, das Schwarz bei Ausführung seines Planes hinderlich wäre.“

2.	**...**	**e7-e6**
3.	**0-0**	**Lf8-d6**
4.	**Tf1-c1**	**Ke8-e7**
5.	**Ld2-c3**	**Th8-c8**
6.	**a2-a3**	**Sc6-a5**

Man sieht den Unterschied, Schwarz spielt zielbewusst, Weiß planlos.

7.	**Sf3-d2**	**f7-f5**

Um den weißen e-Bauern eine Weile lang zurückzubehalten.

8.	**g2-g3**	**b6-b5**
9.	**f2-f3**	**Sa5-c4**

„Nun, während zweier oder dreier Züge, wird Schwarz die Zeit benützen, um die allgemeine strategische Lage seiner Steine zu verbessern, bevor er einen neuen Plan entwickelt, diesmal einen Angriffsplan gegen die Stellung von Weiß.“

10.	**Le2xc4**	**b5xc4**
11.	**e3-e4**	**Ke7-f7**
12.	**e4-e5**	**Ld6-e7**
13.	**f3-f4**	**b7-b5**

„Schwarz hat schon Stellung genommen; keine Gefahr mehr, und seine Steine sind wohl postiert. Daher ist es Zeit, einen Angriffsplan zu entwickeln. In der gegenwärtigen Lage wird er der folgende sein: Durch die Drohung ...b4 so viele weiße Steine wie möglich auf der Damenseite zu binden, den Königsflügel einigermaßen aufzubrechen durch ...g5 und dann die offene g-Linie vermöge der größeren Beweglichkeit seiner Steine zu gewinnen.“

14.	**Kg1-f2**	**Ta8-a4**
15.	**Kf2-e3**	**Tc8-a8**
16.	**Ta1-b1**	**h7-h6**
17.	**Sd2-f3**	

Besser h2-h4, um nirgends schwache Bauern zu lassen und zwei Linien, nicht nur eine, zu öffnen.

17.	**...**	**g7-g5**
18.	**Sf3-e1**	**Ta8-g8**
19.	**Ke3-f3**	**g5xf4**
20.	**g3xf4**	**Ta4-a8**

21.	**Se1-g2**	**Tg8-g4**
22	**Te1-g1**	**Ta8-g8**

„Was noch zum Siege nötig ist, ist nur noch, den Ld7 gegen die weiße Stellung drücken zu lassen.“ Freilich wäre der Kampf weit schwerer gewesen, wenn auch Weiß planmäßig gespielt hätte.

23.	**Lc3-e1**	**b5-b4**
24.	**a3xb4**	

„Wenn 24. Lxb4 Lxb4 25. axb4 h5, mit der Drohung, den h-Bauern vorzustoßen, und Schwarz sollte gewinnen.“

24.	**...**	**Ld7-a4**
25.	**Tb1-a1**	

„Das macht es dem Schwarzen leicht. Er sollte Tb1-c1 gezogen haben.“

25.	**...**	**La4-c2**
26.	**Le1-g3**	**Lc2-e4+**
27.	**Kf3-f2**	**h6-h5**
28.	**Ta1-a7**	

„Auf Se3 gewinnt ...h4.“

28.	**...**	**Le4xg2**
29.	**Tg1xg2**	**h5-h4**
30.	**Lg3xh4**	**Tg4xg2+**
31.	**Kf2-f3**	**Tg2xh2**

und Schwarz gewann nach einigen Zügen.

Pläne kann der Menschengeist in ungemessener Fülle ersinnen; von den Gründen sagt es Hamlet ähnlich, sie sind billig wie Brombeeren; aber Pläne, die sich bewähren, sind so schwer zu finden wie Gründe, die Stich halten. Bis die Schachgemeinde gelernt hatte, was es mit dem Planen auf sich hat, ist eine geraume Zeit vergangen, zumindest tausend Jahre. Es sieht daher nicht so aus, als ob der Homo sapiens so weise wäre, wie er sich dünkt.

Der Plan im Schachspiel hat seine Laufbahn angetreten mit dem Endspiel König und Turm gegen König. Das verläuft planmäßig, wie auch gewiss schon sehr bald erkannt ward. Aber dann ließ sich der Menschengeist, stolz auf diese Leistung, eine sehr lange Zeit Ruhe. Eine Partie, die im vierzehnten Jahrhundert in Barcelona gespielt ward und in den Archiven der Stadt aufbewahrt ist, zeigt so recht die Planlosigkeit jener Generation. Sie hielten einen Plan nicht lange fest, flugs vergaßen sie ihn und machten einen neuen, dem es ebenso ging; sie spielten mit Plänen wie Kinder mit Sandbauten.

Zur Zeit der Neuerweckung der Wissenschaften und Künste in Italien begann die moderne Geschichte des Plans im Schachspiel. Damals fanden die Meister einen gesunden und fruchtbaren Plan: die Stücke schnell herauszubringen, der Bauern dabei wenig zu achten, und einen schleunigen Angriff gegen den König zu unternehmen. Es fehlte nicht an dem Gegenspiel, das sich zu dem Plan verdichtete, die Stücke herauszubringen und auf sichere Plätze zu stellen, und Opfer anzunehmen und mit dem Übergewicht zu gewinnen. Die Meister der ersten Gattung erfanden die glänzenden Kombinationen, die damit begannen, dass man den feindlichen König einengte, um sodann durch Opfer Zeit und Raum zum Angriff auf ihn zu gewinnen. Die Meister der zweiten Gattung erfanden den systematischen Abtausch als Mittel, die Wucht des feindlichen Angriffs zu mindern und zuletzt zu brechen. Die Meister der ersten Gattung waren Erfinder der Gambits, die der zweiten Gattung des Giuoco Piano und des Fianchetto und der sizilianischen Eröffnung.

Die schachliche Geschichte jener Tage hat uns leider nur wenige Dokumente hinterlassen. Doch, welches auch die Fortschritte der Schachmeister jener Zeit gewesen sein mögen, sie liegen sicherlich nur auf dem Gebiete der Kombination. Erst der Franzose Philidor, in Holland und England gegen Ende des 18. Jahrhunderts wirkend, brachte einen entscheidenden Gedanken für den Ausbau des Plans. Sein bekannter Ausspruch, dass die Bauern die Seele des Schachspiels seien, deutet darauf hin. Der Bauer ist ein Element der Struktur einer Stellung; er ist ein Baustein der Stellung; er bleibt lange am selben Orte, und sein Ort bestimmt den Charakter der Stellung; er ist also ein den Plan bestimmender Faktor. Eben dies war es, was Philidor sagen wollte. Die italienischen Meister der Kombination hatten des Bauer wenig geachtet, Philidor lehrte den Wert des Bauern zur Öffnung und zur Sperrung der wichtigen Linien. Die Bauern voran, die Offiziere hinterdrein, so lehrte Philidor den Sturm auf feste Stellungen. Man erkennt Philidors Vorliebe für das Planmäßige auch aus seiner Vorliebe für das Endspiel. Seine Analyse des Endspiels Turm und Bauer gegen Turm sowie Turm und Läufer gegen Turm ist klassisch.

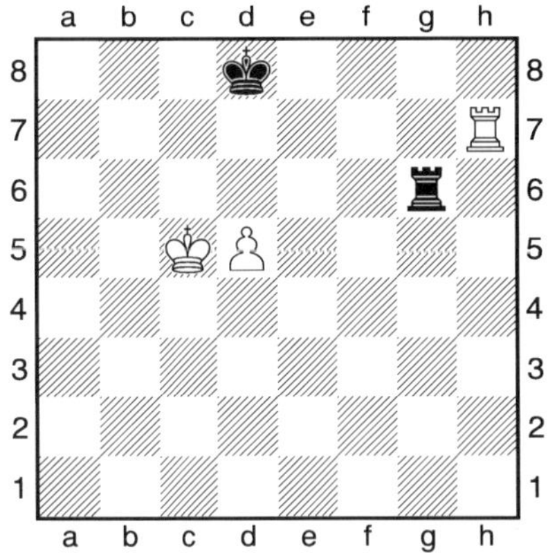

Schwarz am Zug macht remis

1.	**...**	**Tg6-f6**
2	**d5-d6**	**Tf6-f1**

Bevor der Bauer d6 versperrte, durfte der Turm die sechste Reihe nicht verlassen. Nun hat der König keine sichere Zuflucht vor seinem Bauern und wird durch fortgesetzte Schachgebote aus jeder drohenden Stellung vertrieben.

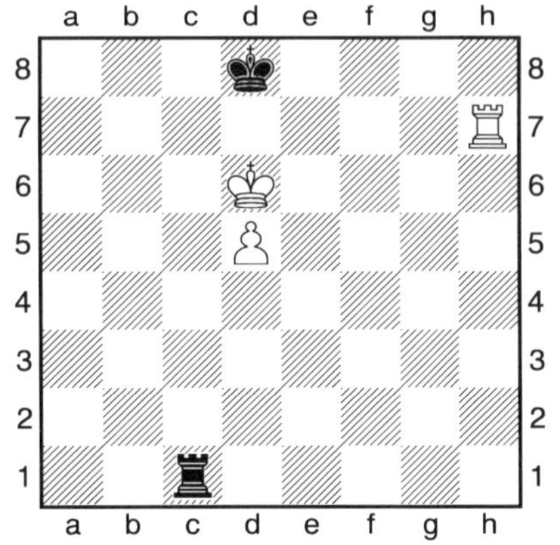

Schwarz am Zug, Weiß gewinnt

1.	**...**	**Kd8-e8**
2.	**Th7-h8+**	**Ke8-f7**
3.	**Kd6-d7**	**Tc1-c2**
4.	**d5-d6**	**Tc2-c1**
5.	**Kd7-d8**	**Tc1-c2**
6.	**d6-d7**	**Tc2-c1**
7.	**Th8-h4**	

Wenn nun 7. …Tf1, so 8. Tc4 und 9. Kc7.

7.	**...**	**Tc1-c2**
8.	**Th4-f4+**	**Kf7-g7**
9.	**Kd8-e7**	**Tc2-e2+**
10.	**Ke7-d6**	**Te2-d2+**
11.	**Kd6-e6**	**Td2-e2+**
12.	**Ke6-d5**	**Te2-d2+**
13.	**Tf4-d4**	

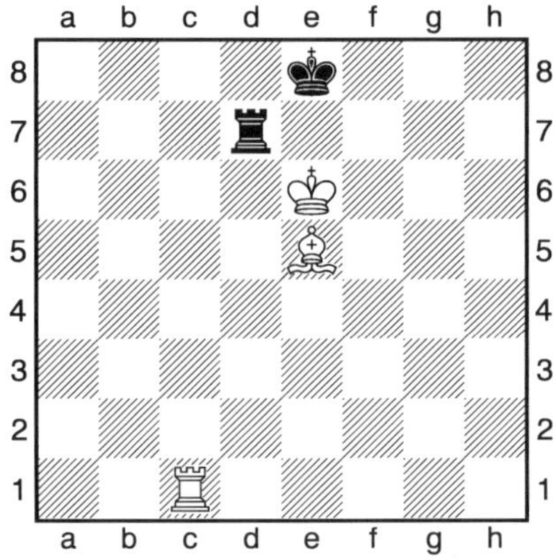

François-André Philidor
Weiß zieht und gewinnt

Das Wesentliche an dieser Stellung ist die überaus starke Stellung des weißen Königs und Läufers gegenüber dem schwarzen König, sowie die Möglichkeit, die der Turm hat, von zwei Seiten Matt zu drohen. Trotzdem ist der Gewinn nur durch feine Züge zu erreichen. Zunächst droht ...Td7-e7+, der Anfang des Angriffs ist sonach vorgeschrieben.

1. Tc8+ Td8 2. Tc7 Nun droht Weiß Tc7-h7. **2. ...Td2** Offenbar darf der schwarze König jetzt nicht ziehen. Weiß treibt nun den schwarzen Turm so nahe wie möglich an seinen König und Läufer, wodurch der Turm weniger gefährlich und mehr gefährdet steht. **3. Ta7 Td1 4. Tg7 Tf1 5. Lg3** Der Läufer hindert das Turmschach, auch deckt er f2. **5. ...Tf3** Nun ist der Turm in die Nähe von König und Läufer gezwungen. **6. Ld6 Te3+ 7. Le5 Tf3** Jetzt wird der König auf ein Feld der Farbe des Läufers getrieben. **8. Te7+ Kf8 9. Ta7 Kg8 10. Tg7+ Kf8 11. Tg4** Der durch die Schachgebote gewonnene Zug. Es droht Le5-d6+. Auf ...Te3 kommt Th4, da der schwarze Turm nicht nach g3 kann, er steht eben dem Läufer zu nah und ist dadurch zu sehr behindert. **11. ...Ke8 12. Lf4** Und nun beherrscht der Läufer das Feld e3 und hindert den Tf3 am rettenden Schach.

Dies ist das Hauptspiel, doch sind einige Nebenspiele bemerkenswert.

1) In einer Variante wird die Ecke h8 benützt: **4. ...Kf8 5. Th7 Tg1** Hier geht der Turm verloren, weil das Schachbrett in h8 endet, es keine neunte Linie hat. **6. Tc7 Kg8 7. Tc8+ Kh7 8. Th8+** Der König muss zurück auf die g-Linie, und der Turm g1 ist verloren.

2) **5. ...Kf8** Der Turm weigert sich, seine günstige Stellung zu verlassen. **6. Tg4 Ke8** Jetzt benützt Weiß Mattdrohungen, bei denen der Turm f1 nicht intervenieren kann, nämlich jene, wo Kg8 auf h8, und eine andere, wo Kc8 auf d8 durch den Turm matt wird. **7. Tc4** Wenn nun 7. ...Kf8, so 8. Le5 Kg8 9. Th4. **7. ...Td1 8. Lh4 Kf8 9. Lf6 Te1+ 10. Le5 Kg8 11. Th4**

Philidor führte die schwarzen Steine in der folgenden Partie bei einer Vorstellung, da er drei Partien zugleich und ohne Ansicht des Brettes spielte.

Graf Brühl – F.-A. Philidor
Blindsimultan

1. e4 e5 2. Lc4 c6 3. De2 d6 4. c3 f5 Philidor sendet von vornherein Bauern vor. Weiß hätte seine Springer schnell entwickeln sollen, um den langsamen Angriff Philidors durch einen energischen Gegenstoß aufzufangen. **5. d3 Sf6 6. exf5 Lxf5 7. d4 e4 8. Lg5 d5** Nun hat Schwarz seine Stellung gefestigt. **9. Lb3 Ld6 10. Sd2 Sbd7 11. h3 h6 12. Le3 De7 13. f4 h5** Damit Weiß nicht durch g2-g4 eine Phalanx von Bauern bilde. **14. c4 a6 15. cxd5 cxd5 16. Df2 0-0 17. Se2 b5!** Hier ist der Plan des Schwarzen deutlich angezeigt: die Bauern vor, der Springer nimmt eine befestigte Stellung ein, die zugleich stark droht, er muss geschlagen werden, wobei Schwarz eine vereinigte Masse von Bauern in der Mitte bildet, die den Gegner erdrückt. **18. 0-0 Sb6 19. Sg3 g6 20. Tac1 Sc4 21. Sxf5 gxf5 22. Dg3+ Dg7 23. Dxg7+ Kxg7 24. Lxc4 bxc4 25. g3 Tab8** Der nächste Plan: Druck auf den b-Bauern. **26. b3 La3 27. Tc2 cxb3 28. axb3 Tbc8** Eindringen in das feindliche Spiel. **29. Txc8 Txc8 30. Ta1 Lb4 31. Txa6 Tc3 32. Kf2 Td3 33. Ta2 Lxd2 34. Txd2 Txb3 35. Tc2 h4** Erstürmung von Punkt f4. Schwarz muss auf die Dauer gewinnen, denn der Bauer e4 ist stark, und Weiß hat kein Gegengewicht. **36. Tc7+ Kg6 37. gxh4 Sh5 38. Td7 Sxf4 39. Lxf4 Tf3+ 40. Kg2 Txf4 41. Txd5 Tf3 42. Td8 Td3 43. d5 f4 44. d6 Td2+ 45. Kf1 Kf7 46. h5 e3 47. h6 f3** Schwarz droht Matt, der König ist zu schwach, um die Bauernphalanx zu halten, und daher gewinnt der Schwarze.

Philidor schrieb ein Buch, „L'Analyse", worin er Eröffnungen nach seinen Prinzipien untersuchte. Dies Buch nun ward der Anlass zu einem weiteren Schritte in der sich so langsam entwickelnden Geschichte des Planes, und zwar, indem es Antagonismus herausforderte. Das System von Philidor, bedächtig und allmählich seine Sturmkolonnen zu formieren, passte weder für das Temperament noch die Intelligenz seines Landsmannes Labourdonnais, und so ward Labourdonnais, indem er Philidors System gleichsam überwand, der Vater des gesündesten Planes, den die Schachgeschichte kennt: nämlich jede entwickelte Einheit des Feindes in der Mitte des Brettes zu bekämpfen mit einer Kraft, die der feindlichen die Waage halten kann, und dem in der Mitte zurückgeworfenen Feinde mit einem wohlpostierten Vorposten in seine Reihen zu folgen. Ausgesprochen hat Labour-donnais diesen Plan nie, aber er hat ihn befolgen wollen, aus einem schachlichen Instinkt heraus.

Zum Belege und Beispiel diene die folgende Partie:

L. de Labourdonnais – A. McDonnell

London (1), 1834

1. d4 d5 2. c4 dxc4 3. e3 e5 4. Lxc4 exd4 5. exd4 Sf6 6. Sc3 Le7 7. Sf3 0-0 8. Le3 c6 9. h3 Weiß hat sich schleunig entwickelt. Der letzte Zug ist sehr dienlich zur Sicherung gegen ...Sg4 oder ...Lg4. **9. ...Sbd7 10. Lb3 Sb6 11. 0-0 Sfd5** Weiß steht überwiegend in der Mitte. **12. a4 a5 13. Se5** Der Vorposten setzt sich fest. **13. ...Le6 14. Lc2** Weiß beginnt, seine Offiziere gegen den feindlichen König zu häufen. Der nur vom König verteidigte Punkt h7 ist erstes Angriffsziel. **14. ...f5** Damit ist der Se5 gefestigt, da keinem Bauernangriff mehr ausgesetzt. **15. De2 f4** Schwarz öffnet dem Lc2 die Angriffslinie wieder; das ist bedenklich. **16. Ld2 De8 17. Tae1 Lf7 18. De4** Weiß geht zum Sturm über. **18. ...g6 19. Lxf4 Sxf4 20. Dxf4 Lc4 21. Dh6 Lxf1 22. Lxg6** Alle Hemmungen werden beiseite gerissen. **22. ...hxg6 23. Sxg6 Sc8** Besser war es, dem schrecklichen weißen Turm die Dame anzubieten mit ...Lf6, aber der Kampf würde dadurch nur verlängert, nicht gewendet, denn es folgt 24. Txe8 Tfxe8 25. Kxf1. **24. Dh8+ Kf7 25. Dh7+ Kf6 26. Sf4** Womit Sc3-e4 matt droht. **26. ...Ld3 27. Te6+ Kg5 28. Dh6+ Kf5 29. Te5 matt**

Labourdonnais hat viele Partien mit McDonnell gewechselt. Er war ein außerordentliches Genie. Der oben beschriebene Plan, den er instinktiv befolgte, hat eine sehr große Anpassungsfähigkeit. Der Gegner mochte seine Aufstellung nehmen, wie er nur wollte, unerschrocken folgte ihm Labourdonnais, kämpfte um die Mitte des Bretts mit Mut und Phantasie, war der Kampf auch schwer und gefahrvoll.

Als Labourdonnais noch jung in London starb, trauerte die Muse des Schachspiels eine Weile lang um ihn und vergaß, mit ihrem sonnigen Blicke die von ihr berufenen Meister anzufeuern und zu begeistern. Da kam eine traurige Zeit über die Schachwelt. Die Meister spielten trocken, ohne Feuer, ohne Schwung, und die Schachgemeinde ward erfüllt vom Gezänk der Mittelmäßigkeiten. Freilich machte die Muse bald ihre Vergesslichkeit wieder gut. Sie kokettierte – Muse, verzeihe mir diesen Ausdruck, aber die plumpe menschliche Sprache kennt nicht die Nuancen der deinen - , sie kokettierte, da kein anderer als dieser grobe Ausdruck zu Gebote steht, mit dem englischen Historiker Staunton und bewog ihn, ein internationales Schachturnier zu organisieren, 1851, als die Internationale Ausstellung in London tagte; und dann schenkte sie ihre Liebe dem jungen Mathematiker, dem Deutschen Anderssen, und begeisterte ihn zu prachtvollen Kombinationen, und dann erspähte sie mit ihrem großen Sonnenauge im fernen Lande, in Louisiana, ein junges, feuriges Talent, fast ein Kind noch, und vergaß Anderssens und lenkte die Schritte des jungen Amerikaners und stellte ihn der Welt vor und sagte triumphierend: „Hier ist der junge Paul Morphy, stärker und größer als je ein Meister war." Und die Welt lauschte und applaudierte und rief: „Es lebe Paul Morphy, der König des Schachspiels."

In Paul Morphy war der Geist Labourdonnais wieder lebendig geworden, nur noch gekräftigter, gefestigter und selbstbewusster. Sturmkolonnen nach Art Philidors formiert er nie, immer kämpft er in der Mitte, nur wenig Bauern voran, und, wenn es Not tut, Linien zu eröffnen, opfert er auch diese spärlichen Vorposten. Sendet der Gegner Bauernmassen voran, setzen sich Morphys Figuren in die Lücken und eröffnen den Angriff, dem Feinde keine Zeit lassend zu bedächtigem, methodischen Manöver. Paul Morphy kämpft; an guten wie bösen Tagen liebt er den Kampf, den ernsten, scharfen, gerechten, der keine verwöhnten Günstlinge will, sondern Helden.

Da brach der große Bürgerkrieg über die Vereinigten Staaten aus und brach Paul Morphys Herz und Geist.

Als nun Paul Morphy, am Leben verzweifelnd, des Schachspiels entsagte, fiel die Muse in eine tiefe Trauer und ein düsteres Nachsinnen. Und den vielen Meistern, die gekommen waren, sie um ein Lächeln zu bitten, hörte sie zerstreut zu, wie eine Mutter den Kindern, nachdem ihr Liebling gestorben ist. Und daher haben die Partien der Meister jener Zeit etwas Planloses; die großen Vorbilder der Vergangenheit sind bekannt, und man folgt ihnen, man versucht, es ihnen gleich zu tun, aber es gelingt nicht. Und die Meister versinken in Nachdenken. Und einer von ihnen denkt nach über Paul Morphy, und dankbar ermuntert ihn die Muse, und es entsteht ein großes Werk des Gedankens: Wilhelm Steinitz verkündet die Prinzipien der Strategie.

Strategische Prinzipien

Prinzipien wohnen zwar im Reiche des Gedankens, aber doch wurzeln sie im Leben. Es gibt so viele Gedanken, die keine Wurzeln haben, und sie sind schillernder, verführerischer als die gesunden. Darum musste Steinitz, um die wahren Prinzipien von den unechten zu scheiden, lange und bedachtsam den Wurzeln der Kunst von Morphy nachgraben. Und als er die Wurzeln bloßgelegt hatte, sprach er zur Welt: Hier ist die Idee des Schachspiels, darumwegen es erfunden ward in den Jahrtausenden. Höret und urteilt nicht rasch, denn es ist etwas Großes, und ich kann es nicht bändigen.

Aber die Welt hörte nicht, sondern lachte spöttisch. Will dieser Verwachsene etwas Großes entdeckt haben? Schachspielen mag er ja wohl können – was liegt daran –, er hat es sich eingeübt. Schach ist wie Billard oder wie das Bohnenspiel, wer es viel übt, der kann es. Aber darf ein Spieler Lehrer sein für ernste Zwecke? In der Aula der Universität sitzen nicht Kinder, die Bohnen spielen.

Aber die Welt hatte unrecht. Das Gegenteil war wahr. Steinitz war ein Denker, würdig eines Sitzes in der Aula der Universität. Ein Spieler dagegen war er nicht, dazu fehlte ihm das leichte Temperament, und ward vom Spieler überwunden und von der Welt gering geachtet und starb. Und ich, sein Überwinder, muss seiner Tat gerecht werden und ihn rächen.

Steinitz' Gedanke ging von dem Prinzip aus, dass ein Plan einen Grund haben müsse. Dass alles eine Ursache haben müsse, weiß die Menschheit zwar seit langem, und manche großen Denker haben sich darüber ausgelassen, beispielsweise Platon, Aristoteles und Leibniz, und viele dicke Bücher sind über den „Satz vom Grunde" verfasst worden, ein sehr berühmtes von Schopenhauer „Über die vierfache Wurzel des Satzes vom Grunde", aber über den Grund eines Planes findet man in dieser ausgedehnten Literatur so gut wie gar nichts. Der Grund eines Planes ist nicht Ursache einer Veränderung, wie das Anbrennen eines Streichholzes Ursache des Aufschlagens einer vorher nicht da gewesenen Flamme, noch ist er Grund einer Erkenntnis, denn ein Plan ist keine Erkenntnis, noch Motiv einer Handlung, denn wir wollen ja nicht wissen, warum Herr Schmidt diesen Plan gefasst hat, sondern warum ein solcher Plan in dieser Stellung Erfolge erzielt, der Grund eines Plans ist vielmehr ein Grund des Daseins, eine Raison d'être, eine Ratio essendi, und zwar in einem sehr besonderen, sehr eigentümlichen Sinne, so dass vor Steinitz kein Mensch sich darüber klar geworden ist. Steinitz fühlte, dass ein Plan als eine Vorschrift oder Regel für ein erfolgreiches Handeln auf dem Schachbrett nicht den Grund haben könne, den man ihm seinerzeit zuschrieb, die Genialität des Spielers, den schöpferischen Einfall des Meisters, sondern einen anderen Grund; einen Grund, der nicht in den Personen noch im Geiste der Spieler, sondern in der Stellung auf dem Brette zu suchen war; der aber nicht in der Stellung zu suchen war wie eine Kombination, sondern wie etwas ganz anderes, nämlich eine Bewertung. Das fühlte er, und dies Gefühl führte ihn zu einer Theorie, die er der Schachwelt beschrieb.

Der Grund eines Plans in diesem Sinne, das sieht man leicht ein, ist nicht a priori gewiss wie die Existenz einer Ursache. Würde der Spieler nur einen geräumigen Verstand haben, so könnte er in jeder Stellung die ihr angemessene Kombination durch millionenfache Varianten entdecken und könnte jedes Planes entraten. Da nun dazu das Leben zu kurz ist, versagt diese Methode für den einfältigen Menschen. Dass noch eine andere Methode existieren sollte, ist a priori, von vornherein, keineswegs gewiss, sondern eine Entdeckung wie die Dynamomaschine.

Da der Grund eines Planes auf dem Schachbrett nicht a priori existiert, so gründet sich seine Existenz auf eine Behauptung von genialer Kühnheit: nämlich diese, dass es irgendein Merkmal, ein leicht zu erkennendes Moment der Stellung gäbe, aus dem man sich die ungeheuer verzweigte Arbeit, die der Stellung angemessene Kombination zu entdecken, ersparen könne. Ein solches leicht zu erkennendes Merkmal wäre für den mühevoll suchenden Schachmeister gewiss so wertvoll wie der „Stein der Weisen" für die Alchimisten. Diese hatten lange Zeit vergeblich gesucht und waren zuletzt zum Gespött geworden; Steinitz hatte die ungeheure Kühnheit, an einen Stein der Weisen zu glauben, freilich nicht für die Männer der exakten Wissenschaft, wohl aber für den Schachmeister.

Diese seine Behauptung belegte er durch die Analyse von ungemein vielen Meisterpartien. Die analytische Arbeit von Steinitz erstreckt sich über mehrere Dezennien und ist sehr wertvoll. Im „Field“, in amerikanischen Zeitungen, vornehmlich der „Tribune“, in seiner Zeitschrift „International Chess Magazine“ und in seinem Buch „Modern Chess Instructor“ findet man seine eindringenden und scharfsinnigen und tief schürfenden Analysen.

Die Welt begriff nicht, was ihr von Steinitz geschenkt ward; nicht einmal die Schachfreunde begriffen das. Und doch war sein Gedanke revolutionär, weil er sich natürlich nicht bloß auf das Schachspiel anwendet – was liegt denn am Schach – sondern auf eine jede nach Zwecken gerichtete, sinnvolle Tätigkeit. Das Schach ist keine Ausnahme von tausend und abertausend ähnlichen Spielen, die man erfunden hat oder erfinden könnte; zuletzt ist jede zweckmäßige, nach Regeln fortschreitende Tätigkeit wie etwa ein geregelter Disput demselben Grundprinzip unterworfen wie das Schachspiel. Wenn dies Grundprinzip aus den Millionen Varianten der schachlichen Kombinationen eine einfache Sache macht, so muss es auch das zweckmäßige Handeln ungemein vereinfachen können.

Dies universale Grundprinzip ließe sich kurz wie folgt ausdrücken: *Der Grund eines meisterlichen Plans ist immer eine Bewertung.*

Bewerten heißt abschätzen, beurteilen. Demnach kommt der Plan des Meisters zustande nicht durch ein genaues Wissen, sondern durch ein schätzungsweises Wissen. Beispiels- weise bewertet der Meister den Turm in der gegebenen Stellung als dem Springer und Bauern überlegen und beschließt daher, auf Gewinn zu spielen und zu diesem Zwecke den feindlichen König zurückzudrängen. Die Bewertung äußert sich etwa so, wie wir ein Gewicht, das wir emporheben, abschätzen; die Waagschale ist genauer, eine Präzisionswaage ist überaus empfindlich, unsere Abschätzung dagegen gehalten ist grob. Aber für das Plänefassen sind Abschätzungen die endgültige Instanz, denn das arithmetisch Genaue beim Schachspiel sind Kombinationen.

Welches ist nun der Grund einer Bewertung? Wiederum Bewertungen, freilich ist jedes Mal der Grund einfacher, vertrauter, sicherer als die Folge. Zuletzt stammen alle auf das Schach bezüglichen Bewertungen eines Schachfreundes aus dessen Erlebnissen am Brett: den ersten Verlusten und Gewinnen, die ihm Leid und Freud schufen, und den ersten Remisspielen, denen er mit einer ganzen Skala von Gefühlen entgegentrat, bald jubelnd, einer Gefahr entronnen zu sein, bald niedergeschlagen, weil seine Hoffnung, zu gewinnen, unerfüllt geblieben war. Aus diesem rohen Materiale ersteht, durch fortgesetzte Verfeinerung, beim Meister die große Reihe seiner Bewertungen, an denen er sich orientiert. Und diese Bewertungen – das ist im Grunde der leitende Gedanke von Steinitz – diese Bewertungen sind richtungweisend. Sie sind für den Schiffer im Ozean der Kombinationen ein Kompass.

Wie neu, wie überraschend, wie gegen jede Empfindung seiner Zeit die Anschauung von Steinitz gewesen ist, erkennt man aus dem größten Match, das er gewonnen hat, dem gegen Zukertort. Zukertort vertraute der Kombination und war darin ein Finder, ein schöpferischer Geist; aber in den meisten Partien des Wettkampfes vermochte er nicht, von seiner Fähigkeit Gebrauch zu machen, denn Steinitz schien das Vermögen zu haben, die Kombinationen lange, bevor sie dastanden, vorher zu ahnen und sie, wenn er es wollte, zu vermeiden. Wie nun Steinitz es vermochte, Partien zu gewinnen, indem er Kombinationen verhinderte, verstand Zukertort gar nicht. Er versuchte vier Jahre lang, dies Geheimnis zu lüften, kam ihm nie näher, verlor seine Spielstärke und starb. Und auch die Schachwelt verstand nicht, was die Partien von Steinitz verkündeten, verstand nicht einmal das geschriebene Wort von Steinitz, das von seiner „Modern school" berichtete.

Offenbar steckt im Blute des Menschen eine Anschauung, dass im Kampfe zweier gleich starken Gegner die List, die Täuschung, die plötzliche Überraschung, der Witz, die Paradoxie, das Unerhörte den Ausschlag geben; dass das Gewöhnliche, das Gewohnte, das Erwartete den Ausschlag geben könne, scheint den Menschen unmöglich. Die magische Kraft, den Sieg gegen einen gleich Starken zu gewinnen, kann doch nur im Geiste liegen, und der Geist ist schöpferisch, ist blendend: so denken, so fühlen die Menschen. Die Wahrheit aber ist, dass der Geist, auch wo er schöpferisch ist, nicht notwendig blendend, witzig, paradox ist.

Noch von einer andern Seite her möchte ich diese Frage beleuchten. Allgemein herrscht der Eindruck vor, dass das Kräftige auch schön sein müsse. Ästhetisch stark zu wirken, scheint der Menschheit ein Attribut wahrer, echter, großer Kraft. Wenn Odysseus den Riesen Polyphem zum Narren hält, ist das ein Beweis für die größere Kraft des Geistes gegenüber der un- ge- schlachten Materie. Dass Odys- seus von Polyphem schachmatt gesetzt werde, ist einem Hellenen unleidlich, wäre uns unerfreulich, und so glauben wir an diese Möglichkeit überhaupt nicht. Aber in Wirklichkeit würde unter den in der Odyssee geschilderten Umständen tausend zu eins zu wetten sein, dass Polyphem die Partie gegen Odysseus leicht und sicher gewonnen hätte. Der Geist ist dennoch schöpferisch und hin und wieder blendend und überraschend und antithetisch, aber er hat seinen eignen, sehr tiefen und feinen Witz, nicht den gekünstelten, erzwungenen Menschenwitz.

Wenden wir uns nun zurück zu Steinitz und belegen wir seine revolutionäre Tat aus seiner Geschichte und seinen Schriften.

Die Jugendzeit von Steinitz hatte unter dem Eindruck von Anderssen und Morphy gestanden. Damals galt die Lehre, dass der Sieg im Schachspiel durch Genialität errungen werde. Man hatte oft erlebt, dass Anderssen plötzlich eine Kombination hervorzauberte, dass Morphy plötzlich einen wuchtigen Angriff machte, und war zu der Überzeugung gekommen, dass diese Kombinationen, diese wuchtigen Angriffe plötzlichen und unerklärlich erscheinenden Eingebungen zu verdanken seien. Das glaubte auch Steinitz sicherlich viele Jahre lang. Man merkt das an seinem Jugendstil. Er spielte gewöhnlich Gambits und musste sich deswegen oft mit schrecklich schlechten Stellungen plagen, offenbar unter der Illusion, dass dies die Begleiterscheinung eines Angriffs sei, und dass man eben angreifen müsse, um auf die plötzliche, unerklärliche Inspiration zu harren, koste es, was es wolle. So spielte er jahrelang, unausgesetzt Kombinationen suchend, darin übrigens von seinen Zeitgenossen in nichts unterschieden.

Der Stil, mit dem Steinitz seine Laufbahn begann, war absonderlich und eng begrenzt, aber er war der vorherrschende Stil seiner Zeit. Den König in Sicherheit zu stellen, einen Angriff allmählich vorzubereiten, ein angebotenes Opfer abzulehnen verstand man nicht und achtete man nicht. Die ganze Partie war beherrscht von dem fieberhaften Streben, sich auf den feindlichen König zu stürzen und zu diesem Ende die Obstruktionen wütend anzufallen, ungeachtet der Opfer, die das kosten musste. Man sehe die folgende Partie an, die Steinitz mit dem stärksten Wiener Meister 1859 spielte.

C. Hampe – W. Steinitz

1859

1. e4 e5 2. Sc3 Sf6 3. f4 Bauer e5 stört in der Mitte, also wird er von der Seite her angegriffen. **3. ...d5 4. exd5 Sxd5** 4. ...exf4 war natürlich einfacher, aber der Dame soll schleunig ein Schachgebot auf h4 ermöglicht werden. **5. fxe5** Nicht etwa 5. Sxd5 nebst 6. fxe5, das wäre „langweilig". **5. ...Sxc3 6. bxc3 Dh4+ 7. Ke2** Weiß konnte einen Bauern gewinnen, daher musste der König - Ehrensache – auf Wanderschaft. **7. ...Lg4+ 8. Sf3 Sc6 9. d4 0-0-0 10. Ld2 Lxf3+ 11. gxf3** Wenn 11. Kxf3, wäre sicherlich ...Txd4 gekommen. **11. ...Sxe5 12. dxe5** Der Gedanke 12. De1 wagte sich gar nicht ans Licht. **12. ...Lc5 13. De1 Dc4+ 14. Kd1 Dxc3 15. Tb1 Dxf3+ 16. De2 Txd2+** Embarrass de richesse! **17. Kxd2 Td8+ 18. Kc1 La3+ 19. Tb2 Dc3 20. Lh3+ Kb8 21. Db5 Dd2+ 22. Kb1 Dd1+ 23. Txd1 Txd1 matt**

Damals war Steinitz 23 Jahre alt, und es war natürlich und auch gut so, dass er von seiner Umgebung lernte und ihren Anschauungen folgte.

Drei Jahre später ist Steinitz in London. Im Turnier spielt er mit dem 44-jährigen Anderssen die folgende Partie:

A. Anderssen – W. Steinitz

London, 1862

1. e4 e5 2. Sf3 Sc6 3. Lb5 Der gereifte Meister wählt eine solide Eröffnung. **3. ...Sf6 4. 0–0 Sxe4 5. d4 Le7 6. d5** Der Angriff geht los. **6. ...Sb8** Besser war der Gegenangriff ...Sd6 nebst eventuellem ...e4. **7. Sxe5 0–0 8. Te1 Sf6 9. Sc3 d6 10. Sf3 c6 11. La4 Lg4 12. De2 Lxf3 13. gxf3** Der eine König steht bloß. **13. ...Te8 14. Lg5 b5 15. Lxf6 gxf6** Nun auch der andere. **16. dxc6 bxa4 17. c7 Dd7** Eine hübsche scharfe Kombination des Weißen, dadurch ermöglicht, dass Schwarz, anstatt sich mit ...Ld7 oder ...a6 zu sichern und so ...b5 vorzubereiten, sich unmotiviert mit ...Lg4, also einer einzigen Figur auf den weißen Königsflügel stürzte. **18. cxb8D Taxb8 19. Sd5 Kf8 20. De3 Kg7** Nun konnte Weiß mit Kh1 auf der g-Linie die Partie entscheiden. **21. Sxe7 Tb5!** Jetzt kommt Schwarz zum Gegenangriff, da ...Te5 droht. Freilich hat Weiß eine ruhige Verteidigung mit 22. f4 Kf8 23. c4 Txb2? 24. f5 oder 23. ...Th5 24. Df3 Th3 25. Dg2. **22. Sf5+** Ein schlechter Gewaltzug. **22. ...Txf5** Wird nun nämlich der Turm e8 genommen, so folgt ...Tg5+ nebst ...Dh3, wobei Weiß zumindest die Dame gegen den Turm verliert. **23. Dd3 Tee5 24. Kh1 Tf4 25. Tg1+ Tg5 26. Tg3 Df5** Warum Schwarz hier den Damentausch anbietet, ist nicht verständlich, außer aus dem Bestreben, einen gewalttätigen Zug zu machen. Das Natürliche war 26. ...Dc6. **27. Dxf5** Nun steht Weiß offenbar überlegen, da alle schwarzen Bauern schwach sind, und Weiß gewann das Endspiel, wobei zu erwähnen, dass Steinitz es nicht geduldig verteidigte und daher seine Chancen nicht ausnützte.

In London lernte Steinitz die geschlossenen Eröffnungen kennen: Französisch, Sizilianisch, Damenbauer, die englische, die skandinavische Eröffnung usw. Er kam aus der Schule der Gambits, die Partien etwa nach folgendem Muster erzeugte:

W. Steinitz – V. Green

London, 1862

1. e4 e5 2. f4 exf4 3. Sf3 g5 4. h4 g4 5. Se5 Sf6 6. Lc4 d5 7. exd5 Ld6 8. d4 De7 9. 0–0 Sh5 10. Te1 0–0 11. Sg6 Df6 12. Sxf8 Kxf8 13. c3 Dxh4 Jetzt steht nach nur dreizehn Zügen, der weiße König, mit einem einzigen Bauern bekleidet, einem ganzen Heer gegenüber. **14. Sd2 f3 15. Sxf3 gxf3 16. Lh6+ Sg7 17. Lxg7+ Kxg7 18. Dxf3 Lg4 19. De3 Lg3** An die Entwicklung des Springers b8 nach d7 denkt in der Hitze des Gefechts Schwarz nicht, wiewohl er dann ohne Schwierigkeit gewinnt. Der König lenkt die Blicke tyrannisch auf sich. **20. Le2 Dh2+ 21. Kf1 Dh1+ 22. Dg1 Dxg1+ 23. Kxg1** Weiß atmet auf. **23. …Lxe1 24. Lxg4 Lg3 25. Lc8 Sa6** Noch ein grober Fehler; der a-Bauer sollte vorrücken, dann hatte Weiß nur zwei Bauern für den Offizier. **26. Lxb7 Tb8 27. Lxa6 Txb2 28. Lc4** Schwarz steht noch immer stark und konnte …Tc2 versuchen, gab das Spiel aber, vermutlich, weil es „langweilig“ geworden wäre, remis.

Bei einer soliden Eröffnung hätte Steinitz solche Gegner zerschmettert. Man vergleiche seine schöne Partie gegen Mongredien mit der obigen.

W. Steinitz – A. Mongredien

London, 1862

1. e4 d5 2. exd5 Dxd5 Glücklicher- wei- se ist Steinitz nun der Notwendigkeit, seinen König in Abenteuer zu stürzen, enthoben. **3. Sc3 Dd8 4. d4 e6 5. Sf3 Sf6 6. Ld3 Le7 7. 0–0 0–0 8. Le3 b6 9. Se5 Lb7 10. f4 Sbd7 11. De2 Sd5 12. Sxd5 exd5 13. Tf3 f5 14. Th3 g6 15. g4** Das ist kräftiges und unternehmendes Schach. **15. …fxg4 16. Txh7** Auch dabei lässt sich kombinieren. **16. …Sxe5 17. fxe5 Kxh7 18. Dxg4 Tg8 19. Dh5+ Kg7 20. Dh6+ Kf7 21. Dh7+ Ke6 22. Dh3+ Kf7 23. Tf1+ Ke8 24. De6 Tg7 25. Lg5 Dd7 26. Lxg6+ Txg6 27. Dxg6+ Kd8 28. Tf8+ De8 29. Dxe8 matt.**

Gerade die stürmische Art des in der deutschen Schule der Kombination groß gewordenen Meisters gefiel den englischen Schachfreunden, denn sie konnten von Steinitz viel lernen, ebenso wie Steinitz von ihnen. Aus der Berührung der beiden grundverschiedenen Temperamente, des phantasiereichen, draufgängerischen der Kombination Anderssens mit dem weitausschauenden, planmäßigen des Positionsspiels der Engländer, erwuchs in Steinitz eine Synthese, die Geschichte zu machen berufen war.

Ich stelle mir vor, dass er eines Tages überdachte, wie es denn möglich gewesen sei, dass der eine Zauberer, Morphy, den andern Zauberer, Anderssen, im Match habe schlagen können. Es ist etwas Natürliches, dass es einen Zauberer gibt, aber etwas Widersinniges, dass es zwei geben solle, die miteinander kämpfen. Dass ein Zauberer gewinnt, ist natürlich, aber wie könnte einer Zauberer sein und verlieren? Wie aber sollte ein Zauberer nicht verlieren, wenn es deren zwei gäbe? Denn zugleich gewinnen und nicht gewinnen, das ist ein logischer Widerspruch, den keine Zauberei lösen kann. Also, so stelle ich mir vor, wird Steinitz allmählich zur Vermutung geführt worden sein, dass das Schachspiel doch wohl einer Vernunft unterstehen müsse.

Die Vernunft aber kann nicht bloßem Zufall unterstehen. Wenn er sich fortgesetzt abmühte, Kombinationen zu suchen und dabei hin und wieder Erfolg hatte, so konnte das Versagen des Erfolges wie der Eintritt des Erfolges kein bloßer Zufall sein. Mithin musste jede Stellung eine Eigenschaft, ein Merkmal haben, woraus die Existenz einer Kombination vorauszusehen war, noch bevor man sie entdeckt hatte. Und dies Merkmal konnte nur in der Tatsache bestehen, dass die gewinnende Partei gegenüber der anderen einen Vorsprung an Wirkung oder Beweglichkeit, oder in der Freiheit von Schwächen, kurz einen „Vorteil“, ein „Übergewicht“ hatte.

Gewiss hat Steinitz das Herz geklopft, als eines Tages ihn zuerst der Gedanke durchzuckte, man dürfe nicht Gewinnkombinationen suchen, wenn man aus der Stellung sich selber nicht glaubhaft machen könne, dass man einen Vorteil habe; beispielsweise nicht zu Beginn der Partie. Und gewiss wird dieser Gedanke sich wieder schüchtern versteckt haben, da Steinitz doch in einer Umwelt lebte, in der es Ehrensache war, von vornherein und kritiklos Gewinnkombinationen zu suchen.

Aber der Gedanke hatte ihn gewiss gepackt. Wenn er nun die gewinnenden Kombinationen seiner berühmten Vorbilder analysierte, sah er, dass sie sich immer auf ein Übergewicht stützten, mindestens eines an Beweglichkeit und an Wirkung der Figuren. So wird ihn wohl die schöne Kombination, die Boden gegen McDonnell 1869 machte, nicht mehr in Erstaunen gesetzt haben.

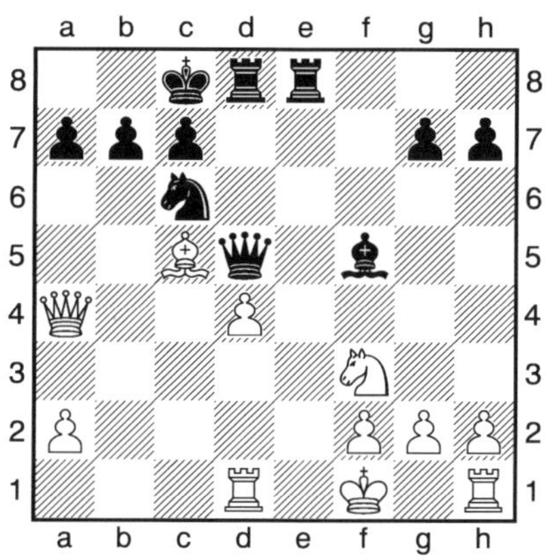

A. McDonnell – S. Boden

Schwarz am Zug

1. ...Dxf3 2. gxf3 Lh3+ 3. Kg1 Te6 4. Dc2 Txd4 5. Lxd4 Sxd4 und setzt in wenigen Zügen Matt. Er wird sich wohl gesagt haben, dass Schwarz hier einen Turm mehr im Spiele hat als Weiß, und dass natürlich ein heftiger Stoß gegen Weiß Erfolg haben könne, während Schwarz natürlich nichts Derartiges geschehen könne.

Wenn er so weit gelangt war, hatte er noch immer keine neue Methode des Spiels gefunden, sondern nur erst Begriffe geklärt und einen Aberglauben abgestreift. Fruchtbar ward dieser Gedankengang im Augenblicke, wo er sich fragte, worin denn ein Vorteil bestehen könne, und er sich die Antwort gab: nicht nur in einem starken und unteilbaren Übergewicht, sondern auch in einer Menge kleiner Vorteile. Hat etwa mein Läufer vier freie Felder, der meines Gegners nur drei, so habe ich „ceteris paribus" einen Vorteil, der freilich gering ist, und häufen sich viele derartige geringe Vorteile, so entsteht zuletzt ein großes Plus.

Das bedeutende Plus, das allmählich entsteht, entlädt sich nun in einer Kombination. Dies kann man der Erfahrung entnehmen. Warum dies so sein müsse, ist nicht aus bloßen Vernunftgründen einzusehen, aber so ist es im Schachspiel: Keine Kombination ohne ein bedeutendes Übergewicht, kein bedeutendes Übergewicht ohne Kombination. Das bedeutende Übergewicht schafft immer eine Spannung, und eine Spannung gibt immer zu einer Kombination Anlass. Dass es so sei, ist ja nicht erstaunlich, im Leben führt eine große Spannung inmitten der Gesellschaft immer zu einer umwälzenden politischen Tat, eine große Spannung des Gefühls führt zu einer Umwertung von Werten, und so ist es nicht überraschend, dass auf dem Schachbrett die Spannung eine Kombination erzeugt. Doch gleichviel, ob überraschend oder nicht, es ist eine Erfahrung, die entdeckt werden musste, und die, sobald entdeckt, Licht warf und fruchtbare Anregungen gab.

Denn ist ein bedeutender Vorteil der Existenzgrund für das, was man oft sucht und selten findet, die Kombination, so kann man die mühselige Arbeit des Suchens methodisch ausführen und sie sich dabei ungemein erleichtern. Man hat dann eine Art von Wünschelrute in der Hand, die wahrlich leistungsfähig ist. Das sah auch Steinitz ganz klar.

Daher wird seine Maxime verständlich, zunächst auf das Suchen von Kombinationen und in ihrem Gefolge von gewalttätigen Zügen zu verzichten, erst einmal kleine Vorteile anzustreben, wieder und noch einmal diese zu häufen und erst dann die Kombination zu suchen; dann freilich mit ganzer Kraft und Seele, denn dann muss sie da sein, auch wenn noch immer tief und heimlich versteckt.

Dass dieser Gedanke bei seinem Entdecker sogleich zu einem sauberen und kräftigen Stile führe, erlaubte die Umwelt nicht, in der Steinitz lebte. Sie vermutete seine Idee nicht, sie verstand seine Idee nicht.

Die obige Maxime musste auf Steinitz einen doppelten Einfluss ausüben. Er beschloss, ihr zu folgen: diese Wirkung war selbstverständlich; er beschloss aber auch, die zu besiegen, die seiner Maxime offenbar nicht folgten und zwar zu besiegen, weil sie seiner Maxime nicht folgten. Unglücklicherweise erhielt sein Stil dabei, ohne dass er dessen gewahr ward, etwas Provozierendes. Er wollte, dass seine Gegner auf Gewinn spielten, also gab er ihnen einen Vorwand dazu, eine Ausrede dafür, zumindest einen Anreiz dazu, indem er sein Streben, von vornherein nicht auf Gewinn zu spielen, allzu deutlich machte und sich öfter zu bizarren Zügen hinreißen ließ. Dieser Vorgang war sicherlich im Bezirk des Unterbewussten, auch lag dafür keine logische Notwendigkeit vor, aber wirkte sich psychologisch bei Steinitz so aus.

Ich habe in London gehört, dass ein Londoner Schachfreund von großer Stärke, namens Potter, der bizarre Züge liebte, auf Steinitz großen Einfluss ausgeübt hat. Ich stelle mir vor, dass solche Typen naturgemäß in einer Umwelt wie der damaligen aufwachsen mussten. Potter durchschaute wohl die Hohlheit, die Lächerlichkeit des damaligen Stils, und sein Stil schien seinen Zeitgenossen zuzurufen: Ihr wollt mich von vornherein schlagen, auf Grund eures höheren Genies? Seht, ich mache verdrehte Züge, und ihr könnt mich noch immer nicht schlagen. Werdet, ich bitte euch, bescheidener und vernünftiger.

Als Steinitz 1866 gegen Anderssen ein Match gewann, waren in seinem Spiele die Keime seiner Theorie hier und da bereits ersichtlich. Aus jenem Match stammt die folgende Partie:

A. Anderssen – W. Steinitz

London, 1866

1.	**e2-e4**	**e7-e5**
2.	**Sg1-f3**	**Sb8-c6**
3.	**Lf1-b5**	**Sg8-f6**
4.	**d2-d3**	**d7-d6**
5.	**Lb5xc6+**	

Weiß gibt hier einen kleinen Vorteil, die Fesselung des Springers durch den Läufer, ohne Anlass von selbst auf. Dabei gewinnen Lc8 und Ta8 an Beweglichkeit: wieder ein kleiner Vorteil.

5.	**...**	**b7xc6**
6.	**h2-h3**	

Verlust eines Zuges, um ...Lc8-g4 zu vermeiden. Anderssen scheint den Springer für stärker als den Läufer zu erachten, eine unbegründete Bewertung. Der Zug schwächt die Phalanx der Bauern, wie später dargelegt werden wird. Vielleicht war diese Partie der geschichtliche Anlass für Steinitz, seine Lehre von der Phalanx aufzustellen.

6.	**...**	**g7-g6**

Vorbereitung zu einem Philidorschen Bauernsturme; auch soll der Läufer von g7 aus auf d4 drücken, damit die Mitte inaktiv bleibe, während der Flügel stürmt.

7.	**Sb1-c3**	**Lf8-g7**

8.	**0-0**	**0-0**
9.	**Lc1-g5**	**h7-h6**
10.	**Lg5-e3**	**c6-c5**

Dies schließt die Mitte zunächst ab.

11.	**Ta1-b1**	

Weiß steht nicht im Vorteil, aber er beschließt einen Angriff im Stile jener Zeit. Schwarz nützt inzwischen die Zeit zur Vorbereitung eines wuchtigen Gegenstoßes. – Hätte Anderssen die Lehre von Steinitz vorweggenommen, hätte er sich hier verteidigt, eine feste Stellung einzunehmen getrachtet, Schwächen zurückgezogen, also den Springer von f3 nach h2 und vielleicht nach f1 entfernt und sich zunächst darauf beschränkt, den Maßnahmen des Angreifers entgegenzutreten.

11.	**...**	**Sf6-e8**
12.	**b2-b4**	**c5xb4**
13.	**Tb1xb4**	**c7-c5**
14.	**Tb4-a4**	**Lc8-d7**
15.	**Ta4-a3**	**f7-f5**

Die Phalanx setzt sich in Marsch.

16.	**Dd1-b1**	**Kg8-h8**
17.	**Db1-b7**	**a7-a5**
18.	**Tf1-b1**	**a5-a4**

Weiß findet kein Angriffsziel mehr, hat sein Pulver verschossen und muss zurück.

19.	**Db7-d5**	**Dd8-c8**
20.	**Tb1-b6**	**Ta8-a7**

Nun droht ...fxe4 nebst ...Lxh3. Jetzt eröffnet Schwarz den Angriff im Ernst.

21.	**Kg1-h2**	**f5-f4**
22.	**Le3-d2**	**g6-g5**
23.	**Dd5-c4**	**Dc8-d8**
24.	**Tb6-b1**	**Se8-f6**
25.	**Kh2-g1**	**Sf6-h7**

Nachdem g5 gedeckt ist, kann die Phalanx sich wieder durch Vorrücken des h-Bauern aufs Neue bilden und weiter vorrücken.

26.	**Kg1-f1**	**h6-h5**
27.	**Sf3-g1**	**g5-g4**
28.	**h3xg4**	**h5xg4**
29.	**f2-f3**	**Dd8-h4**
30.	**Sc3-d1**	**Sh7-g5**

Die Offiziere nehmen hinter der Phalanx eine drohende Stellung ein. Bald werden sich die Linien öffnen und den schweren Offizieren den Zugang zum König frei machen.

31.	**Ld2-e1**	**Dh4-h2**
32.	**d3-d4**	

Verzweiflung! Weiß will den Turm a3 auch um den Preis eines wichtigen Bauern in den Kampf werfen. Aber Steinitz kümmert sich nicht mehr um die kleine Beute.

32.	**...**	**g4xf3**
33.	**g2xf3**	**Sg5-h3**
34.	**Le1-f2**	**Sh3xg1**
35.	**d4xc5**	**Dh2-h3+**
36.	**Kf1-e1**	**Sg1xf3+**
37.	**Ta3xf3**	**Dh3xf3**

und Schwarz gewann leicht.

Man erkennt an dieser Partie eine Hinlehnung von Steinitz an Philidor; an den Stil von De Labourdonnais erinnert wenig. Die Theorie von Steinitz näherte sich der von Philidor, indem er die kleinen Vorteile untersuchte, die dauernd sind.

Die kleinen Vorteile, die aus der Stellung der Offiziere entstehen, sind schwer zu erhalten; oft ist der Nachteil einer geringen Beweglichkeit oder einer exponierten Stellung mit einem Zuge wieder gutgemacht. Kleine Nachteile aber, die der Stellung von Bauern anhaften, sind schwer zu reparieren und von langer Dauer. Offenbar sind Bauern, die der Deckung durch Offiziere bedürfen, schwächer als solche, die sich selber helfen können, und bewegliche stärker als blockierte. Daraus ergibt sich bei zwei Bauern als stärkster Typ:

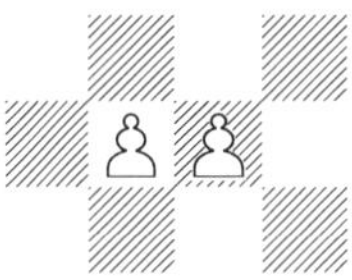

die Phalanx.

Als schwächster Typ:

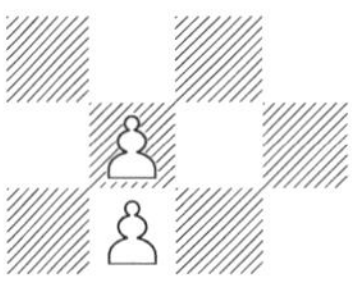

der Doppelbauer.

Als Mittelwert

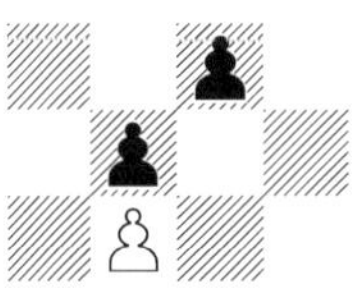

der rückständige Bauer.

Der schwarze Bauer rechts ist rückständig, da er nicht ohne Unterstützung eines Offiziers oder ohne sich zu opfern vorrücken kann. Ferner als Mittelwert:

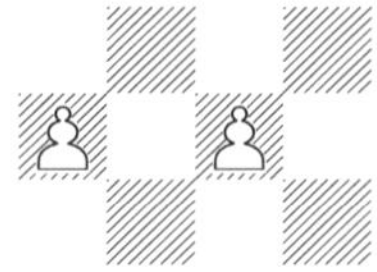

der isolierte Bauer.

Die beiden Bauern sind vonein-ander getrennt und können sich einem Angriffe nur durch die Flucht oder die Hilfe von Offizieren entziehen.

Besonders schwach ist

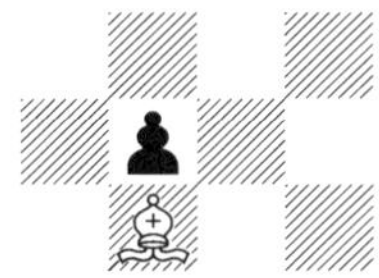

der isolierte und blockierte Bauer.

Vor dem isolierten Bauern befindet sich ein feindlicher Stein, der den Bauern blockiert.

Steinitz ergänzte die Regeln von Philidor dahin: Eine Phalanx muss so vorrücken, dass sie immer wieder die Form der Phalanx einzunehmen vermag, bis zur Entscheidung, bis also ihr weiteres Vorrücken nicht mehr gebraucht wird.

Und die von De Labourdonnais: Als Ort für einen Vorposten ist der Platz vor einem rückständigen Bauern (das „Loch“ in der Mauer der Bauern) sehr geeignet; denn ein dort befindlicher Stein hemmt den Feind, hat von dort starke Wirkung und steht vor dem Angriff von Bauern gesichert.

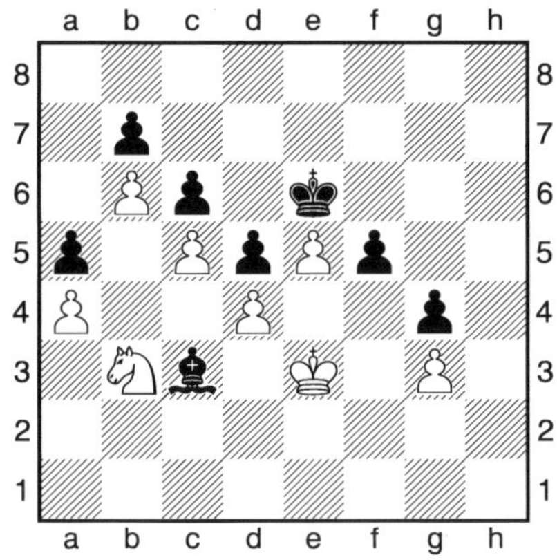

Zukertort – Winawer
Weiß am Zug

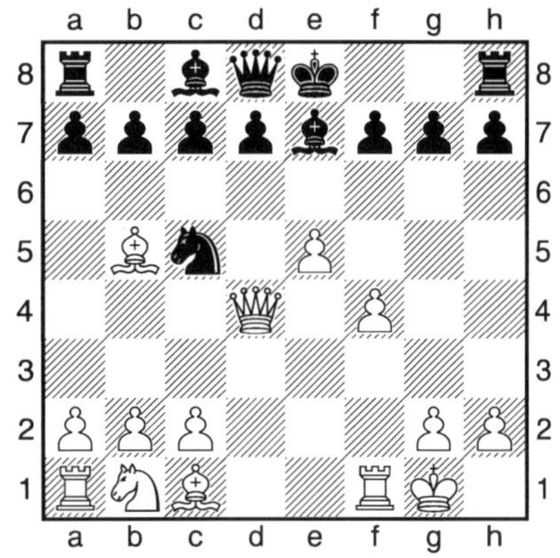

Bird – Steinitz
Schwarz am Zug

Hier hat Schwarz auf f5 einen rückständigen Bauern, Weiß dagegen einen Freibauern, der den König in Anspruch nimmt. Diese Vorteile genügen für eine Kombination zum Gewinn.

1. Sc1 Lb4 2. Sd3 Lc3 3. Sf4+ Ke7 4. Sxd5+ und gewinnt.

Hätte Schwarz 3. …Kd7 gezogen, so hätte Weiß durch 4. e6+ Ke7 5. Sxd5+ cxd5 6. c6 in gleicher Weise gewonnen; und auf 4. …Kd8 durch 5. Se2 nebst Kf4 wegen des Übergewichts seines g-Bauern.

Im folgenden Beispiel sündigt Steinitz selbst gegen seine Prinzipien. In einer freien, in Simpsons Divan 1866 gespielten Partie kam es zur Diagrammstellung. Schwarz steht gedrückt und sollte rochieren und baldigst …d7-d6 ziehen, um sich zu befreien. Und auf 1. …0-0 2. b4 Se6 3. De4 hatte er …f7-f5. Statt des defensiven Zugs 0-0 machte Steinitz **1. …b6,** das aggressiv sein soll, obwohl die Vorbedingung, ein Vorteil, nicht zu sehen ist. Daher ereilt den Schwarzen die gerechte Strafe, indem Weiß den viel zu schwachen Angriff des Schwarzen ignoriert. **2. f5 Sb3 3. De4 Sxa1 4. f6 Lc5+ 5. Kh1 Tb8 6. e6** Es ist alles aus, zum Beispiel …0-0 7. e7 De8 8. Ld3 g6 9. Dh4 und so weiter.

Steinitz, von den obigen Ideen erfüllt, spielte darauf, kleine Vorteile, die schnell vorübergehen, zwecks ihrer Anhäufung in dauernde Vorteile umzuwandeln. Ein isolierter Bauer beim Gegner, die Bauernübermacht auf dem Damenflügel, entfernt vom feindlichen König, die Schwächung der Phalanx auf dem gegnerischen Königsflügel, ein weit vorgeschobener, gut gesicherter Vorposten, die Beherrschung seiner offenen Linie oder auch Reihe waren ihm solche erstrebenswerten Ziele. Zu diesem Zwecke kultivierte er das Spiel in der Mitte, das Spiel der Figuren und Bauern, wobei der König, zunächst wenigstens, außer Acht blieb, darin Labourdonnais ähnelnd, und pflegte auch den

Bauernsturm auf dem Damenflügel, zum Zwecke des Raumgewinns und um den Gegner auf dem Damenflügel einzuengen und zu bedrohen, darin Philidor weiterführend, der mit solchem Bauernsturm den feindlichen König aus seiner Sicherheit aufschrecken wollte.

In der Verteidigung wiederum vermied Steinitz sorgfältig, sich eine dauernde Schwäche, sei es auch die kleinste, freiwillig zu schaffen.

W. Steinitz – A. Sellmann

Baltimore, 1885

1. e4 e6 2. d4 d5 3. Sc3 Sf6 4. e5 Sfd7 5. f4 c5 6. dxc5 Lxc5 7. Sf3 a6 8. Ld3 Sc6 9. De2 Sb4 10. Ld2 b5 11. Sd1 Sxd3+ 12. cxd3 Db6 Steinitz eröffnet nun einen Angriff auf der Damenseite, da dort der Punkt c5 beim Gegner schwach ist, während sein Punkt c4 durch d3 geschützt ist. **13. b4 Le7 14. a3 f5** Dies erleichtert den Angriff auf der Damenseite, da nun der Gegenstoß f7-f6 nebst Öffnung der Linien auf dem Königsflügel nicht mehr zu fürchten ist. **15. Tc1 Lb7 16. Le3 Dd8 17. Sd4 Sf8 18. 0–0 h5** Schwarz hindert damit g2-g4, aber Weiß hat genügend Garantien für den Gewinn auf dem Damenflügel. **19. Sc3** Ein vielzügiges Manöver, um einen schwachen Punkt des Feindes mit einem Vorposten zu besetzen. **19. ...Kf7 20. Sb1 g6 21. Sd2 Sd7 22. S2b3 Tc8 23. Sa5** Endlich! **24. ...La8 24. Txc8 Dxc8 25. Tc1 Db8 26. Dc2 Ld8 27. Sac6 Db7 28. Sxd8+ Txd8 29. Dc7** Alle schwarzen Felder auf der Damenseite sind, schwach geworden. **29. ...Db8 30. Lf2** Auch auf dem Königsflügel sind die schwarzen Felder h4, g5 usw. schwach. **30. ...Db6 31. Sf3 Dxc7 32. Txc7 Ke8 33. Sg5 Sf8 34. Lc5 Sd7 35. Ld6** Schwarz kann weder e6 noch a6 verteidigen, steht für den Gegenangriff hilflos, kann kaum noch ziehen und gibt auf.

J. Zukertort – W. Steinitz

Weltmeisterschaft (13) USA, 1886

1. d4 d5 2. c4 e6 3. Sc3 Sf6 4. Lf4 c5 5. e3 cxd4 6. exd4 dxc4 Weiß hat einen vereinzelten d-Bauern, dafür aber das freiere Spiel. **7. Lxc4 Sc6 8. Sf3 Le7 9. 0–0 0–0 10. Te1 Ld7 11. De2 Da5 12. Sb5 a6 13. Lc7 b6 14. Sc3 Tfc8 15. Lf4 b5** Die schwarze Dame hat sich des Anfalls erwehrt und nun sollen die Damenbauern vorrücken, um für die Offiziere auf dem Damenflügel Raum zu gewinnen. **16. Lb3 Db6 17. Ted1 Sa5** Ein Vorposten setzt sich auf der Schwäche des Weißen c4 fest. **18. Lc2 Sc4 19. Ld3 Sd6** Warum der Vorposten schon jetzt zurückweicht, ist nicht klar ersichtlich; freilich äugt er von d6 aus nach einer anderen starken Vorpostenstellung, nämlich f5. **20. Se5 Le8 21. Lg5 Dd8 22. Df3 Ta7 23. Dh3 h6 24. Le3 Tac7** Schwarz hat sich gut entwickelt, in der Mitte steht er im Übergewicht, auf dem Damenflügel aggressiv. **25. d5** Um sich des isolierten Bauern nun, da Schwarz entwickelt ist, zu entledigen. Schwarz gibt für den d-Bauern den a-Bauern hin und erlangt ein ferneres Übergewicht in der Mitte. **25. ...b4 26. Se2 Sxd5 27. Lxa6 Ta8 28. Ld3 Lf6 29. Ld4 Sb5 30. Sf3 Sxd4 31. Sfxd4 Ta5** Der Bauer a2 ist hilflos, Sd4 gefesselt, die schwarzen Figuren haben viel Raum, der Angriff mit den Bauern des Damenflügels wurde belohnt. **32. Df3 La4 33. Te1 Se7 34. De4 g6 35. b3 Le8 36. Lc4 Sf5** Der Sd4 ist nicht mehr zu verteidigen. Auf Ta1-d1 kommt ...Tc7-d7. **37. Sxe6** Ein verzweifeltes Opfer. **37. ...fxe6 38. Lxe6+ Kg7 39. Tad1 De7** Damit verliert Schwarz einen Zug, was in der Verteidigung schwer wiegt. Er sollte sogleich die Dame angreifen, ...Da8. Auf Dxb4 kommt ...Sh4, und Schwarz, dem der a-Bauer nicht entgehen kann, übernimmt auch noch den Angriff. Das war der logische Schluss, aber Steinitz verfehlte ihn hier, ging in der Folge nochmals fehl, da die Dame auf e7 in der Schusslinie des Turmes ungünstig stand, und zuletzt verlor er die Partie. Der Rest der Partie hat als Erläuterung zur Idee des Angriffs auf dem Damenflügel keinen Wert, und wir übergehen ihn daher.

W. Steinitz – J. Zukertort

Weltmeisterschaft (6), USA, 1886

1. e4 e5 2. Sf3 Sc6 3. Lb5 Sf6 4. 0–0 Sxe4 5. Te1 Sd6 6. Sxe5 Sxe5 7. Txe5+ Le7 8. Sc3 0–0 9. Ld3 Lf6 Hier geht 9. …Se8, um auf 10. Dh5 mit …g6 11. Dh6 Sg7 zu antworten; auf 10. Sd5 kommt 10. …Lc5, und in jedem Falle wird Schwarz sich zuletzt entwickeln können, indem er durch Angriff auf den Turm Zeit gewinnt. **10. Te3 g6** Weiß drohte 11. Lxh7+ Kxh7 12. Dh5+ nebst Te3-h3. Eine Alternative war 10. …Te8. Steinitz bezeichnet in seinen Noten den Zug als eine „Herausforderung“, denn er hatte jeden Bauernzug auf dem Königsflügel als eine Schwächung erklärt, und so ward die Theorie von Steinitz hier auf ihren Wahrheitsgehalt geprüft. **11. b3 Te8 12. Df3 Lg5** Schwarz verlässt die wichtige Schräge a1–h8, um eines Angriffs willen, der keine Kraft hat. Der Turmtausch hätte auch durch …Ld4 veranlasst (wiewohl vielleicht nicht erzwungen) werden können. **13. Txe8+** War der Turmtausch erzwungen? Wenn Weiß 13. Lb2 gezogen hätte, war die Stellung von Schwarz auf der Schräge a1–h8 so gefährdet, dass 13. …Lxe3 vermutlich ein zu großes Risiko gewesen wäre, da nach 14. fxe3 schon Sd5 gedroht hätte. Beispielsweise 14. …c6 15. Tf1 (mit der Drohung Se4) 15. …De7 16. La3 und gewinnt. Oder 14. …f5 15. e4; 14. …Te6 15. Tf1, mit der Drohung Lc4. Nehmen wir einmal an, dass Zukertort und Steinitz eine uns verborgene Parade dieses schrecklichen Angriffs im Auge hatten, so bleibt es unverständlich, dass in den Noten diese Möglichkeit gar nicht erwähnt wird. Oder ist es die Wahrheit, dass Noten zu Meisterpartien sehr nachlässig geschrieben wurden? Mit einer Nachlässigkeit, die an Unmoral streift? **13. …Sxe8 14. Lb2 c6** Zu diesem ausgezeichneten Zug bemerkt Schallopp in seinem dem Match gewidmeten Büchlein, gemäß Bachmann „Weiß lässt hiermit den Bauern d2 en prise. Durch Wegnahme desselben hätte Schwarz sich einem starken Angriff ausgesetzt, hätte aber doch schließlich das Übergewicht zur Geltung gebracht.“ Sein Beweis lautet 14. …Lxd2 15. Se4 Lg5 16. Sxg5 Dxg5 17. Te1 Sg7 18. Te7 (stellt den Turm en prise) 18. …c6. Vermutlich sollte es heißen 18. Lf6 nebst Te7. Aber wie dem auch sei, ist diese „Analyse“ entsetzlich. Was geschieht auf 16. Lc4? Nach 16. …d5 17. Sxg5 Dxg5 18. Lxd5 kann Schwarz aufgeben. Zudem gab Steinitz eine andere Attacke an, die mit 15. Lc4 anhebt und auch gewinnt. So nachlässig referierte Schallopp, der Schüler Anderssens, über ein Weltmeisterschaftsmatch, dessen Geschichtsschreiber er sein wollte und woran ein anderer Schüler Anderssens beteiligt war. Und niemand, niemand stand dagegen auf. **15. Se4 Le7** Schwarz hat sich nun wieder gefestigt und eine verteidigungsfähige Stellung eingenommen. **16. De3** Um …f6 zu erzwingen und für den Vormarsch des h-Bauern, der die geschwächte Stellung noch weiter schwächen soll, das Feld h4 zu gewinnen. **16. …d5 17. Dd4 f6 18. Sg3 Le6 19. Te1 Sg7 20. h4 Dd7 21. h5 Lf7 22. hxg6 Lxg6** Auf …hxg6 kam Dh4 mit Wucht. Schwarz hat sich gut verteidigt. **23. De3 Kf7 24. Df4 Te8 25. Te3** Seit dem 14. Zuge bis hierher, wo Schwarz sich verteidigt oder entwickelt hat, hat er gutes Schach gespielt. Nun aber musste er einen Plan entwerfen, und das vermochte er nicht, da erst Steinitz, den er bekämpfte und den er nicht begriff, das Rüstzeug dazu geliefert hat. Er musste nun vor allem seine schwachen Punkte f5 und c5 gut gedeckt halten, auch f6 im Auge behalten und entschieden auf ein

Remis hindrängen, indem er gefährliche Steine zum Abtausch brachte und mit c6-c5 sich ein Zentrum hinbaute, mit dem er gelegentlich einen Läufer aussperren konnte. Die Aufgabe, alles in allem, war keine leichte. Zukertort, der Hilfe der Steinitzschen Theorie beraubt, scheiterte gleich an deren Beginn und musste scheitern. **25. ...Se6?** Lässt f5 und h5 schutzlos. **26. Dg4 Sf8 27. Sf5 Lc5 28. Sh6+ Kg7** und nun nach einigen Zugwiederholungen, mit denen Steinitz Zeit gewinnen wollte. ... **35. Lxg6** Mit dieser Kombination gewinnt Steinitz einen Bauern. **35. ...Dxg4 36. Sxg4 Txe3 37. fxe3 Kxg6 38. Sxf6** Mit einem Bauern mehr gewann Steinitz nun das Endspiel. Daran ist nichts für unsere Zwecke Belangreiches und wir schließen hiermit den Bericht über die Partie.

J. Zukertort – W. Steinitz

Weltmeisterschaft (7), USA, 1886

1. d4 d5 2. c4 e6 3. Sc3 Sf6 4. e3 c5 5. Sf3 Sc6 6. a3 dxc4 7. Lxc4 cxd4 8. exd4 Le7 9. 0–0 0–0 10. Le3 Ld7 11. Dd3 Die Dame stünde besser auf der e-Linie, indessen beabsichtigt Weiß, auf h7 zu drücken. **11. ...Tc8 12. Tac1 Da5 13. La2 Tfd8 14. Tfe1** Der Turm ginge wohl besser nach d1. Indessen kommt es für das Verständnis des Spiels von Zukertort hierauf nicht wesentlich an. **14. ...Le8 15. Lb1 g6** Zukertort hat eine Schwächung erzwungen, aber er begreift die volle Tragweite davon offenbar nicht, wie sein nachfolgendes Spiel zeigt. **16. De2 Lf8 17. Ted1 Lg7 18. La2 Se7 19. Dd2** Hier steht die Dame in der Schusslinie des Turms ungünstiger, als sie stand. Zukertort verliert bereits den Faden. Er droht einen Witz, etwa Sc3-d5. Aber die Drohung hat nur Augenblickswert. **19. ...Da6 20. Lg5 Sf5** Eine schwierige Stellung. Weiß sollte nun Dd2-e1 ziehen, um sodann d4-d5 durchzusetzen. Zukertort aber, der sich auf minimale Vorteile nicht versteht, wird ungeduldig und greift zu groben Mitteln. **21. g4** Nun hat Weiß freiwillig das wichtige Feld f3 und die ganze Königsstellung geschwächt, und Schwarz öffnet die Linien schleunig. **21. ...Sxd4 22. Sxd4 e5 23. Sd5 Txc1 24. Dxc1 exd4 25. Txd4 Sxd5 26. Txd5 Txd5 27. Lxd5 De2** Schwarz greift g4 und b2 zugleich an, das Vorgehen des g-Bauern ist ad absurdum geführt. **28. h3 h6** Hier steht Steinitz nicht auf der Höhe. Steinitz spielte das Endspiel nicht so sehr gut, erstlich, weil er diese ein wenig pedantische, mechanische Meisterschaft nicht nötig hatte, er gewann auch ohne sie, zweitens, weil seiner reichen Phantasie das Rechnerische nicht zusagte. Richtig war hier 28. ...Lxb2 29. Dc5 Dd1+ 30. Kh2 Le5+ 31. Kg2 Dxd5+ 32. Dxd5 Lc6 nebst methodischem Gewinn vermöge des Mehrbauern. **29. Lc4** Zukertort begreift den Glücksfall nicht. Er hätte Le3 ziehen sollen, von wo er a7 und h6 angriff und den König sicherte. **29. ...Df3 30. De3 Dd1+ 31. Kh2 Lc6 32. Le7 Le5+ 33. f4 Lxf4+** Noch schneller gewann ...g5. **34. Dxf4 Dh1+ 35. Kg3 Dg1+** Aufgegeben.

J. Zukertort – W. Steinitz

Weltmeisterschaft (9), USA, 1886

1. d4 d5 2. c4 e6 3. Sc3 Sf6 4. Sf3 dxc4 5. e3 c5 6. Lxc4 cxd4 7. exd4 Le7 8. 0–0 0–0 Bisher hat Weiß sich entwickelt. Dies versteht Zukertort meisterlich. Steinitz verfolgt schon in diesem frühen Stadium des Spiels den Plan, den Damenbauern zu vereinzeln und daraus Vorteil zu erlangen, und daher ist er in der Entwicklung zurückgeblieben. **9. De2** Zukertort will nun Kombinationen machen. Er sollte planmäßig aufmarschieren, allmählich kleine Vorteile anhäufen, doch das versteht er nicht. **9. ...Sbd7 10. Lb3 Sb6 11. Lf4 Sbd5 12. Lg3** Man sieht es an dem Zugverlust des Läufers deutlich, dass Zukertort planlos spielt. Er hofft auf eine Verwicklung, die Anlass zu Kombinationen bieten soll, und zieht inzwischen beinahe beliebig. **12. ...Da5 13. Tac1 Ld7 14. Se5 Tfd8** Jeder Zug des Schwarzen ist planvoll. Schon steht Schwarz, nachdem er seine Entwicklung ungehindert vollendet hat, ein wenig im Vorteil. **15. Df3 Le8 16. Tfe1 Tac8 17. Lh4** Weiß droht nun eine Kombination durch Lxf6, um Sd5 zu erschüttern. **17. ...Sxc3 18. bxc3 Dc7 19. Dd3 Sd5** Schwarz hat die Führung, Weiß macht nur ein Gegenspiel in lauter Taktiken. **20. Lxe7 Dxe7 21. Lxd5** Diesen schönen Läufer musste Weiß sich erhalten, aber auf der Suche nach gewalttätigen Zügen und deren Kombinationen gibt er sogar seine starken Steine dran. **21. ...Txd5 22. c4 Tdd8 23. Te3** Ein Angriff mit zu wenig Masse gegen die ungeheuer feste Stellung des Königs, also unbegründet. **23. ...Dd6** Dagegen planmäßiger Druck gegen die Phalanx. **24. Td1 f6 25. Th3** Ein Versuch, zu kombinieren. **25. ...h6 26. Sg4 Df4** Schwarz deckt sich gegen Opfer. **27. Se3** Der Angriff ist aus, der Th3 ist deplaziert. Gegenangriff setzt ein. **27. ...La4** Um den Turm von der ersten Reihe zu entfernen, in die Schwarz bald eindringt. **28. Tf3 Dd6 29. Td2 Lc6 30. Tg3 f5** Die deplazierten Figuren müssen fliehen. Zukertort sucht wiederum Kombinationen. **31. Tg6 Le4 32. Db3** Die Kombination beruht auf der Drohung, mittels c4-c5 den Bauern e6 zu erobern. Daher geht f5-f4 nicht. **32. ...Kh7** Also gut! Jetzt kombiniere! **33. c5 Txc5 34. Txe6 Tc1+ 35. Sd1 Df4 36. Db2 Tb1 37. Dc3 Tc8 38. Txe4 Dxe4** Aufgegeben.

Wenn Zukertort einen Plan hat, ist er Steinitz zumindest gewachsen. Man vergleiche die folgende fünfte Partie des Matches mit den obigen. Jeder Zug von Zukertort pointiert, ein kräftiges Zusammenspiel der Steine zum Angriff vereint gegen den König, zunächst auf dessen ursprünglicher Stellung e8, sodann nach der Rochade. Die wuchtige Zusammenfassung von Figuren gegen den König ist eben ein alter Plan, ihn brauchte Zukertort nicht zu erfinden, und in der Taktik der Ausführung dieses Planes war er Meister. Steinitz aber erfand gute, Aussicht auf Erfolg in sich bergende Pläne am Brett.

J. Zukertort – W. Steinitz

Weltmeisterschaft (5), USA, 1886

1. d4 d5 2. c4 c6 3. Sc3 Sf6 4. e3 Lf5 5. cxd5 cxd5 Besser ist, wie Steinitz selbst angibt, ...Sxd5. **6. Db3 Lc8** Man hat, um dieser bitteren Notwendigkeit zu entgehen, 6. ...Db6 vorgeschlagen, um auf 7. Sxd5 Sxd5 8. Dxd5 mit 8. ...e6 ein wichtiges Tempo zu gewinnen. **7. Sf3 Sc6 8. Se5 e6 9. Lb5 Dc7 10. Ld2 Ld6 11. f4 0–0 12. Tc1** Der Druck gegen c6 ist stark. Es droht unter anderem Lxc6 nebst Sb5xd6 und Lb4. **12. ...Lxe5** Die Stellung ist zu schwierig und so macht Steinitz das Zugeständnis, dem Gegner die f-Linie zu öffnen. Vielleicht war Tf8-d8 noch imstande, die Partie zu halten. **13. fxe5 Se8 14. 0–0 f6** Die Hoffnung, den Bauern e5 zum Abtausch zu nötigen, wird nicht erfüllt, da h7 zu schwach. **15. Ld3** Hindert ...fxe5, worauf Lxh7 käme. **15. ...Tf7 16. Dc2** Wenn nun ...g6, so Lxg6, wenn ...h6, so Lg6 mit siegreichem Angriff. **16. ...f5** Nun verfolgt Weiß den Plan, den Bauern f5 abzutauschen; alles geradliniges, starkes Schach. **17. Se2 Ld7 18. Tf2 Tc8 19. Lc3 Db6 20. Dd2 Se7 21. Tcf1 Lb5 22. Lb1 Da6 23. g4 g6 24. h3 Tc7 25. Te1 Sg7 26. Sf4 Sc8 27. gxf5 gxf5** Falls 27. ...Sxf5, so 28. e4 dxe4 29. Lxe4, und der d-Bauer rückt vor. Die Entscheidung fällt dann in der Mitte. Jetzt fällt sie auf der g-Linie. **28. Tg2 Kh8 29. Kh2 Dc6 30. Teg1 Se7 31. Df2 De8** Das ist ein grober Fehler, aber wegen der Schwäche von Schwarz auf den schwarzen Feldern und dem furchtbaren Druck auf der g-Linie war die Stellung von Schwarz unhaltbar. **32. Txg7** Aufgegeben

So macht ein intelligenter Plan Helden aus uns allen, und die Planlosigkeit Feiglinge und Dummköpfe.

Die praktischen Maximen von Steinitz: das der Anhäufung kleiner Vorteile, deren Verwandlung in dauernde Vorteile, seine Lehre von den schwachen Bauern und Punkten, sein Rat für den Verteidiger und alles, das, wie oben gezeigt, dazu gehört: sie sind genügend, um das Spiel von Steinitz zu erklären und als Lehrgegenstand zu dienen, um Meister zu erziehen. Es lag aber nicht in der Natur von Steinitz, da er tiefer Denker war, bei Maximen, die nur für die Praxis Wert hatten, stehen zu bleiben.

Daher gab er seiner Lehre eine Form, die über die bloß praktischen Zwecke des Schachspiels weit hinausführt. Zu welchem Zwecke? Niemand hat ihn verstanden, aber er folgte einer inneren Stimme. Schon sein Begriff der „balance of position“ fällt aus dem Rahmen des Schachspiels. Das Gleichgewicht einer Stellung? So etwas gibt es im alten, armen Schachspiel gar nicht, nur im gewaltigen Leben und in der Philosophie.

Für das praktische Schachspiel kommt man aus mit dem Begriffe der Kompensation. Wenn die Vorteile, die mein Gegner hat, kompensiert sind durch meine eigenen Vorteile, so ist die Stellung „ausgeglichen“. Dann, so lautet das Prinzip von Steinitz, darf man nicht mit der Intention zu gewinnen angreifen; ausgeglichene Stellungen führen bei bestem Spiele immer wieder zu ausgeglichenen Stellungen. Erst wenn das Gleichgewicht der Stellung gestört ist, darf jene Partie mit der Absicht zu gewinnen angreifen, die den Vorteil hat. Und hier erhebt sich Steinitz zur Höhe eines Philosophen, indem er hervorhebt, dass jene Partei dann angreifen soll, bei Strafe, ihres Vorteils verlustig zu gehen.

Dies „Soll“ ist das Gebot des Ethos. Ihm zu folgen, ist schwer und unbequem. Ihm nicht zu folgen – je nun, wer folgt, kann ein Künstler werden, wer nicht folgt, wird es nie werden. Wer folgt, wird oft fehlgehen und verlieren, wer nicht folgt, wird oft genug durch Fehler des Gegners gewinnen, und er wird kein Risiko laufen, dennoch wird nur der ein Künstler, der dem Gebote folgt. Ein Künstler – will sagen einer, dem die Welt Aufmerksamkeit schenkt, und es gerne tut und nie bereut, es zu tun; einer, der Persönlichkeit hat, einer, der Plastisches auf mannigfache Art so formt, dass er Wesentliches nachbildet, zur Freude und zur Erbauung vieler. Willst du ein solcher werden, musst du dem Ethos des Kampfes folgen, deines Kampfes, sei es im Schach oder anderswo, wo gerade dein Gebiet liegt: in der Schule, im Garten, im Geschäft, im Disput, in der Verhandlung oder sonst wo. Das ist ein Grundgesetz der Welt, das Steinitz auf irgendeine geheimnisvolle Art gefühlt und im Schachspiel am Werke gesehen hat.

Im Schach besagt dies Soll: Suche die Kombination, die deinen Vorteil zur Geltung bringt. Glaube daran, dass sie da ist, und suche sie. Und wenn du hundertmal gesucht und sie nicht gefunden hast, fahre fort, sie zu suchen. Möglich, dass der Vorteil nicht da ist, dass er nur Einbildung ist, dass deine Bewertungen falsch sind: dann musst du sie nachprüfen und verbessern; aber erst suche emsig und gewissenhaft und arbeite, denn hier lohnt die Arbeit.

Steinitz will dem Suchenden helfen. Er befiehlt dem, der den Vorteil hat, anzugreifen; aber er gibt auch einen Rat, auf welche Art dem Befehle am ehesten gerecht zu werden ist. Er fragt, welche Richtung soll der Angriff einschlagen? Und antwortet darauf, das Ziel des Angriffs liege in einer Schwäche der feindlichen Stellung. Er vergleicht also die Stellung mit einer Kette, die viele Ringe miteinander verbindet, und den Angreifer mit dem, der die Kette zerreißen oder sprengen will, und gibt diesem den Rat, zunächst einmal den schwächsten Punkt, den losesten Zusammenhang der Kette zu suchen und dort seine Kraft einzusetzen. Wäre die Kette überall gleich stark, so wäre nicht einzusehen, warum man diese oder jene Stelle herausgreifen solle, um dort an ihr zu zerren; aber sie ist niemals an allen Stellen gleich stark, und der Meister wählt besonnen und gewissenhaft den Punkt geringsten Widerstandes zum Zielpunkt seiner Angriffskräfte.

Man braucht diese Regel nicht genau zu befolgen – man wird kaum dafür bestraft, für die genaueste Befolgung kaum belohnt – die Regel geht über das Schachspiel hinaus, das Schachspiel ist zu klein für sie. Sie gründet sich auf eine Vorstellung, die alt und berühmt und folgenreich ist, die Vorstellung von der „linea minoris resistentiae". Der Blitz wie der Eisenbahnzug fährt, ein geschlagenes Heer flieht entlang einer solchen Linie. Auf dem Schachbrett gibt es keine Linien, nur Punkte; daher kehrt der Lehrsatz bei Steinitz wieder als ein Prinzip der schwachen Punkte. Die Vernunft, die die Welt durchfließt, strömt auch auf das Schachbrett, und daher folgt die erfolgreichste und schlagkräftigste Angriffskombination wie auch der weiteste und tiefste Angriffsplan wie durch ein Wunder den schwachen Punkten.

Schon die vielen kurzen Partien, die im Laufe der Jahrhunderte gespielt waren, waren durch Angriff auf die Bauern f2 oder f7 zum Abschluss gekommen, und in der Anfangsstellung sind ja diese Bauern, allein von ihren Königen gedeckt, offenbar die Achillesferse der Position. Um nur ein Beispiel aus vielen zu geben:

Kapitän Mackenzie mit Weiß: **1. e4 e5 2. Lc4 Sf6 3. d4 c6 4. dxe5 Sxe4 5. Se2 Sxf2 6. 0–0 Sxd1! 7. Lxf7+ Ke7 8. Lg5 matt**

Auch wenn die Partien eine längere Zügezahl gehabt hatten, immer waren f2 und f7 zu Anfang der Partie im Mittelpunkte der Kombination gestanden. Wie das Metall die Elektrizität, so zog, nach diesen bekannten Beispielen zu urteilen, im Anfang der Partie der schwache Punkt die Kombination an. Aber auch im weiteren Verlauf der Partie zeigte sich, im Lichte der Steinitzschen Partieauffassung von der

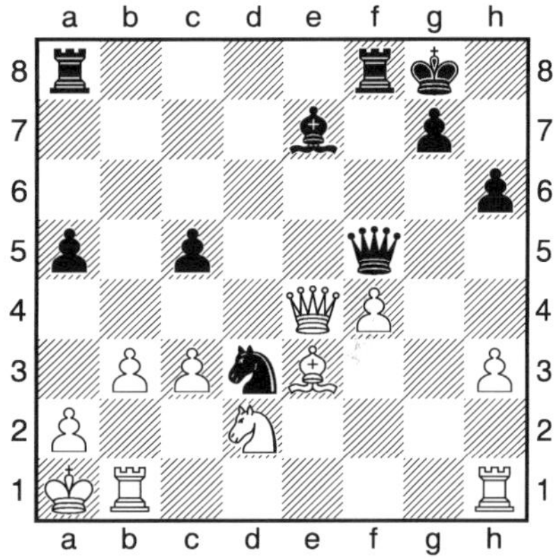

G. Salwe – F. Marshall
Wien, 1908
Schwarz am Zug

Schwäche, immer wieder der nämliche Umstand.

Schwarz hat zwar einen Bauern weniger, aber einen starken Vorposten in Sd3 und offene Linien für seine schweren Offiziere. Eine große Schwäche im Lager des Weißen ist die Stellung des Königs, der wenig beweglich und vor allem auf der Schräge a1, c3, f6, sodann aber auch auf der zweiten Reihe ungesichert ist. Schwarz beschließt daher, mit aller Kraft den König anzugreifen.

29. ...Lf6 30. Dc4+ Kh8 31. Se4 Tae8 Die zweite Reihe soll durch den Turm erobert werden. **32. Sxf6** Oder: 32. Sd6 De6, und c3 fällt. **32. ...Txf6 33. Lc1 Tfe6 34. La3** Etwas besser war 34. Td1

Se1 35. a4 Te2 36. Tb2, aber die Stellung bleibt schwach, da Schwarz sich die zweite Reihe für Dame und Turm erobert. Er tauscht den Turm und zieht ...Dc2 nebst baldigem ...Te2. **34. ...Te2 35. Thd1 Se1 36. Lxc5** Das ist gedankenlose Verzweiflung. **36. ...Sc2+ 37. Kb2 Sb4+** und setzt in wenigen Zügen Matt.

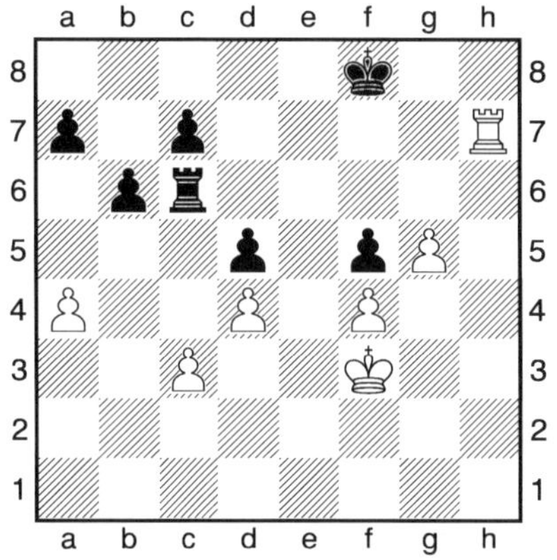

J. R. Capablanca – Dr. S. Tartakower
New York, 1924
Weiß am Zug

Weiß hat einen gedeckten Freibauern, und sein Turm schneidet den feindlichen König ab, sonach muss er angreifen. Die Schwächen von Schwarz sind der König am Rand und der Bauer f5. Beide Schwächen rufen den weißen König nach f6. Doch wie soll er dahin gelangen? Der Marsch kostet zwei Bauern. Doch es sei.

35. Kg3 Txc3+ 36. Kh4 Tf3 Auf ...Tc1 geschieht 37. Td7 Th1+ 38. Kg3 c6 39. Td6. So hätte sich Schwarz besser gewehrt, wiewohl Weiß auch dann starken Vorteil behält. **37. g6 Txf4+ 38. Kg5 Te4 39. Kf6** Das Ziel ist erreicht. Jetzt droht Matt und zudem das Vorrücken des g-Bauern, das beispielsweise bei ...Ke8 sofort entscheidet. **39. ...Kg8 40. Tg7+** Der König steht auf g8 besser als auf einem der angrenzenden Felder, schon, weil der Bauer dann mit Schach vorgehen kann. **40. ...Kh8 41. Txc7 Te8 42. Kxf5** Nun ist das Übergewicht von Weiß ganz offenbar. **42. ...Te4 43. Kf6 Tf4+ 44. Ke5 Tg4 45. g7+** Wenn Schwarz den Bauern schlägt, so tauscht Weiß den Turm und gewinnt leicht durch den d-Bauern. **45. ...Kg8 46. Txa7 Tg1 47. Kxd5 Tc1 48. Kd6 Tc2 49. d5 Tc1 50. Tc7 Ta1 51. Kc6 Txa4 52. d6** und Schwarz gab nach einigen Zügen auf.

Man betrachte im nächsten Diagramm die Konstellation der Schwächen. König g8 und Läufer g7 stehen auf einer durch Bauern nicht mehr verbauten Linie, Angriffsziel für den Turm. Der Punkt f6 ist nur einmal gedeckt, übermächtig angegriffen, ein sicherer und wirkungsreicher Platz für einen weißen Vorposten, etwa den Läufer. Auch h7 und h6 sind schwach. Schwarz kann den Turm c8 zur Unterstützung von g7 und h7 heranziehen, sonst nur die Dame zur Unterstützung von g7. Der Läufer d7 steht im Wege und seine Entwicklung kostet einen Zug. – Nun verfolge man den Angriff, wie Morphy ihn ausführte.

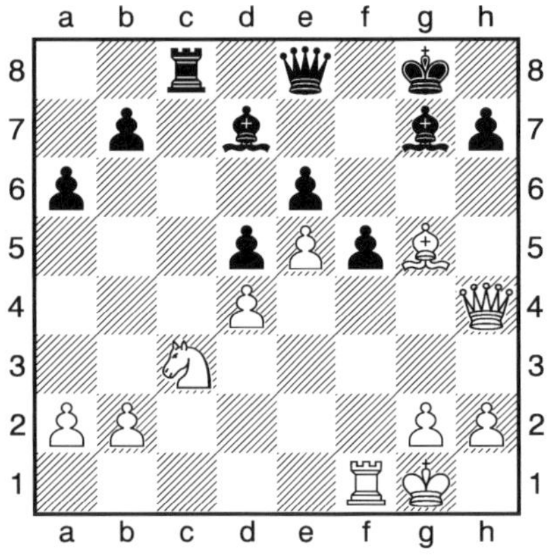

P. Morphy – A. Anderssen
Paris, 1858
Weiß am Zug

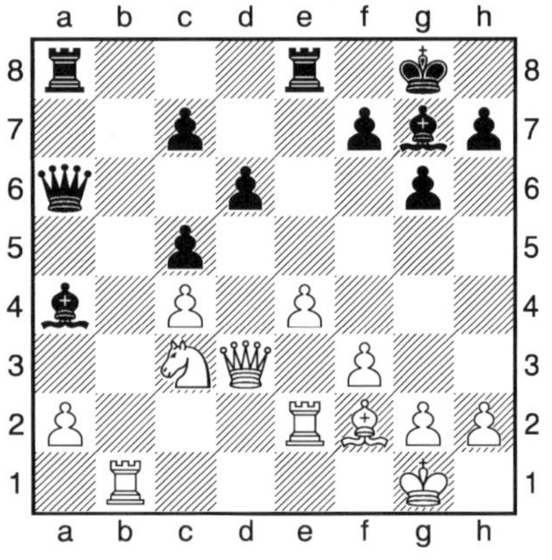

R. Teichmann – Dr. O. Bernstein
St. Petersburg, 1909
Weiß am Zug

22. Tf3 Lb5 Auf …Df8 könnte Weiß schon mit Th3 Vorteil erlangen, da dann …h6 erzwungen wäre. Immerhin war dies noch das Aussichtsvollste für die Verteidigung. **23. Tg3 Tc7 24. Lf6** Nun droht Dh6. Schwarz steht überall gefesselt und muss sich wehrlos schlachten lassen. Wenn beispielsweise 24. …Kh8 25. Dh6 Df8 26. Sxb5 axb5, entscheidet das Eingreifen des weißen Königs, der nach b4 strebt, während die schwarzen Figuren noch gefesselt stehen und zuletzt getauscht werden. 27. Txg7 Txg7 28. Kf2 usw. **24. …f4** Ein verzweifeltes Opfer, um unter Umständen, etwa nach Dh6, den Läufer über d3 zum Schutze von h7 heranzuziehen. **25. Dxf4 Df8 26. Sxb5 axb5 27. Dh6 Kh8 28. Txg7 Txg7** Da Schwarz nun gefesselt steht, führt Weiß seine Reserven näher heran. **29. Kf2 Kg8 30. Dxg7+ Dxg7 31. Lxg7 Kxg7.** Und Schwarz gab nach wenigen Zügen auf.

Weiß fasst den Plan, den Punkt f6, dessen Schwäche offenbar ist, für seinen Springer oder Läufer zu erobern und sodann den König anzugreifen.

27. Sd5 Ta7 Auf …Da5 käme Lf2-e1-c3. **28. Lh4 Ld4+ 29. Kh1 Kg7 30. Lf2** Der Läufer wird getauscht, damit die weiße Dame die Schräge a1-h8 in Besitz nehme. **30. …Lxf2** Der Läufer musste in den Tausch willigen. **31. Txf2 Da5 32. De2** Die Schräge a1 bis h8 kann der weißen Dame nicht mehr bestritten werden. **32. …f6 33. Db2 Tf8 34. g4** Es droht Sd5xf6 nebst g4-g5. **34. …h6 35. h4 g5 36. f4 gxh4 37. Sxf6** Das erste Ziel ist erreicht. Nun folgt der Angriff auf den entblößten König. **37. …Tf7 38. g5 Lc6 39. Tg1 Da3 40. gxh6+ Kxh6 41. Th2 Lxe4+ 42. Sxe4 Df3+ 43. Dg2 Dxg2+ 44. Thxg2 Txf4 45. Tg6+ Kh7 46. Sf6+** Aufgegeben.

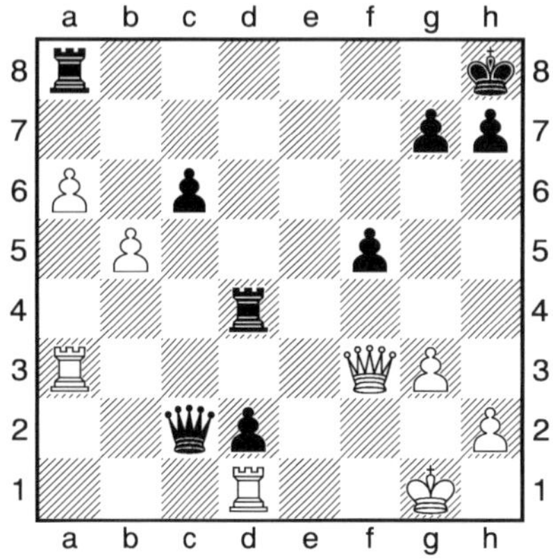

Berlin – Riga

Schwarz am Zug

Schwarz hat einen Bauern mehr, sein Freibauer auf d2 fesselt den weißen Turm und zu dessen Schutze noch eine weiße Figur, der weiße König hat nur einen einzigen halbwegs sicheren Punkt h3. Die weißen Bauern auf der a- und der b-Linie sind allerdings auch drohend, doch brauchen sie zwei Züge, b5-b6-b7, bevor ihre Drohung aktuell wird. Schwarz wird die größte Schwäche, den König, angreifen und zugleich auf den gefesselten Turm d1 drücken. Das Einfallstor für den Turm d4 ist e1, der für Weiß schwächste Punkt auf der ersten Reihe.

1. …Te4 Wenn jetzt 2. b6 Te1+ 3. Kg2 Txd1 4. b7 Tg1+ 5. Kh3 Tg8 6. a7 d1D droht Schwarz bereits Matt in drei Zügen durch …Dg2+. **2. Kg2 Te1 3. Taa1** Nun ist die größte Schwäche der Punkt d1. Er muss erstürmt werden, während zugleich b5-b6 gehindert wird. **3. …Db2** Auf 4. Dxc6 kommt es zum entscheidenden Angriff durch …Td8, das …Dxa1 droht, 5. Db6 Te8, wonach der Kg2 aufs Korn genommen wird. **4. Df2 Dxa1 5. Txa1 Txa1 6. Dxd2 cxb5 7. Dd5 T1xa6 8. Dxb5 Ta2+ 9. Kh3 T2a5** Schwarz hat nun die Übermacht und gewinnt methodisch, indem er mit …h7-h6 nebst …Kh7 seinen König vor Schachgeboten sichert und dann die Türme gegen h2 verdoppelt. Der Bauer f5 lässt sich schützen, der schwache Bauer des Weißen auf die Dauer nicht. Berlin machte noch sieben Züge und gab dann auf.

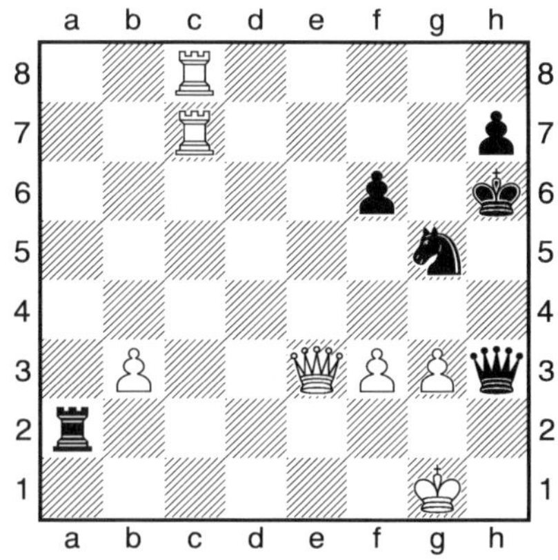

O. Duras – E. Cohn

Karlsbad, 1911

Weiß am Zug

Der schwarze König, angegriffen durch Dame und zwei Türme, ist gesichert durch den Springer und zwei Bauern. Die Hemmung ist schwach, der Angriff sollte sich also gegen den König richten. Die schwache Hemmung wird durch Opfer weggerissen.

1. Txh7+ Kxh7 2. De7+ Kg6 3. Tg8+ Kf5 Dame und König sind in derselben Schräge, indessen deckt der Springer die Dame. Daraus ergibt sich das Motiv, den schützenden Springer zu vernichten. **4. Txg5+** Aufgegeben. Denn nach …Kxg5 gewinnt Dg7 bald die Dame h3.

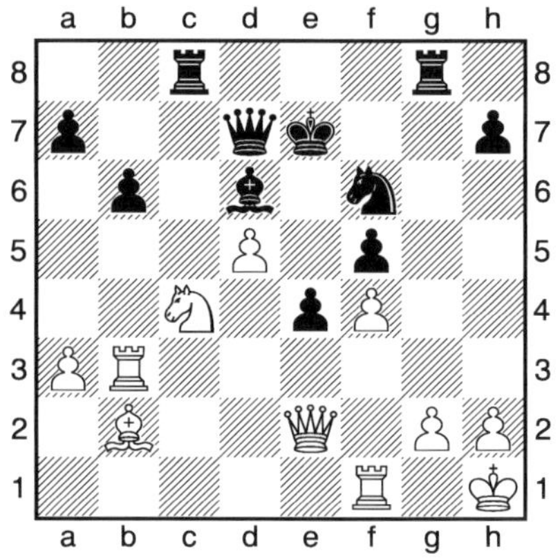

A. Anderssen – P. Morphy

Weiß am Zug

Anderssen, der Kombinationen Suchende, orientiert sich nicht planmäßig an den Schwächen und trifft nicht die stärkste Fortsetzung des Angriffs. Offenbar ist die h-Linie für Schwarz schwach, auch die siebente und sechste Reihe. Andererseits sind die weißen Steine auf c4, e2, f1 in einer Schräge, c4 ist schwach, auch d5. Daher nicht Tb3-h3, wie ein verbreitetes Buch über Morphy angibt, da dann ja ...Db5 folgt, sondern erst Verwertung von Sc4. **1. Le5 Lxe5 2. fxe5 Sxd5 3. Sd6 Tcf8 4. Th3 Tg7** Nach ...Kd8 käme der Angriff auf der d- und der c-Linie, beginnend etwa mit De2-d2. **5. Th5** und Weiß würde durch systematischen Angriff auf die schwachen Bauern mit Übermacht gewinnen. Anstatt dessen wählte Weiß einen weit schwächeren Angriff, ging dann nochmals und nochmals fehl und verlor zuletzt die Partie.

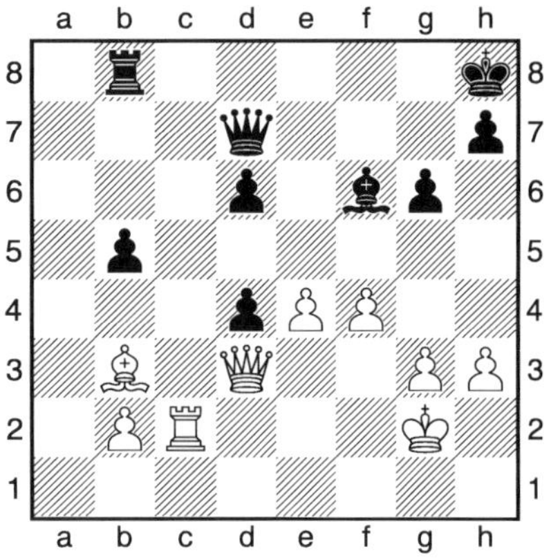

Dr. S. Tarrasch – C. Schlechter

Köln, 1911

Weiß am Zug

Weiß wollte sein Übergewicht an Bauern auf dem Königsflügel zur Geltung bringen. Der richtige Weg dazu war h3-h4, um später einmal h4-h5 oder f4-f5 zu drohen, wodurch g6 und h7 sehr schwach wird Er zog aber **1. g4** Dadurch wird umgekehrt f4 schwach. Nun gibt es mit einem Male eine Verteidigung, die Schwarz aber nicht fand. Schwarz antwortete zunächst richtig **1. ...Tf8 2. g5 Lg7** Nun beabsichtigte Weiß h3-h4, musste dazu erst f4 decken und zog hastig **3. Kg3**, während 3. Tf2 seinen Vorteil noch gewahrt hätte. Da stand, wie als Strafe für den fehlerhaften Plan des Weißen, eine Kombination, eine sehr augenfällige, da sie nur das eine Motiv hatte, mit ...Txf4 die Hemmungen für Läufer und Dame zu beseitigen und die offenbar zum Remis führt (3. ...Txf4 4. Kxf4 Le5+ 5. Kf3 Dxh3+ 6. Kf2 Dh2+ usw.). Schlechter machte keinen Gebrauch von ihr und verlor.

Als Kehrseite seiner Strategie des Angriffs stellt Steinitz eine solche für die Verteidigung auf. Wer im Nachteile ist, muss sich verteidigen wollen, muss Zugeständnisse machen wollen. Aber er darf nur – nach dem Prinzip der Ökonomie – die geringsten Zugeständnisse, die erzwungenen Zugeständnisse machen, keinen Deut mehr. Das ist gleichsam das Ethos der Verteidigung. Um nun den Angriff möglichst zu erschweren, beseitige der Verteidiger, noch bevor die Krisis einsetzt, die schlimmsten Schwächen freiwillig und suche überhaupt an jedem Punkte die nämliche Widerstandskraft zur Verfügung zu haben, so dass eine linea minoris resistentiae kaum zu erkennen ist. Sind die Steinitzschen Regeln für den Angreifer erfolgreich, so müssen mit logischer Notwendigkeit auch die Regeln für den Verteidiger Erfolg haben.

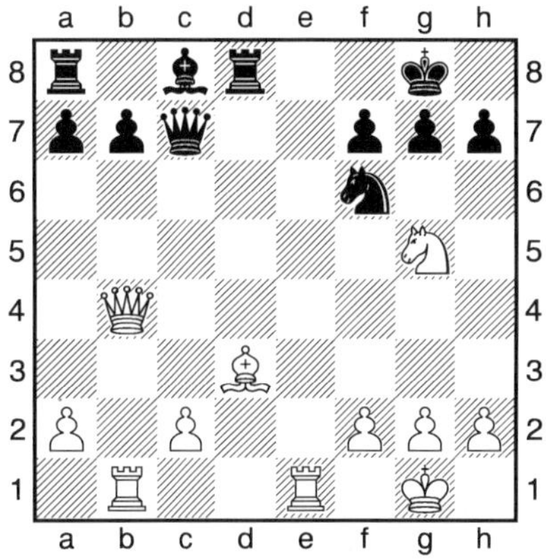

P. Morphy – A. Anderssen
Schwarz am Zug

Anderssen zog hier 1. ...a5, es folgte 2. De7, danach fiel f7. Der Punkt b7 blieb schwach, und Weiß gewann leicht. Vernünftig wäre die Hemmung der b-Linie durch **1. ...b6.** Wenn dann **2. Te7 Dd6**; oder wenn **2. Lc4 Td7**; die Partie ginge so weiter, Schwarz täte sein Bestes und hielte die schwache Stellung, auf dass, wenn er zuletzt doch verlöre, er sagen könne: Alles verloren, doch nicht die Ehre.

Der Zug ...a7-a5 widerspricht der Lehre von Steinitz. Dieser Zug ist aggressiv, obwohl Schwarz offenbar ungünstig steht. Er lässt den b-Bauern fast hilflos zurück. Er drängt die Dame auf ein Feld, wo sie ihre Wirkung vergrößert. Er geht verschwenderisch um mit den Mitteln der Verteidigung.

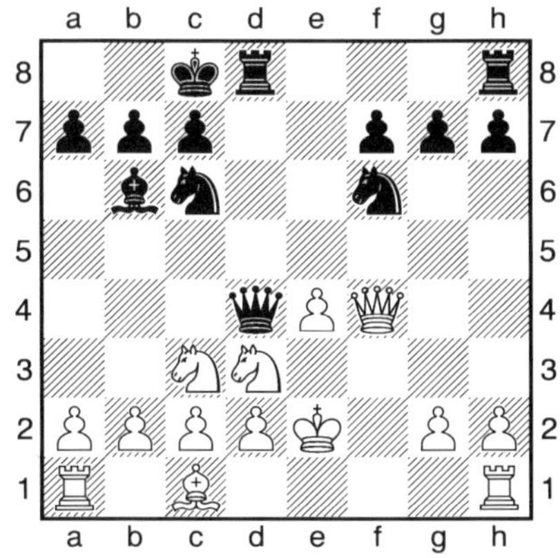

W. Steinitz – C. Golmayo
Weiß am Zug

Der weiße König ist exponiert, aber Weiß hat einen Bauern mehr. Wie hält Weiß die Stellung? Indem er die größten Schwächen stärkt. Das sind c2 und g2. Auch hemmt Sd3 den Bauern d2, der die Funktion hat, den exponierten Bauern e4 zu decken. Daher ist der Zug, den Steinitz hier machte, fraglos der rechte: **1. Se1!** Schwarz, im Bestreben, d2-d3 hintanzuhalten, zog nun **1. ...Sb4**, mit der Absicht, bei 2. d3 Sxc2 zu ziehen. Weiß antwortete **2. a3** Schwarz erwiderte **2. ...The8** Weiß schlug **3. axb4** und hielt die Stellung, weil er nach **3. ...Sxe4** mit **4. Df5+** einen Zug gewinnen konnte, und gewann.

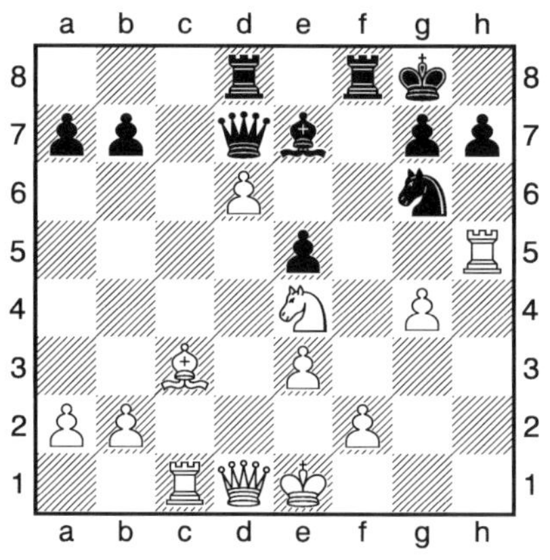

W. Steinitz – M. Tschigorin
Havanna, WM (2), 1889
Schwarz am Zug

Im zweiten Spiel seines ersten Matches mit Steinitz hätte Tschigorin in obiger Stellung, wo er im Nachteil steht, **24. ...Sh4** ziehen können. Dann hätte er nach der Ansicht der Zuschauer die Partie gewonnen. Aber deren Ansicht, die der Theorie von Steinitz widerspricht, war flach. Sie dachten wohl nur an 25. dxe7, worauf folgt 25. ...Sg2+, und dann ist 26. Ke2 schlecht wegen 26. ...Dxg4+, 26. Kf1 aber wegen 26. ...Sxe3+. Auch sahen sie die Drohung ...Sf3. Doch Steinitz hätte einen guten Verteidigungszug gehabt **25. Kf1!**, dessen Idee ist, dem Springer die Alternative, nach g2 zu gehen, zu rauben. Auf 25. ...Db5+ folgt dann einfach 26. De2, auf 25. ...Sf3 aber 26. dxe7, in jedem Falle mit Gewinn für Weiß. Das sah auch Tschigorin und wählte einen anderen Zug, der freilich auch nicht half.

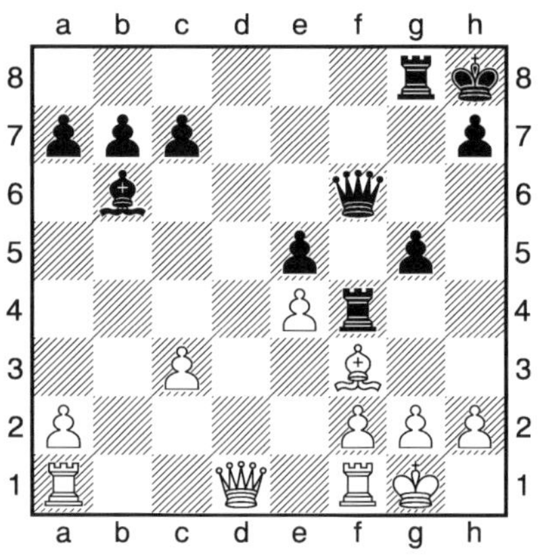

Ponce / Tschigorin – Gavilan / Steinitz
Weiß am Zug

Schwarz droht 1. ...g4 2. Le2 g3 3. hxg3 Txf2 mit unmittelbarem Gewinn.

Die richtige Verteidigung war **1. Kh1,** wodurch die größte Schwäche beseitigt wird. Steinitz führt dazu aus **1. ...g4 2. Le2 Lxf2**, und nun der äußerst wichtige Zug **3. g3**. Die Dame f6 kann zwar einen entscheidenden Angriff machen **3. ...Dh6,** aber sie verlässt dabei den schwachen Posten e5, und Weiß braucht nicht an das verderbliche gxf4 (wegen ...g4-g3) zu denken, noch sich mit Dd3 zu decken, sondern kann durch Gegenangriff auf e5 sofort Ausgleich erzielen **4. Dd5**.

In der Diagrammstellung zog Weiß **1. h3.** Das war eine deutliche Einladung zu **1. ...g4**, die auch prompt angenommen ward. Denn auf 2. Lxg4? folgt 2. ...Tgxg4 3. hxg4 Txf2 mit Zerschmetterung. Also geschah **2. hxg4 h5!** Offenbar darf Weiß wegen ...Txf3 die g-Linie nicht öffnen. Es kam **3. g5 Txg5 4. Kh2 Th4+ 5. Kg1 Df4 6. Te1 Txg2+**, und Weiß wird in zwei Zügen Matt.

Der Zug 1. h2-h3 ist von vornherein äußerst verdächtig, weil der Bauer ja das einzige Fluchtfeld des Weißen, h1, sichert. Wird er dieser Funktion entzogen, so steht der König exponiert. Die allgemeine Regel von Steinitz bestätigt sich hier, wie sie ja gewiss nur seltene und dann nur durch besondere Umstände begründete Ausnahmen erleidet, während sie „ceteris paribus“ immer gilt.

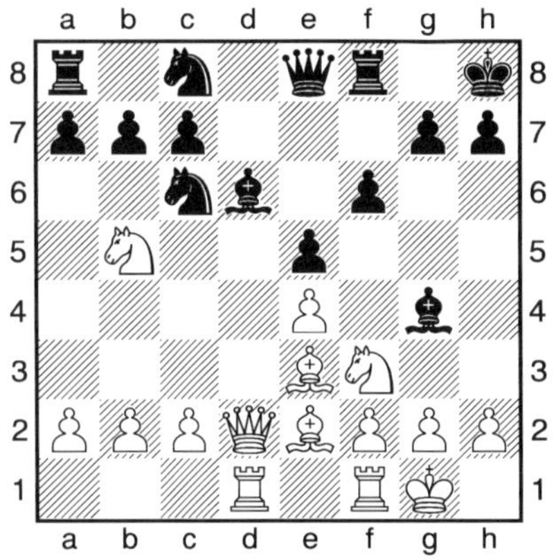

M. Tschigorin – W. Steinitz
Havanna, WM (3), 1889
Schwarz am Zug

Es war der 14. Zug. Steinitz steht bedrängt. Wird er ...a7-a6 ziehen? Doch dann folgt Sb5xd6, und der Punkt b6 bleibt geschwächt. Das wäre ein Zugeständnis, das nicht nötig scheint. Nein, lieber den drohenden Angriff aushalten – zuletzt steht der Springer b5, wenn auch drohend, doch exponiert.

14. ...Sd8 Um auf e6 eine ersprießliche Tätigkeit zu entfalten. Freilich ist der Springer dort nicht ganz sicher. **15. c4** Aber jetzt ist wohl ...a6 dringend geboten? Nein! Noch geht es ohne das. **15. ...Se6 16. h3** Aufforderung, den Läufer zu tauschen. Wenn ihr nicht gefolgt wird, bleibt e6 ungedeckt. Doch die Läufer sind hier stark, möge der Se6 sehen, wo er bleibt, denkt Steinitz. **16. ...Lh5 17. c5** Offenbar, da Läufer und Springer den Bauern c7 decken müssen, darf der Bauer nicht geschlagen werden. Der Angriff wird unbequem. **17. ...Le7 18. Dd5** Bauer b7 und Springer e6 sind angegriffen, und Se6 muss c7 halten. Manch einem würden nun die Sinne schwinden. **18. ...Dc6** Noch hält die Stellung. **19. Lc4** Wieder ist Se6 bedroht, der doch nicht weichen darf. Und der Ausweg 19. ...Dxd5 ist versperrt, darauf würde folgen 20. exd5 Sxc5 21. Sxc7 Tb8 22. Lxc5 Lxc5 23. Se6, und gewinnt die Qualität. – Ist 19. ...Lf7 genügend? Es folgt 20. Dxc6 bxc6 21. Lxe6 cxb5 22. Lxf7 Txf7 23. Td7, und Weiß gewinnt zumindest einen Bauern. – Was nun? Sollten meine Prinzipien falsch sein, denkt Steinitz? – Lass noch einmal sehen. Die Punkte e6, c6, b5 stehen in Frage. Ah, die Rettung! Die Prinzipien sind doch nicht falsch. **19. ...Le8** Man sieht, dass ebenso wie der Springer e6 auch der Springer b5 schwach steht. Noch ist die Phalanx der schwarzen Bauern ungeschwächt, und die Wut des feindlichen Angriffs hat den Höhepunkt überschritten. **20. a4** Ermüdet von dem harten, unerwarteten Widerstand verrechnet sich Weiß. Er sollte auf Sicherung bedacht sein und b2-b4 ziehen. **20. ...Sxc5** Aber auch Steinitz ist ermüdet und vielleicht zu siegesfroh. Richtig war nun, nachdem Weiß sich im Angriff geschwächt hatte, 20. ...a6. Da der Springer nicht weichen darf, sonst fällt c5, ist dann 21. Dxc6 Lxc6 22. Lxe6 axb5 23. axb5 Lxb5 erzwungen, und Schwarz steht gut entwickelt. Es folgte nach dem Fehler von Steinitz **21. Lxc5 Lxc5 22. Dxc6 Lxc6 23. Sxc7** mit Gewinn der Qualität. Steinitz verteidigte die verlorene Position noch 60 Züge lang und streckte dann die Waffen. Eine ehrenvolle Niederlage, denn es gehört moralischer Mut und viel Selbstaufopferung zur Verteidigung.

Mit der Darlegung und Auswertung der obigen Prinzipien hatte Steinitz genug zu tun, um ein arbeitsreiches Leben auszufüllen. Ein Prinzip wie ein Historiker zu verkünden, ist eine einfache Sache, aber es zu finden, zu gestalten und es einer tauben Umwelt, die es unbeachtet lässt und verkennt, hörbar und fühlbar zu machen, erfordert einen ganzen Mann. Auch ist nicht zu verkennen, dass der erste Finder eines großen Gedankens sich mit ihm inniger auseinandersetzt als irgendeiner seiner späteren Jünger. Der Jünger lernt nur, was man sagen und schreiben kann, aber der Finder vermählt sein Blut mit dem Gedanken: bei dem einen sitzt der Gedanke im Verstande und in Begriffen, bei dem andern im Gefühl und im Instinkte.

Dass Steinitz von mir und später auch einigen andern Meistern im Spiel über dem Brett besiegt ward, beweist keineswegs einen Mangel seiner Theorie. Diese ist und bleibt genial und richtungweisend. Beim Spiel über dem Brett erhebt sich kein Mensch weit über die Umwelt, in der er seine schöpferischen Jahre zugebracht hat. Es ist eine sehr alte und sehr tiefe Wahrheit, dass die Natur nichts umsonst tut. Ein Gedanke, eine Theorie ist für die Jahrtausende da; der Gedanke von Hammurabi lebt noch heute, die Philosophie Platons ist noch lebendig; die Praxis lebt für die Umwelt und altert in einer einzigen Generation; die Kämpfe Hammurabis, die Sorgen und Taten Platons sind vergessen. Es wäre eine unnütze Anstrengung gewesen, hätte die Natur Platon außer zur Philosophie auch für praktische Dinge, etwa den Gartenbau oder die Politik von Athen, hervorragend begabt. Steinitz' Begabung als Schachspieler reicht nicht an die Begabung von Blackburne oder Zukertort, die er doch besiegte, weil er ein großer Denker war und jene es nicht waren. Daher, als Schachmeister erstanden, die für das systematische Denken trainiert waren und die also mindestens das in Begriffen Ausdrückbare der Steinitzschen Theorie verstanden, und die außerdem noch für das praktische Schachspiel urwüchsiges Talent mitbrachten, ward Steinitz eine Aufgabe gestellt, der er in seinem Alter nicht mehr gewachsen war.

Was Steinitz heutzutage geleistet hätte, ist schwer zu sagen. Er war ein Kämpfer, und also hätte er auch heute, wäre er auch nicht der allererste geworden, mit Ehren bestanden.

Ich komme nun zu den Lücken, die Steinitz in der Theorie noch gelassen hat, da ihm das zu lösende Problem nie oder doch zu spät demonstriert ward.

Steinitz spricht sich nirgends über die Strategie eines Spielers aus, der sich weder als Angreifer noch als Verteidiger fühlt. Was soll man in einer ausgeglichenen Stellung tun, in der an keinem Punkte Angriff und Verteidigung die Bahn vorschreiben? Diese Frage hängt innig mit einer Anschauung zusammen, die Steinitz für seine praktischen Regeln annimmt, die aber keiner für alle Kämpfe gültigen Regel entspricht und die auch beim Schach nicht strenge zutrifft. Es wird sich lohnen, auf diese Frage einzugehen, da sie für das Positionsspiel, welches Angriff und Verteidigung lange, bevor sie aktuell werden, vorbereiten soll, von hohem Belang ist.

Bei Steinitz, wie oben dargelegt, spielt das Prinzip der Häufung kleiner Vorteile eine große Rolle. Es gründet sich auf die Vorstellung, dass Vorteile gleichsam Gewichte sind, so dass zwei Vorteile gleichsam die Summe zweier Gewichte sind. Diese Vorstellung kommt im Schachspiel der Wahrheit nahe, doch zeigt schon das Beispiel der Bauernketten, wo doch nach den Lehren von Steinitz der Wert zweier Bauern je nach ihrer Stellung sehr veränderlich sein kann, dass der Vergleich des Wertes mit einem Gewichte hinkt.

In der Tat gibt es einen Wert des Zusammenspiels von Steinen, und auch im Schachspiel ist er deutlich fühlbar. Wie für Zwecke der Verteidigung, des Ausharrens, die Phalanx die stärkste, weil beweglichste Form der Bauernreihe ist, so wirken für solche Zwecke immer Steine gut zusammen, die einander ergänzen; nicht aber Steine, die ihre Wirkung verdoppeln. Zwei Läufer ergänzen sich immer, bei ihnen ist der Wert des Zusammenspiels auch spürbar. Zwei Springer, die nebeneinander oder doch so stehen, dass sie ihre Wirkung gleichmäßig auf einen Komplex wichtiger Punkte verteilen, sind für das Ausharren stärker als zwei Springer, die einander decken. Kurz, die Idee der „Phalanx“ wiederholt sich bei den Offizieren. Ein in der Praxis des Schachmeisters oft vorkommender Fall betrifft das Zusammenspiel von Läufer und Bauer. Offenbar entspricht es der obigen Erwägung, zum Zwecke einer beweglichen, kräftigen, nicht passiven Verteidigung den Bauern nicht auf die Farbe des Läufers zu stellen; erst so ergänzen sich ja die beiden.

Natürlich kann man gezwungen werden, die stärkste Stellung aufzugeben, entweder durch Angriff des Gegners oder weil man selbst angreift und daher Wirkungen verdoppeln muss, aber man sollte, den Regeln von Steinitz folgend, nur dem Zwange nachgeben und nicht ohne Not, ohne Gegengewicht, die schwächere Lage einnehmen. In der schwächeren Lage hat man an Beweglichkeit eingebüßt, die schachliche Kraft ist da gleichsam erstarrt und kommt erst wieder in Fluss, sobald, etwa durch Hilfe von anderswo, die Stellung der „Phalanx“ wieder eingenommen ist.

Diese Regel sei durch einige Beispiele erläutert. Wie bei allen Regeln über Werte, sind die Beispiele im Wesentlichen auf das Material beschränkt, für das die Regel gelten will, während die Praxis ungemein vielfältiger ist; mit Hilfe des Begriffs des Wertes und des „ceteris paribus“ soll ja das Verwickelte durch das Einfache erläutert werden.

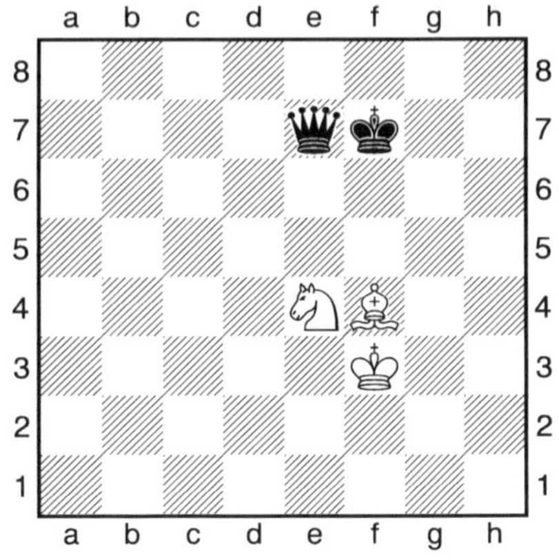

Springer und Läufer ergänzen sich hier nicht, der Springer gehört nach g3, um mit dem Läufer eine Phalanx zu bilden, die den schwarzen König abhält. Daher kommt eine gewisse Verlustgefahr. Beispielsweise **1. ...Db7 2. Ke3 Dc6 3. Sg3 Dg2.** Weiß ist in Schwierigkeiten, da wegen der ungeschickten Stellung des Springers der König sich hat von seinen Figuren etwas trennen lassen.

In der nächsten Stellung kann Schwarz nicht gewinnen, da er keinen der Bauen vorwärts bringen kann.

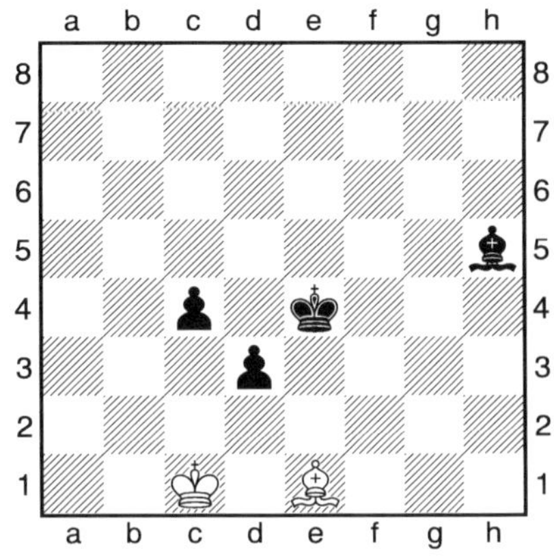

Beispielsweise **1. ...Kd4 2. Kb2 Ke3 3. Kc1 Ke4 4. La5.** Hätte Schwarz noch einen Bauern auf b5, so vermöchte er zu gewinnen, indem er Bauern d3 opfert **1. ...Ke3 2. Ld2+ Ke2 3. Lc3 d2+ 4. Lxd2 Kd3** und bringt Bauern c4 nach c3, später b5 nach b4 und gewinnt. In der gegebenen Stellung ist der Lh5 völlig untätig; die Bauern haben ihm alle Arbeit weggenommen. Der Läufer ist tot, die Stellung erstarrt.

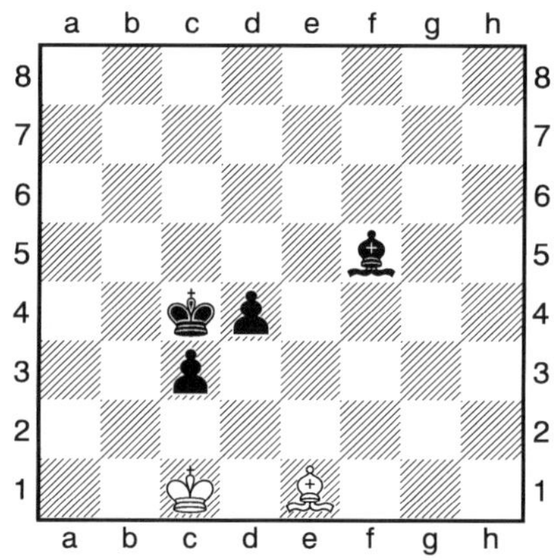

Schwarz gewinnt leicht, etwa wie folgt **1. ...d3 2. Kd1 Lg4+ 3. Kc1 Lh5** Da Weiß nun ziehen muss, kann er den Punkt d2 nicht länger verteidigen. Die Stellung von Bauern und Läufer ist lebendig.

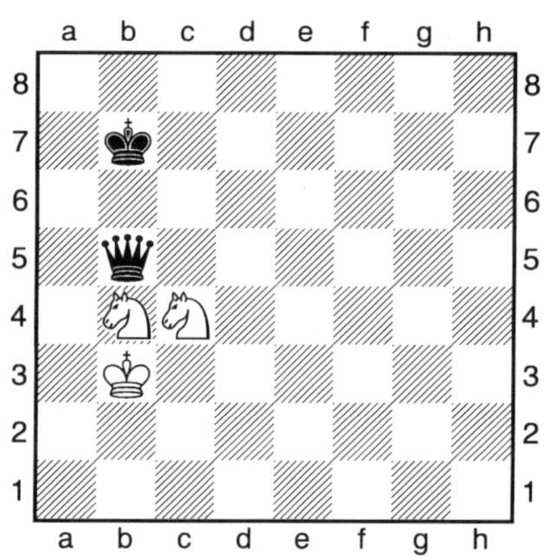

Schwarz am Zug

Weiß kann die Annäherung des schwarzen Königs verhindern und remis machen.

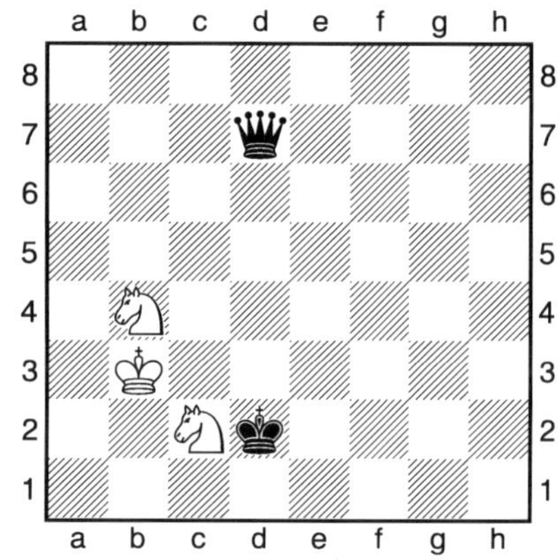

Schwarz am Zug

Die Springer haben Schwierigkeiten. Schwarz treibt den weißen König fort, setzt ihn patt, dann muss einer der Springer ziehen und beide gehen verloren. Beispielsweise **1. ...Df7+ 2. Kb2 Dc4 3. Ka3 Kc3 4. Ka4 Dc5,** und die Katastrophe steht vor der Tür.

Zusammenspiel der Figuren

Ohne diese Beispiele zu sehr mehren zu wollen, gehen wir nun dazu über, das Prinzip, auf dem das Zusammenspiel der Figuren beruht, in Worten auszudrücken. In Worten ausdrücken ist immer eine missliche Aufgabe, denn das Wort ward nicht am Schachspiel geprägt, sondern am Leben. Es ist mit Leben imprägniert, und wie sollte sich das kleine Schachspiel mit dem unendlichen Leben irgendwie in Vergleich setzen wollen.

Aber die Aufgabe muss irgendwie gelöst werden, denn man lernt keine Kunst, wenn man sich ängstlich auf sie allein beschränkt, man muss sie in ihrem Zusammenhang erkennen, auch in ihrem begrifflichen Zusammenhang mit den Dingen und dem Leben außer ihr.

Beim Zusammenspiel der Figuren denkt man naturgemäß an soziale Bindungen: an Freundschaft und Feindschaft und das Leben in Gemeinschaft. Eine Figur wird von andern unterstützt, andere wiederum bekämpft sie, und in diesem Zusammenhang sind ihr Aufgaben, Funktionen zugewiesen. Wie soll nun der Schachmeister seine Figuren nützen? Genauer gesagt, wie soll er sie unterstützen, welche Funktionen soll er ihnen aufgeben?

Da lautet die Antwort des praktischen Schachmeisters, dass er die Figuren nach ihrem Wert unterstützt sowohl wie ausbeutet Nur dass der Wert der Figuren wandelbar ist, indem eine tätige Figur für die Zeit ihrer Tätigkeit mehr wert ist als eine untätige. Hat ein Stein die feindliche Aktion auf sich gezogen, so hat er an Wert gewonnen und verdient Unterstützung. Ist ein Stein nicht genügend beschäftigt, so muss er herangezogen werden, um an den alten Problemen mitzuarbeiten und neue zu stellen. Nur muss man es vermeiden, ihm schon getane Arbeit zu übertragen; er soll die Arbeit der andern ergänzen, nicht verdoppeln. Dafür genießt er Sicherheit, und zwar erhält die wertvollere Figur die größere Aufgabe wie die größere Sicherheit.

Wer sich nun fragt, was diese praktische Regel anderswo, außerhalb des engen Schachbretts, bedeutet, wird zu einem sozialen Prinzip geführt. Nur dass dies soziale Prinzip im Leben nicht befolgt wird, weil vorderhand das Leben nicht von Meistern geformt, geleitet, beherrscht wird; tatsächlich wird unser Leben geleitet von vielen mittelmäßig begabten Leuten, worunter einige Talente, wenige und seltene Genies, und so gut wie gar keine uninteressierte Menschen. Irgendein Sonderinteresse, und sei es nur das nationale, haben unsere Staatsmänner alle. Später einmal wird das anders sein. Inzwischen müssen wir für das obige Grundprinzip doch irgendein Wort haben, auch wenn dies Wort, durch unsere Historie befleckt, nicht zur rechten Geltung gelangen kann. Und mit diesem Vorbehalt scheint mir das Wort „Gerechtigkeit“ noch am ehesten zu passen.

Prinzip von der Gerechtigkeit! Du bist eine in der Geschichte wirksame Macht trotz allem. Die Lügner müssen, wollen sie dich auch verletzen, dennoch vor dir heucheln. Ihre Heuchelei ist der Tribut, den sie zahlen. Und damit erkennen sie an, dass der wahre, der meisterliche Staatsmann dir folgt und dich verehrt.

Nun, auf dem Schachbrett der Meister gilt Lüge und Heuchelei nicht lange. Sie werden vom Wetterstrahl der schöpferischen Kombination getroffen, irgendwann einmal, und können die Tatsache nicht wegdeuteln, wenigstens nicht für lange, und die Sonne der Gerechtigkeit leuchtet hell in den Kämpfen der Schachmeister.

Und wie das Kleinste mit dem Größten zusammenhängt durch Analogie, so ist das kleine Schachspiel einer der Schlupfwinkel, in denen sich das Prinzip der Gerechtigkeit verbergen und neue Nahrung und neue Lebenskraft holen kann, wenn es vor der Macht der Cliquen der Mittelmäßigen sich zurückziehen muss. Spätere Geschlechter, nicht so beschränkt und so engherzig wie das unsere, werden dies Verdienst des Schachspiels einmal erkennen und würdigen.

Doch gehen wir nun an unsere Arbeit. Sie soll sich zwar gelegentlich an weiten Ausblicken orientieren, aber darf sich nicht an sie verlieren. Die Prinzipien müssen vom Himmel der Ideale bis zum Erdboden der praktischen, der täglichen Wirksamkeit reichen.

Da die wertvollere Figur die größere Sicherheit genießen muss, so müssen die am wenigsten geschätzten Steine vorangehen und den gegnerischen Angriff auf sich ziehen; freilich nicht vorangehen, um dort untätig, unbeachtet zu sein.

Turm und Bauer

Ein gutes Beispiel ist Turm und Freibauer: der Freibauer voran, der Turm, ihn stützend, hinterher, so erzwingt sich der Freibauer Beachtung. Ein schwacher Bauer dagegen muss vom Turm nach Möglichkeit seitlich geschützt oder durch Gegenangriff kompensiert werden, denn die große Kraft des Turmes strebt nach Gegenangriff, sogar so sehr, dass er den Bauern eher preisgibt, als sich an ihn ängstlich zu binden.

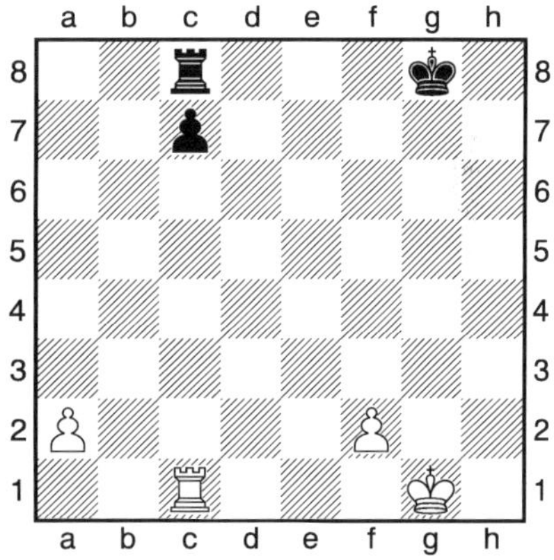

Weiß zieht und gewinnt

Die stärkste Kraft steckt im a-Bauern, da der feindliche König weit entfernt, daher **1. a4 Ta8 2. Ta1** und nun marschiert der König zur Unterstützung des a-Bauern, also etwa **2. ...Ta5 3. Kf1 Kf7 4. Ke2 Ke6 5. Kd3 Kd5 6. Kc3 Kc5** Nun können die weißen Figuren ihre Stellung nicht wesentlich verbessern, jetzt muss der f-Bauer reden. **7. f4 Kb6 8. Kd4 Tf5 9. Ke4 Tf8 10. a5+ Ka6 11. f5**. In dieser Stellung ist das Zusammenspiel von König und f-Bauer gegen den Turm vollkommen, der König schützt den Bauern, der Bauer deckt den König vor den Schachgeboten. Weiß gewinnt nun leicht.

Springer und Bauer

Der Springer steht ungünstig vor seinem Bauern, da der Bauer gehemmt ist, ohne dass er dem Springer nützt Er bildet eine Phalanx schräg hinter seinem Bauern, da er mit dem Bauern vier zusammenhängende Felder der vor dem Bauern befindlichen Reihe beherrscht. Nicht ganz so stark, aber noch trefflich, steht er zwei Felder seitlich vom Bauern, wo ihn der Bauer vor dem Angriffe des Todfeindes des Springers, des feindlichen Bauern, wenigstens auf einer Seite schützt und mit dem Bauern drei zusammenhängende Felder beherrscht werden. Deckt der Springer den Bauern, so ist die Stellung defensiv, jedoch starr; so ist es auch, wenn der Bauer den Springer deckt. Je ferner der Bauer dem Springer, desto loser, im Allgemeinen, das Zusammenspiel. Der Wert des Springers steigert sich daher, wenn die Felder, auf die es ankommt, eng zusammenliegen. Und er steigert sich relativ, wenn viele Hemmungen vorhanden sind, da dann Läufer, Turm und Dame in ihrer Beweglichkeit und Wirkung eingeschränkt sind, der Springer aber nicht.

König und Bauer

Das Zusammenspiel von König und Bauer ist für den König von großem Belang, denn ein Bauer ist fast stets in der Gesellschaft des Königs. Für die Verteidigung steht der König am besten gerade hinter seinem Bauern, geschützt gegen Angriffe von vorn und gegen den Springer; für den Angriff steht er am besten, sofern er einen Freibauern geleitet, schräg vor seinem Bauern. Schwächer steht der König schräg hinter seinem Bauern, sowohl für den Angriff wie für die Verteidigung, außer dass die eine Seite des Bauern für den König bereits sehr unsicher geworden ist, wobei natürlich der König gut tut, sich der geschützten Seite möglichst zu nähern. Aber diese Betrachtungen gelten ja nur unter der Bedingung des „ceteris paribus“; sie sollen Anleitungen oder Anweisungen für gewisse Bewertungen sein und so eine Methode lehren, nicht aber deren Ergebnisse vollständig vorwegnehmen. Daher überlasse ich die weitere Ausgestaltung dem Leser.

Das Moment des Gegenspiels

Ich möchte Schüler heranbilden, die das Vermögen haben, selbst zu denken und Kritik zu üben. Nicht bloße Begriffe, bloße Allgemeinheiten will ich sie lehren, sondern ihnen ein lebendiges Gut reichen, das wachsen und kämpfen, blühen und sorgen kann, und das Lebenskraft hat. Sie müssen bereit sein, ihre Begriffe und Gesetze und Bewertungen auf die Probe zu stellen, einmal und noch einmal und wiederum, fleißig und gut gelaunt, aus Freude an dem schönen Gesetze und aus Verehrung für die Tatsachen. Die Tatsache und das Gesetz – Weib und Mann – die Tatsache weigert sich, neigt sich, weigert sich, ist unendlich; das Gesetz will Endlichkeit, soll sie wollen, erreicht sie nie. So ist’s in der Welt, so auch, beinahe, auf dem Schachbrett.

Ebenso wie es wahr ist, dass der Wert mehrerer Steine nicht als bloße Summe der Werte der einzelnen Steine aufzufassen ist, da doch auch das Moment des Zusammenspiels der betreffenden Steine zu bewerten ist, ebenso ist es wahr, dass ein Stein durch einen gleichwertigen feindlichen nicht ohne weiteres kompensiert wird, sondern dass dabei noch ein Moment des Gegenspiels zu bewerten steht. Und dies Moment ist immer zu beachten, auch wenn die Werte der feindlichen Steine grundverschieden sind. Welches ist nun das Grundprinzip, nach dem der Meister über dies Gegenspiel zu urteilen hat? Nach den obigen Erwägungen muss es aus zwei logischen Grundsätzen bestehen: erstlich einem Grundsatze der „Gerechtigkeit", wonach, was stärker ist, mehr leisten soll, und zweitens dem Grundsatz des „ceteris paribus".

Nehmen wir den häufigen Fall des Kampfes eines Offiziers gegen Bauern. Offenbar muss der Offizier gemäß seiner stärkeren Kraft die Bauern zu erobern oder zumindest zu blockieren trachten. Ist dies erreicht, so tritt damit ein Wartezustand ein, der so lange anhält, als nicht neue Kraft auf dem Kampfplatze erscheint. (Man vergleiche hierzu die Ausführungen von Nimzowitsch „Die Blockade".) Wird der Wartezustand nicht erreicht, so muss dafür ein Grund erweislich sein, beispielsweise eine Kraft, die den Bauern zu Hilfe kommt.

Ein anderes häufiges Beispiel ist der Kampf von Läufer gegen gleichfarbigen Läufer, Turm gegen Turm, Dame gegen Dame. Sie werden trachten, wichtige Aufgaben zu erfüllen, werden in diesem Bestreben kollidieren und einander angreifen. Kann man Läufer, Dame oder Turm so aufstellen, dass sie stark wirken, ohne dass der Gegner Tausch anzubieten vermöchte, ist man insofern im Vorteil.

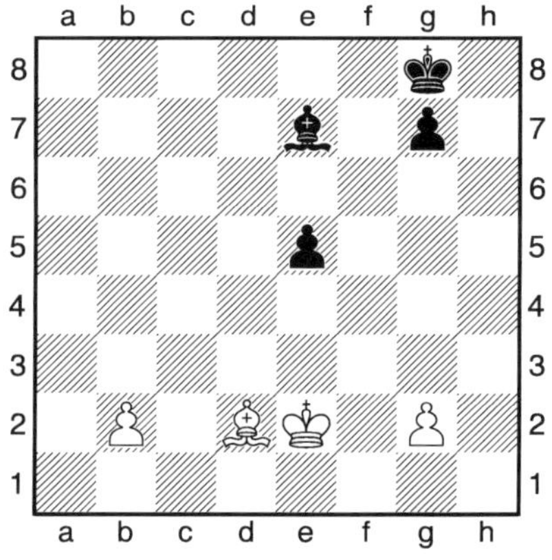

Weiß zieht und gewinnt

1. Lc3 Ld6 2. Ke3 Kf7 3. Ke4 Ke6 4. b4 Lc7 Schwarz will den Bauern von b6 fernhalten. **5. b5** Aber dem Schwarzen gehen die Züge aus. **5. ...Kf6 6. g4 Ke6 7. g5 g6 8. Lb2** Schwarz ist im Zugzwang. – Man ersieht aus diesem Beispiele deutlich die größere Kraft des weißen Läufers, dem sich der schwarze nicht entgegenstellen kann. Freilich hat Weiß außerdem noch den Vorteil, den Bauern e5 blockieren zu können. Diese beiden Vorteile ergeben ein für den Gewinn genügendes Plus.

Das Gegenspiel von Läufer gegen gleichfarbigen Läufer wird erläutert durch folgende Aufgabe.

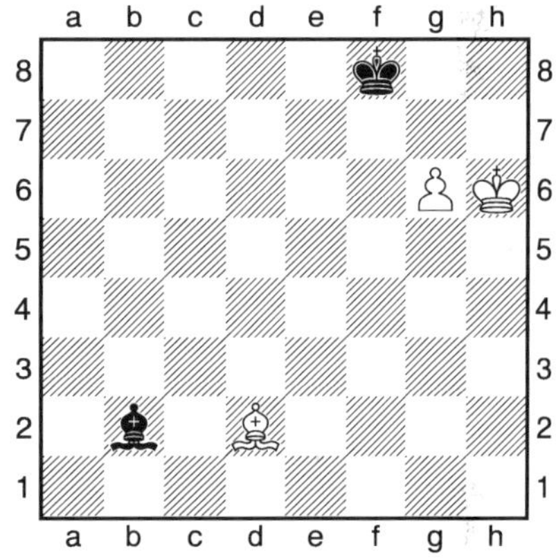

Weiß zieht und gewinnt

Hier handelt es sich offenbar um die Eroberung der Punkte g7 und g8, auf dass der Bauer zur Dame geht. Der Punkt g8 kann nur vom Könige erobert werden, und zwar nur, solange der schwarze König dort nicht steht, also eilig **1. Kh7** Nun muss noch g7 erobert werden. Schwarz wartet **1. ...Ld4 2. Lh6+ Ke8 3. Lg7** Da Weiß das Übergewicht auf g7 hat, stellt er Schwarz vor die Wahl: Abtausch oder die Preisgabe der langen Schräge. Die erste Alternative hieße Verlust. Sonach **3. ...Lc5**

4. Lb2 Lf8 Die kurze Diagonale f8, g7, h6 ist aber dem Schwarzen leicht zu entreißen, da g7 und h6 vom Weißen schon erobert sind. Es kommt wieder das typische Manöver **5. La3** und gewinnt.

Mangel des Zusammenspiels der Steine zeigt sich oft schon durch eine starke räumliche Distanz des Standortes der Steine an. Oft, nicht immer. Zuletzt ist immer der Geist maßgebend, nicht Äußerliches. Aber bei der einfachen Geometrie des Schachbrettes und seiner Steine ist die Distanz ein erster, wenn auch manchmal ungenauer Gradmesser für die Enge des Zusammenspiels; nahe beieinander stehende Steine derselben Partei haben naturgemäß Funktionen, die sich ergänzen, und Wirkungen, die einander verstärken. Zwei einander nahe gerückte feindliche Steine haben fast immer intensiven Konflikt. Ist die Distanz zweier verbundener Steine, etwa zweier Springer, sehr groß, so ist ein Zusammenspiel erst in der Zukunft möglich oder kann nur in dem gemeinsamen Bestreben bestehen, dass beide denselben Gegner beschäftigen, so dass etwa der eine sich zu opfern bereit ist, um den andern zu verstärken.

Einige Beispiele werden das eben Gesagte verdeutlichen. Ein Läufer auf b2 und ein Turm auf der g-Linie wirken zusammen, wofern g7 Angriffsziel ist, bei ihnen ist also die räumliche Distanz nicht notwendig Zeichen von Anarchie. Aber auch bei ihnen ist das Zusammenspiel enger, sofern sie näher zusammenstehen, wenn etwa der Läufer auf f6, der Turm auf g5 steht; sie stehen dem Feinde näher, blockieren ihn mehr, der Läufer greift zudem noch e7 und d8 an, auch deckt er den Turm. Stände ein Springer auf b2, ein anderer auf g3, so wäre ein Zusammenspiel nur in der Mitte vorhanden, etwa auf den Feldern d3 und e4, auch dann nur lose, für andere Zwecke müssten sie, um zu kooperieren, sich einander erst nähern. Ein Zusammenspiel des a- und h-Bauern ist fast unmöglich, es ist nur so zu erreichen, dass der eine droht, während der andere angegriffen und bedrängt wird; so etwa, wenn die beiden Freibauern sind. Durch das Zusammenspiel des a- und g-Bauern und des Königs werden wir überrascht wie im folgenden hübschen Endspiel.

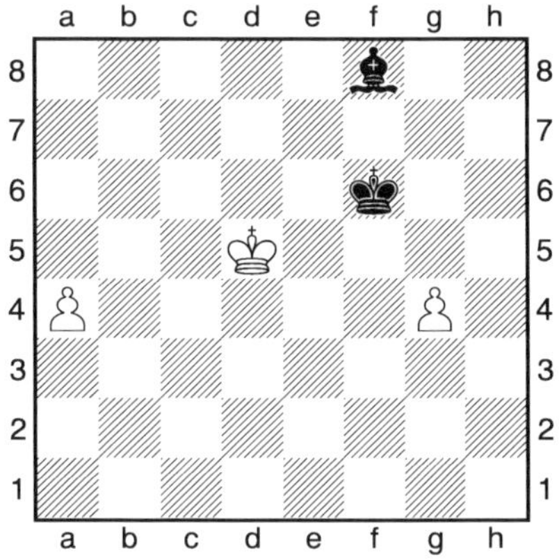

Weiß zieht und gewinnt

Weiß nimmt das Feld a5 und braucht nur noch a7 glücklich zu passieren, um den Bauern zur Dame zu führen. Schwarz eilt, das Feld a7 zu beherrschen. **1. a5 Lh6** Auf 2. Ke4 würde nun 2. …Lf8 folgen, damit der Läufer die Schräge g1 bis a7 erreicht. Hier hat der Bauer g4 die überraschende Möglichkeit, mitzuwirken. **2. g5+ Lxg5** Der König darf nicht schlagen, um nicht den Läufer zu hemmen. **3. Ke4 Lh4 4. Kf3** So hindert der König den Läufer, zurzeit auf die ersehnte Schräge zu gelangen, und der a-Bauer marschiert ungehindert.

Wir sind durch obiges Spiel überrascht, denn ein solches Zusammenspiel ist eine seltene Ausnahme. Gewöhnlich heißt es für den einen Flügel, sich zu verteidigen, sobald die Parole lautet, auf dem anderen Flügel anzugreifen. Man vergleiche mit obigem Spiel das Folgende; das Zusammenspiel der Bauern ist uns da selbstverständlich.

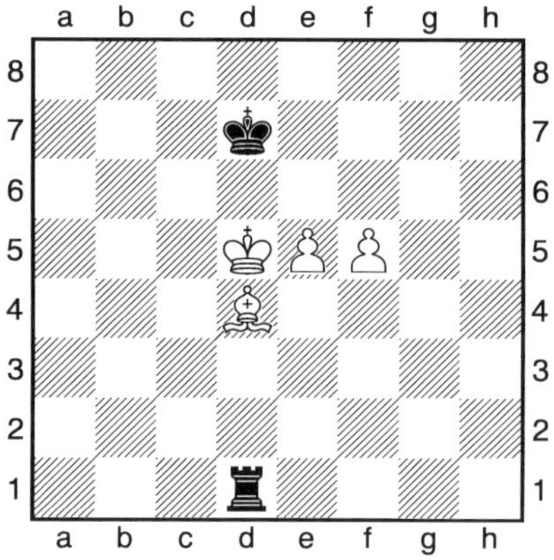

Weiß gewinnt

Weiß gewinnt, ob mit oder ohne Zug, da es dem Turme nicht gelingt, sich für die beiden Bauern zu opfern. Das Zusammenspiel erfordert, dass der König und ein Bauer das Vorgehen des anderen Bauern auf weißen Feldern unterstützen, der Läufer auf schwarzen Feldern. Also etwa: **1. e6+ Ke8 2. f6 Tf1 3. Ke4** Der König strebt nach g6. **3. ...Kf8 4. Le5 Ke8 5. Lf4 Kf8 6. Kf5 Ke8 7. Kg5 Tg1+ 8. Kh6 Tf1 9. Lg5 Te1 10. Kg7** gewinnt.

Stellungen des Gleichgewichts

Im Übrigen beruht das Spiel in Stellungen des Gleichgewichts auf der Lage der schwachen und starken Punkte. Sie treten in den Vordergrund, sie sind hochwertig, die Leistung an ihnen ist die bedeutsame.

A. Rubinstein – G. Salwe

Lodz, 1908

1. d4 d5 2. Sf3 c5 3. c4 e6 4. cxd5 exd5 5. Sc3 Sf6 6. g3 Sc6 7. Lg2 Schon dieser Modus der Entwicklung des Läufers geschieht im Hinblick auf die Wirkung am schwachen Punkt d5. **7. ...cxd4 8. Sxd4 Db6 9. Sxc6 bxc6 10. 0–0 Le7 11. Sa4** Jetzt ist c6 schwach, der Punkt davor, c5, ein starker Punkt des Weißen. Weiß konzentriert sich auf c5 und c6. **11. ...Db5 12. Le3 0–0 13. Tc1 Lg4** Schwarz sollte lieber nach d7 gehen, um von da oder e8 aus c6 zu stützen. **14. f3 Le6 15. Lc5 Tfe8 16. Tf2 Sd7 17. Lxe7 Txe7 18. Dd4 Tee8 19. Lf1 Tec8 20. e3 Db7 21. Sc5 Sxc5 22. Txc5** Nun hat Weiß den Punkt c5 erobert und damit c6 fixiert; das ist die Vorbedingung für Konzentration gegen c6. **22.…Tc7 23. Tfc2 Db6 24. b4** Es droht b4-b5. Zu 24.…Ld7 ist keine Zeit mehr. Es folgt dann 25. b5 und auf 25. …Tac8 26. Dc3, und Schwarz kann sich nicht mehr befreien. Auf 25. …Tcc8 aber geht 26. bxc6 Lxc6 27. Dxd5 oder Dc3. **24. ...a6 25. Ta5 Tb8 26. a3 Ta7** Schwarz kann nicht alle seine Schwächen decken. **27. Txc6 Dxc6 28. Dxa7 Ta8 29. Dc5 Db7 30. Kf2** Deckung der eigenen Schwächen, insbesondere der zweiten und dritten Reihe. **30. ...h5 31. Le2 g6 32. Dd6** Die c-Linie ist wichtig, da frei. **32.…Dc8 33. Tc5 Db7 34. h4 a5 35. Tc7 Db8 36. b5 a4 37. b6 Ta5 38. b7** Aufgegeben.

Man ersieht aus dieser Partie, wie viel mehr die Leistung der Figuren an den schwachen Punkten wiegt als an irgend anderen Punkten.

O. Duras – A. Rubinstein

St. Petersburg, 1909

1. e4 e5 2. Sf3 Sc6 3. Lb5 a6 4. La4 Sf6 5. d3 d6 6. c4 Dieser Vorstoß entspringt einer Überschätzung der weißen Position. Zwar wird Schwarz an …d6-d5 gehindert, aber d4 und d3 bleiben geschwächt Zudem zählt in der Eröffnung der Verlust eines Zuges an der Entwicklung. **6. …g6 7. d4 exd4 8. Sxd4 Ld7 9. Sxc6 Lxc6 10. 0–0 Lg7 11. Sc3 0–0 12. f3 Sd7 13. Le3 Se5 14. Lb3 b6** Damit wird c4-c5 verhindert und Lb3 bleibt gehemmt, c4 Angriffsobjekt. **15. f4 Sd7** Nun ist c4 aus unmittelbarer Gefahr, jedoch e4 wird schwach. **16. Ld4 Sc5 17. Lxg7 Kxg7 18. Lc2 a5** Damit sichert sich Schwarz die starke Stellung des Sc5. **19. Dg4** Wohl um f4-f5 zu drohen, aber Weiß richtet sich hier nicht nach Schwächen und Stärken, sonst würde er Dd1-d4+ gezogen haben, von wo die Dame die schwarzen Punkte und e4 schützt. Wollte er aber Damentausch vermeiden, musste er sogleich f4-f5 ziehen und in Kauf nehmen, dass sich der schwarze Springer auf e5 festsetzt, wofür als Entgelt Weiß die f-Linie beherrscht. **19. …Sxe4** Schwarz will die f-Linie beherrschen, selbst wenn er dafür Weiß des schwachen Bauern c4 entledigen muss. **20. Sxe4 f5 21. Df3 fxe4 22. Lxe4 Lxe4 23. Dxe4** Jetzt ist f4 schwach, und d4 wie e4 sind schwache Punkte. **23. …Df6** Man erkennt bei Rubinsteins Spiel immer die Richtung auf die Schwächen. Wie sich diese wandeln, so wandeln sich seine Ziele. **24. Tf2 Tae8 25. Dd5 Df5** Schwarz erobert sich die freie Linie zu dauernder Beherrschung. **26. Td1 Te4 27. g3 Tfe8 28. Kg2 h5** Damit wird …h4 vorbereitet – c4 und f4 sind Angriffsziele, e4 und d4 schwache Punkte. **29. b3 Te3** Vorbereitung zu a5-a4 nebst Zerreißung der weißen Bauernstellung. **30. Td4 Kf6** Um bei der Liquidation durch h5-h4 mit dem König bereit zu stehen, wenn nötig, nach f5 und g4 vorzudringen. **31. h3** Das erleichtert die Aufgabe des Schwarzen, denn nun verliert der Bauer g3, der f4 zu schützen hat, seine Deckung, und also wird nun g3 schwach. Weiß sollte stattdessen die zweite Reihe befestigen, wo seine Stützpunkte liegen, also Td4-d2 ziehen. Df5-g4 brauchte er nicht zu fürchten, da ihm dann Tf2-f3 zu Gebote stand. **31. …h4 32. Dxf5+ gxf5 33. gxh4 Tg8+ 34. Kf1** Der Bauer h3 ist keineswegs zu halten. **34. …Txh3 35. Ke2 Te8+ 36. Kd2 Txh4** und Schwarz gewann durch sein materielles Übergewicht. Wiederum ist es deutlich, welche Kraft Rubinsteins Spiel gewinnt, indem es sich nach den jeweiligen Schwächen richtet.

Stellungen des Gleichgewichts sind nicht ohne Angriff wie Verteidigung, sie sind im Gegenteil davon erfüllt, nur hält der Gegenangriff dem Angriff die Waage. Die Richtung des Angriffs wie die der Verteidigung wird auch in Stellungen des Gleichgewichts durch die Prinzipien von Steinitz vorgeschrieben. Die Handlung ist dabei nicht so spannend, die Ereignisse haben nicht solche Wucht wie in Stellungen des Übergewichts, aber für den Kenner sind sie sehr bedeutsam. An ihnen prüft sich, ob der Meister die feine Linie des Gleichgewichts innehält. Wer ihre Sprache nicht versteht, kann nicht die Zeichen lesen, die die großen Ereignisse vorhersagen; wer ihre Sprache kennt, hat an jeder logisch verlaufenden Meisterpartie hohen Genuss.

Bei der Befolgung dieser Prinzipien in Stellungen des Gleichgewichts wird man Schädlichkeiten in Kauf nehmen müssen, in Stellungen des Gleichgewichts ist ja jeder Vorteil kompensiert. Da ist es denn Ethos des Schachmeisters, in gutem Glauben zu handeln: sich auf eine kühne Unternehmung einzulassen, wenn er genügend Kompensationen zu haben meint, die tiefe Falle zu verschmähen, sofern er sie durchschaut und ihren schwachen Punkt erkennt. Irren darf man, man darf sich aber nicht selber täuschen wollen. Wer seiner Meinung tapfer folgt, mag verlieren – gewiss –, aber noch sein Verlust ist ihm von Nutzen, sofern er nur dessen Grund einzusehen trachtet, und er wächst zum Meister, Könner, Künstler heran. Wer aber nicht mehr sich selber zu folgen wagt, verliert die Qualität des Kämpfers und reift für den Untergang.

L. de Labourdonnais – A. McDonnell

London (4), 1834

1. d4 d5 2. c4 dxc4 3. e4 e5 4. d5 f5 5. Sc3 Sf6 6. Lxc4 Lc5 7. Sf3 De7 Nicht 7. ...fxe4 8. Sg5. **8. Lg5** Hier musste Weiß rochieren. **8. ...Lxf2+** Wenn 9. Kxf2, so 9. ...Dc5+. **9. Kf1** Besser ist, zu nehmen, um nach 9. Kxf2 Dc5+ 10. Ke1 Dxc4 mit 11. Sxe5 fortzufahren. **9. ...Lb6 10. De2 f4 11. Td1 Lg4 12. d6** Ein Angriff gegen f6, wiewohl dieser Punkt nicht schwach ist. **12. ...cxd6 13. Sd5**

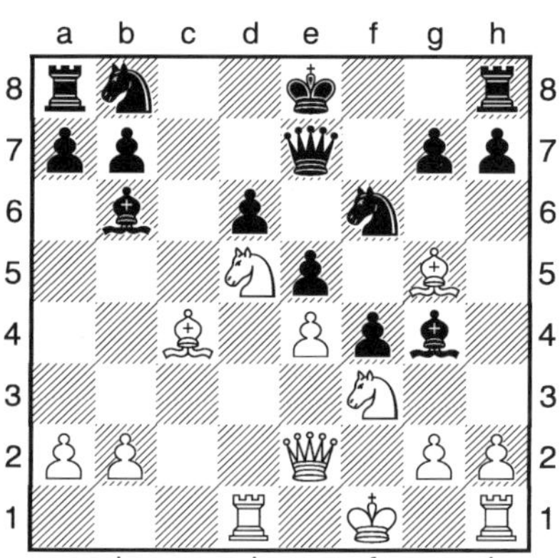

In dieser Lage hat Schwarz die Wahl, ob er den Angriff erdulden oder die angreifenden Figuren schlagen, dabei aber ein Damenopfer bringen will. Zieht Schwarz 13. ...Dd8, so kann 14. Sxf4 folgen, denn 14. ...exf4 15. e5 wäre äußerst bedenklich. Bei 13. ...Df8 wäre die Rochade unterbunden. Als er dies sah, hat McDonnell erwogen, ob der Gewinn zweier Figuren und zweier wichtiger Bauern, wobei ihm e3 als Vorpostenpunkt dient, nicht eine Dame wert sein möge; er hat gewiss geschwankt und sich dann entschlossen. Sein Entschluss ward gefasst, nicht weil er die Zugfolge berechnet hatte, denn die Zahl der Varianten wäre hier tausend, sondern weil er Kraft und Gegenkraft abschätzte und den Mut hatte, seiner Meinung, wiewohl sie paradox schien, zu folgen. **13. ...Sxd5 14. Lxe7 Se3+** Weiß hätte nun die Dame mit De2xe3 zurückgeben und d6 schlagen können, um auf Remis zu spielen; aber auch er folgte seinem Urteil und zog es daher vor, den Kampf zu versuchen. **15. Ke1 Kxe7 16. Dd3 Td8 17. Td2 Sc6 18. b3** Aber hier sollte Weiß, um sich zu entwickeln, ein Opfer anbieten. Mit 18. Tf1 war die Stellung vielleicht noch zu halten; auf ...Tdc8 kam dann Lb3, auf ...La5 Tff2. Der Bauernzug schwächt nur den Punkt c3 und verhindert den Läufer, auf d1 den König zu sichern. Labourdonnais war dies nicht gegenwärtig, denn die Theorie von Steinitz ward erst aufgestellt, nachdem vom Zeitpunkte, wo diese Partie stattfand, fünfzig Jahre verflossen waren. **18. ...La5 19. a3 Tac8** Mit sichern Instinkt trifft McDonnell mit den beiden letzten Zügen den verwundbaren Fleck. Wenn nun 20. b4, so beherrscht Schwarz die c-Linie. Er antwortet dann ...Sxb4 21. axb4 Lxb4 und gewinnt c4 oder, sofern der Lc4 nach a2 zieht, um für Dd3-b3 Platz zu machen, mit ...Lxf3 (worauf Db3 wegen ...Lxd2+ nicht angeht) und ...Tc2 den aktiven Turm. **20. Tg1** In seiner Not jagt Weiß dem Phantom eines Angriffs auf der vorletzten Linie nach. **20. ...b5** Die c-Linie soll sich öffnen. **21. Lxb5 Lxf3 22. gxf3 Sd4 23. Lc4** Sonst dringt der Tc8 ins Spiel. **23. ...Sxf3+ 24. Kf2 Sxd2 25. Txg7+ Kf6 26. Tf7+ Kg6 27. Tb7 Sdxc4 28. bxc4 Txc4** und Schwarz gewann durch Übermacht.

Die Zeiten ändern sich und auch die Aufgaben, die den Meistern gestellt sind. Aber in solche Lage wie oben McDonnell kommt gelegentlich jeder Schachmeister, der es mit seiner Aufgabe gewissenhaft ernst nimmt.

Opfer auf Position

Heutzutage nennt man Opfer, die auf Werturteilen beruhen, „Opfer auf Position". Man gibt Bauern für Entwicklungszüge hin, eine Figur für zwei Bauern und dem Vorteil einer lebhaften Angriffswirkung, eine Dame für Turm und Läufer „auf Position". Kombinationen sind derlei Opfer nicht, dazu wäre ihr Variantennetz zu sehr verästelt, aber Vorläufer zu Kombinationen, das sind sie. Und immer zeugen sie von Mut und selbständigem Urteil.

H. Pillsbury – E. Lasker

Nürnberg, 1896

1. e4 e6 2. d4 d5 3. Sc3 Sf6 4. e5 Sfd7 5. f4 c5 6. dxc5 Sc6 7. a3 Sxc5 8. b4 Sd7 Dies Zurückweichen ist mir unverständlich; 8. …d4 war natürlich das Gegebene. Wenn dann 9. Sce2, so 9. …d3 10. Sg3 Dd4 11. Ta2. Schwarz erlangt so die Initiative. **9. Ld3 a5** Hierin zeigt sich eine nervöse Ungeduld. Schwarz sollte ruhig den Damenflügel entwickeln und zu diesem Behufe erst einmal …Sb6, dann …Ld7, …Tc8 ziehen. **10. b5 Scb8 11. Sf3 Sc5 12. Le3 Sbd7 13. 0–0 g6** Damit verewigt Schwarz die Schwäche des Königsflügels, aber seine Lage ist übel, da er zu viel Zeit verloren hat. **14. Se2 Le7** Nun hätte …Lg7 die Partie noch am ehesten gehalten. **15. De1 Sb6 16. Sfd4 Ld7 17. Df2 Sba4** Schwarz spielt auf Angriff gegen b5 und will daher a3-a4 unterbinden; aber er sollte weniger ehrgeizige Pläne fassen. Die Entwicklung …Dc7 wäre recht gewesen. **18. Tab1 h5** Weiß könnte sonst mit g2-g4 und f4-f5 die f-Linie frei machen. **19. b6** Dieser Bauer ist ein veritabler „Keil". Er steht stark genug auf b6 und macht das Feld b5 den weißen Offizieren frei. **19. …Sxd3 20. cxd3 Lxa3** Schwarz will dem Weißen eine Aufgabe stellen. Man betrachte die Lage. Schwarz hat einen Bauern mehr, eine unmittelbare Gefahr ist nicht ersichtlich. Wartet Weiß, so befestigt sich Schwarz durch …Lb4. Weiß darf nicht warten, doch wo ist die verwundbarste Schwäche des Schwarzen? Die Antwort lautet: Auf dem Königsflügel. Doch der Weg dahin ist mit Hindernissen besät? Es sei! Diese Hindernisse zu nehmen, mag viel kosten, aber – so urteilt Pillsbury – der Preis ist nicht zu hoch. Darum erfolgen nun die Opfer auf Position, die die verborgene Schwäche der Strategie des Schwarzen gerechterweise bloßlegen. **21. f5 gxf5 22. Sf4** Es droht nun Df2-g3-g7. **22. …h4 23. Ta1 Le7 24. Txa4 Lxa4** Ablenkung des Läufers von e6 und f5. **25. Sdxe6 fxe6 26. Sxe6** Nun droht unter anderem Dxf5, beispielsweise 26. …Dc8 27. Dxf5 Dc6. Dann gewänne zwar auch 28. Tc1, aber der direkte Weg ist der Angriff auf den einzigen Schutz des Königs, Le3-g5, der bald entscheidet. Schwarz zog …Ld7, gab die Dame auf und verlor, wie es sich in solcher Stellung gehört.

Die Prinzipien des Angriffs, der Verteidigung und des Gleichgewichts bilden eine Anleitung zum Planen; sie sagen uns, wo wir etwas Positives erstreben, wo wir eine Änderung verhindern, wie wir uns vorbereiten sollen für eine kommende Krise. Das ist viel, sehr viel. Man darf wohl sagen, dass, wer die Steinitzsche Theorie nicht im Griff hat, gesunde Pläne nicht zu fassen versteht, weder auf dem Schachbrett noch irgendwo anders. Gewiss, er wird noch gelegentlich einen gesunden Plan erhaschen können, aber nicht wie die Schwalbe ein fliegendes Insekt spielend auffängt, sondern wie ein Pudel, der nach dem Insekt tölpisch schnappt.

Grundprinzipien des Kampfes

Die Theorie, wie oben dargelegt, umfasst indessen noch nicht alle Grundprinzipien des Kampfes. Diese habe ich in meiner Philosophie darzulegen versucht. Nun wird diese Philosophie – verzeihe mir, Leser, diese Überzeugung, die nicht nur eitel ist – diese Philosophie wird gewisslich einmal von aller Welt gekannt und geschätzt sein, die Anzeichen dafür sind bereits deutlich. Aber meine Philosophie ist jung, erst vierzehn Jahre; mein zweites Werk ward während der Jahre des Weltkrieges geschrieben, die ich wie durch ein Wunder ruhig, wiewohl hungernd, verleben durfte, und ist also erst sieben Jahre alt. Philosophische Systeme, die ein Alter von ein paar tausend Jahren recht wohl tragen können, sind im ersten Jahrhundert ihrer Existenz noch Wickelkinder. Man muss sich daher nicht wundern, wenn die Menschheit von einer Theorie des Kampfes noch nicht viel zu wissen scheint, und darf keineswegs daraus den Schluss ziehen, dass es damit wohl nicht weit her sein wird. Die öffentliche Anerkennung wird gerade den guten Dingen nur sehr allmählich zuteil. Was schnell reift, vergeht auch schnell. Die Kampftheorie, von Männern wie Machiavelli, Napoleon, Klausewitz vorausgeahnt, von Steinitz auf dem Schachbrett präzise gestaltet, von einigen Philosophen sehnsüchtig erstrebt, von mir philosophisch, also weltgültig hingestellt, wird in das Leben der Menschheit sehr tief eingreifen. Sie ist die einzige Theorie, die eine Theorie der Praxis ist und vereinigt somit den Vorzug einer Theorie: Definition und Endlichkeit, mit dem Vorzug des Historischen: Dasein und Unendlichkeit.

Ein Kampfprinzip, das Steinitz wohl gefühlt, aber nicht formuliert hat, besagt, dass der Plan eines Angriffs und einer Verteidigung auf die Größe des Vorteils, den der Angreifer zur Geltung zu bringen strebt, Rücksicht zu nehmen hat. Das erstrebte Ziel, das den ursprünglich fließenden, wandelbaren, vorübergehenden Vorteil in eine dauernde Form zu bringen hat, muss zu diesem Vorteil in einer Proportion stehen. Ebenso das Zugeständnis, das der Verteidiger zu machen bereit ist. Das Schachspiel bringt dies Prinzip nicht sehr gut zum Ausdruck, weil es als Ende der Partie nur drei Nuancen kennt: Gewinn, Verlust, Remis. Andere Spiele, die mehr Nuancen haben, wie etwa Whist oder noch weit besser das Go, legen diesen Gedanken besser dar. Und das Leben mit seiner Unendlichkeit von Nuancen natürlich noch ungemein viel feiner und tiefer. Indessen fehlt es auch im Schachspiel nicht ganz an Beispielen dafür.

Ein klassisches Beispiel ist jenes „auf Gewinn Spielen“, das Dr. Tarrasch treffend „auf Verlust spielen“ nennt. Dies ereignet sich immer, wenn ein Spieler seine Stellung überschätzt und daher aus einem geringen Vorteil, den er zu hoch bewertet, einen Gewinn herauswirtschaften will und mit aller Gewalt den nach Remis zielenden Varianten aus dem Wege geht. Man betrachte als Beispiel folgende Partie:

J. Te Kolste – C. Torre Repetto

Baden-Baden, 1925

1. e4 e6 2. d4 d5 3. Sc3 Sf6 4. Lg5 Lb4 5. Sge2 dxe4 6. a3 Le7 7. Lxf6 gxf6 8. Sxe4 b6 9. S2c3 Lb7 10. Df3 Das ist kein Angriff, sondern Deckung des g-Bauern. Da Se4-f6+ droht, ist gegen ...f5 Zeit gewonnen, so dass bei 10. ...Dc8 11. Dg3 folgen kann, um dann schleunigst den Läufer f1 nach e2 zu entwickeln. **10. ...c6 11. 0–0–0 f5 12.**

Sg3 Sd7 13. Lc4 Aber schon hier fängt Weiß an, auf Angriff zu spielen, und damit setzt er sich ins Unrecht, denn das erstrebte Ziel steht außer aller Proportion zu seinem etwaigen Vorteil. Richtig war die Verteidigung von g2 durch Sg3-h5, wo der Springer sicher steht, danach mit Thg1, und erst dann war es Zeit, an einen Angriff, etwa h2-h3 nebst g2-g4, zu denken. So wie er spielt, kommt Weiß erst langsam und dann immer schneller auf Abwege. **13. ...Dc7 14. The1 Sf6 15. De2 0–0–0** Schwarz hat sich gewissenhaft verteidigt. 16. Sxf5 Df4+ 17. Se3 Txd4 ergäbe Abtausch. Bei ruhiger Fortsetzung käme ...Td7. Schwarz steht nicht übel. Aber Weiß kann immer noch, wenn er schleunig an Verteidigung denkt, die Stellung halten, beispielsweise bei obiger Variante nebst Lc4-a6. 15. ...0–0–0 16. Sxf5 Df4+ 17. Se3 Txd4 18. La6 **16. Lxe6+** Anstatt dessen spielt Weiß auf Gewinn. Die Strafe folgt auf dem Fuße. **16. ...fxe6 17. Dxe6+ Td7 18. Sxf5 Ld8 19. Se4 Sxe4 20. Txe4 Kb8 21. g3 Lc8 22. Dh6 Tf7 23. Se3 Txf2 24. c3 Tg8 25. d5 Lg5 26. Dxc6 Dxc6 27. dxc6 Lf5 und Weiß gab auf.**

Die Überschätzung ihrer Position ist in folgender Partie bei beiden Gegnern merkbar und verleitet Réti zu einem groben Fehlzug.

R. Réti – E. Colle

Baden-Baden, 1925

1. g3 d5 2. Lg2 c6 3. c4 dxc4 4. Sa3 Le6 5. Dc2 g6 6. Sxc4 Lg7 7. Sf3 Sd7 8. 0–0 Sb6 9. Sxb6 axb6 10. d3 h6 11. Ld2 Dc8 12. Lc3 Sf6 Weiß steht ganz gut. Er könnte nun etwa mit Tfe1 fortsetzen, sich mit a2-a3 sichern, um Zentralpunkte wie d4 kämpfen, kurz, kleine Ziele, die ihn fördern, anstreben. Nun aber fasst er den ehrgeizigen Plan, nach b6 einzudringen. Dabei erhält sein Gegner gerechterweise Gegenspiel auf dem andern Flügel. **13. Sd2 Lh3** Freilich fängt nun auch Schwarz zu sündigen an. Warum nicht erst ...b5? **14. Sc4 Ta6 15. a4 h5 16. Dd2 h4** Und nun will Schwarz den Gegner sogleich zerschmettern. Bei 16. ...Lxg2 17. Kxg2 h4 18. De3 Dd8 stand Schwarz recht günstig. So hält eine Sünde der andern die Waage. **17. De3 Kf8 18. Sxb6 Txb6 19. Dxb6 hxg3 20. fxg3 Lxg2 21. Kxg2 Dh3+ 22. Kf2 Sg4+ 23. Ke1 Lxc3+ 24. bxc3 Sxh2 25. Tg1 De6** Es ist nun unmöglich, für den weißen König eine sichere Zuflucht zu finden, und dadurch erhält Schwarz Aussichten. Normalerweise sollte 26. Tg2 folgen, sodann etwa ...Sf3+ 27. Kf2 Se5 und nun etwa 28. Dd4 Th3 mit sehr schwierigem Spiel für beide Parteien. Weiß aber glaubt, weit überlegen zu stehen, sucht eine Gewinnkombination und findet sie auch, wie er meint. **26. Dd8+ Kg7 27. Dd4+ Kg8 28. Kd2** Zumindest musste nun 28. De4 geschehen, wiewohl dann ...Db3 peinlich war. Doch noch wiegt Weiß sich im Bewusstsein des nahen Sieges, und das blendet seinen Blick. **28. ...Sf3+** Der Turm h8 nimmt nun die zweite Reihe, Weiß gibt auf.

Zuletzt möchte ich noch einige Worte über die Methode sagen, nach der ein Schachfreund allgemeine Regeln aufstellen und ihnen Vertrauen schenken soll. Eine Regel für das Schachspiel ist nicht wie vom Himmel gefallen, sondern muss sich auch irgendwie auf vernünftige Art im Leben auswirken, sie muss also natürlich sein. Ist sie das, so braucht sie noch nicht die Form zu haben, in der sie gerade für das Schachspiel am zweckmäßigsten auftritt; man muss sie alsdann noch mit dem Schachspiel aufs engste verknüpfen, und zwar dem wirklichen, dem praktischen Schachspiel, nicht etwa mit schlau ersonnenen Gehirnprodukten. Dazu muss man sie auf die Probe stellen, sie auch ein wenig zu verändern trachten, um zu prüfen, ob sie nur gerade so, wie sie lautet, den Kern der Sache trifft, was erstrebenswert, oder ob sie wohl auch noch anders lauten dürfte, was ein sehr schlimmes Zeichen wäre.

Diese Methode wird heutzutage leider nicht befolgt. Der so genannte hypermoderne Stil lebt beinahe von ihrer Nichtbefolgung. Damit will ich keineswegs sagen, dass diese Richtung nicht ihr Verdienst habe; sie hat beispielsweise das Augenmerk auf den hohen Wert der Mittelbauern gelenkt und gelehrt, sie vor dem Austausch gegen minderwertige Bauern zu sichern, selbst um den Preis, sie längere Zeit zurückzuhalten; sie hat das Misstrauen gegen jede Schablone gelehrt und die Phantasie beflügelt. Das alles sind große Verdienste, aber sie hat auch große Mängel, vor allem den Mangel der ungeheuer leichtsinnigen, zu wenig geprüften, belegten Verallgemeinerung.

In der Partie **J. Te Kolste – E. Réti,** Baden-Baden, 1925 geschahen die Züge **1. e4 Sf6 2. e5 Sd5 3. Sc3 Sxc3 4. dxc3** Diesen Zug nennt Réti in „Kagans Neuesten Schachnachrichten“, Heft 3, 1925, einen Positionsfehler. Die Partie soll nur zeigen“, sagt dort Réti (S. 333), „wie bei der heute vorgeschriebenen Technik ein in der Eröffnung in Kauf genommener kleiner, aber klarer positioneller Nachteil ohne jede Anstrengung in unbarmherziger Weise in Gewinn umgesetzt werden kann“. In Gewinn? Diese Proportion ist nicht die rechte. In Initiative, in ein chancenreiches Spiel sollte es heißen. Réti will sich vier Bauern gegen drei des Königsflügels verschaffen, und das gelingt ihm auch. Indessen erlangt er damit keine Gewinnstellung. Nach dem 28. Zug von Schwarz war die folgende Stellung erreicht:

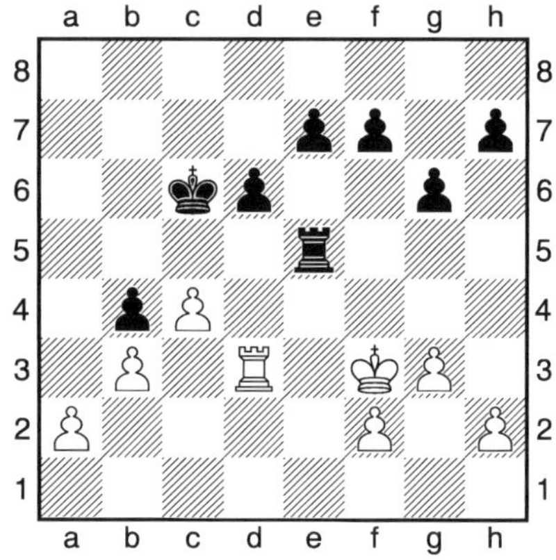

Te Kolste zog hier **29. Te3** Ein starker Fehler, da Weiß den Turmtausch vermeiden, ihn aber gewiss nicht anbieten sollte. Richtig war 29. a3 bxa3 30. b4 a2 31. Ta3. Réti gibt dies auch an, nur lässt er in der Folge Schwarz mit …d5 32. cxd5+ gewinnen und übersieht dabei, dass statt des letzten Zuges 32. Ta6+ K zieht 33. Txa2 dxc4 34. Tc2 dem Weißen ein leichtes Remis gewährt. Besser wäre 29. …Kc5 30. a4, mit kleinem Vorteil für Schwarz.

Man darf weite strategische Pläne nicht auf so leichten Unterbau stellen. Mit einem Motiv, wie dem von Réti angegebenen, kann man noch nicht den Plan einer ganzen Partie bestreiten, dazu ist es zu mager. Die Ausführungen Rétis bleiben richtig und dankenswert, wo er sich auf das Analytische beschränkt; sie werden irreführend, wo er sich vom Boden der Analyse entfernt und dabei gar zu kühne, zu allgemeine Schlussfolgerungen ziehen will.

Die Steinitzschen Prinzipien

Nach diesen mannigfaltigen Proben und Belegen wird man nicht umhin können, zuzugestehen, dass die Partien der Meister den Regeln von Steinitz nachfolgen. Sind nun die Regeln von Steinitz aus den Partien der Meister abgelesen? Oder hat nicht vielmehr die Mentalität von Steinitz diese Regeln ins Dasein gerufen, um erst nachträglich die schachliche Erfahrung ihnen anzunähern? Ging Steinitz von den Partien oder von den Prinzipien aus? Es tut Not, sich darüber klar zu werden.

Um diese Frage zu klären, ist es genügend, irgendeines der Prinzipien von Steinitz zu betrachten. Nehmen wir dazu den einfachen Satz, dass in einer fehlerlos gespielten Partie der Sieg dem gehört, der den „Vorteil" hat. Sagen wir geradezu und plump, aber kurz und deutlich, die größere Kraft gewinnt immer. Stammt eine solche Meinung aus der Betrachtung von Partien?

Dieser Satz entspringt gewisslich nicht der Erfahrung, wie sie die Schachspieler alltäglich machen, denn wer im Nachteil steht, spielt findiger, aufmerksamer, kühner als sein saturierter Gegner, und so wird gewöhnlich der Stärke der Steine ein Schnippchen geschlagen; der werdende Schachmeister kann den Satz nicht der Erfahrung am Brett entnehmen, eher einer Erfahrung außerhalb des Schachbrettes, denn im Ringen, Boxen, Kämpfen der Knaben wird die stärkere Kraft oft schmerzlich erlebt, erprobt und bewiesen.

Aber da müssen wir uns fragen, mit welchem Rechte wir beim Schachspiel von „Kraft" reden dürfen. Es gibt gewiss mathematische Lehrbücher, wo der Satz vorkommt: Wir nennen das Zahlenpaar (a, b) eine Kraft: und wo dann etwa das Parallelogramm der Kräfte deduziert wird. Die Sache wird mathematisch richtig sein, ungeachtet dessen, dass ein Zahlenpaar keine Kraft ist. Ist es nun beim Schachspiel vielleicht ebenso?

Nun, es ist fast ein Wunder, dass es beim Schach nicht ebenso liegt. Nur hat Steinitz seine Begriffe und Worte nicht aus der leeren Luft gegriffen, sondern, wie oben belegt, aus tausendfältigen Erfahrungen hat er ein Gefühl für die Kraft der Steine empfangen, und daher hat er dies Wort und ähnliche Worte gebraucht. Ihm lag es durchaus fern, eine bloße Bezeichnung, wie sie etwa in der Algebra üblich ist, beispielsweise Primzahl oder Ellipse oder Radius, zu schaffen, er dachte nicht anders wie ein Poet, der für seine Erlebnisse den prägnanten, beschreibenden, nachfühlenden Ausdruck sucht.

Versteht man das Wort „Kraft" in der Lehre von Steinitz auf diese Art, so leuchtet ein, dass der allgemeine Satz, die größere Kraft müsse gewinnen, eine ungeheure Forderung aufstellt, die das Leben fast nie erfüllt und die, genau besehen, auch beim Schachspiel nicht erfüllt wird. Nicht, dass diese Forderung zuerst von Steinitz erhoben worden wäre; jeder Poet und, wenn man will, die ganze Menschheit fordert die Geltung des Satzes. Die kleine Zahl der Hellenen siegt über die großen Massen des Perser-Heeres; tausendfach erzählt uns die Geschichte vom Siege der kleineren Zahl: wir sind mit unserer Erklärung bereit, die klügere Strategie oder die höhere Moral habe der kleineren Zahl die größere Kraft verliehen. Wir sind von vornherein entschlossen, dem Satze von der größeren Kraft zu Ansehen zu verhelfen, und nichts wird uns an dieser Entschlossenheit irre machen. Daher stammt dieser Satz nicht aus der Erfahrung, sondern entspricht einem in uns tief verankerten Gefühl. Dieses Gefühl ist die Heimat der poetischen Gerechtigkeit, wie vieler schönen Dinge, die wir erstreben und ersehnen, die das Leben uns aber oft vorenthält. Eben dieses Gefühl war ohne Zweifel in Steinitz vorwaltend, als er seinen Satz für das Schachbrett aufstellte; was er suchte, war nicht der Satz, der für ihn feststand, sondern die Deutung, die er dem Satze geben musste, um die Erfahrung gerade so zu finden, wie seine Theorie sie wollte. Und in diesem Bestreben war er erfolgreich.

Dies war eine geniale Tat, ein Denkmal für den Forscher wie für das Schachbrett, denn am Schachspiel ward diese Methode zuallererst fruchtbar. Im Leben nämlich war die landläufige Erklärung, wonach die klügere Strategie und die höhere Moral den Unterschied in der materiellen Kraft der Kämpfenden wettmachen, bisher unfruchtbar, weil nur dem Historiker beim Rückblick, aber nicht dem Kämpfenden zur Voraussicht dienlich. Wir wissen immer erst nach der Tat, nie vorher, wie die klügere Strategie und höhere Moral zu bewerten seien. Beim Schachspiel aber erfordert die Lehre von Steinitz eine genaue Bewertung, sie hält strenge dazu an und lässt den Meister fallen, der diesem Gebote nicht mehr nachstrebt. Ferner fehlt uns im Leben, so, wie es jetzt gelebt wird, fast jeder objektive Maßstab für die Tüchtigkeit des Einzelnen, während beim Schachspiel ein solcher Maßstab in der Zahl der Gewinne und Verluste, in der Aufstellung von Stärkegraden der Spieler, durch Veranstaltung von aller Art von Wettkämpfen mit Eifer angestrebt wird. Nun wollen die Regeln von Steinitz ja nur für fehlerfreie Partien gelten; im Leben müssen wir auf Schritt und Tritt mit Fehler und Irrtum rechnen. Das Schachspiel ist also in vieler Hinsicht zum Versuchsobjekt für die Steinitzsche Theorie geeignet, dort kann die Anwendung der Theorie Präzision fordern und erreichen.

Führen wir dies an einem konkreten Beispiel deutlich aus! Es kommt oft vor, dass ein Meister ein Opfer bringt und dann gewinnt. Hat nun die kleinere Kraft durch irgendeine Zauberei die größere geschlagen? Viele denken so. Sie meinen, das Genie des Meisters sei ein solches Zaubermittel. Der sachlich denkende Forscher sagt nein, so war es nicht, die größere Kraft hat auch hier gesiegt. Nun aber meldet sich der Kritiker und verlangt einen genauen Beweis. Hier ward, sagt der Kritiker zum Forscher, in der Eröffnung ein Bauer geopfert und nachher die Partie gewonnen. Das Opfer des Bauern hatte nach deiner Ansicht eine Kompensation, ein genügendes Gegengewicht. Bitte, lege es auf die Waagschale, denn im Schach gelten nicht Worte, da gilt nur die Analyse bis zum Matt oder Remis. Daraufhin untersucht der Forscher seine schachlichen Erlebnisse und erwidert: Gut, die Kompensation will ich dir nennen. Drei bis vier Züge Vorsprung in der Entwicklung sind genug, um einen wichtigen Bauern zu kompensieren. Diese Regel lässt sich an hundert Meisterpartien statistisch nachprüfen und hat sich bewährt. Wie bei diesem Beispiele, ist es immer. Wo scheinbar die schwächere Kraft im Schach siegt, lässt sich eine Kompensation angeben, die Anlass gibt zu einer allgemeinen Regel. In anderen Gebieten menschlicher Tätigkeit ist dies nicht so, oder wenigstens noch nicht so. Vielleicht wird die Zukunft da auf anderen Gebieten allmählich Wandel bringen.

Das oben Gesagte trifft zu für den Kampf der Meister, nicht aber für Stellungen, die man konstruiert, ersinnt, erdichtet. Diesen Gegensatz muss man sich gegenwärtig halten, sonst ist man über die Tragweite der Ideen von Steinitz im Unklaren. Es ist derselbe Gegensatz wie zwischen Theorie und Praxis, zwischen Logik und Metaphysik, zwischen Denken und Sein, zwischen Menschenwitz und Natur. Der Kampf der Meister produziert andere Stellungen wie die Konstruktion dessen, der eine Kombination aufbauen will, indem er den Faden seiner eigenen Gedanken spinnt. Und für diese Tätigkeit, die kein Duell unnachsichtiger Gegner ist, sind die Lehren von Steinitz nicht zugeschnitten.

Man kann leicht Stellungen ersinnen, so eigenartig, verzwickt, verkünstelt, verbaut, ich möchte sagen verdreht, dass man dafür die Theorie von Steinitz nicht mehr wird anwenden wollen, nicht einmal anwenden können. In der Tat gilt die Theorie von Steinitz nur für Stellungen, die aus Meisterpartien stammen können, nicht aber für verdrehte Gehirnprodukte. Untersucht man eine unnatürliche Stellung, so sieht man schnell, dass sie durch gar kein vernünftiges Spiel hätte entstehen können. Ist das aber so, so kommt sie als Beleg gegen die Theorie von Steinitz nicht mehr in Frage, denn diese Theorie will ja nur für den wirklichen Kampf, für den Wettstreit ebenbürtiger Meister gelten. Für eine Stellung, die eine Geschichte hat, indem sie aus der Praxis der Meister stammt, für eine solche Stellung ist die obige Methode immer ausführbar, und in diesem Sinne siegt immer die höhere Kraft.

Doch auch hier halte ich einen Augenblick inne, denn eben habe ich mich einer Übertreibung schuldig gemacht. Immer trifft die Theorie von Steinitz zu, wenn man sie sinngemäß auf Kämpfe anwendet, die dem wirklichen Leben entstammen; hier vertrete ich das Immer. Freilich mit philosophischen Gründen, wie ja auch nicht anders möglich. Das ist eine Sache des Glaubens, also der Philosophie. Wer Lust hat, sich darein zu vertiefen, lese mein „Begreifen der Welt", 1913, meine „Philosophie des Unvollendbar", 1918. Es gibt nun aber eine Menge von Spielen, beispielsweise die mathematischen Spiele, die dem Kampfe des Lebens nicht entstammen, und diese, denen bereits eine große Literatur gewidmet ist, haben eine ganz andere Theorie. Auch das Schachspiel hat leider im Laufe seiner Geschichte Anhängsel erhalten, die mehr mathematisch, mehr formell, mehr logisch als lebenswahr sind; und daher trifft die Theorie von Steinitz für das Schachspiel nicht durchgängig, nicht immer zu.

Damit ist vollends der Beweis geliefert, dass die Lehre von Steinitz nicht der schachlichen Erfahrung entsprungen ist, sondern entsprungen der Mentalität von Steinitz, die sodann sehnsüchtig die Erfahrung dem Prinzip vereinen wollte. Ich kann mir vorstellen, wie Steinitz hat ringen müssen, ehe er seine Lehre für die Praxis der Turniere und Matche hat anwenden können. Der Zauber des Einfalls, das Unerklärliche guter und schlechter Disposition und nicht zuletzt die Sprödigkeit des Stoffes widerstanden seinen Mühen. Kommt dazu das mangelnde Verständnis, man darf vielleicht sagen der böse Wille einer Umwelt, die zu knauserig war, um Steinitz zu unterstützen. Es war ein harter Kampf. Unterliegen tun wir freilich alle, das ist die Intention, und sie schreckt den Kämpfer nicht, aber für Steinitz war der Kampf zu hart, und da gab seine Natur zuletzt den Kampf als aussichtslos auf, indem sein Werkzeug, der Intellekt, den undankbaren Dienst verweigerte.

Aber die Sache, der er diente, hat gesiegt.

Dass das Schachspiel die Lehre von Steinitz nicht genau und durchgehends befolgt, ist nicht der Lehre vorzuwerfen, sondern liegt an dem Umstande, dass das Schach Menschenwerk ist. Das Schachspiel will den Krieg einer einige tausend Jahre zurückliegenden Zeit nachbilden, aber erreicht dies Ziel sehr unvollkommen; es enthält eigensinnige Regeln, wie etwa die Rochade oder die Bewertung des Patt als eines Remis, die erst gemacht wurden, nachdem die Idee des Schachs vergessen war, und insofern entstammt es nicht dem Leben, nicht der Historie, sondern einem eigensinnigen, lebensfremden Denken; insofern auch kann die Lehre von Steinitz beim Schachspiel nicht gelten; beispielsweise jedes Patt durchkreuzt sie. Die Lehre von Steinitz gilt eben für die Wirklichkeit, aber nicht für mathematische, für bloß intellektuelle, bloß aus Begriffen gesponnene Spiele. Das ist ihre Beschränkung, aber auch ihre Größe.

Fünftes Buch

Das ästhetisch Wirksame im Schachspiel

Nachdem nun das Zweckmäßige im Schachspiel erörtert worden ist, verbleibt es noch, über das, was das Zweckmäßige oft begleitet, das Ästhetische, wie es sich im Schachspiel auswirkt, Bericht zu erstatten.

Das Ästhetische im Schachspiel offenbart sich aus seiner Wirkung auf den Zuschauer, wobei man sich den Zuschauer vorzustellen hat als einen Menschen, der den Vorgängen einer Schachpartie mit lebhaftem Interesse und mit Verständnis folgt. Mag nun der Zuschauer die Partie mit eigenem Auge ansehen, noch während sie entsteht, oder mag er die Partie sich nur konstruieren aus Berichten anderer, mag er die am Schachbrett kämpfenden Personen sehen oder nicht, mag er sie auch nicht einmal kennen, sofern er nur für die Vorgänge auf dem Schachbrett, über die er Bericht erhält, ein lebhaftes Interesse fühlt und Verständnis für sie hat, stellt sich bei ihm eine ästhetische Wertung der Partie ein, infolge deren er an den Geschehnissen, seien die handelnden Personen ihm auch gleichgültig, Wohlgefallen, das sich bis zum Entzücken steigern kann, oder Unlust bis zum Ekel empfindet. Über die Tatsache, dass so etwas geschieht, ist Streit nicht möglich; die alltägliche Erfahrung des Schachfreundes bestätigt sie. Wir stellen uns die Aufgabe, über die Gründe dieser Tatsache, sofern sie aus der Geschichte des Schachspiels deutlich werden, Klarheit zu breiten und so die ästhetische Wirkung einer Schachpartie bewerten zu lernen.

Da ist es denn zuallererst bedeutsam, dass das ästhetisch Wirksame im Schachspiel nur immer einer Leistung anhaftet. Nur wo die Figuren etwas leisten, das dem Zuschauer als Leistung in die Augen fällt, stellt sich die ästhetische Wertung ein. Mag diese Leistung im Geben eines Matt oder im Verhindern eines Matt bestehen, oder mag sie in einer andern Gestalt auftreten oder nichts sein als ein verzweifelter Kampf gegen eine erdrückende Übermacht: immer ist sie die Vorbedingung für das Gefühl, das die ästhetische Wertung begleitet. Das Interesse des Zuschauers wird durch eine Leistung, die in seinen Gesichtskreis tritt, befeuert und auf ein umgrenztes Ziel gelenkt.

Die Leistungen reden dem Zuschauer eine eigentümliche Sprache. Der Spieler braucht nicht zu sprechen, der Zug, den er tut, kündet eine Intention. Freilich darf der Zuschauer nicht blind, taub oder unverständig sein, sonst merkt er nichts oder missversteht die Sprache des Zuges; aber der Zuschauer braucht keineswegs Meister zu sein; er muss nur Phantasie haben, sich lebhaft in das Drama der Partie hineinzufühlen, und Intelligenz genug, zu konstatieren, was der Zug will und leistet Der Meister kann den Zug entdecken, ein schwieriger, weil schöpferischer Akt, der mit Sympathie der Partie folgende Zuschauer ist dieser Schwierigkeit enthoben, er braucht nur das schon Gefundene, schon Geleistete zu erproben und zu bestätigen und so zu begreifen.

Für das ästhetisch Wirksame ist nun die Sprache des Zuges das allein Entscheidende. Was der Zug sagt, ausdrückt, verkündet, das erregt und bewegt den Zuschauer. Das Sprachliche dabei tritt völlig in den

Hintergrund. Der Zuschauer genießt nicht eine bloße Schachpartie, sondern Historie, ja Drama; dass ein Schachbrett dessen Bühne, dass Schachfiguren die Akteure sind, darauf kommt es gar nicht an; würde das Drama von Schauspielern auf einem Theater vorgetragen, es könnte nicht tiefer wirken – vorausgesetzt nur, was eben oben vorausgesetzt ward, dass der Zuschauer Interesse und Verständnis hat.

Man ist versucht, hier einzuwerfen, dass die Schauspieler Menschen darstellen, die Schachfiguren aber Träger von konventionellen Regeln sind, und dass Menschen von Fleisch und Blut uns tausendmal näher stehen als armselige, bloß erdachte Regeln. Das trifft zu, und gewiss auch für den Schachfreund; aber wir betrachten das ästhetische Gefühl, das durch ein Drama erregt wird, nicht das Gefühl, das unabsichtlich nebenbei erregt wird. Ist die Schauspielerin anmutig und schön, wo ihre Rolle sie nur als interessant schildert, so hat ihre Anmut und Schönheit für die Entwicklung des Dramas nichts zu besagen. Für die ästhetische Wirkung des Dramas ist nur der Ablauf des Dramas wesentlich, so wie wir ihn verstehen. Das Zufällige, dass der Schauspieler eine solche Haarfarbe hat z. B., ist zwar unvermeidlich, aber für die dramatische Wirkung gleichgültig. Für diese Wirkung würde ein Schauspiel von Künstlern vor einem auserlesenen Publikum nicht mehr bedeuten als ein Kasperletheater vor gläubigen, intelligenten Kindern.

Ist dies aber wahr, so kann man sich zur Erklärung des ästhetisch Wirksamen der Analogie bedienen. Man vermag also Beobachtungen und Erfahrungen aus vielen Gebieten zu sammeln und jede auf jedes Gebiet anzuwenden und zur Geltung zu bringen und so ihre Kraft zu vertausendfachen.

Stellen wir uns nun einmal einen einfachen Fall vor. Es wird uns eine Geschichte erzählt. David, der nicht größer ist als wir, besiegt den herausfordernden Riesen Goliath durch die Schleuder. Käme David dem Riesen nahe, wir wissen es, die brutale Kraft würde ihren Gegner auffressen wie ein Drache ein Lamm. Aber das Unbegreifliche geschieht, die brutale Kraft hat nicht ihren Willen, sie unterliegt der Kraft des Geistes. Das gefällt uns sehr. Sofern der Geist über die Materie siegt, sind wir entzückt.

Die brutale Kraft im Schach, das ist die Masse und die Wucht und die starke Stellung der Figuren, die Schwere der Aufgabe. Wird sie besiegt von den Wenigen, den Geringen, in Zügen, die eher Schwäche als Kraft verraten, eher Niederlage als Triumph ankünden, und zwar durch den Geist dieser Züge, durch eine unvermutete, in Gestalt eines Widersinns erscheinende Idee, so sind wir entzückt.

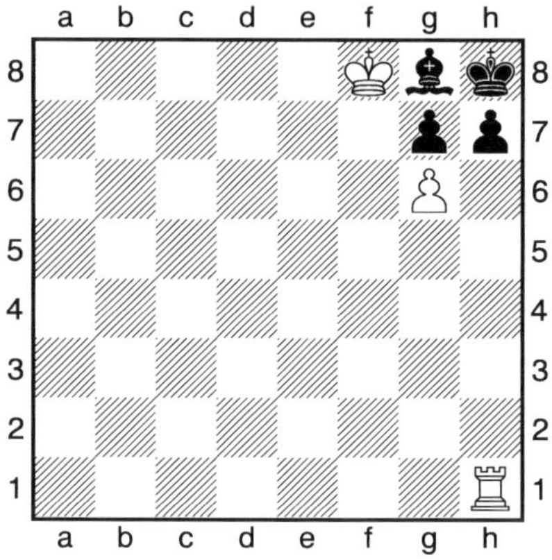

P. Morphy

Weiß zieht und setzt im zweiten Zug matt

Hier ist eine Aufgabe gestellt, eine schwere. Schon der Gewinn ist nicht ganz leicht, allem Anscheine nach nur durch methodischen Angriff auf g7 erreichbar, aber die Aufgabe fordert, dass Matt in nicht mehr als zwei Zügen gegeben werde. Die Aufgabe ist wie ein brutaler Gegner. Und nun die Lösung: kein Kraftprotz wie etwa ein Schachgebot oder ein Schlagen: der stärkste Stein bietet sich zum Opfer an: **1. Th6**. Und doch, es ist wahr, der beinahe sinnwidrige Zug löst die schwere Aufgabe, er allein löst sie.

Das Ideal unserer schachlichen Vorfahren war die folgende Partie, die sie „die Unsterbliche" genannt haben.

A. Anderssen – L. Kieseritzky

London, 1851

1. e4 e5 2. f4 exf4 3. Lc4 Dh4+ 4. Kf1 b5 5. Lxb5 Sf6 6. Sf3 Dh6 7. d3 Sh5 8. Sh4 Dg5 9. Sf5 c6 10. g4 Sf6 11. Tg1 cxb5 12. h4 Dg6 13. h5 Dg5 14. Df3 Sg8 15. Lxf4 Df6 16. Sc3 Lc5 17. Sd5 Dxb2

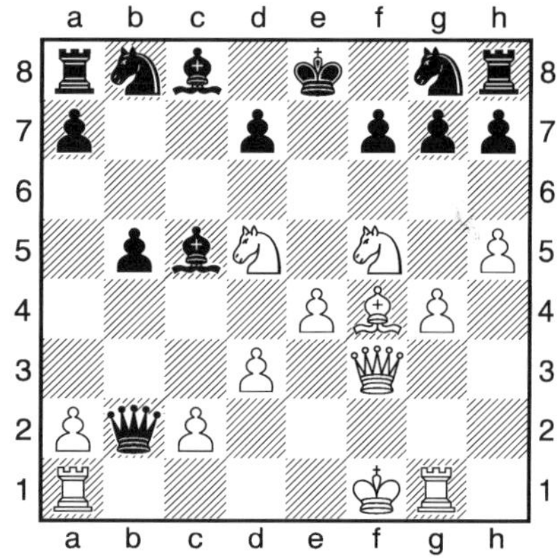

18. Ld6 Lxg1 19. e5 Dxa1+ 20. Ke2 Sa6 21. Sxg7+ Kd8 22. Df6+ Sxf6 23. Le7 matt.

Das Ende der Partie, von der Diagrammstellung aus also, ist ohne Zweifel fein; das Matt stellt eine äußerste Leistung dar: drei kleine Offiziere im Angesichte des ganzen Heeres der Feinde führen das Unglaubliche aus. Der Anfang der Partie indessen beleidigt unser Gefühl, wiewohl unsere Vorfahren darüber hinweggesehen haben.

Kehren wir wieder zu unserer Erzählung von David und Goliath zurück. Flickten wir zum Schluss noch die Erläuterung an, Goliath wäre aber gar nicht tot gewesen, die ganze Sache wäre nur ein Spiel gewesen, abgekartet, um das Heer anzufeuern, so würden unsere Zuhörer gewiss in ihrer Sympathie eins sein mit dem angeführten Heer, und dann würden sie dem David unserer Erzählung kein Vertrauen mehr schenken. So ist es auch mit dem Gefühl, das eine Schachstellung in uns hervorruft: sie muss in uns den Eindruck wachrufen, dass sie aus einem wirklichen Bemühen herrühre, und ihr fernerer Verlauf muss diesen Eindruck steigern, sonst fesselt sie uns nicht, oder wir finden sie allenfalls komisch.

Der Eindruck, dass eine Stellung aus einem wirklichen Bemühen herrühre, ist nicht zu ertrotzen noch zu erschleichen, der interessierte Zuschauer hat dafür ein treffsicheres Gefühl. Und seine Sympathie ist mit dem sich Bemühenden, mit dem Ringenden, mit dem Kämpfenden, mit dem Schwachen, der vor eine große Aufgabe gestellt ist. Weil der Zuschauer geneigt ist, dem Kämpfer, der gegen die Materie ficht, seine Sympathie zu schenken, will er durchaus nicht genasführt, belogen, betrogen sein, und sein Blick ist scharf, seine Rache schrecklich. Zeigt man einem Schachfreund einen Zug, der anscheinend heroisch, in der Tat aber nur Bluff ist, und hat er sich durch den Anschein zuerst verleiten lassen, den Zug ernst zu nehmen, so ist sein Gefühl bei Aufdeckung des Bluffs tief beleidigt und bedarf längerer Zeit der Erholung, ehe es wieder an schachlichen Stellungen Gefallen finden kann.

Der obige Satz trifft in jedem Umfange zu, in dem ein Sichbemühen, ein Kampf, eine Aufgabe auf Interesse rechnen kann. Die Komposition eines Matts in zwei Zügen, gewissenhaft ausgeführt, ist eine ebenso ernste Bemühung wie der Kampf zweier Rivalen. Hat der Löser eines Problems bei dessen Anblick den Eindruck einer ernst gemeinten Aufgabe, und steigert sich dieser Eindruck bei dem Versuch zur Lösung, so wird es insofern gefallen; hat es aber einen ungeschickten Aufbau, wie etwa vier weiße Bauern in einer Linie, so bleibt ein vielleicht unbegründeter Eindruck haften, es sei ein Scherz beabsichtigt, und insofern missfällt es oder wirkt allenfalls komisch.

Nun ist ein Bemühen nie ernst zu nehmen, das nicht nötig ist. Sieht man ein triviales Matt in zwei Zügen, wird man kein anderes mehr suchen. Die Leistung also, die ein Zug vollbringt, muss nur durch ihn hervorzubringen sein: die Leistung überhaupt muss eindeutig und einzig und konkurrenzlos sein. Man muss sich kaum vorstellen können, dass eine andere zu finden sei, die mit ihr konkurrierte: sie muss eine äußerste zu sein scheinen.

Beobachtet man diese Forderung nicht in vollem Maße, so geschieht in eben dem Maße der ästhetischen Wirkung Abbruch, es sei denn, dass eine komische Wirkung beabsichtigt sei.

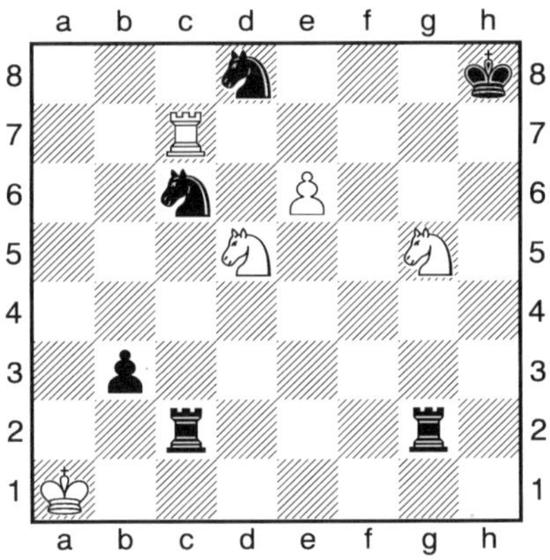

Eine uralte persische Stellung
Weiß zieht und gewinnt

Der Ernst des Kampfes, wenigstens für einen noch nicht sehr kritischen Löser, ist deutlich und überzeugend. Beide Parteien haben den König angegriffen. Weiß ist an Truppenmacht schwächer, aber er hat den Zug; ihn muss er aufs Äußerste nützen.

Indessen führt keine gewöhnliche, banale Fortsetzung zum Ziel. Die Verteidigung des Schwarzen scheint zu stark, Weiß scheint verloren. Da – ein Gedanke – wahrhaftig es geht: **1. Th7+ Kg8 2. Sf6+ Kf8 3. e7+ Sxe7 4. Tf7+ Sxf7 5. Se6 matt.**

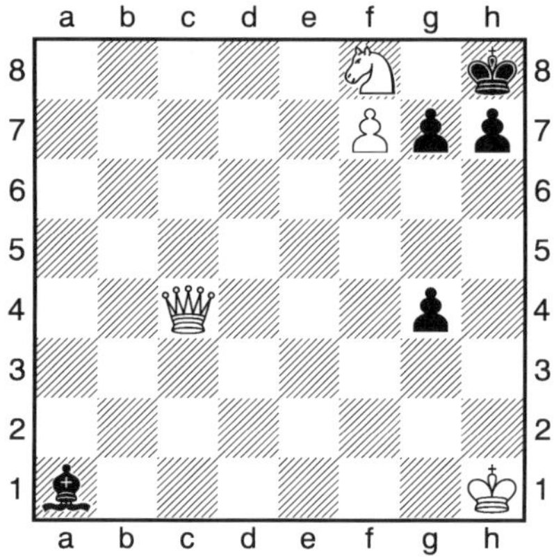

S. Loyd

Weiß zieht und setzt im dritten Zug matt

Hier wird eine äußerste Leistung vollbracht: der Läufer, wiewohl er nicht minder als sechs Felder zu seiner Verfügung hat, wird von der Dame gefangen. Es gibt nur einen Lösungsverlauf: **1. Df1** Die Drohung ist Db1, welches auf h7 Matt droht, so …g6 erzwingt, und DxL. Es gibt außer dieser, die etwa bei 1. …h6 entsteht, noch sechs Varianten: 1. …Lb2, 1. …Lc3, 1. …Ld4, 1. …Le5, 1. …Lf6 und 1. …g3. Der zweite Zug ist entsprechend 2. Db1, 2. Dd3, 2. Dd3, 2. Df5, 2. Df5, 2. Sg6+. Man findet bei Versuchen, dass die scheinbar starken Züge, beispielsweise Sf8-e6, erst nach mehr als drei Zügen matt setzen. Das Problem stellt sich eine ernste Aufgabe und legt daher Wert auf Natürlichkeit der Stellung.

Die folgende Stellung aber will bewusst komisch wirken.

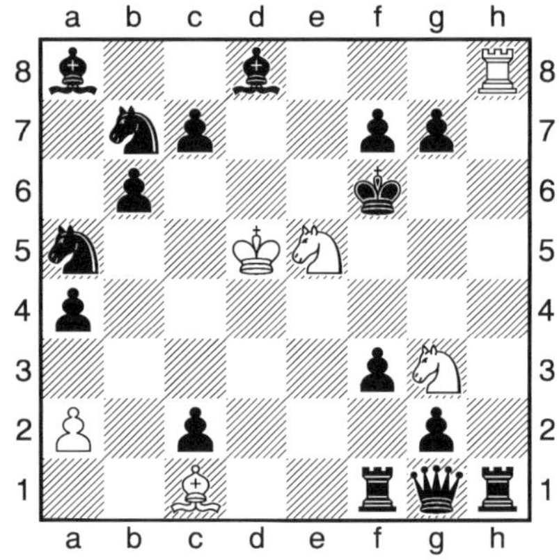

Weiß am Zug

In wie viel Zügen wird Weiß matt?

Schon die Fragestellung ist das Gegenteil des üblichen Ernstes. Schwarz hat eine zum Gewinn lächerlich übertriebene Kraftentfaltung. Zudem steht der weiße König in der Mitte dieses Zyklons von Kräften. Zum Kampfe hat er nur ein paar Springer – Turm und Läufer kommen offenbar nicht zur Bewegung. Nur der schwarze König steht ungeschickt; er muss sich irgendwo einen sichern Platz suchen, was ihm, so denkt er gewiss, ohne Zweifel bald gelingen wird. Wie lange wird die Plackerei mit den dummen Jungens, den Springern, noch dauern? fragt er sich und begibt sich, ein wenig fettleibig, auf die Suche nach einem behaglichen Heim.

1. Sg4+ Ke7 Nach g6 geht es nicht gut, da kommt Sg4-e5; die Nachbarschaft von Th8 und Lc1 ist doch peinlich. **2. Sf5+ Kd7 3. Se5+ Kc8** Uff! Endlich in Sicherheit! **4. Se7+** Der verflixte Turm! **4. …Kb8 5. Sd7+** Schrecklich, diese enge Gasse! Na, aber es hat sein Gutes, hier kann kein Springer folgen. **5. …Ka7** (Au!) Die weißen Springer denken: Er entweicht uns. In solcher Enge kann kein Pferd laufen. Aber was tun? Wir müssen ja nach. **6. Sc8+ Ka6 7. Sb8+** Zum andern Springer:

Auch ich, Kamerad, muss mich hier herumdrücken. Ein Spaß ist es nicht. **7. …Kb5** Uff! **8. Sa7+** Ich verrenke mich! **8. …Kb4 9. Sa6+** Au! Ein Hexenschuss! **9. …Kc3** Hier bin ich endlich zu Hause. **10. Sb5+ Kd3 11. Sb4+ Ke2 12. Sc3+ Kf2** Schnell weg von dem grässlichen e1. **13. Sd3+ Kg3 14. Se4+ Kg4 15. Se5+ Kf5 16. Sg3+ Kf6 17. Sg4+** Und der König denkt: Ach, jetzt geht es wieder los – bei meiner Fettleibe!

Die Sprache der Schachfigur ist nicht so arm, wie man glauben möchte. Der Ehrgeiz, etwas zu leisten – Wut, daran gehindert zu sein – Verzweiflung über ein unverschuldetes böses Geschick – Jubel über den glücklichen Zufall – Hohn dem Gegner, dem sie den Weg versperrt – Hass dem, der ihren König bedroht, insbesondere dem, der sie fesselt – ein Scheltwort der feindlichen Figur, die sie ein wenig geniert – ein Lachen, indem sie sich einer Falle entwindet – ja sogar ein Bonmot, wie das folgende Beispiel zeigt. Und da viele Akteure auf dem Brette stehen, hat die Bühne des Schachbrettes ein reiches Repertoire.

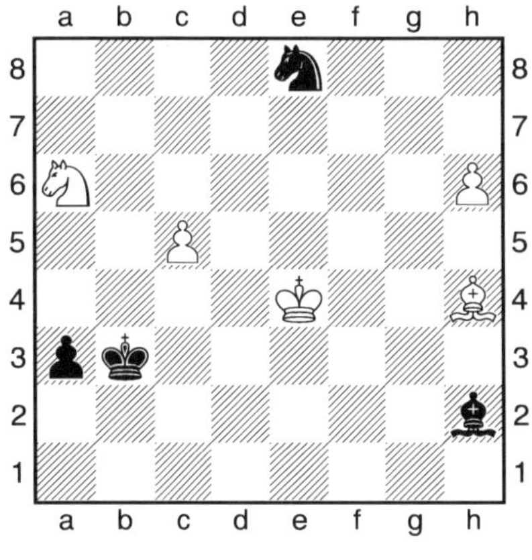

Comte de Villeneuve
Weiß zieht und gewinnt

Die Haupthandelnden sind offenbar die Bauern h6 und a3. Mit **1. h7** gewinnt Weiß nicht, dieser plumpe Zug verliert wegen 1. …Le5 (der Läufer lächelt verschmitzt) 2. Kxe5 a2. Die rechte Lösung ist: 1. Sb4 Kxb4 2. h7 Le5 (der Läufer lächelt) **3. Kxe5 a2 4. Le1+ Kb3 5. Lc3** (der Läufer lacht) **Kxc3 6. h8D a1D 7. Kf4+** und gewinnt.

Dass nun in Richtung auf das Ästhetische die Schachfiguren als handelnde und fühlende Wesen angesehen werden, ist berechtigt. In ästhetischen Fragen gilt der Fetisch, die älteste Religion der Menschheit; die Illusion ist mächtig gerade beim ästhetischen Eindruck. Der Musikliebhaber wird zum Dichter von erträumten Gestalten und Erlebnissen, sobald er gute Musik hört, der begeisterte Schachfreund fängt an, Erlebnisse von Schachfiguren visionär zu schauen, sobald er durch gutes Schach angeregt wird. Sie beide träumen Märchen, in denen alle Dinge lebendig sind und daher reden und fühlen. Es ist ein holdes, nicht mehr zu analysierendes Gaukelspiel, in das sie sich verfangen. Das Märchen schreitet fort am Bande dessen, was die Schachfiguren bei ihrem Ruhen und bei ihrer Bewegung auf dem Brette erleben und erzählen.

Es ist nun eine krause, vielgestaltige Theorie erwachsen über das Schöne im Schachspiel, über die Gesetze, die in der „Kunst“ des Schachspiels, der Komposition von Problemen und Studien, obwalten, über die Regeln der Kritik, und viele Standpunkte sind vertreten. Doch mir scheint es fraglich, ob man mehr verantworten könne, als was aus dem oben Gesagten zu folgern wäre. Selbst diese Schlussfolgerungen bedürfen noch der Sicherung und Ausgestaltung. Indessen, lassen wir uns für den Augenblick unser Ziel nicht allzu weit stecken. Genug für den Tag ist dessen Mühsal.

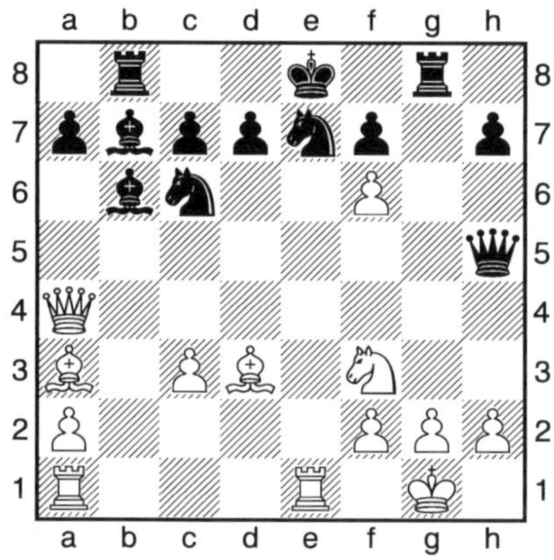

A. Anderssen – J. Dufresne
Berlin (Die Immergrüne), 1852
Weiß am Zug

Dies ist die Stellung, in der Anderssen die Kombination eingeleitet hat, wegen deren die Partie den Namen der immergrünen erhielt. Im „Lärobok i schack“, das vor wenigen Jahren erschien, wird der Einleitungszug 19. Tad1 aufs höchste bewundert. Dennoch hält er der Kritik nicht stand, und vor einem wirklich kritischen Geschmack kann daher die Kombination ihren hohen Rang nicht behaupten. Weiß kann durch 19. Le4 gewinnen, denn der weiße Angriff bleibt unwiderstehlich, der schwarze aber wird dann abgeschlagen. Beispielsweise 19. …d5 20. Lxd5 Dxd5 21. Tad1 mit Gewinn oder 19. …Dh3 20. g3 Txg3+ 21. hxg3 Dxg3+ 22. Kh1 Lxf2 23. Te2 und gewinnt oder 19. …Tg4 20. Dc2 und gewinnt einfach und sicher wegen der vielen Schwächen der schwarzen Stellung. Anderssen indessen macht den Zug **19. Tad1.** Auch dieser hat gewonnen, er ist der viel bewunderte Einleitungszug zur unsterblichen Kombination. Aber notwendig ist er nicht, da, wie gezeigt wurde, Ld3-e4 gewonnen hätte. Ist der Zug zumindest genügend? Notwendig und genügend zu sein ist Eigentum des ästhetischen Wertes. Leider kann Anderssens Zug seine Notwendigkeit nicht erweisen; indessen erfüllt die praktische Partie nur selten die Bedingung des ästhetischen Wertes in vollem Maße, also fragen wir, bis zu welchem Grade die Bedingung hier erfüllt sei. Diese Stellung ist oft untersucht worden. Freilich hat meines Wissens niemand auf den Zug 19. Le4 hingewiesen; so verzaubert sind die Menschen durch das Schöne, es besticht selbst ihr Urteil; sie fragen und forschen ungern, wo sie hingerissen sind; aber eines Tages meldet sich doch die Kritik, das ist unvermeidlich wie der Tod. Nur hat bisher die Kritik erst nach Anderssens Zug eingesetzt. **19. …Dxf3** Und da hat man dies gefunden:

a) 19. …Txg2+ 20. Kxg2 Se5, das furchtbar scheint, scheitert an 21. Dxd7+ mit einem Spiel ähnlich wie in der Partie.

b) 19. …Se5 scheitert an 20. Txe5 Txg2+ 21. Kf1 Dh3 22. Txe7+ Kf8 (sonst 23. Dxd7+) 23. Dxd7.

c) 19. …Dh3 20. Lf1 d6 verliert wegen 21. Txe7+ Kf8 (oder 21. …Kd8 22. Lxd6) 22. Txd6 cxd6 23. Txb7.

d) Aber der einfache Zug 19. …Tg4 macht Schwierigkeiten, weil er die Dame angreift und zugleich das Feld g8 dem eingeengten König öffnet. Weiß ist dann genötigt, auf die Gewinnkombination, die er in der Partie ausführte, zu verzichten und weiter zu kämpfen, aber der Kampf wird dann schwierig, da beispielsweise 20. Le4 mit 20. …d5 beantwortet werden kann und auf Rückzug der Dame …Txg2+ Gegenangriff zulässt.

Dass der Zug Tad1 genügend sei, ist sonach nicht erwiesen und der ästhetische Wert des Zuges Tad1 daher durchaus problematisch. Andererseits ist es verständlich, dass er die Zuschauer begeistert hat, weil er ihnen, die nicht kritisch gestimmt noch gesinnt waren, notwendig, obwohl widersinnig, und genügend, wiewohl höchst gefahrvoll schien. 19. …Dxf3 ist die der großen Menge einleuchtende Antwort. Von hier ab ist Anderssens Kombination vollkommen. **20. Txe7+ Sxe7** 20. …Kd8 21. Txd7+ Kc8 22. Td8+ führt zum Matt oder zum Damengewinn. 22. …Sxd8 23. Dd7+! **21. Dxd7+ Kxd7 22. Lf5+** nebst baldigem Matt.

J. Mason – S. Winawer

Wien, 1882

1. e4 e5 2. Sf3 Sc6 3. Lc4 Lc5 4. d3 d6 5. Le3 Lb6 6. Sbd2 h6 7. Sf1 Sf6 8. h3 Se7 9. Sg3 c6 10. Lb3 Lxe3 11. fxe3 Db6 12. Dd2 a5 13. c3 a4 14. Ld1 Le6 15. 0–0 Dc7 16. Sh4 b5 Dringender war 16. …Sd7; zudem ist die so entstehende Bauernstellung schwach, da später einmal nach gehöriger Vorbereitung ein Gegenstoß, etwa c3-c4, die ganze Struktur aus den Fugen bringen kann. **17. Lc2 c5 18. Sgf5 Lxf5 19. Sxf5 Sxf5 20. Txf5 Sd7 21. Taf1 f6 22. Ld1 a3 23. Lh5+ Ke7 24. b3 Thf8 25. T5f3 Sb6 26. Tg3 Kd8 27. Lg4 De7 28. Le2 Kc7 29. d4** Nun kommt der Stoß gegen die geschwächten Bauernmassen des Damenflügels. **29. …c4 30. Tb1 g5 31. bxc4 bxc4 32. Tb4 De6 33. d5 Dc8 34. Lxc4 Sa4 35. Lb5 Sc5 36. De2 f5 37. exf5 e4 38. Lc6 Tb8 39. Dh5 Tf6 40. Txg5** Eine reizende Kombination, wie die Folge zeigt. Beste Antwort war 40. …Df8, wiewohl nicht ausreichend. **40. …hxg5 41. Dh7+ Sd7 42. Lxd7 Dg8 43. Tb7+ Kxb7 44. Lc8+ Ka8 45. Dxg8 Txf5 46. Dd8 Txd5 47. Dd7 Tb1+ 48. Kh2 Td2 49. Dc6+ Kb8 50. Dxe4 Tbb2 51. Le6 Kc7 52. Dc4+ Kb6 53. Ld5 g4 54. hxg4 Tf2 55. Dc6+ Ka7 56. Dc7+** Aufgegeben.

H. Pillsbury – E. Lasker

St. Petersburg, 1895

1. d4 d5 2. c4 e6 3. Sc3 Sf6 4. Sf3 c5 5. Lg5 cxd4 6. Dxd4 Sc6 Weiß ist hier die Gelegenheit zu 7. Lxf6 gxf6 8. Dh4 geboten, mit der Folge 8. …dxc4 9. Td1 Ld7 10. e3 f5 Schwarz steht trotz des Doppelbauern nicht übel, da er zwei Läufer und gute Entwicklung hat. 11. Dg3 h5 12. Lxc4 h4 13. Df4 Tg8 14. Se5 Sxe5 15. Dxe5 a6 16. 0–0 Tc8 ist eine plausible Fortsetzung. Schwarz kann diesen Verwicklungen mit 6. …Le7 aus dem Wege gehen. **7. Dh4 Le7 8. 0–0–0 Da5 9. e3 Ld7 10. Kb1 h6** Dadurch wird die Dame an ihren Posten gefesselt oder der Lg5 zum Abtausch genötigt. **11. cxd5 exd5 12. Sd4 0–0 13. Lxf6 Lxf6 14. Dh5 Sxd4 15. exd4 Le6 16. f4**

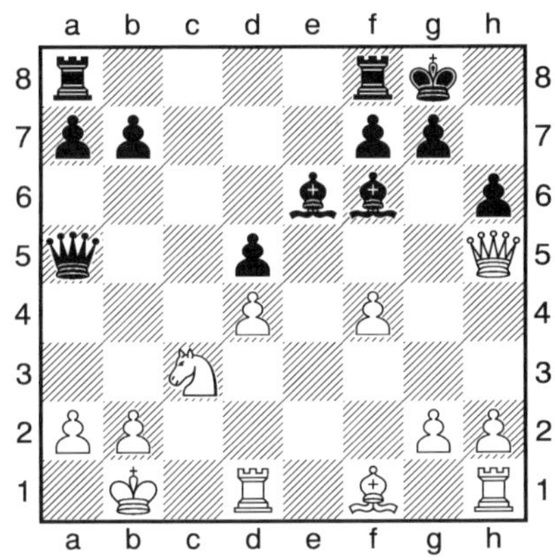

Weiß droht nun, den d-Bauern durch f4-f5 zu gewinnen. **16. …Tac8** Schwarz verteidigt den d-Bauern durch Gegenangriff. **17. f5 Txc3 18. fxe6 Ta3** Die Pointe! **19. exf7+** Oder 19. e7 Te8 20. bxa3 Db6+ 21. Kc2 (Auf 21. Ka1 gewänne 21. …Lxd4+ nebst baldigem …Txe7.) 21. …Tc8+ 22. Kd2 Lxd4, wonach Weiß nicht mehr entkommen kann. **19. …Txf7 20. bxa3 Db6+ 21. Lb5** Am besten. Beispielsweise auf 21. Kc2 gewänne 21. …Tc7+ 22. Kd2 Dxd4+ 23. Ld3 Tc2+ nebst baldigem Matt.

21. ...Dxb5+ 22. Ka1 Tc7? Hier verfehlt Schwarz, der in Zeitnot geraten war, den einfachen Gewinn mit 22. ...Dc4, welches entweder d4 erobert oder wegen ...Dc3 die einzige Verteidigung Td2 unmöglich macht. **23. Td2** Nun kann Weiß sich verteidigen. **23. ...Tc4 24. Thd1 Tc3 25. Df5 Dc4 26. Kb2?** Das ist ein Fehlzug. Weiß musste Kb1 ziehen. **26. ...Txa3 27. De6+ Kh7 28. Kxa3** Auf 28. Kb1 folgt nun 28. ...Lxd4 29. Df5+ g6 30. Dd7+ Lg7 und gewinnt. **28. ...Dc3+ 29. Ka4 b5+ 30. Kxb5 Dc4+ 31. Ka5 Ld8+** und setzt im nächsten Zug Matt.

J. Zukertort – J. Blackburne

London, 1883

1. c4 e6 2. e3 Sf6 3. Sf3 b6 4. Le2 Lb7 5. 0–0 d5 6. d4 Ld6 7. Sc3 0–0 8. b3 Sbd7 9. Lb2 Dieser Läufer steht nicht so günstig wie der schwarze auf b7, da ihm die nach g7 zielende Schräge noch verschlossen ist. Daher muss Weiß sich anstrengen, ihn zu entwickeln. **9. ...De7 10. Sb5 Se4 11. Sxd6 cxd6 12. Sd2 Sdf6 13. f3 Sxd2 14. Dxd2 dxc4** Der Abtausch erleichtert Weiß, denn Weiß musste stillhalten, solange bei cxd5 exd5 der Bauer e3 schwach blieb. Schwarz hätte ganz wohl ...Tfe8 nebst ...e5 ziehen können. **15. Lxc4** Wenn 15. bxc4, wäre dieser Bauer Angriffsziel geworden. **15. ...d5** Nun schließt sich Schwarz den Läufer b7 ab. 15. ...Tfc8 hätte sich empfohlen. **16. Ld3 Tfc8 17. Tae1 Tc7 18. e4 Tac8 19. e5 Se8 20. f4 g6 21. Te3** Schwarz ist in Schwierigkeiten, für seinen König einen sicheren Zufluchtsort zu schaffen. Das Feld f8 ist von Lb2 bedroht, auch ist h7 schwach. **21. ...f5 22. exf6 Sxf6** Aber nun ist e6, der schwach ist, auch noch gefesselt. Die Dame musste nehmen. **23. f5** „Der Beginn einer sehr großen und bewundernswerten Konzeption." (Steinitz.) **23. ...Se4 24. Lxe4 dxe4 25. fxg6 Tc2 26. gxh7+ Kh8 27. d5+ e5**

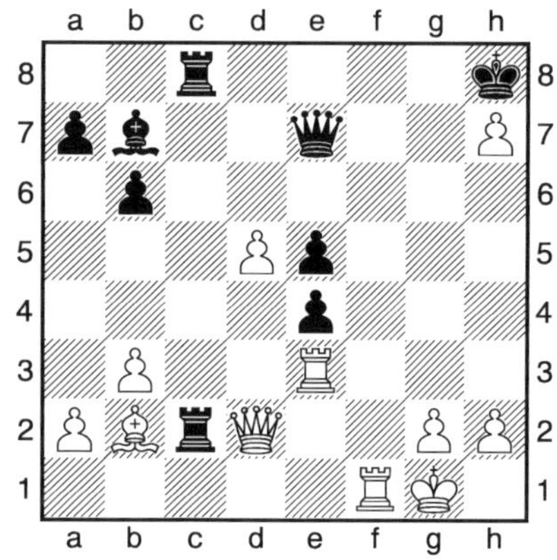

28. Db4 „Großartig und entscheidend. „ (Steinitz.) **28. ...T8c5** Bei 28. ...Dxb4 setzt Weiß in sieben Zügen Matt: 29. Lxe5+ Kxh7 30. Th3+ Kg6 31. Tf6+ Kg5 32. Tg3+ Kh5 33. Tf5+ Kh6 34. Lf4+ usw. **29. Tf8+** „Die vorhergehenden Züge und der eben gemachte bilden eine der höchsten Kombinationen, vielleicht die schönste aller, die je vor einem Schachbrett geschaffen worden. Wir wissen nicht, wie wir unsere Bewunderung über den großen Stil, in dem Zukertort diese Partie geführt hat, zum Ausdruck bringen sollen..." (Steinitz.) **29. ...Kxh7 30. Dxe4+ Kg7 31. Lxe5+ Kxf8 32. Lg7+ Kg8 33. Dxe7** Aufgegeben.

R. Réti – E. Bogoljubow

New York, 1924

1. Sf3 d5 2. c4 e6 3. g3 Sf6 4. Lg2 Ld6 5. 0–0 0–0 6. b3 Te8 7. Lb2 Sbd7 Beide Meister entwickeln sich nach guten und richtigen Grundsätzen. Schwarz konnte nicht wohl ...e5 ziehen, weil bei c4-c5 der e-Bauer fällt. **8. d4 c6 9. Sbd2 Se4 10. Sxe4 dxe4 11. Se5 f5 12. f3** Der Plan von Weiß geht dahin, die Bauern schnell zu beseitigen, da seine Läufer wirksamer stehen als die schwarzen. **12. ...exf3 13. Lxf3 Dc7 14. Sxd7 Lxd7 15. e4 e5** Sonst folgt e4-e5 nebst gelegentlichem Durchbruch, beispielsweise durch d4-d5 oder g3-g4, wie Aljechin angibt. **16. c5 Lf8 17. Dc2 exd4 18. exf5 Tad8** Der Plan von Weiß ist ausgeführt; die Linien sind offen, und er hat nun einen kleinen Vorsprung in der Entwicklung. Jetzt folgt eine reizende Kombination. **19. Lh5 Te5 20. Lxd4 Txf5 21. Txf5 Lxf5 22. Dxf5 Txd4 23. Tf1 Td8** Auf 23. …De7 käme 24. Lf7+ Kh8 25. Ld5 Df6 26. Dc8 **24. Lf7+ Kh8 25. Le8** Aufgegeben.

A. Rubinstein – R. Teichmann

1. d4 d5 2. c4 e6 3. Sc3 Sf6 4. Lg5 Sbd7 5. e3 Le7 6. Sf3 0–0 7. Dc2 b6 Der reguläre Zug ist …c5. **8. cxd5 exd5 9. Ld3 Lb7 10. 0–0–0 c5 11. h4 c4** Damit schließt Schwarz seine eigenen Linien ab. Mit …Te8, um sodann …Sf8 und …Se4 folgen zu lassen, hätte Schwarz wohl weit bessere Aussichten. **12. Lf5 Te8 13. Lxf6 Sxf6 14. g4 Ld6 15. g5 Se4 16. h5 De7** Schlechter gab hier die bessere Verteidigung an: 16. …Sxg5 17. Sxg5 Dxg5 18. Lxh7+ Kh8 19. Tdg1 Dh6. **17. Tdg1 a6**

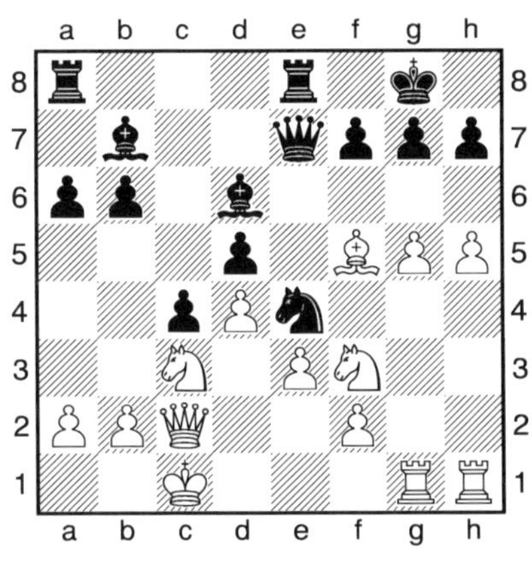

18. Lxh7+! Wenn Teichmann dieses Opfer bis in die letzten Konsequenzen berechnet hätte, hätte er in seinem letzten Zug zu …g7-g6 gegriffen. Aber das Opfer hat ihn gewiss sehr überrascht. Die Pointe des Opfers wird erst nach vier Zügen deutlich. **18. …Kxh7 19. g6+ Kg8** Nicht 19. …fxg6 wegen 20. Sxe4 dxe4 21. Sg5+. **20. Sxe4 dxe4** Die Dame darf natürlich wegen gxf7 nicht nehmen. **21. h6!** Das ist die Idee. Auf 21. h6 exf3 folgt 22. gxf7+ Kxf7 23. Dg6+ nebst hxg7, oder 22. …Dxf7 23. hxg7. **21. …f6 22. hxg7 exf3 23. Th8+ Kxg7 24. Th7+ Kg8 25. Df5 c3** Es ist nichts zu machen. Geht die Dame e7 in Sicherheit, so ist Df5-h5 oder Df5xf6 vernichtend. **26. Txe7** Aufgegeben. Eine prachtvolle Kombination.

Kurz nach einer Partie Bogoljubow – Spielmann im Jahre 1919 zu Stockholm ward zu analytischem Zweck die folgende Partie gespielt, die die nämliche Eröffnung wie jene hat.

E. Bogoljubow – Schachfreund

1. e4 e6 2. d4 d5 3. Sc3 Sf6 4. Lg5 Le7 5. e5 Sfd7 6. h4 Lxg5 Die Annahme dieses Opfers gilt als problematisch. Damals war diese Eröffnung noch Gegenstand vielfacher Versuche. **7. hxg5 Dxg5 8. Sh3 De7 9. Sf4 a6 10. Dg4 g6 11. Ld3 c5 12. Dg3!** Damit droht ein Opfer auf d5. **12. …Sb6** Sonach muss der Springer auf ein ungünstiges Feld. **13. dxc5 Dxc5 14. 0–0–0 Df8** Zur Deckung gegen ein Opfer auf g6.

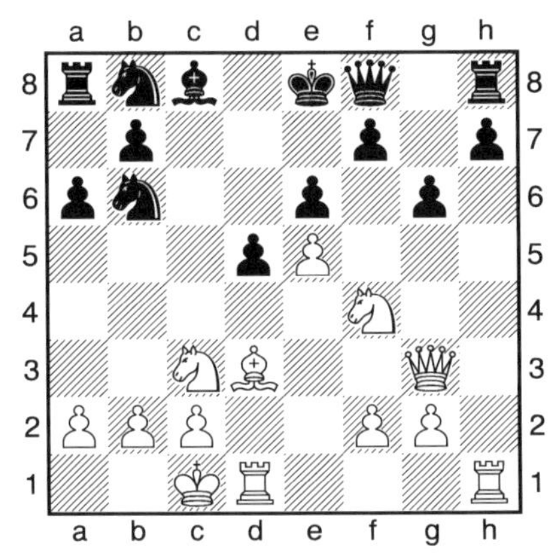

15. Le4! Ein Zug von seltener Schönheit. Nun droht wieder ein Opfer auf d5. **15. ...dxe4 16. Sxe4 S8d7 17. Dc3 De7 18. Sf6+** Wenn nun 18. ...Kd8, so 19. Da5; wenn 18. ...Kf8, so 19. Sxh7+ Kg7 20. Sh5+ nebst baldigem Matt. **18. ...Sxf6 19. exf6 Df8 20. Dc7 Sd7 21. Sd5 exd5 22. The1+ Se5 23. Txe5+ Le6** Schwarz droht ...Dh6+ und ...0–0. **24. Kb1 Td8 25. Tdxd5 Txd5 26. Txd5** Aufgegeben.

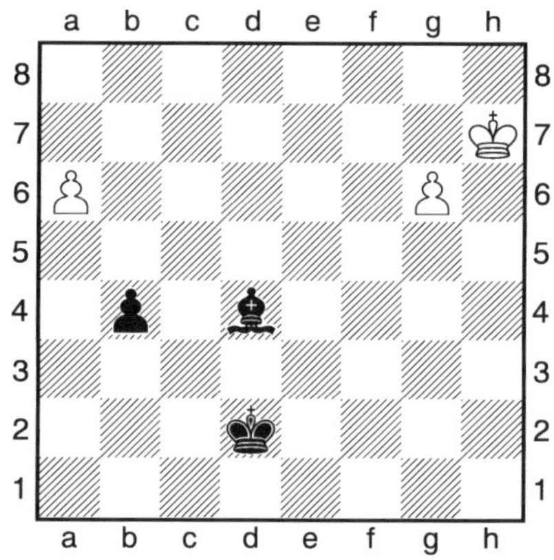

K. Hromadka – P. List

Weiß zieht und gewinnt

Hier ist aus der praktischen Partie eine sehr feine Studie standen. Weiß muss einen der Bauern vorrücken, aber welchen? Man sieht kaum einen Unterschied, doch g6-g7 gewänne nicht.

1. a7 Lxa7 2. g7 b3 3. g8D b2 Nun folgt ein wunderschönes Spiel der Dame. **4. Db3 Ld4** Wenn 4. ...Kc1 5. Dc3+ Kb1 6. Dc4 Lb8 7. Kg6 Ka1 8. Da4+ Kb1 9. Kf5, gewinnt Weiß durch das Eingreifen des Königs. Nun aber würde 5. Kg6 nur Remis machen, da auf ...Lh8 der Läufer wie der Bauer b2 außer Gefahr bliebe. **5. Da2!** womit Db1 droht **5. ...Kc2 6. Da4+** und gewinnt, wie unschwer zu ersehen.

Es folgt eine Kombination von sehr ausgeprägter Idee. Der Bauer soll auf f1 Dame werden; der nächste Weg des Springers nach f1 führt über f5 nach e3 oder g3. Zudem ist e3 ein Feld, von dem ein Schachgebot möglich ist: ein zweites Motiv also Angriff gegen den König. Wie verknüpfen sich diese Motive?

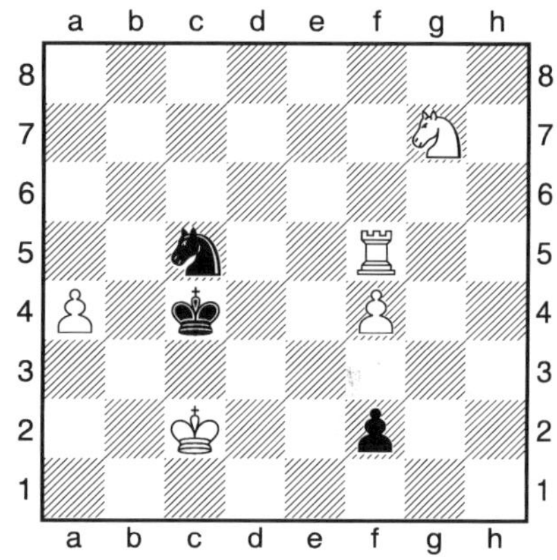

A. Troitzki

Weiß am Zug macht remis

1. Td5 f1D oder 1. ...Kxd5 2. Sf5 **2. Td4+!** Um zu Sf5+ Zeit zu gewinnen. Weiß erobert die Dame.

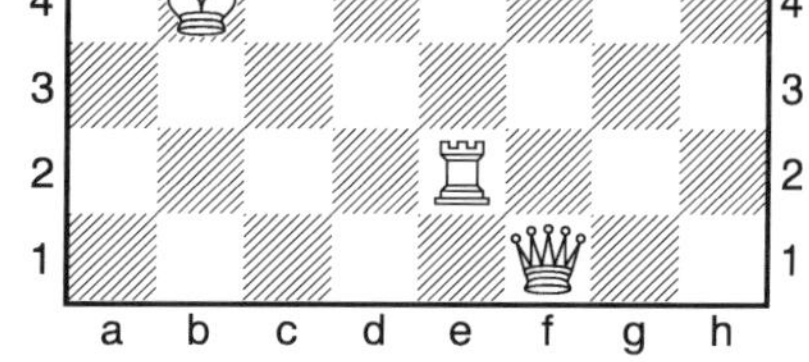

A. Troitzki

Weiß am Zug gewinnt

Die Lösung ist nicht schwierig, da Weiß seinen Augenblick möglichst nützen muss, und das geht nur mit kräftigen Zügen; sie ist aber elegant: **1. Te6+ Txe6 2. Da6+ Kd5 3. Dc4+ Kd6** Sonst geht durch Dc4-c3+ die Dame verloren. **4. Dc5+ Kd7 5. Da7+** und gewinnt die Dame.

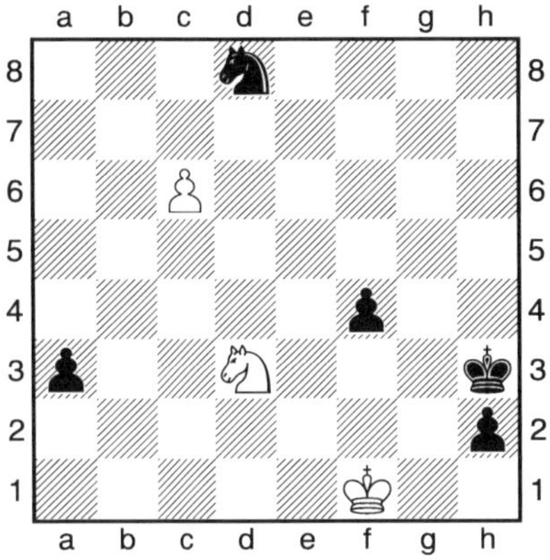

A. Troitzki
Weiß am Zug macht remis

Die Idee ist witzig. Ein Bauer will mit Schach Dame werden; dadurch ist der feindliche König trotz des offenen Feldes in seiner Beweglichkeit so eingeschränkt, dass ihm ein Springer ewiges Schach geben kann.

1. Sf2+ Kg3 2. c7 a2 3. Se4+ Der König fürchtet ein Schachgebot durch c7-c8D wie c7xd8D. **3. ...Kf3 4. Sd2+ Ke3 5. Sc4+ Ke4 6. Sd2+ Ke5 7. Sc4+** Der König kann dem Springerschach nicht entrinnen. Bei der Fülle der dem König offenen Felder und der Winzigkeit des verwendeten Materials erfüllt der Springer hier gewiss eine äußerste Leistung.

Die folgende Studie macht einen starken Eindruck. Zunächst ist die Ökonomie der zur Verwendung gelangenden Steine gefällig. Keiner der weißen Steine hat Wucht, noch birgt er die Möglichkeit der Wertsteigerung wie ein Bauer; dennoch vermögen sie, die Aufgabe zu lösen. Und sie ist schwer, denn Schwarz gewinnt eine der weißen Figuren, da neben ...Kb6xa6 auch ein Abzugsschach neben ...La7-d4 droht.

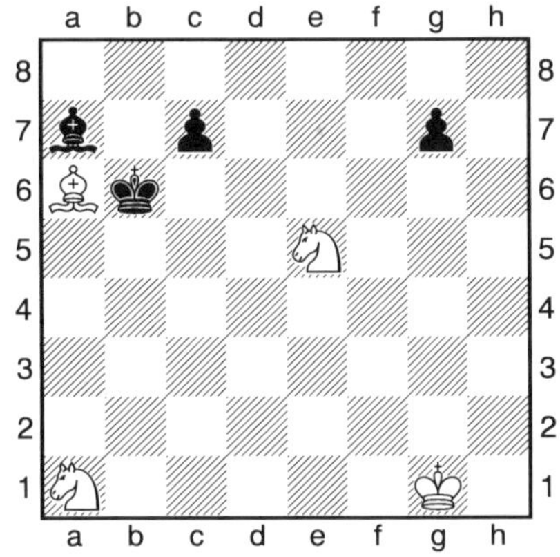

Ratner
Weiß zieht und gewinnt

1. Le2 Der einzige zum Gewinn zureichende Zug. Bei 1. Lf1 verstellt der König später dem Läufer das Feld h3, bei 1. Ld3 träte ein anderer Missstand zutage, der später gezeigt werden wird. **1. ...Kb7+ 2. Kg2** Wieder der einzige Zug, wie sich herausstellen wird. **2. ...Ld4 3. Sb3** Natürlich der einzige Zug zum Gewinn. **3. ...Lxe5 4. Sa5+** Das ist die Idee; nun kann der König weder nach b8 noch a7 noch b6, da sonst durch ein Springerschach der Lc5 verloren wäre. Daher auch darf der weiße Läufer nicht auf d3 stehen, sonst käme ...Kb6 5. Sc4+ Kc5 6. Sxe5 Kd4, remis. Auch nach c8 darf der König nicht ziehen, da sonst Le2-g4+ den König nach b8 oder d8 drängt und Lc5 verloren geht. **4. ...Ka8 5. Sc6 Ld6** oder beliebig **6. La6** Nun droht der Marsch des Königs nach c8 und

Matt durch La6-b7. Aber Schwarz hat einen g-Bauern; käme der bis g4, so würde er den weißen König festhalten mit Remisschluss; sonach wäre 1. Lf1 fehlerhaft gewesen. **6. ...g5** Auch ...g6 hat kein anderes Ergebnis. **7. Kf3 L zieht 8. Kg4 L zieht 9. Kf5 L zieht 10. Ke6 g4 11. Kd7 g3 12. Kc8 g2 13. Lb7** matt. – Ein reiner und starker Eindruck.

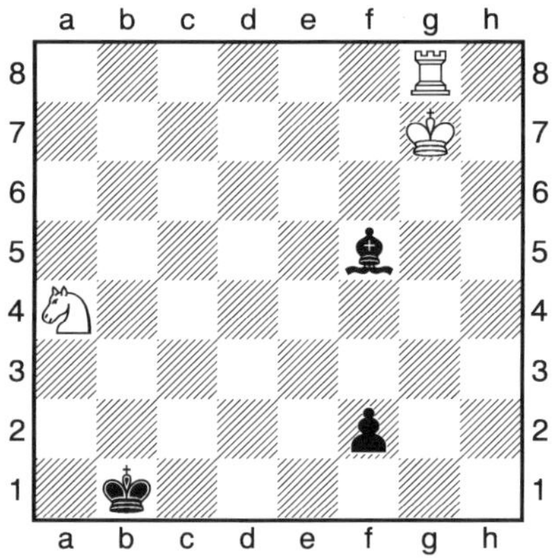

L. Kubbel
Weiß zieht und macht remis

Die Absicht ist Herbeiführung des Patts. Fein werden alle Kapazitäten der wenigen weißen Figuren zur Geltung gebracht. Zuerst muss der Springer den Schwarzen zwingen, ihn auf der ersten Reihe zu schlagen. **1. Sc3+** Nun geht 1. ...Kc1 nicht an, da sonst Sc3-e2+ nebst Se2-g3 den Freibauern hält. Wenn 1. ...Ka1, so 2. Ta8+ nebst Sc3-d1+. Also zwingt der Springer im Verein mit dem Turm den König nach c2. **1. ...Kc2 2. Sd1 Kxd1** Das war nun erzwungen. Jetzt begibt sich der König in die Pattstellung. **3. Kh8** Und nun droht Tg8-g2. Diese Drohung ist offenkundig, aber Schwarz kann dagegen gar nichts tun. Ein Königszug ändert nichts. Der Läufer f5 aber darf nicht ziehen, weil er doch die f-Linie sperren muss, sonst kommt ja Tg8-f8. Und auf **3. ...f1D** oder 3. ...f1T folgt sogleich **4. Tg1** was Patt oder Abtausch, also das Remis erzwingt.

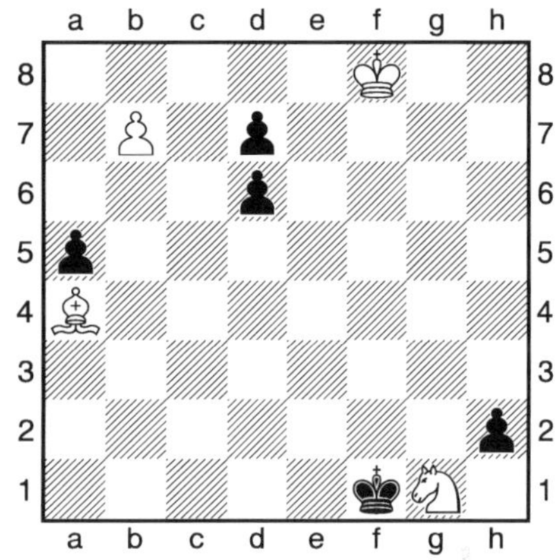

L. Kubbel
Weiß zieht und gewinnt

Die Idee des Autors war, das geometrische Motiv von Dame gegen Dame in den beiden einzig möglichen Wendungen, einmal auf der Geraden, einmal auf der Schrägen, zur Darstellung zu bringen. Natürlich tut er dies, da eine äußerste Leistung erstrebt wird, mit geringstem Materiale und in möglichst partienatürlicher Stellung.

1. Se2 Kxe2 2. Ld1+ Wenn nun 2. ...Kxd1 3. b8D h1D 4. Db1+: das geometrische Motiv auf der Geraden. **2. ...Kf2** (oder ...Ke3) **3. Lf3 Kxf3 4. b8D h1D 5. Db7+**, das geometrische Motiv auf der Schrägen.

Die Ökonomie der verschlungenen Leistungen der Figuren ist eine höchst gesteigerte.

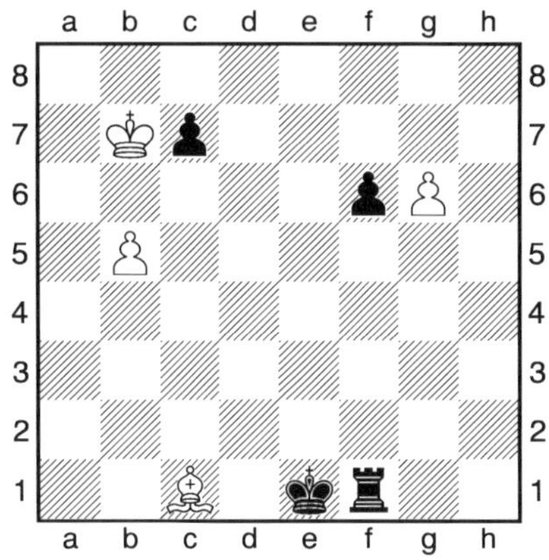

H. Rinck

Weiß zieht und gewinnt

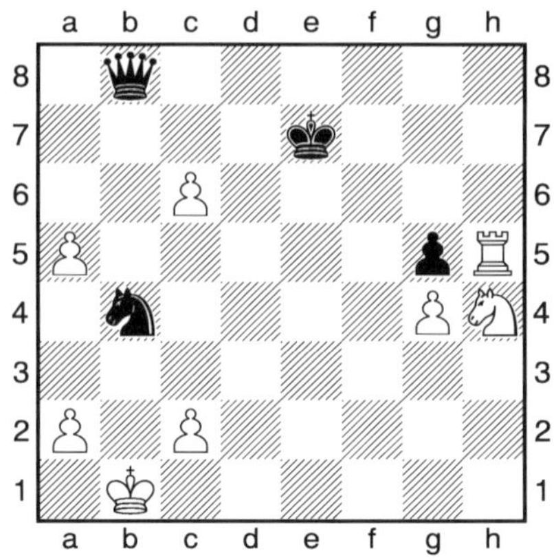

H. Rinck

Weiß zieht und gewinnt

Bei geringem Material kommen hier viele Motive des Kampfs eines Freibauern zum Ausdruck. Unterstützt ist er vom Läufer, bekämpft vom Turm, der allerdings durch Bauern f6 stark gehemmt wird. Der Läufer vermag es nun, unter Ausnutzung verschiedener Motive, dem Turm die g-Linie zu sperren.

1. Le3 Direkter Angriff von g1. **1. …Tf3 2. Lg5** Nach …fxg5 Hemmung durch den eigenen Bauern, nach Tf3-g3 Fesselung durch Lg5-h4. Sauber, sparsam, scharf bestimmt.

Der Gewinn der Dame durch Turm und Springer wird hier auf mannigfaltige Art dargestellt. **1. Th8** Angriff, Deckung durch Schach-Dame. **1. …Db5** Von den 15 Feldern, die der Dame offen standen, werden ihr durch Angriff oder Schach-Dame-Drohung nicht weniger als 14 fortgenommen. **2. Sf5+ Kf6 3. Th6+ Ke5** Fortgesetzte Schach-Dame-Drohung zwingt den König hierher. **4. Te6+ Kf4** Wenn 4. …Kd5, so 5. c4+. **5. Te4+** und gewinnt Dame und Partie. Ein duftiges, harmonisch buntes Bukett.

Sechstes Buch

Beispiele und Muster

J. Berger – P. Gaspary

Athen

1. e4 e5 2. Sf3 Sc6 3. Lb5 Sf6 4. d3 Se7 Bei 4. …Se7 5. Sxe5 c6 6. Sc4 Sg6 kommen die weißen Steine in Schwierigkeiten. **5. Lc4 c6 6. Sc3 Sg6** Weiß sollte nun mit h2-h4 den Springer gefährden. **7. Sg5 d5 8. exd5 cxd5?** Schwarz musste zunächst den vorgedrungenen Springer durch …h6 vertreiben, worauf Weiß mit Sge4 die Initiative behauptet. Nach dem irrigen Textzuge macht Weiß eine Kombination, die entscheidet. **9. Sxd5** Das verlängert die Läuferlinie. **9. …Sxd5 10. Df3 Le6** Nun ist die Schräge b5-e8 ungeschützt. **11. Sxe6 fxe6 12. Lb5+ Ke7 13. Lg5+ Sf6 14. Dxb7+ Kd6 15. Ld2 a5** Wenn 15. …e4 16. d4 e5 17. Dc6+ Ke7 18. Lb4+ und 19. Lc4+, wenn 15. …Sd7, so folgt ein Matt in fünf Zügen, und wenn 15. …Sd5, so 16. c4 (Note von J. Berger aus dessen Buche „Probleme, Studien, Partien"). **16. c4** aufgegeben.

Dr. S. Tarrasch – H. Pillsbury

Monte Carlo, 1903

1. e4 d5 2. exd5 Dxd5 3. Sc3 Dd8 4. d4 Sf6 5. Le3 c6 6. Ld3 Lg4 7. Sge2 e6 8. Dd2 Ld6 Dies ist schwach. Weiß droht, mit Se2-g3 dem Läufer g4 den Rückweg abzuschneiden und ihn gegen den Springer zu tauschen. Hier war 8. …Lh5 geboten. **9. Sg3 Dc7 10. h3 Lxg3** Nun war 10. …Lh5 das kleinere Übel. Weiß steht zwar dann überlegen, aber nicht erheblich. Der geschehene Zug musste verlieren. **11. hxg4** Es droht jetzt Ausnützung der h-Linie durch g4-g5-g6. **11. …Sxg4 12. fxg3 Dxg3+ 13. Lf2 Dxg2 14. Le4 Dxf2+ 15. Dxf2 Sxf2 16. Kxf2 g6**

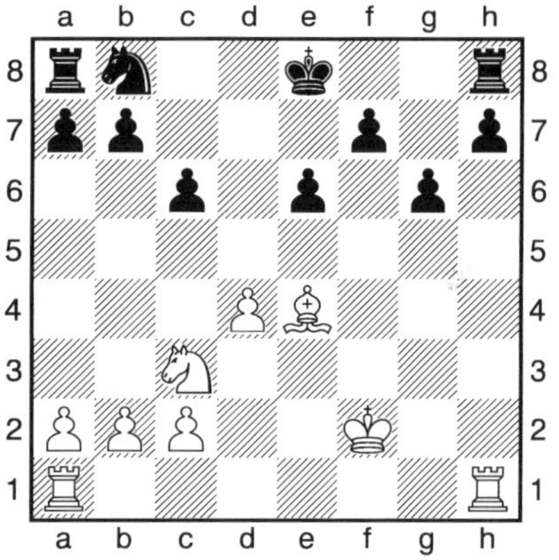

Schwarz hat nun zwar mit drei Bauern ein vollauf genügendes Äquivalent für den Läufer, aber Weiß ist riesig in der Entwicklung überlegen. Daher musste Weiß angreifen. Wo? Auf dem Damenflügel, weil dort Weiß klar überlegen ist, keineswegs auf dem Königsflügel, wo den schwarzen Bauern kein einziger weißer gegenübersteht. Die Angriffsmarke, wie Dr. Tarrasch in seinem Werke „Die moderne Schachpartie" richtig hervorhebt, ist c6. Nach 17. b4 drohte schon b4-b5. Kommt 17. …a6, so 18. a4. Dann ist b4-b5 nicht mehr aufzuhalten und der schwarze a- oder b-Bauer wird schwach, und die Übermacht der weißen Figuren siegt lange, ehe die schwarzen Freibauern mitreden können.

Da Weiß diesen Plan erst sehr spät befolgte, verscherbelte er sein Übergewicht an Entwicklung, und die Partie schloss unentschieden. Der weitere Verlauf der Partie ist daher nicht von genügendem Interesse.

A. Burn – E. Snosko-Borowski

Ostende, 1906

1. d4 d5 2. c4 e6 3. Sc3 c5 4. cxd5 exd5 5. Sf3 Sc6 6. Lg5 Le7 7. Lxe7 Sgxe7 8. e3 Auf 8. dxc5 spielt Schwarz am stärksten 8. …d4 9. Se4 0–0 10. e3 Dd5. Dann mag folgen 11. Sg3 dxe3 12. Dxd5 Sxd5 13. Lc4 oder 11. …Lg4 12. Le2, wobei keine Partei ausgesprochene Schwächen behält. **8. …cxd4 9. Sxd4 Db6**

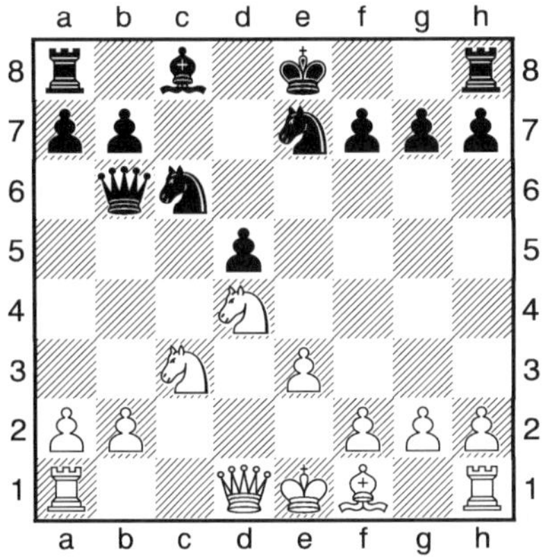

Schwarz bedroht den Bauern b2 wie den Springer d4. Vermeidet Weiß mit aller Gewalt die Vereinzelung seines Damenbauern, so verliert er einen Zug. Das wäre nur erträglich, wenn Weiß dafür einen Plan aufweisen könnte, um aus einer kompensierenden Schwäche des Gegners Vorteil zu holen, aber Schwarz hat nur minimale Schwächen. Daher ist hier das Gegebene 9. …Db6 10. Dd2. Wenn dann 10. …Sxd4 11. exd4 0–0 12. Le2 Le6 13. 0–0, besetzt Weiß die e-Linie, auch droht er Sc3-a4-c5 und steht wohl ein wenig im Vorteil. **10. Sb3** Doch damit erhält Schwarz Vorsprung in der Entwicklung und erlangt nun Initiative. **10. …Le6 11. Ld3 0–0 12. 0–0 Tfd8 13. Sa4** Weiß macht hier und im Folgenden Angriffsbewegungen, anstatt mit Sc3-e2 eine Bewegung auf sichere Plätze hin zu machen; dies ist falsche Strategie, weil die notwendige und genügende Voraussetzung eines gesunden Angriffs ja ein Übergewicht ist, und dieses hier fehlt. **13. …Dc7 14. Tc1 De5 15. De2 Tac8 16. f4** Auch das noch! **16. …Df6 17. f5 Ld7 18. Sac5 b6 19. Sxd7 Txd7** Jetzt sperrt der Bauer f5, der den Läufer d7 hat aussperren sollen, den eignen Läufer aus. **20. g4** Dies wäre motiviert, wenn f5 schwach wäre. Eine Aussicht, den Bauern gewaltsam nach g5 zu bringen, besteht nicht, weil Schwarz auf den schwarzen Feldern überstark. **20. …Tcd8 21. Kh1 Td6 22. Tg1 Dg5 23. Tcf1 d4** Um die Mitte zu öffnen und in die zweite oder erste Reihe einzudringen, wodurch der weiße König sehr gefährdet würde. **24. e4 Se5 25. Tg3 S7c6 26. Sd2** Damit gestattet Weiß dem Schwarzen weiteren Raumgewinn. Freilich war bei systematischer Spielführung die weiße Stellung hoffnungslos. Je schneller in solchen Lagen die Krise kommt, desto besser ist's. Auch die Nerven halten nicht stand. **26. …Sxd3 27. Txd3 Se5 28. Tg3 d3 29. Dg2 Tc6 30. Sf3 Sxf3 31. Dxf3 Tc1 32. Tgg1 Txf1 33. Txf1 Dd2** Wenn nun 34. Dg2, so …Dc2, und der Freibauer marschiert. **34. Tb1 De2 35. Dg2 De3 36. Td1 d2 37. h3 De1+ 38. Dg1 De2 39. e5 Td3 Aufgegeben.**

Diese Partie ward von Weiß nicht so stark gespielt, wie es dem Stile des Altmeisters entspricht, aber sie ist in hohem Grade lehrhaft durch ihre Mängel und deren folgerechte Ausnützung.

D. Janowski – E. Lasker

Weltmeisterschaft, Paris, 1909

1. e4 e5 2. Sf3 Sc6 3. Sc3 Sf6 4. Lb5 Lb4 5. 0–0 0–0 6. d3 d6 7. Lg5 Lxc3 8. bxc3 Se7 9. Lc4 Sg6 10. Sh4 Sf4 Weiß hat die Eröffnung nicht mit genügender Schärfe gehandhabt. Mangelhaft, fast Verlust eines Zuges war der neunte Zug, Lb5-c4, anstatt dessen sogleich der Sf3 ziehen sollte, um den Vorstoß des Bauern f2 in die Wege zu leiten.

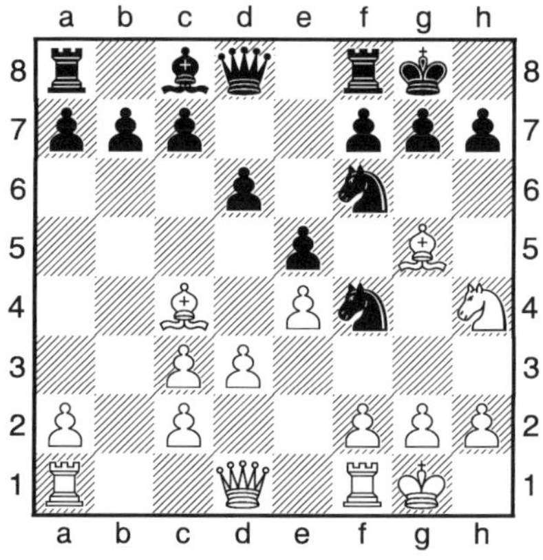

11. Lxf4 11. Dd2 geht wegen 11. ...Sxe4 nicht an. In Frage kam aber 11. Lb3, weil dadurch der Kraft von ...d5 begegnet wird. Zudem ging 11. ...h6 dann nicht sogleich, denn es folgte darauf 12. Lxf4 exf4 13. Sg6, was an ...d5 scheitern würde, solange der Läufer auf c4 steht. **11. ...exf4 12. Sf3 Lg4** Nicht günstig wäre das von Dr. Tarrasch empfohlene 12. ...Le6, wegen 13. Lb3 d5 14. Sd4, und Weiß steht gar nicht übel, da er die e-Linie zuerst besetzt. Die Fesselung des Sf3 dagegen ist sehr unbequem. **13. h3** Das ist ein Fehler, weil der Königsflügel dadurch stark geschwächt wird. Weiß sollte sich mit 13. Dd2 verteidigen, um sodann nach 13. ...Lxf3 14. gxf3 den König in die Ecke zu stellen und die g-Linie zu besetzen. Von nun an hat Schwarz das Übergewicht. **13. ...Lh5 14. Tb1 b6 15. Dd2** Wenn nun 15. g4, so 15. ...fxg3 16. fxg3 d5! 17. exd5 Sxd5 18. Dd2 f6! nebst baldigem ...Lh5-f7, und Schwarz steht sowohl für das Mittelspiel wie auch für das Endspiel überlegen. **15. ...Lxf3 16. gxf3 Sh5 17. Kh2 Df6 18. Tg1 Tae8 19. d4 Kh8 20. Tb5 Dh6 21. Tbg5 f6 22. T5g4 g6!** Das ist stärker als 22. ...f5, wonach Weiß auf den sich öffnenden Linien Gegenspiel erhält. Der Vorteil des Schwarzen ist die Unfähigkeit des Weißen, sich Linien zu öffnen, Schwarz hat daher die Aufgabe, Linien zu öffnen, wo und wann es für ihn am allergünstigsten ausfällt. **23. Ld3 Te7 24. c4** Das gibt dem Schwarzen Gelegenheit, seinen Springer auf ein zentrales Feld zu führen. Früher oder später freilich wird Schwarz immer dazu gelangen, indem er nach genügender Vorbereitung ...g5 zieht und so den Springer entlastet. **24. ...Sg7** Wird nämlich der Bauer f4 von der Dame geschlagen, so gewinnt nach Damenabtausch ...Se6 den Bauern d4, und Weiß steht dann trostlos, weil alle schwarzen Felder vom Schwarzen beherrscht werden. **25. c3 Se6** Der Springer droht nun nach g5 zu gehen und h3 wie f3 anzugreifen. **26. Lf1 f5 27. T4g2 Tf6 28. Ld3 g5** Das ist die Pointe. Es droht ...Dxh3+. **29. Th1 g4 30. Le2 Sg5** Nun ist der Zusammenbruch da. **31. fxg4 f3 32. Tg3 fxe2 Aufgegeben.**

C. Schlechter – H. Süchting

Karlsbad, 1911

1. d4 d5 2. Sf3 Sf6 3. c4 c6 4. Sc3 Db6 Im Damengambit ist der b-Bauer recht schwach. Nur gedeckt durch den Läufer, hindert er, solange er diesen Schutz in Anspruch nimmt, den Fortgang der Entwicklung. Nun ist er leicht zu bedrohen, sobald, wie im Damengambit, der c-Bauer gezogen ist, nämlich durch Dd1–b3 bzw. ...Dd8-b6. Wer mit diesem Zuge zuerst kommt, ohne die Entwicklung aufzuhalten, hat daher einen Vorsprung. Freilich hat der Schwarze wohl kaum ein Recht, sich am Anfange der Partie dieses Vorsprunges zu versichern. **5. Dc2** Um …Lf5 zu hindern und b2 zu decken. **5. …Lg4 6. c5** Damit wird der Druck auf d5 aufgegeben und dafür nichts Rechtes eingetauscht. Weiß muss nun, um c5 gedeckt zu halten, …e7-e5 hintanhalten. Das Gegebene war 6. e3. **6. …Dc7 7. Se5 Sbd7 8. Sxg4** Hierdurch erlangt Schwarz das Übergewicht auf e5. Weiß konnte um diesen Punkt noch mit 8. Lf4 kämpfen. Wenn dann 8. …Sh5?, so 9. g3 g5 10. Sxd7 gxf4 11. Se5 mit mancherlei Kompensationen. Demnach war es das Beste für Schwarz, …e5 langsam vorzubereiten; was mit 8. …Sxe5 9. Lxe5 Dc8 nebst …Sd7 geschehen konnte, aber nur zu einem geringfügigen Vorteil geführt hätte, während jetzt Schwarz ein starkes Übergewicht erlangt. **8. …Sxg4 9. Df5 h5!** Gegen Lf4 gerichtet, worauf …e5 kommt. **10. e4** Weiß nutzt das Fehlen des Springers auf f6, der ein Gegengewicht gegen Sc3 böte, aus. **10. …g6** Schwarz will den Vorstoß …e5 noch stärker machen als er es ohnedies ist, indem er die Dame nach f4 drängt: Ökonomie an Zeit. **11. Df4 e5 12. dxe5 Lxc5 13. e6 Sde5 14. exf7+ Kd7?** Schade! Auf d7 steht der König unsicher. Auf f8 dagegen war er gut gedeckt. Die Partie wird so aus ihrer Logik gerissen. **15. exd5** Nun, da …d5-d4 nicht mehr angeht, konnte Weiß Le3 ziehen. Der Textzug ist zu verwegen. **15. …Sxf2 16. dxc6+ bxc6 17. Da4**

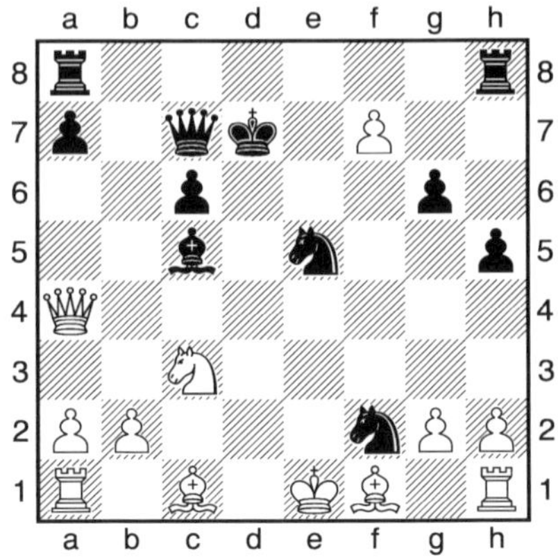

17. …Sxf7? Unverständlich! Schwarz sollte sich schleunigst des Turmes versichern, um dann nach f2 zurückzukehren und so den Turm von der d-Linie fernzuhalten. **18. Le2 Sxh1 19. Lf4 Ld6** Der schwarze König hat nirgends sichere Zuflucht. Dass dafür die Qualität kein Äquivalent, leuchtet ein. **20. Td1** Nicht die Rochade, weil der König f2 bewachen muss. **20. …Ke7 21. Txd6 Sxd6 22. Se4 Tad8 23. Dd4** Es droht vieles. Schwarz muss Gegenangriff suchen, da an bloße Verteidigung nicht zu denken. **23. …Da5+ 24. b4 Df5** 24. …Dd5 verliert wegen 25. Lg5+. Die Dame will den Springer am Zuge hindern. Wenn 25. Sxd6, so 25. …Df5-b1+, was zu Remis oder zu 26. Ld1, also einer Fesselung des Läufers führt und den König entlastet. Sodann 26. …Thf8, und Weiß hat zum Mattangriff kein genügendes Material und muss dann wohl in ein Remis willigen. **25. Lxd6+ Txd6 26. Dxd6+ Kf7 27. Lc4+ Kg7 28. Dd4+ Kh7 29. Dxa7+** Hier war 29. Sf6+ Kh6 30. Sg4+ hxg4 31. Dxh8+ Kg5 zum Gewinn nicht genügend, weil Schwarz zum Gegenangriff kommt. **29. …Kh6 30. De3+ g5 31. h4 Te8 32. Ld3 Kg7 33. Kd2** Nun droht sich der Springer nach d6 zu entfesseln. **33. …Df4 34. hxg5 Dxe3+ 35. Kxe3 Sg3 36. Kd4 Sxe4 37. Lxe4 Ta8 38. Lxc6** Dieser Bauer lief nicht fort. Erst einmal Le4-b1. **38. …Txa2 39. b5 Kg6 40. b6 Kxg5** Schwarz übersieht hier eine

Möglichkeit, durch Patt ein Remis zu erreichen: 40. ...h4 41. b7 Tb2 42. Kc5 Txb7 43. Lxb7 h3. Nun führt 44. gxh3 zuletzt zum Patt in der Ecke h8, und anders gehen beide g-Bauern verloren. **41. b7 Tb2 42. Kc5 Tc2+ 43. Kb6 Tb2+ 44. Lb5 Aufgegeben.**

J. Capablanca – F. Marshall

New York (Wettkampf, 6. Partie), 1909

1. e4 e5 2. Sf3 Sc6 3. Lb5 d6 4. c3 Lg4 5. d3 Le7 6. Sbd2 Sf6 7. 0–0 0–0 8. Te1 h6 Schwarz hatte hier die Wahl zwischen zwei Plänen: ...a6 nebst Vorrücken des b-Bauern und d-Bauern oder Ruhe auf dem Damenflügel und in der Mitte und Angriff auf f3 mittels ...Sf6-h7-g5. Der erste Plan liegt näher, aber der zweite hat auch seine Vorzüge, vor allem, dass er nirgends Schwächen schafft. **9. Sf1 Sh7 10. Se3 Lh5 11. g4** Weiß ist dazu fast gezwungen, wiewohl der Zug den Punkt f4 schwächt. Andererseits setzt sich der Springer fest nach f5. **11. ...Lg6 12. Sf5**

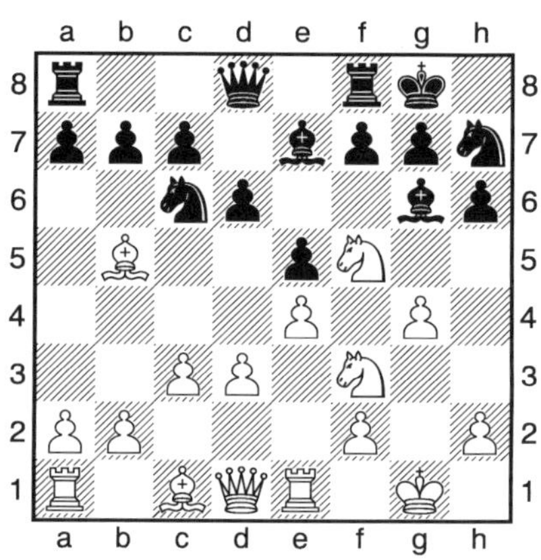

12. ...h5? Eine Abirrung vom geraden Wege. Schwarz sollte mit 12. ...Sg5 fortfahren. Beispielsweise 13. Kg2 Sxf3 14. Dxf3 Lg5 15. Th1 Lxc1 16. Taxc1 Se7 17. h4 f6. Schwarz hätte Gegenspiel in der Mitte. Der Angriff des Weißen wäre schwierig, da er auf g4-g5 beruht, wobei die f-Linie dem Schwarzen geöffnet wird. **13. h3 hxg4??** Dieser Abtausch öffnet die h-Linie dem Weißen. Von jetzt ab hat Schwarz einen schweren Stand. **14. hxg4 Lg5 15. Sxg5 Sxg5 16. Kg2 d5** Besser war zunächst ...f7-f6 nebst ...Se6 und Flucht des Königs nach f7 und eventuelle Besetzung der h-Linie. Schwarz kann nicht das ganze Programm verwirklichen, aber zumindest den Se6 behaupten. **17. De2 Te8 18. Th1 Te6?** Dahin gehört nicht der Turm, sondern der Springer. Von nun an ist die schwarze Stellung unhaltbar. Weiß spielt natürlich auf Angriff, nicht auf materiellen Gewinn mittels Lc1xg5 nebst e4xd5, denn, hält er seine eigene Stellung gesichert, muss er nach einiger Zeit durch den Aufmarsch der schweren Figuren gewinnen. **19. De3 f6 20. La4 Se7 21. Lb3 c6** Der Läufer b3 hält die schwarzen Figuren an d5 gefesselt und beschäftigt so weit mehr als sein Äquivalent. **22. Dg3 a5 23. a4 Sf7 24. Le3 b6** Um sich gegen Le3-c5 zu sichern, aber alles das ist nur ein Notbehelf. **25. Th4 Kf8 26. Tah1 Sg8 27. Df3** Bedroht d5 und erzwingt so den Abtausch des Lg6, wobei die g-Linie geöffnet wird. **27. ...Lxf5 28. gxf5 Td6 29. Dh5 Ta7** Der Schlussangriff. Die weißen schweren Figuren gehen nahe an den Gegner heran. **30. Dg6 Sfh6** Ein schwacher Damm. **31. Txh6 gxh6 32. Lxh6+ Ke7** Wenn 32. ...Sxh6 33. Txh6, dringt der Turm nach h8 ein, und es ist alles aus. Die Wirkung der Dame, die sich so nahe am feindlichen König festgesetzt hat, ist eine furchtbare. **33. Dh7+ Ke8 34. Dxg8+ Kd7 35. Dh7+ De7 36. Lf8 Dxh7 37. Txh7+ Ke8 38. Txa7 Aufgegeben.**

Im folgenden Beispiel steht Weiß im Nachteil. Er hat drei schwache Punkte, b3, a4, f5. An Verteidigung ist nicht zu denken, da der schwarze König schon im Lager steht.

Aber seine Pflicht muss man tun. Also beschaut Tartakower die Lage, nach Gegenangriff spähend. Es sieht schlimm aus. Der einzige Angriffspunkt für den Läufer ist f7, für den König h6 – aber der Weg nach h6 führt über g4 und h5, und der ist durch den schwarzen Läufer gesperrt. Man kann es ausrechnen, in spätestens drei Zügen fällt der b- und a-Bauer, in spätestens acht Zügen droht eine schwarze Dame auf a1.

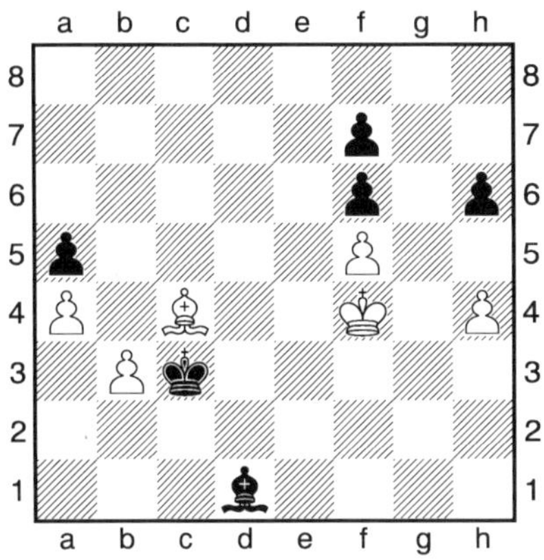

Dr. Tartakower – Dr. Seitz
Debreczin 1925
Weiß am Zug

Aber Tartakower, ein alter Kämpfer, Kämpfer in guten wie schlechten Lagen, Kämpfer aus unantastbarem Ehrgefühl, aus Leidenschaft, auch aus Humor, findet einen Weg aus dem Zusammenbruch.

1. Lxf7 Lxb3 2. Lxb3 Kxb3 3. Kg4 Kxa4 4. Kh5 Kb5 5. Kxh6 a4 6. Kg7 a3 7. h5 a2 8. h6 a1D 9. h7 Schwarz kann nicht gewinnen, denn er hat keine Möglichkeit, Zeit zur Annäherung des Königs zu finden, bevor Weiß, den Bauern zur Dame führt.

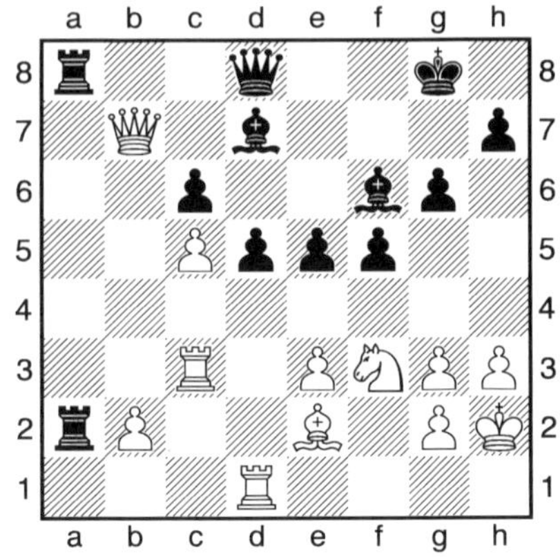

V. Coria – G. Boneo
Argentinien, 1925
Weiß am Zug

Schwarz hat eine überwältigende Stellung dem Anschein nach. Mit Ta8-b8 droht er sogleich zu gewinnen. Seine Bauern stehen in Phalanx, er hat zwei Läufer gegen Läufer und Springer. Der weiße Mittelbauer ist schwach, schwach ist auch der b-Bauer. Nur eines stimmt nachdenklich: der schwarze König ist gegen Angriffe auf der vorletzten und letzten Reihe sehr empfindlich. Weiß nützt diese Gelegenheit trefflich aus auf folgende Art: **1. Lc4** Wenn nun 1. Lc4 Tb8 so 2. Lxd5+ Kh8 3. Dxb8 Dxb8 4. Lxa2 Dxb2 5. Tb3 und die Türme versetzen den tödlichen Streich. **1. …T2a7 2. Lxd5+** Wird der Läufer geschlagen, so nimmt die Dame zurück, es folgt 2. Lxd5+ cxd5 3. Dxd5+ Kg7 4. Sxe5 Le8 5. Dxd8 Txd8 6. Txd8 Lxd8 7. Sc4 und Weiß hat ein Spiel. Schwarz erhofft mehr; da ja die weiße Dame angegriffen bleibt, will er einen Zug gewinnen. **2. …Kg7** Doch diese Erwägung ist hier falsch, weil die Dame sich nicht angegriffen fühlt. **3. Lxc6 Txb7 4. Lxb7** Wenn nun 4. …e4, 5. c6. **4. …Tb8 5. c6** Schwarz kann nun nicht …Txb7 spielen, weil nach cxb7 der Freibauer gar nicht mehr zu halten ist. **5. …e4 6. c7** und gewinnt.

Der Fehler, den Schwarz beim zweiten Zug beging, kostet ihn die Partie, die sonst noch zu einem Kampfe geführt hätte, der für Schwarz recht aussichtsvoll war.

F. Dus Chotimirsky – J. Capablanca

St. Petersburg, 1913

1. d4 d5 2. Sf3 Sf6 3. Lf4 c5 4. c3 Capablanca bemerkt hierzu in seinem „Magazin", dass Weiß, wenn er diesen Zug machen wollte, ihn tun musste, bevor er den Läufer entwickelte. Er fügt keine nähere Erläuterung hinzu und meint damit wohl, dass Schwarz dann gehindert gewesen wäre, ...c7-c5 zu ziehen, weil dies einen Bauern gekostet hätte. **4. ...Db6 5. Dc2 cxd4 6. cxd4 Sc6 7. Sc3 Ld7** Wenn 7. ...Sxd4, so 8. Sxd4 Dxd4 9. e3 nebst baldigem Sc3-b5. **8. e3 Tc8 9. Tc1 e6 10. Le2 Le7 11. 0–0 0–0 12. Db1** Schwarz drohte schon 12. ...Se4 13. Sxe4 Sxd4. Freilich hätte auch Sf3-d2 die Drohung pariert. **12. ...Da5** „Nach einer halben Stunde Nachdenkens entschloss ich mich zu diesem Zug. Ich hielt es für notwendig, meine Dame auf dieser Seite des Brettes zu behalten und gleichzeitig eine Festsetzung eines weißen Springers auf c5, während der weiße Läufer auf f4 die offene Diagonale beherrschte, zu vermeiden..." (Capablanca.) **13. Sd2 a6 14. Sb3** Dies geschieht zu früh. Erst musste a2-a3 das Feld b4 beherrschen, dann stand Weiß nicht übel, da er zwei Pläne zu seiner Verfügung hat, die beide aussichtsreich sind. Erstlich Sd2-b3-c5, zweitens Db1–a2, b2-b4, nebst Besetzung des Punktes c5 durch einen Springer. **14. ...Db4**

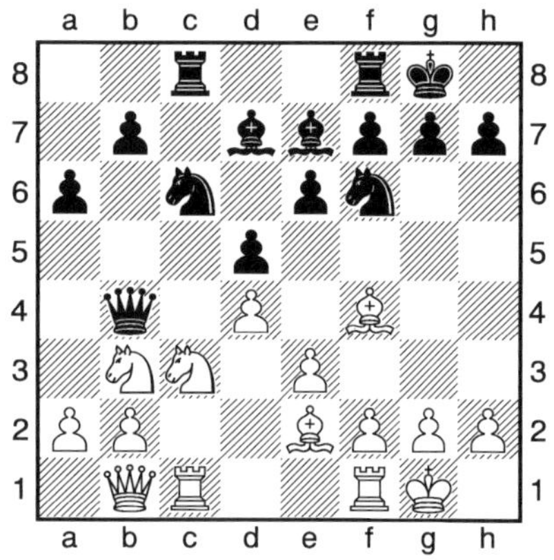

Sehr geschickt nützt Capablanca die ihm gebotenen geringen Chancen, um den Gegner an der Erreichung seines Ziels, der Besetzung von c5, zu hindern. **15. Sc5** Eine Verrechnung, wie Schwarz sogleich nachweist. Auf 15. Ld1 wäre, wie Capablanca angibt, die Folge gewesen 15. ...Sa5 16. a3 Db6 17. Sc5? Lxc5 18. dxc5 Txc5 19. b4 Tcc8 20. bxa5 Dxb1, und Schwarz gewinnt seine Figur mit Vorteil zurück. Richtig war es wohl, auf dem Damenflügel nichts zu unternehmen und sich mit h2-h3 den Läufer f4 zu sichern, sodann mit Le2-d3 ein wenig gegen den Königsflügel zu drücken und des fernern die Dispositionen von Schwarz abzuwarten. **15. ...Sxd4! 16. exd4 Lxc5 17. a3 Dxd4** Der Rest ist Schweigen.

E. Bogoljubow – P. Romanowski

Leningrad, 1924

1. Sf3 Sf6 2. c4 d5 3. cxd5 Sxd5 4. d4 g6 Hier ist Marshalls Zug ...Lc8-f5 zu empfehlen. Schwarz muss den Kampf um den Punkt e4 aufnehmen. **5. e4 Sf6 6. Sc3 Lg7 7. h3** Die Läufer sind hier, wo die Linien sich zu öffnen drohen, stärker als die Springer und müssen daher gegen Abtausch gesichert werden. **7. ...0–0 8. Le3 c6** Das Doppelfianchetto ...b6 würde zwar den Läufer c8 entwickeln, aber den Bauern c7 sehr schwächen. **9. Dd2 Te8 10. Ld3 Sbd7**

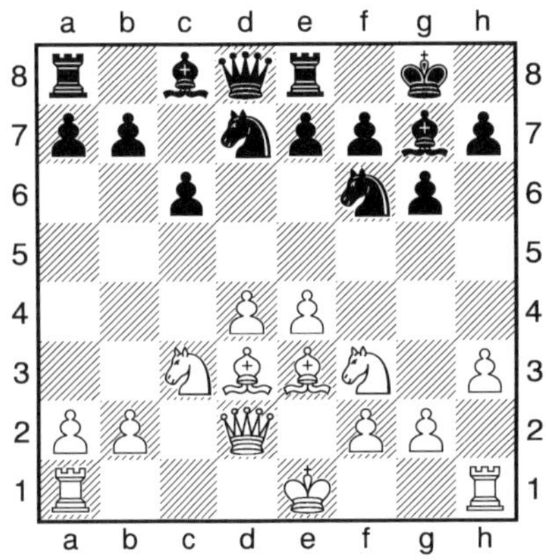

Weiß beherrscht die Mitte, aber Schwarz droht, das Spiel durch ...e7-e5 zu vereinfachen. Die Kraft der weißen Mitte besteht in der Beschränkung, die sie den feindlichen Figuren auferlegt; diese Kraft ist nun in Gefahr. Ein Mittel, der Gefahr zu begegnen, war 11. Lc4, weil dann auf 11. ...e5 12. Lxf7+ Kxf7 13. dxe5 mit starkem Angriff folgen würde. **11. e5!** Bogoljubow aber wählt mit Recht einen Zug, der der Gefahr durchgreifend und ein für allemal begegnet und der aus der Logik der Stellung hervorgeht. Der Zug ...g6 hat h6 und f6 geschwächt und zum Vorstoß f2-f4-f5 eingeladen. Weiß nimmt die Herausforderung an. **11. ...Sd5 12. Sxd5 cxd5 13. 0–0 f6** Schwarz ist willens, zu kämpfen. Er scheint nun den Punkt e5 erschüttert zu haben. **14. Lh6** Aber Weiß findet die Kombination, um e5 zu behaupten. Der Läufer g7 kann sich dem Tausch nicht durch ...Lh8 entziehen, weil darauf e5-e6 nebst Ld3-b5 entscheiden würde. **14. ...fxe5 15. Lxg7** Wenn nun 15. ...e4, so erzwingt Weiß den Gewinn durch Überfall auf den König mit 16. Dh6 exf3 (es drohte Sf3-g5) 17. Lxg6 hxg6 18. Lh8 Kf7 19. Dh7+ Ke6 20. Tfe1+ Kd6 21. Dxg6+ (Nun geht ...Sf6 nicht wegen Lxf6.) 21. ...e6 (Oder 21. ...Kc7 22. Tac1+ Kb8 23. Dg3+ e5 24. Txe5) 22. Dg3+ Kc6 oder 22. ...Ke7 23. Txe6+ Kxe6 24. Te1+ Se5 25. Dxe5+ Kd7 26. Dxd5+ Kc7 27. Dc5+ Kd7 (27. ...Kb8 28. Txe8) 28. Db5+. **15. ...Kxg7 16. dxe5**

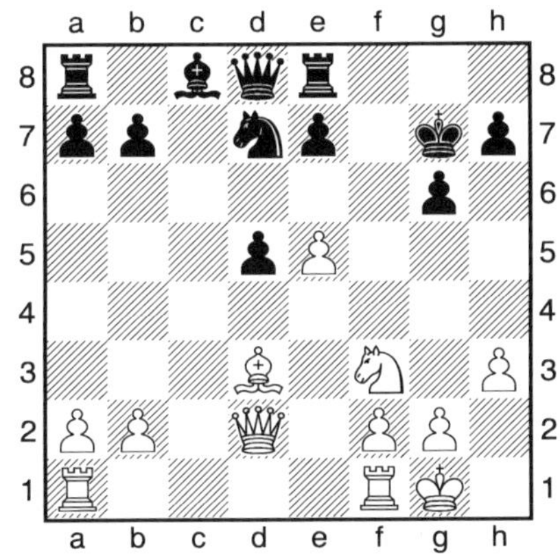

Die Lage ist nun eine andere geworden. Die Bauern haben ihre Stellungen genommen, haben einen großen Teil ihrer Beweglichkeit eingebüßt, die Mitte ist aufgeteilt. Weiß hat, vermöge des Bauern e5, das Übergewicht auf den schwarzen Feldern. Auch sind seine Türme aktiver als die schwarzen. Der Springer hat ein Übergewicht über den Läufer erlangt, da die schwarzen Felder die wichtigen geworden sind. **16. ...Sc5 17. Sd4 Se6 18. Se2** Weiß will den feindlichen Springer nur gegen den Läufer tauschen. **18. ...Tf8 19. f4 Db6+ 20. Kh2 Sd4 21. Sc3 e6** Es half nichts, der Läufer musste eingesperrt werden. Wenn 21. …Le6 22. Sa4 Dc6 23. b3, und dann droht zu vieles. **22. Tad1 Sf5 23. Lxf5** Nun ist das Übergewicht des Weißen auf den schwarzen Feldern klargestellt. **23. …Txf5 24. Se2 Ld7 25. Sd4 Tf7 26. h4!** Ein feiner wie starker Zug auf Position. Weiß hindert damit ein für allemal …g6-g5 und lässt sich die Möglichkeit, durch h4-h5 die Verteidigung von f5 zu schwächen und nach Abtausch der Bauern den Punkt g5 zu besetzen. Die Schwächung des weißen Königs wird in Kauf genommen, da die schwarzen Figuren von den weißen abgehalten werden können, ein Schutz durch Bauern also nicht vonnöten. **26. …Taf8** Hier lässt sich Schwarz von seinem Offensivgeist hinreißen. Die Defensive der Besetzung der c-Linie war gesünder, wiewohl das Übergewicht des Weißen, wenn auch klein, unerschütterlich bleibt. **27. Tf3 Kh8 28. Tc1 Dd8 29. Kg3!** Trotz der Vorbereitungen des Schwarzen zum Gegenangriff fürchtet sich Weiß nicht, den König zur Defensive des Königsflügels zu verwenden, um auf den schwarzen Feldern und der c-Linie den Kampf zu entscheiden. **29. …Tg8** Der Plan des Schwarzen reift heran. Er will, eventuell mit …h6, zum Gegenstoß …g5 gelangen. **30. Db4 Db8 31. Dd6** Aber Weiß, indem er zielbewusst auf ein für ihn günstiges Endspiel hinarbeitet, durchkreuzt den Plan. Wenn nun 31. …Dxd6 32. exd6 Td8 33. Tc7 Le8 34. Tfc3 Txd6 35. Txf7 Lxf7 36. Tc7 nebst Txb7 hat Weiß außer dem Übergewicht auf den schwarzen Feldern auch die siebente Reihe und gewinnt leicht. **31. …De8 32. Tc7 Lc8 33. Txf7 Dxf7 34. Tc3 De8** 34. …Tf8 wäre schlecht wegen 35. Kh3. **35. Tc7 Tg7** Schwarz verteidigt sich so gut es geht. **36. Sb5!** Aber Weiß nützt jeden Trumpf, auch den kleinsten, den er in der Hand hat. **36. …a6 37. Dc5! Txc7 38. Sxc7 Df7** Wenn 38. …Dd8 39. Dd6 Dxd6 40. exd6 Kg7 41. Sa8 und gewinnt den Läufer. Auf 38. …Dg8 käme 39. De7 Dg7 40. Dd8+ Dg8 41. Se8 wieder mit Gewinn des Läufers. **39. Sxd5** Weiß hat nun einen wichtigen Bauern gewonnen. Das Übrige ist Sache eines technischen Endspiels. **39. …Ld7 40. Sf6 Lc6 41. Dd6 h5 42. Kh3 Kg7 43. g4 Lf3 44. gxh5 gxh5 45. Dd3 Lg4+ 46. Sxg4 hxg4+ 47. Kxg4 Kh6 48. Dd8 Kh7 49. Df6 Dg8+ 50. Dg5 Dc8 51. h5 Dc6 52. Dg6+ Kh8 53. Kg5 Aufgegeben.** Eine durch ihre Folgerichtigkeit entzückende Partie.

S. Tartakower – J. Mieses

Baden-Baden, 1925

1. d4 f5 2. e4 fxe4 3. Sc3 Sf6 4. g4 Dieser Zug, wiewohl er den Königsflügel des Weißen ungemein schwächt, ist durchaus logisch, denn Weiß will angreifen, er will den Königsflügel des Schwarzen nicht zur Ruhe kommen lassen, und er darf seine Sicherheit nur auf dem Damenflügel suchen. **4. …d5** Unter den verschiedenen Zügen, die Schwarz hier zur Verfügung stehen, etwa noch 4. …e6, 4. …h6, 4. …g6, 4. …c5, 4. …d6, ist dieser gewiss der natürlichste. **5. g5 Sg8** Hier konnte 5. …Lg4 kommen, da nach 6. Le2 Lxe2 7. Dxe2 Sfd7 8. Sxd5 Sc6 9. Dxe4 e5 Schwarz ein ganz gutes Gambit spielt; beispielsweise 10. dxe5 Sc5 11. Dg2 Sd4 12. Se3 Le7 mit wahrscheinlicher Rückeroberung männiglicher Bauern, oder auch 12. …Dd7 nebst 0–0–0 und vielerlei Angriffen. **6. f3 exf3** In dieser Stellung ist f5 ein starker Punkt des Schwarzen; daher empfahl sich 6. …Lf5, später nämlich hindert Weiß diesen Zug. Die Folge könnte sein 7. fxe4 dxe4 8. Lg2 e6 9. Sxe4 Sc6 10. Se2 Sge7 und Schwarz hat Gegenspiel. **7. Dxf3!** Damit ist nicht nur …Lf5 verhindert, sondern der Angriff auf der f-Linie aufgenommen.

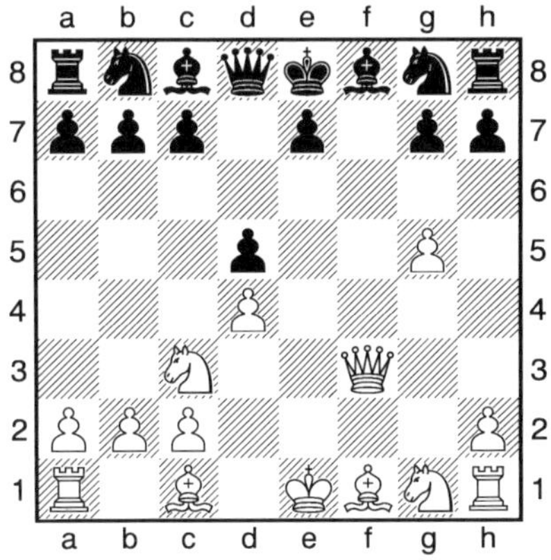

Eine eigenartige Gambitstellung. Schwarz wird wohl nicht den Bauern behaupten dürfen, eher mit 7. ...Sc6 und, wenn 8. Le3, mit 8. ...e5 auf Gegenangriff spielen müssen. Beispielsweise 8. Dxd5 e6 (bis dat, qui cito dat). **7. ...e6** Schwarz versucht, den Bauern zu behaupten. **8. Ld3 g6** Nach den Regeln von Steinitz wäre ...Se7 angezeigt gewesen (oder auch ...Ld6 nebst Königswanderung). Der Bauernzug schwächt die Stellung zu sehr. **9. Sge2 De7** Auch mit 9. ...Lg7 ist nichts zu machen. Die Punkte e5 und c7 sind schwach, es droht auch h2-h4-h5, der Bauer e6 ist auf die Dauer nicht zu halten, Weiß hat schon viele Figuren im Spiel, Schwarz noch keine: da möchte ein jeder Gambit spielen. **10. Lf4 c6 11. Le5 Lg7 12. Dg3 Sa6** Oder 12. ...Sd7 13. Ld6 Dd8 14. Tf1 gewinnt nach Dr. Tartakower (Kagans Neueste Schachnachrichten) schnell. **13. 0–0 Ld7 14. Ld6 Dd8 15. Df4** Auch 15. De5 wäre nicht von Pappe gewesen. Schwarz gibt auf.

E. Bogoljubow – R. Réti

Baden-Baden, 1925

1. e4 e6 2. d4 d5 3. Sc3 Sf6 4. Lg5 Lb4 5. e5 h6 6. Ld2 Lxc3 7. Lxc3 Se4 8. Lb4 Damit gleichen sich die Spiele bald aus. Weiß behält mehr Initiative mit 8. Ld3. **8. ...c5 9. Lxc5 Sc6** Das ist ein wenig verwickelt, ohne dass damit mehr oder auch nur soviel erreicht würde wie mit dem einfachen 9. ...Sxc5 nebst ...Da5+.. **10. La3 Da5+ 11. c3 Sxc3 12. Dd2 Sa4** Schwarz hatte die Wahl zwischen dem obigen Zug und ...Se4, von wo der Springer sich nach h2-h4 seinen Rückweg erkämpfen musste, und entschließt sich weise. **13. Dxa5 Sxa5 14. b3 Sb6 15. Sf3** Weiß steht ein wenig im Vorteil, weil beide schwarzen Springer untätig sind. Weiß ist etwa zwei Entwicklungszüge im Vorsprung. Andrerseits hat Schwarz keine schwachen Punkte, so dass der Zeitverlust nicht so fühlbar wird. **15. ...Ld7 16. Ld3 Sc6 17. Kd2 g5**

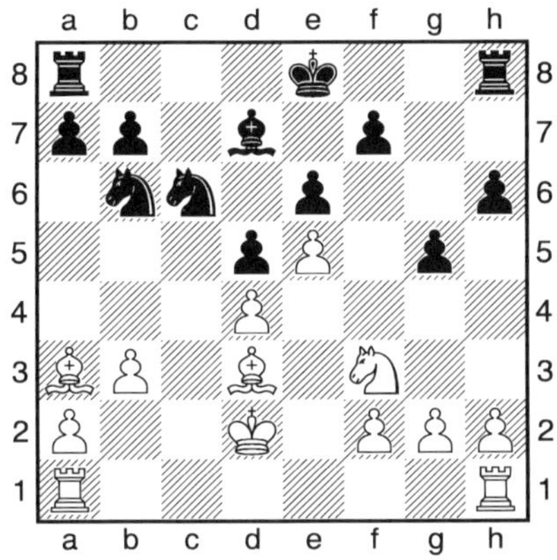

Nun hat Weiß, was er brauchte, einen Angriffspunkt, nämlich auf g5. Dass Réti ein Angriffsziel den Türmen bietet, die schon vereinigt sind, während die seinen noch getrennt sind, ist schwer zu begründen. Er konnte doch unmöglich die zeitweilige Drohung gegen d4 so hoch einschätzen, dass er es als Äquivalent für einen Nachteil, der dauernd ist, ansah. Nahe lag 17. ...a5, das auch keineswegs schlecht ist. Aber auch 17. ...Sc8 war gut. Die einzig mögliche Erklärung ist, dass Réti hier einen Plan befolgte, den er nachher aufgab und der daher nicht mehr erkennbar ist. Von diesem Augenblicke an spielt Bogoljubow mit Schärfe, Präzision und Erfindung auf Gewinn. **18. h3 Sc8 19. g4** Damit wird g5 deutlich als Angriffsziel bezeichnet. Schwarz sieht das Unglück herankommen, aber zu einer durchgreifenden Verteidigung ist es schon zu spät. **19. ...S8e7 20. h4 gxh4** Erzwungen, weil nach 20. ...Tg8 21. hxg5 hxg5 22. Th5 bald der g-Bauer fällt. **21. Txh4 0–0–0 22. Tah1 Thg8 23. Tg1 Th8 24. Ld6 Sg6 25. Lxg6 fxg6 26. Tgh1** Früher oder später musste der h-Bauer fallen. Schwarz will nun den g-Bauern tauschen, so dass der Mehrbauer des Weißen kein Freibauer, sondern rückständig ist. **26. ...h5 27. gxh5 Txh5** Schwarz tauscht einen Turm, um desto eher seinen König zur Verteidigung heranführen zu können. **28. Txh5 gxh5 29. Txh5 Tg8 30. Ke3 b6 31. Th4** Um ...Tg4 zu verhindern. Weiß nimmt zunächst eine feste Stellung ein. **31. ...Tg7 32. Sh2** Der Springer zielt nach f6. Auf jenem beherrschenden Posten soll er die entscheidende Wendung erzwingen helfen. **32. ...Le8 33. Th8 Kd7 34. f3 Se7 35. Lxe7** Natürlich! Der Springer wäre gar zu gern nach f5 gegangen, aber es gab keinen sichern Weg dahin. **35. ...Kxe7 36. Sg4 Kf7 37. a4! Lc6**

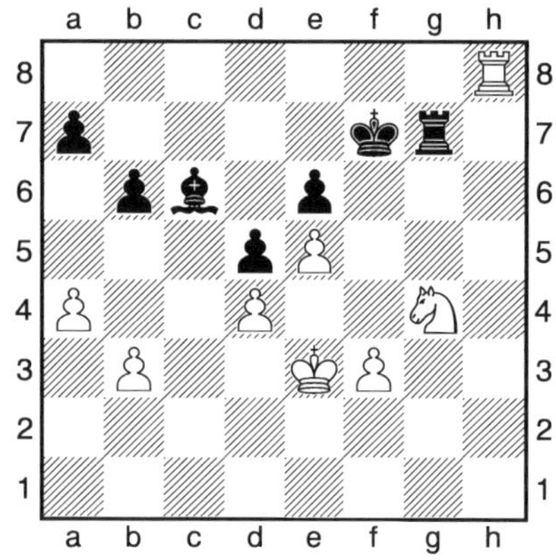

38. Tb8 Weiß will verhindern, dass der Läufer auf einen Platz kommt, wo er des Schutzes von Turm oder König entraten kann, auch will er die Entwicklung des Läufers auf die Schräge a6-f1 erschweren, da sonst Gegenangriffe möglich wären. **38. ...Kg6 39. Sf6 Tc7 40. Kd2 Kf7** Der König geht nicht nach f5, weil Weiß ihn dort durch Tb8-f8 abschneidet. **41. Tg8 b5 42. a5** In Verfolg des oben dargelegten Planes vermeidet Weiß den Abtausch, der den Läufer sicher stellen würde. Weiß will nun Tg8-g1–c1 ziehen, oder auch Kd2-c3-b4 in Verbindung mit Turmtausch. Schwarz macht noch einen verzweifelten Versuch, Gegenangriff zu erlangen. **42. ...b4 43. Th8! Kg6 44. Tb8 a6 45. Tb6** Die Pointe! Schlecht wäre natürlich 45. Txb4, weil 45. ...Lb5 den Turm einschließen würde. **45. ...Kf5 46. Txa6 Kf4 47. Tb6 Kxf3 48. Txb4** und Schwarz gab nach einigen belanglosen Zügen auf.

C. Torre – F. Yates

Baden-Baden, 1925

1. d4 Sf6 2. Sf3 g6 3. Sc3 d5 Schwarz kann nicht gut die ganze Mitte dem Weißen ohne Schwertstreich überlassen. **4. Lf4** Nun aber hat Weiß ein Übergewicht auf e5. **4. ...c6** Dies ist wohl unnötig, also Zeitverlust. **5. e3 Lg7 6. Ld3 0–0 7. 0–0 Sbd7 8. Te1** Weiß erspart sich den Zug h2-h3, weil auf ...Sh5 der Läufer mit Lf4-g5 dem Abtausche noch ausweichen kann. **8. ...c5 9. Dd2 a6 10. Se5** Weiß macht Miene, den Bauern c5 zu erobern und auf der d-Linie Spiel zu bekommen. Man beachte die Sauberkeit des Spiels des Weißen, ist er doch bisher ohne schwächende Bauernzüge ausgekommen, ein Puritaner der Theorie von Steinitz.

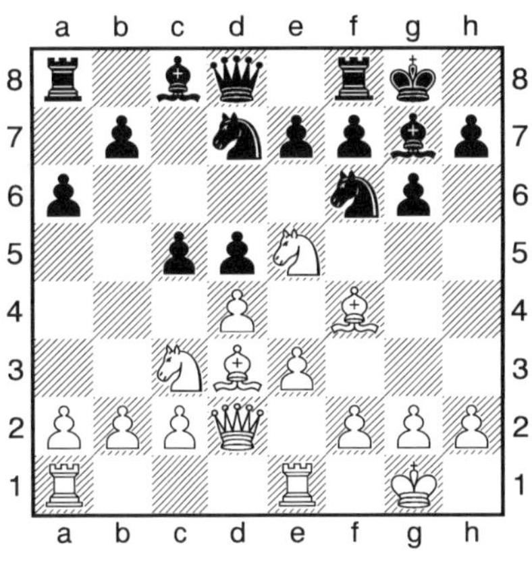

10. ...Sxe5 Damit erleichtert Schwarz die Aufgabe des Gegners. Jetzt war 10. ...Sh5 geboten. Wenn dann 11. Sxd7, so 11. ...Lxd7 12. Sxd5 Lc6 oder 12. dxc5 Da5, und Schwarz steht in beiden Fällen recht gut, so dass nur 12. Le5 in Betracht kam, worauf ...Lc6 geschehen konnte. **11. Lxe5 c4** Das ist jetzt, da Druck gegen d4 auf zu harten Widerstand trifft, auch d4xc5 droht, richtig. **12. Le2 Lf5** Doch dies ist nicht konsequent. Das logische Verfahren war 12. ...b5, um einen eventuellen Versuch des Weißen, e3-e4 vorzustoßen, mit ...Lb7 zu bekämpfen. **13. Lf3 e6**

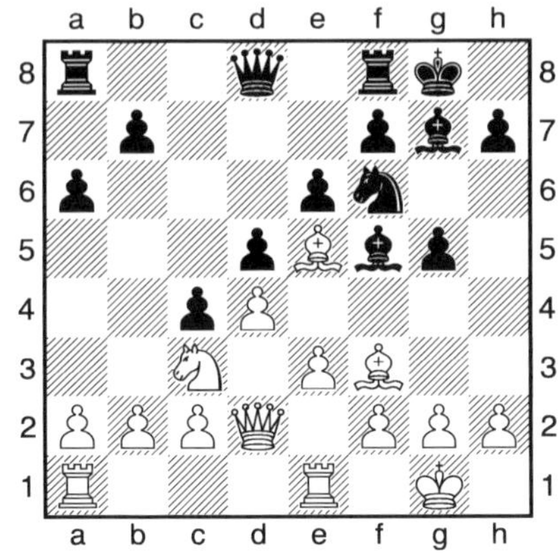

14. De2! Ein ganz ausgezeichneter Zug, der Lxf6 nebst g2-g4 droht und zugleich c4 aufs Korn nimmt. 14. ...g5 Das kleinere Übel war 14. ...h5 15. h3 h4. **15. e4** Die Kraft dieses Vorstoßes, der den Bauern c4 entwurzelt und zugleich Raum zum Angriff auf den König schafft, ist augenscheinlich. **15. ...dxe4 16. Sxe4 Sxe4 17. Lxe4 Lxe5 18. dxe5 Dc7 19. Df3** Wieder ein ausgezeichneter Zug, der gegen die Schwächen b7, c4, f6 visiert und dem Te1 die Bahn frei macht. **19. ...Lxe4 20. Txe4 Tac8 21. h4** Die Kulmination der Strategie des Weißen. Der Bauer g5 ist nicht zu halten. Was weiter folgt, ist die Geltendmachung des klaren Vorteils, den Weiß errungen hat, und wenig mehr als elementares Endspiel. **21. ...De7 22. hxg5 Kh8 23. De3 Tg8 24. f4 b5 25. Td1 Tcd8 26. Ted4 Dc5 27. Kf2 Tc8 28. Th1 De7** Zuletzt noch ein Fehler: Schwarz musste ...Tg7 ziehen und sich die Fortsetzung Td8+ gefallen lassen. Vielleicht aber überlegte Schwarz nicht mehr, da er innerlich mit der Partie abgeschlossen hatte, und war des nahenden Endes eigentlich zufrieden. Weiß setzt nun in fünf Zügen Matt. **29. Txh7+ usw.**

F. Sämisch – R. Spielmann

Baden-Baden, 1925

1. d4 e6 2. Sf3 c5 3. e4 cxd4 4. Sxd4 Sf6 5. Ld3 d6 6. 0–0 Le7 7. Sd2 0–0 8. Kh1 Sbd7 9. c3 a6 Hier brachte 9. …d5 dem Schwarzen bequemes Spiel. **10. De2** Weiß gibt sich keine Mühe, den Aufmarsch des Schwarzen zu erschweren, was er etwa dadurch erreicht hätte, dass er …d5 unterband. Seine Idee ist eine durchaus praktische. Er kennt Spielmanns Lust am Kombinieren und hofft dabei auf eine günstige Gelegenheit. **10. …Dc7 11. f4 b6 12. S2f3 Sc5 13. Lc2**

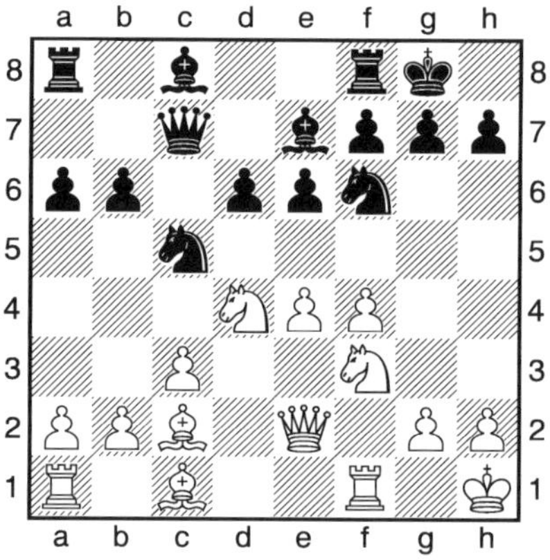

Schwarz steht nun recht gut. Er brauchte sich vor dem Angriff, den Weiß vorbereitet, nicht zu fürchten und konnte mit 13. …Lb7 fortsetzen. Wenn dann 14. e5 Sfe4 sind die schwarzen Springer schwer zu vertreiben, da b2-b4 eine längere Vorbereitung erfordert, solange c3 hängt. Und 14. Sg5 wäre sehr problematisch wegen 14. …h6 15. e5 hxg5 16. exf6 (sonst …Sfe4) 16. …Lxf6 17. fxg5 Le5 18. g6 fxg6 19. Txf8+ Txf8 20. Lxg6 Tf6 oder 20. b4 Df7. Weiß kann den Angriff nicht stürmenderhand durchführen, weil er in der Entwicklung zu weit zurück ist. **13. …e5** Aber mit diesem Zug, der e4-e5 verhindern soll, erhält Weiß ein Spiel, indem er sich zwei Läufer verschaffen kann. **14. Sf5** Klarer und stärker 14. fxe5, erst dann Sd4-f5, um Lc1 Raum zu geben. **14. …Lxf5 15. exf5 e4 16. Sd4 d5 17. Le3 Ld6 18. g4** Weiß hat eine feste Stellung. Schwarz hat eine Schwäche auf d5. Immerhin war noch nichts entschieden, doch Schwarz eilt nun zur Entscheidung in gewaltsamem Tempo und gefährdet dadurch seine Partie selber. **18. …Sd3** Ein Bauernopfer, um den Punkt e4 für einen Offizier frei zu bekommen, aber die Kompensation ist nicht genügend. **19. g5 Sd7 20. Lxd3 exd3 21. Dxd3 Sc5 22. De2 Tfe8 23. Tf3 De7** Die Dame wäre wohl besser auf die Schräge c8-f5 gegangen, ein Turm nach e4, der andere vielleicht nach e8. **24. Dg2 De4 25. Taf1** Schwarz steht ja recht schön, aber er hat einen Bauern minus und er droht nichts. Und er vermag auch keine Drohungen zu erfinden, Weiß steht zu fest. **25. …Sd3 26. f6 Lc5 27. fxg7** Hier war erst einmal f4-f5 wichtig. Jetzt steht Schwarz nicht übel. **27. …Lxd4 28. cxd4 Tac8** Doch das ist ein Fehler. Noch konnte Schwarz kämpfen, wenn er nur erst …Df5 zog. Er musste die Bauern hindern, die weißen Felder zu erobern. Nach 28. …Df5 konnte Weiß seinen Angriff nur fortsetzen, indem er irgendwann einmal die Dame angriff, etwa mit Tf3-h3-h6-f6 oder Dg2-h3 oder Dg2-g4, natürlich nach längerer Vorbereitung, die Schwarz Zeit ließ, einen Gegenstoß, etwa …a6-a5-a4, auszuführen. Die c-Linie war dem Schwarzen in jedem Falle gewiss. **29. f5** Schon das ist entscheidend, da nun Weiß Drohungen hat, Schwarz jedoch nicht. **29. …Tc6 30. g6 fxg6 31. fxg6 Kxg7 32. Lh6+ Aufgegeben.** Eine Partie, nicht frei von Schuld und Fehl, aber reich an Temperament und Erfindung.

A. Aljechin – F. Marshall

Baden-Baden, 1925

1. d4 d5 2. c4 Sf6 3. cxd5 Sxd5 4. e4 Sf6 5. Ld3 Auf 5. Sc3 käme 5. …e5 mit Kraft: 6. dxe5 Dxd1+, und Schwarz gewinnt den Bauern sogleich zurück. **5. …e5 6. dxe5 Sg4 7. Sf3 Sc6 8. Lg5 Le7 9. Lxe7 Dxe7 10. Sc3 Scxe5 11. Sxe5 Dxe5 12. h3 Sf6 13. Dd2 Ld7 14. De3 Lc6 15. 0–0–0 0–0**

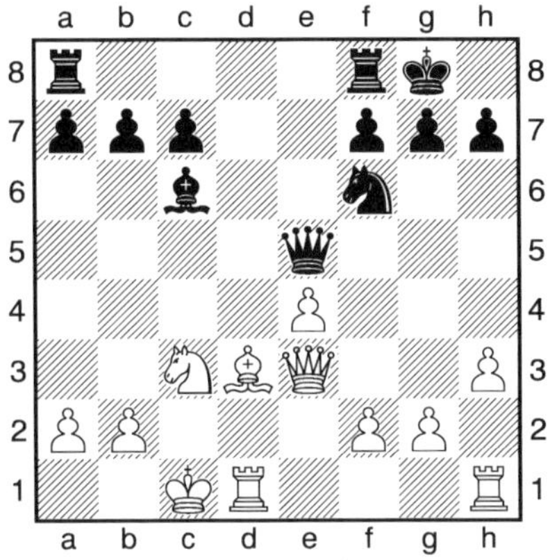

Weiß hat der Partie seine Signatur aufgedrückt. Indem er lang rochiert hat, hat er dem Gegner eine Angriffsmarke gegeben, doch hat er selbst einen wuchtigen Angriff mit seiner Bauernmasse vorbereitet. Da nun h7 sehr bald bedroht werden kann, kommt Weiß wohl etwas schneller als der Schwarze und hat sich jedenfalls die Initiative bewahrt. **16. f4 De6** Hier gerät Schwarz auf die abschüssige Bahn. In der Mitte steht die Dame gefährdet. Das näher liegende …Da5 war auch das Bessere. **17. e5 Tfe8** Wenn 17. …Sd5, so 18. Sxd5 Lxd5 19. Lxh7+ Kh8 20. Lf5, mit offenbarem Vorteil für Weiß. **18. The1 Tad8** Aber jetzt war es Zeit, den Springer nach d7 zu ziehen. Schwarz will sich nicht verteidigen, aber er muss es wollen, denn Weiß steht besser entwickelt und hat Bauern im Kampfe, Schwarz dagegen nicht. **19. f5 De7 20. Dg5 Sd5 21. f6 Df8**

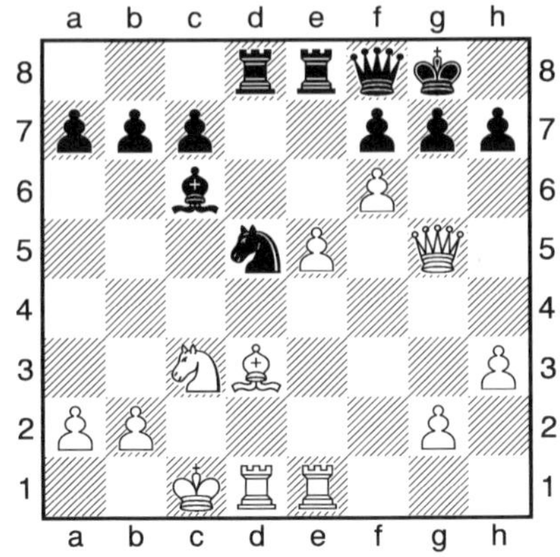

22. Lc4 Ausgezeichnet! Der Sd5 hemmt den Td8, der Angriffsziel für Dg5 werden soll. Schwarz hat nun keine Zeit zu …h6, da darauf f6xg7 folgt. Dieser Zug entscheidet sofort. **22. …Sxc3 23. Txd8 Txd8 24. fxg7 Sxa2+** Um, wenn der Springer geschlagen wird, mit …Dc5+ fortzugehen, indessen war es falsch, in diesem kritischen Augenblicke den Springer aus der Mitte zu nehmen. Besser war 24. …De8, um dem furchtbaren 25. e6 dann mit 25. …Td5 zu begegnen. Freilich musste Weiß bei richtigem Spiele gewinnen, beispielsweise 25. bxc3 Td6 26. Lxf7+, oder 25. …Ld5 26. Ld3 Le6 27. Lxh7+ Kxh7 28. Te4. Aber Schwarz hätte doch so die Chance, dass Weiß sich in 25. e6 vergriff, ausgenützt. **25. Kb1** Sogar 25. Lxa2 hätte gewonnen trotz des Witzes 25. …Dc5+ 26. Kb1 Le4+ 27. Ka1!, weil bei alledem Weiß noch immer furchtbare Drohungen behält. **25. …De8 26. e6 Le4+ 27. Ka1** Natürlich! **27. …f5 28. e7+ Td5 29. Df6 Df7 30. e8D+ Aufgegeben.**

A. Nimzowitsch – E. Bogoljubow

Baden-Baden, 1925

1. Sf3 Sf6 2. e3 d6 3. d4 Sbd7 4. Sbd2 Es hat neuerdings eine Manier eingerissen, die Eröffnung larifari zu spielen. Man braucht natürlich nicht nach Initiative zu streben, man kann auch in der Defensive und im Gegenangriff gewinnen und gibt durch Mangel an Initiative die Partie noch lange nicht aus der Hand, aber, alles in allem, lohnt es doch, scharf zu spielen. Das Natürliche ist hier 4. c4 nebst 5. Sc3, um Schwarz auf dem Damenflügel einzuengen. **4. …g6 5. g3 Lg7 6. Lg2 0–0 7. 0–0 c5 8. b3 Dc7 9. Lb2 Tb8 10. c4 cxd4 11. exd4** Wenn 11. Sxd4 a6 bleibt c5 in der Hand des Schwarzen. **11. …b5 12. Te1 Te8 13. Tc1 Da5**

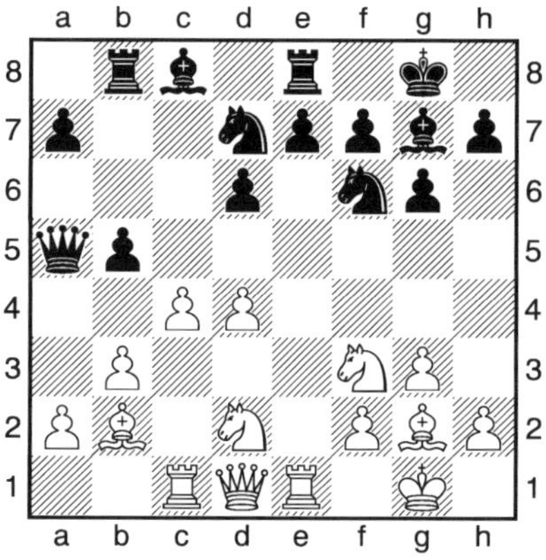

Schwarz hat Zeit gehabt, sich zu entwickeln. Bei Weiß ist eine Schwäche auf f3, dagegen hat Schwarz weniger Raum gewonnen. **14. a3 bxc4 15. Sxc4 Dh5** Jetzt ist d5 für Weiß schwach, aber er hat das Übergewicht der Bauern auf dem Damenflügel. Alles in allem herrscht Gleichgewicht. **16. b4 Sb6** Auf 16. …Sd5 könnte 17. Sfe5 geschehen. **17. Sxb6** Sehr richtig! Nicht 17. Sa5 wegen 17. …Sbd5. **17. …axb6 18. Sd2 Lg4 19. Dc2 Lh6** Schwarz will f2-f4 erzwingen, um g3 zu schwächen. Das Spiel Bogoljubows ist bei aller Vorsicht kräftig. **20. f4 Lf5** Um 21. …g5 zu ziehen, was jetzt an f4-f5 gescheitert wäre. **21. Se4! Lg7 22. Sxf6+ Lxf6 23. Dd2 Le6** Es drohte Lc6 nebst d4-d5. **24. Lc6 Tec8 25. Dg2 d5 26. b5 Td8 27. a4 Lh3** Das Mittelspiel wird von beiden Gegnern fein und stark geführt. Es ist der Plan des Schwarzen, dem Angriff des Weißen auf dem Damenflügel durch einen Angriff auf g3 zu begegnen. Zunächst muss der Platz h3 für den Schwarzen erobert werden. **28. Df2 Lf5 29. Lc3** Aber hier lässt Weiß merklich nach. Der Läufer war zur Deckung von d4 noch eine Weile lang gebunden. Besser Ta1 nebst a4-a5. **29. …Le4 30. a5 bxa5 31. Lxa5 Tdc8 32. Lc3 Dh3** Jetzt sieht man, wie schwer der Zeitverlust durch Lb2-c3-a5-c3 wiegt. Stünde der Läufer auf b2, der Turm auf der a-Linie, so könnte nun Ta5-a3 kommen und der Angriff des Schwarzen würde aufgehalten werden können. **33. Te2** Bei 33. Df1 Dg4 34. Te3 g5 stand Schwarz auch sehr gut. **33. …h5 34. Td2 Kg7 35. Te1 h4 36. Df1 Df5 37. Lb2 hxg3 38. hxg3 Th8 39. Tg2 Lxg2 40. Kxg2 Th6** Die Strategie des Schwarzen hat gesiegt. Die Energie des schwarzen Angriffs, seitdem der Läufer nach a5 abirrte, und die Logik seines Spiels waren mustergültig.

R. Réti – A. Aljechin

Baden-Baden, 1925

1. g3 e5 2. Sf3 e4 3. Sd4 d5 4. d3 exd3 5. Dxd3 Zur Abrundung der Bauernstellung wäre cxd3 vorteilhafter, aber die Entwicklung der Figuren wird mehr durch das Wiedernehmen mit der Dame gefördert, da so für die Türme eher Platz gemacht wird. **5. …Sf6 6. Lg2 Lb4+** Die Idee ist, den weißen Springer von c3 fernzuhalten. **7. Ld2** Aber hier war es doch wohl stärker, den Springer nach d2 zu ziehen, denn der Lb4 steht ein wenig gefährdet und ist den Abtausch gegen den schönen Lc1 nicht ganz wert. **7. …Lxd2+ 8. Sxd2 0–0 9. c4 Sa6 10. cxd5 Sb4 11. Dc4 Sbxd5**

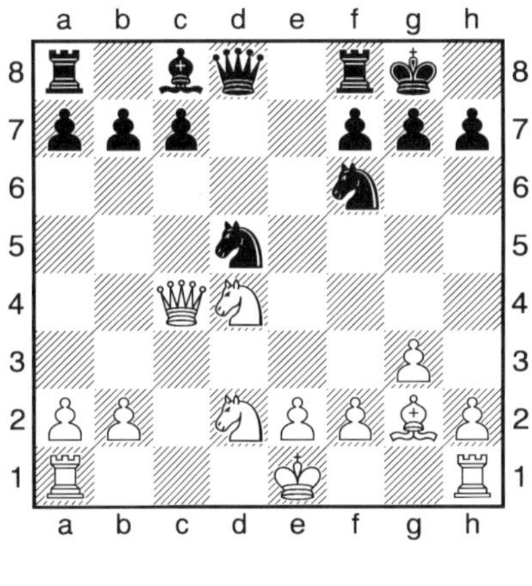

Der Aufmarsch ist vollendet. Weiß ist ein wenig stärker in der Mitte, aber Schwarz hat sich schneller entwickelt als der Weiße. **12. S2b3** Weiß sieht auf c5 eine Schwäche des Schwarzen, weil der Läufer g2 den Zug …b7-b6 erschwert. **12. …c6** Schwarz gesteht mit diesem Zuge ein, dass c5 schwach ist. **13. 0–0 Te8 14. Tfd1 Lg4 15. Td2 Dc8** Schwarz sucht Kompensationen durch Druck auf den Königsflügel. **16. Sc5 Lh3 17. Lf3 Lg4** Schwarz ist zum Remis bereit. **18. Lg2 Lh3 19. Lf3 Lg4 20. Lg2 Lh3 21. Lf3 Lg4 22. Lh1** Im Vertrauen auf die starke Stellung von Sc5 weicht Weiß dem Remis aus.

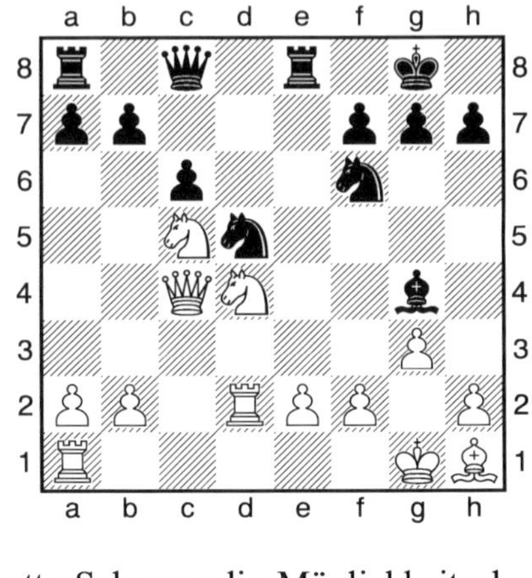

Hier hatte Schwarz die Möglichkeit, den Sturm der weißen Bauern, den er natürlich kommen sah, durch …a5 zu unterbinden. Er beschließt aber, auf dem Damenflügel auszuharren, weil er eine tief angelegte Kombination gegen den weißen König wittert. **22. …h5 23. b4 a6 24. Tc1 h4 25. a4 hxg3 26. hxg3 Dc7 27. b5** Weiß ist zu ungestüm. Den Turm a8 dürfte er nicht entwickeln helfen, andrerseits musste er einmal den Sd5 aus der zentralen Stellung werfen und seinen e-Bauern mitreden lassen, und dieser Augenblick war jetzt gekommen. Mit 27. e4 Sb6 28. Dc3 Tad8 29. Sdb3 stand Weiß günstig, beispielsweise 29. …Txd2 30. Dxd2 Td8 31. Df4 Dc8 32. a5. Auf 27. …Se7, wo der Springer besser steht als auf b6, hat Weiß Zeit zu 28. f3, wonach …Dxg3+ natürlich nicht angeht, und der Läufer kommt ins Gedränge. Alles in allem, Weiß stand mit e2-e4 ein wenig im Vorteil, behielt die Führung. Aber mit dem Augenblicke, wo der obige Zug geschehen ist, entwindet Schwarz dem Weißen die Initiative. **27. …axb5 28. axb5 Te3!** Wenn 29. fxe3, ist …Dxg3+ letal. **29. Sf3** Weiß will noch immer nicht vereinfachen. 29. Lf3 war bitter nötig. Nun fehlt der Springer auf der Damenseite.

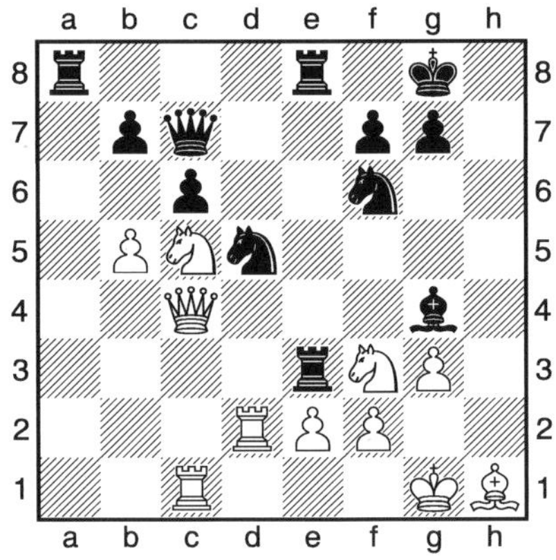

29. …cxb5 Der Auftakt zu einer der charmantesten Kombinationen, die das Schach kennt. **30. Dxb5 Sc3 31. Dxb7** Erzwungen! **31. …Dxb7 32. Sxb7 Sxe2+ 33. Kh2 Se4!** Den Turm c1 zu nehmen, hätte nichts gefruchtet, aber, wenn nun Te3 geschlagen wird, gewinnt Schwarz mit …Sxd2 Figur oder Qualität. **34. Tc4** Weiß ist der Lage gewachsen, Spiel und Gegenspiel sind auf gleicher Höhe. Wenn 34. …Sxd2 35. Sxd2 Td3 36. Sc5. **34. …Sxf2!** Nun wird der König aufs Korn genommen. **35. Lg2** Den Läufer musste Weiß sich nun erhalten. **35. …Le6 36. Tcc2 Sg4+ 37. Kh3 Se5+ 38. Kh2 Txf3 39. Txe2 Sg4+ 40. Kh3 Se3+ 41. Kh2 Sxc2 42. Lxf3 Sd4** Weiß gibt auf, da auf 43. Te3 Sxf3+ 44. Txf3 Ld5 gewinnt. Erfindungsreiches und zwingendes Spiel.

Sir Thomas – A. Rubinstein

Baden-Baden, 1925

1. e4 e5 2. Sf3 Sc6 3. Lb5 a6 4. La4 Sf6 5. 0–0 Le7 6. Te1 b5 7. Lb3 d6 8. c3 0–0 9. h3 Sa5 10. Lc2 c5 11. d4 Dc7 12. Sbd2 Sc6

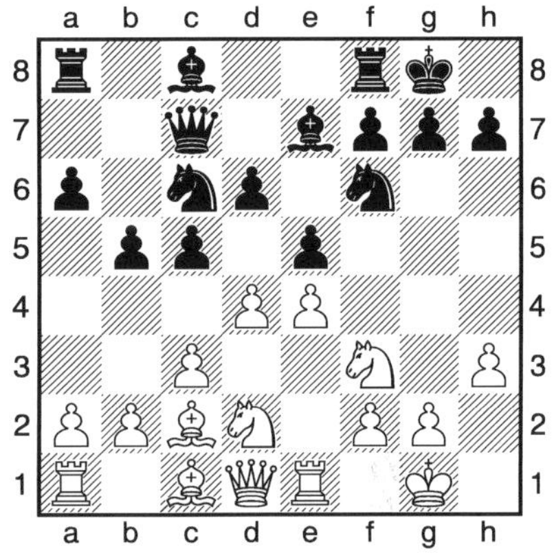

13. d5 Schwarz drohte, auf d4 zu schlagen, aber der Bauer d4 wäre nicht zu halten, und daher durfte Weiß die Drohung ignorieren. Da er es nicht tut, schließt er die Mitte ab und verlegt das Schwergewicht auf die Flügel. Dort aber hat Schwarz eine ebenso vorteilhafte Stellung wie Weiß, auf dem Damenflügel sogar die überwiegende, da er dort mehr Raum als Weiß hat. **13. …Sd8 14. Sf1 Se8** Nun werden nach Philidor die Bauern vorangestellt, dahinter die Springer und Läufer. **15. a4** Hier hat Weiß nichts zu suchen; die Chancen von Weiß liegen auf dem Königsflügel; Weiß sollte den Zug unterlassen und sogleich mit g2-g4 vorgehen und die g-Linie stark machen. **15. …Tb8** Der momentane Besitz der a-Linie ist für den Weißen wertlos. **16. axb5** Das ist nun wohl am besten, da sonst Lc1 den Punkt b2 bewachen müsste. **16. …axb5 17. g4 g6 18. Sg3 Sg7 19. Kh1 f6 20. Tg1 Sf7 21. Df1 Ld7 22. Le3 Ta8** Nun kommt der Gegenstoß. Dadurch wird Weiß verhindert, die Türme zu verwenden, wie er es möchte, und daher kann er nicht den Angriffsplan Df1–g2 nebst Sg3-f5 zur Durchführung bringen. **23. Dg2 Txa1 24. Txa1 Db7 25. Kh2 Ta8 26. Df1 Ta6 27. Sd2** Weiß muss zurück, denn Schwarz beherrscht nun die a-Linie und droht den Turm nach a2 oder a1 zu bringen. **27. ...Da8 28. Txa6 Dxa6 29. Sb3 Sg5** Jetzt hat Schwarz das Übergewicht auf dem Königsflügel – der Sb3 steht auf dem Damenflügel Wache – und nützt es in vorbildlicher Art, zunächst zur Erzwingung des schwächenden Vorstoßes h3-h4. **30. Kg2 h5 31. h4 Sf7 32. gxh5 gxh5 33. Kh2 Dc8 34. Dg2 Kf8 35. Sd2 f5** Nun wird der Angriff auf h4 eröffnet und der e-Bauer dadurch aus der Phalanx gerissen. Dadurch wird d5 schwach. **36. exf5 Lxh4**

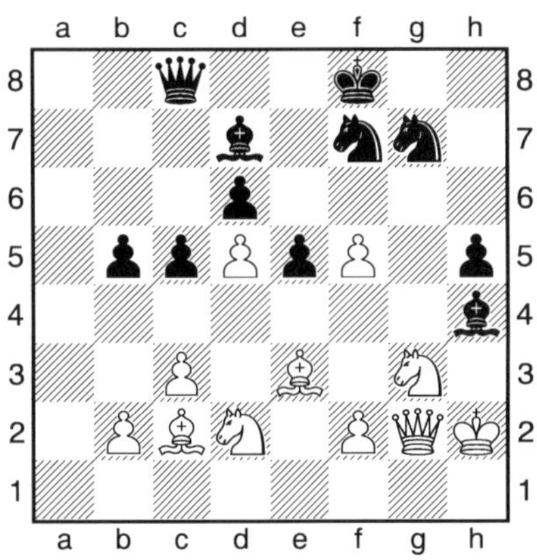

37. f6! Auch Weiß steht auf der Höhe. Er verwertet den unhaltbaren f-Bauern so gut als möglich, um sich Angriff gegen König und Bauern h5 zu verschaffen. **37. ...Lxf6 38. Df3 Lh4** Auf 39. Sxh5 käme natürlich 39. ...Lg4, auf 39. Lh6 ebenfalls. **39. Lg6 Lxg3+ 40. fxg3 Lf5 41. Lxf7** Weiß zieht es vor, auf Angriff zu spielen, anstatt mit Lxh5 das materielle Gleichgewicht wiederherzustellen, mit Recht, weil in letzterem Falle Schwarz sogleich nach Abtausch des Lh5 mit ...Lg4 nebst ...Df5 zum Angriff gelangt, und im Endspiel der Bauer d5 ein bequemes Angriffsziel, e5 eine schreckliche Waffe wäre. **41. ...Kxf7 42. Se4 Dd7 43. Lh6 Kg6 44. Lxg7 Kxg7 45. b4** Aber damit beraubt sich Weiß der Möglichkeit b2-b3 nebst c3-c4. Der richtige Plan war es nun, mit Se4-f2 eine feste Stellung einzunehmen, die Dame auf e3 oder d2 zu postieren, den König auf g2, und Gegenangriffe zu drohen, sobald die schwarze Dame sich von ihrem Könige und ihrem Bauern d6 zu weit entfernt. Bei solcher Verteidigung hätte Schwarz noch große Schwierigkeiten zu überwinden gehabt. **45. ...c4 46. Sd2** Auch jetzt war 46. Sf2 wohl noch vorzuziehen. **46. ...Df7 47. De3** Nach 47. Kg2 käme 47. ...Lg6, und der Bauer d5 wäre doch nicht auf die Dauer zu halten. **47. ...Dxd5 48. Dg5+ Lg6 49. De7+ Kg8 50. Dd8+ Kf7 51. Dd7+ Kf6 52. Dd8+ Kf5 53. Dd7+ Kf6 54. Dd8+ Kg7 55. De7+ Df7** Es ging nicht anders, der König steht sonst nirgends sicher. **56. Dxd6 Df2+ 57. Kh3 Kh6 58. Sb1? Df5+** Weiß hat noch einen groben Fehler gemacht, aber die Partie war auf die Dauer nicht zu halten, da bereits ...e5-e4 drohte. **59. Kg2 Dxb1 60. Df8+ Kg5 61. Dd8+ Kg4 62. Dd7+ Df5 63. Dd1+ Kg5 Aufgegeben.**

A. Aljechin – E. Colle

Baden-Baden, 1925

1. d4 d5 2. c4 Sc6 3. Sf3 Lg4 4. Da4 Ein neuer Versuch. Gewöhnlich geschah hier 4. cxd5. **4. ...Lxf3 5. exf3** Weiß schert sich nicht um die Bauernstellung, solange er für seine Läufer offene Linien hat. Auch der f-Bauer, von Offizieren unterstützt, kann beim Einbruch in die feindliche Stellung vorzügliche Dienste leisten. **5. ...e6 6. Sc3 Lb4 7. a3 Lxc3+ 8. bxc3 Sge7** Der Läufer f8 musste nach b4, da Sg8 zur Unterstützung von c6, nach e7 sollte. Bisher ist die Eröffnung folgerichtig verlaufen. **9. Tb1 Tb8 10. Ld3 dxc4** Aber dies ist nicht richtig. Schwarz sollte rochieren und den Bauern d5 zu behaupten trachten; der Bauer d4 muss blockiert werden, solange es irgend geht, damit sich die Schräge b2-g7 nicht öffne. **11. Lxc4 0–0 12. 0–0 Sd5 13. Dc2 Sce7 14. Ld3 h6 15. c4 Sb6**

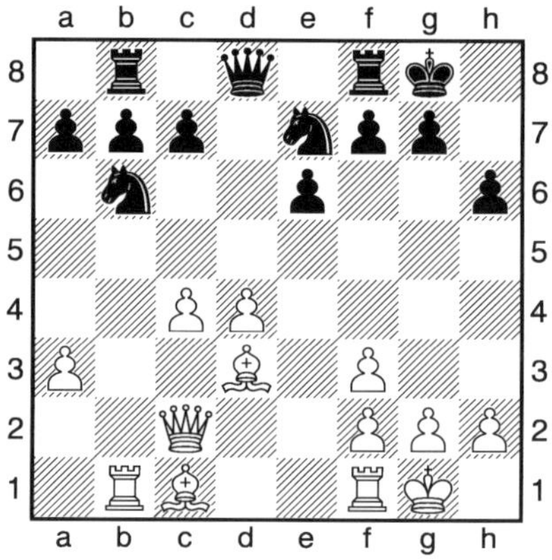

Infolge des gerügten Bauerntausches steht Weiß nun überlegen. Weiß, im Besitze zweier Läufer gegen zwei Springer, wird Öffnung der Linien suchen, etwa mit f3-f4-f5 oder aber, möglicherweise unter Opfern, mit d4-d5. Schwarz hat kein rechtes Gegenspiel, da ...c7-c5 zwar den Damenflügel günstig stellen, aber den Königsflügel durch Öffnung der Schräge b2-g7 schwer gefährden würde. Das Spiel von Aljechin bringt die genannten Vorteile logisch zur Geltung und gibt zugleich dem Schwarzen Gelegenheit zu Fehlern, wo dies ohne Schaden für den Weißen geschehen kann, auf diese Art Logik und Psychologie innig vereinend. **16. Td1 Sbc8 17. f4 b6 18. Lb2 c6 19. De2 Sd6 20. De5 Se8 21. a4 Tb7 22. Te1 Sf6 23. Tbd1 Td7** Auf der d-Linie soll nun die Entscheidung fallen. Schwarz hat dies erkannt und den Damenturm an die rechte Stelle geführt. **24. Lc2 a6?** Aber hier versagt Schwarz. Mit 24. ...Dc7 konnte Schwarz eine ziemlich feste Stellung einnehmen. Geht die Dame von e5 fort, so räumt Tf8 den Platz, so dass der König im Fall der Not dort eine Zuflucht hat. Beispielsweise 25. De2 Tfd8 26. d5 cxd5 27. Lxf6 gxf6 28. Dg4+ Kf8. **25. De2 Db8** Hier sollte zumindest ...Te8 geschehen. **26. d5 cxd5 27. Lxf6 gxf6 28. Dg4+ Kh8 29. Dh4 Kg7 30. Dg4+ Kh8 31. Dh4 Kg7 32. Dg4+ Kh8** Mit der Wiederholung von Zügen wollte Weiß zur Berechnung der Kombination Zeit gewinnen. **33. f5!** Dieser Hieb trifft den schwachen Punkt. **33. ...Sxf5 34. Lxf5 exf5 35. Dxf5** Das ist besser als Dh4, denn die Bauern f6 und h6 bleiben auch nach der Wegnahme von f5 sehr schwach. **35. ...Dd8 36. cxd5 Td6 37. Df4 Kh7 38. De4+ Kh8 39. De3 Kg7 40. Dd3** Nun ist zu allem Unglück noch a6 schwach, der Vorstoß ...a7-a6 war also nicht nur ein verlorener Zug, sondern untergrub auch die Stoßkraft der schwarzen Bauern. **40. ...a5** Schwarz ist hilflos, b6 ist rückständig, sein Königsflügel zerrissen, sein König jeder sichern Zuflucht beraubt. Aljechin gewinnt die Partie methodisch, indem er sich sichert und dabei seinen Gegner langsam in einen Zugzwang hineinmanövriert. **41. Te3 Tg8 42. Th3 Dd7 43. De3 f5** Diese erneute Schwächung war erzwungen, denn den Turm auf h8 verstecken, ging auf die Dauer nicht an. **44. Tg3+ Kh7 45. Txg8** Der Abtausch geschieht, da sonst der Turm g8 sich nach g6 stellt, wo Weiß ihn nicht mehr tauschen darf. **45. ...Kxg8 46. Dg3+ Kh7 47. Db3 Kg7 48. h3 Dd8 49. Dg3+ Kh7 50. De5 Dd7 51. Td3 f6** Dieser Zug ließe sich durch Td3-g3 immer erzwingen, aber es war wohl in diesem Augenblicke noch nicht notwendig. **52. Dd4 Dd8 53. Dc4 Dd7 54. Td4 Kg7 55. Dd3** Nun ist Schwarz im Zugzwang. Wenn ...Kh8, ist De3 wegen der Schwäche von h6 peinlich. **55. ...Kf7** Freilich wäre ...Kh8 noch immer besser als dieser Zug. **56. g4 Kf8** Denn bei 56. ...fxg4 folgt 57. Dh7+ mit tödlicher Wirkung. **57. gxf5 De8 58. Te4 Dh5 59. Tg4 Df7 60. De3 Dh7 61. Tg6 Aufgegeben.**

E. Bogoljubow – J. Mieses

Baden-Baden, 1925

1. d4 f5 2. g3 Sf6 3. Lg2 e6 4. Sf3 d5 Damit liefert Schwarz dem Weißen den Punkt e5 aus, befestigt sich freilich auf e4, aber nicht in entsprechendem Maße, denn Bauer f2 bleibt für e4 gefährlich. Es wäre wohl angebracht, den Damenbauern nur nach d6 zu rücken. **5. 0–0 Ld6 6. c4 c6 7. Sc3 Sbd7** Schlecht wäre 7. …dxc4 wegen 8. Sd2. **8. Dc2 Se4 9. Kh1** Vorbereitung zu einem Manöver, das e5 stark machen soll. **9. …Df6 10. Lf4! Lxf4 11. gxf4 Dh6 12. e3 Sdf6** Schwarz fürchtet wohl keinerlei Gefahr, sonst wäre 0–0 angebracht gewesen. Oder wollte Schwarz den weißen Springer nach e5 locken, um ihn dort zu tauschen und so das Feld zu sperren? Der Plan wäre so übel nicht. **13. Se5 Sd7 14. Tg1 Sxe5 15. dxe5 Sxc3**

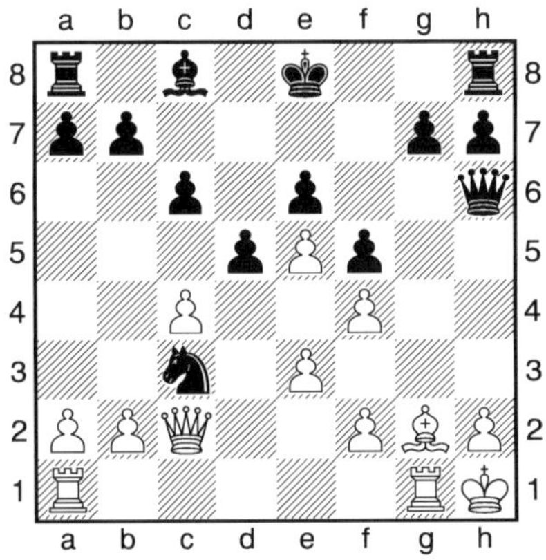

Will Schwarz Lg2xe4 nebst c4-c5 vermeiden, wonach der Springer eine starke Stellung auf d4 einnehmen könnte? Doch so schlimm war das nicht. Vorsichtiger war die Rochade. **16. bxc3** Damit enthüllt Weiß seinen Plan. Er will den Damenflügel angreifen. Das Opfer des Bauern c4 ist nur scheinbar, da Dc2-e2 den Bauern bald zurückgewinnt. **16. …Ld7 17. Tad1 b5** Um nach dem Abtausch des Bauern c4 den Vorstoß c3-c4 zu hindern und womöglich c3 schwach zu machen. **18. Db2** Weiß will dem Läufer d7 nicht das Feld c6 einräumen und tauscht daher nicht auf d5. Auf 18. …bxc4 käme 19. Db7, und die schwarzen Figuren würden gefesselt. **18. …0–0 19. Da3** Jetzt soll auf 19. …bxc4 20. Tb1 folgen und der Turm die siebente Reihe nehmen. **19. …Tfd8 20. cxb5 cxb5 21. Da6** Wieder soll der Läufer nicht nach c6, auch soll der a-Bauer rückständig bleiben. Zudem droht das plumpe Lg2xd5. **21. …Dh5** Schade, dass Schwarz nicht 21. …Kh8 zog, da dann die logische Variante gespielt worden wäre, nämlich 22. a4 Tdb8 23. Tb1 oder 22. …bxa4 23. c4 oder 22. …Tac8 23. axb5 Txc3 24. Dxa7 mit Vorteil für Weiß.

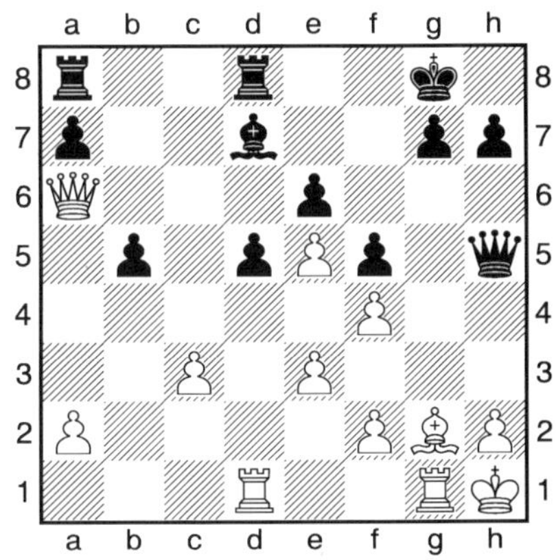

22. Lxd5 Nun geht die Partie, bei plötzlicher Änderung des Planes, unter Blitz und Donner zu Ende. **22. …exd5 23. Txg7+ Kxg7 24. Df6+ Kg8 25. Tg1+ Dg4 26. Txg4+ fxg4 27. f5 Tdc8** Bleibt der Turm auf d8, so ist die Drohung e6-e7 später ein Trumpf, beispielsweise 27. …Tac8 28. e6 Le8? 29. e7 oder 28. …Lc6 29. Dg5+ Kh8 30. f6 Tg8 31. De5. **28. e6 Lc6 29. Df7+ Kh8 30. f6 Tg8 31. Dc7 Tac8 32. De5 d4+ 33. Kg1 Ld5 34. f7+ Tg7 35. Dxd5 Aufgegeben.** Diese Partie ist ein Bukett mannigfacher, fein abgestimmter ästhetischer Eindrücke und gereicht beiden Meistern zur Ehre.

E. Bogoljubow – R. Réti

Breslau, 24. DSB-Kongress, 1925

1. e4 e6 2. d4 d5 3. Sc3 Sf6 4. Lg5 Lb4 5. e5 h6 6. Ld2 Lxc3 7. bxc3 Se4 8. Dg4

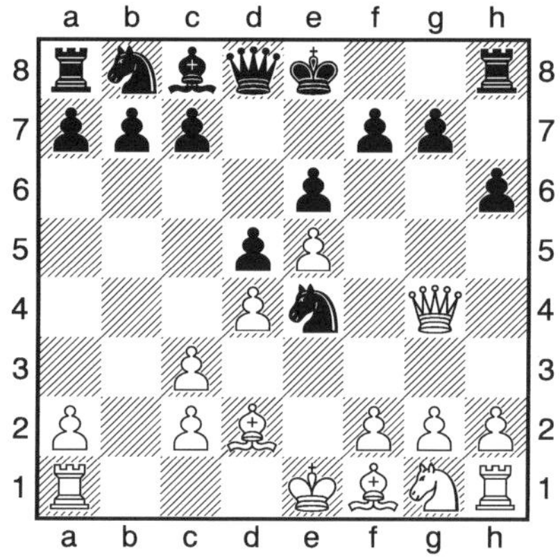

Die Stellung hat schon einen ausgeprägten Charakter. Weiß will den Königsflügel angreifen, Schwarz den Damenflügel. Der Bauer g7 lässt sich nur durch ...Kf8 decken oder er muss nach g6 ziehen: in jedem Falle wird der Königsflügel geschwächt. Die Schwächung ist größer bei ...g6, weil Weiß dabei eine Angriffsmarke erhält, die er unter Entwicklung seines Turmes h1 durch h2-h4 ohne Zeitverlust auswerten kann. Zudem drohen auf g6 Figurenopfer. Freilich entwickelt sich immer ein Angriff auf g7, der schwer zu parieren ist. Nach 8. ...Kf8 9. h4 droht bereits Lf1–d3 nebst Th1–h3-g3. Eine Deckung wäre ...Sb8-c6-e7-f5, und keineswegs die einzige. Alles in allem, ...Kf8 wäre zu versuchen. **8. ...g6 9. Ld3 Sxd2 10. Kxd2 c5 11. h4** Hier ist nun das Figurenopfer Ld3xg6 zu erwägen. Darf Schwarz den Läufer auf d3 belassen, bis der Turm nach h3 zieht? Augenblicklich scheitert das Figurenopfer noch an ...Tg8. Schwarz kann freilich ...De7 ziehen, womit der König mächtigen Schutz erlangt. – Das scheint auch das Beste, um den Druck auf d4 zu verstärken. **11. ...c4** Aber Schwarz beschließt, jener Drohung ein für allemal ein Ende zu bereiten. Nur, dass er sich dabei seinen Angriff auf dem Damenflügel ungemein erschwert. **12. Le2 h5** Schwarz hatte nur die Wahl, h4-h5 zuzulassen und darauf ...g5 zu erwidern oder aber den obigen Zug zu tun. Die Entscheidung eilte, weil schon im nächsten Zug h4-h5 kommen kann trotz ...Dg5+, worauf f2-f4 oder auch Dxg5 Schwarz in Schwierigkeiten stürzt. Schwarz entschließt sich, gewiss schweren Herzens, zu ...h5, einem Zug, der die schwarzen Felder auf dem Königsflügel in die Gewalt des Weißen stellt; doch auch die andere Formation wäre zu versuchen, wiewohl sehr bald der Bauer h6 Angriffsziel wird, wie folgt: 12. ...De7 13. h5 g5 14. f4 gxf4 15. Dxf4 Sd7 16. Sh3 b5 17. Sf2 a5 18. Sg4 Df8 (oder ...b4) 19. Thf1 Ta7. Noch hält die schwarze Truppe stand, und ein Gegenangriff bereitet sich vor. – Nach dem Vorstoß des h-Bauern dagegen entwickelt sich der Angriff des Weißen mit solcher Wucht, dass der Gegenangriff schwächlich scheint. **13. Df4 Sc6 14. Sf3 De7 15. Sg5 b5 16. a3** Dieser Zug ist problematisch. War er nötig, so musste er nicht gerade jetzt geschehen. Nötig ist jedenfalls, dass irgendwann einmal das Feld b4 vor dem Einbruch der Dame gesichert wird. **16. ...a5 17. g4 Ta7** Schwarz darf nicht ...hxg4 ziehen, da sich dann sehr bald Weiß durch h4-h5 der h-Linie bemächtigt. Nun hat Weiß nur die g-Linie, und sie ist durch Sg5 gesperrt. **18. gxh5 gxh5 19. Th3** Dieser Turm dient dem Angriff und zugleich der Verteidigung des Königs, da die Felder c3, a3 dadurch gestärkt werden. **19. ...b4 20. Tf3 bxc3+** Schwarz ist dazu wohl gezwungen. Normalerweise wäre die Angriffsformation ...Ta7-b7, ...Sc6-a7-b5 vorzuziehen, aber Schwarz darf dem Weißen, der schon so stark steht, nicht auch noch die freie a-Linie überlassen. – Dies ist dann wohl die wahre Begründung für den problematischen Zug a2-a3. **21. Txc3**

Tb7 22. Tg1 Sa7 23. Tcg3 Ld7? Schade! Schwarz hat den moralischen Mut besessen, den Angriff, den er natürlich kommen sah, zu ertragen, er hat nun auch einen Gegenangriff in Schwung gesetzt; ...Sb5 lag auf der Hand, und nun dieser Zug, der den König und den Turm versperrt. Nach 23. ...Sb5 musste Weiß wohl seine Attacke mäßigen und zunächst 24. Tb1 ziehen. Dann drohte wohl a3-a4, also war 24. ...a4 wohl erzwungen. Es kam dann wohl, den König zu sichern, 25. Ld1 womit zugleich gegen a4 gezielt wurde. Die Stellung des Schwarzen blieb gefährdet, aber sie hatte doch Gegenspiel, um die Fortsetzung spannend zu machen. Jetzt dagegen fällt die schwarze Stellung wie ein Kartenhaus zusammen. **24. Lxh5** Wenn 24. ...Txh5, so 25. Sxf7, und der König kann sich den schrecklichen Türmen nicht mehr entziehen. Schwarz zog noch **24. ...c3+** Weiß erwiderte **25. Ke3** und Schwarz gab auf. Eine gehaltvolle Partie, die mancherlei bedeutende Aufgaben stellt, von Weiß mit hoher Meisterschaft durchgeführt.

P. Romanowski – E. Rabinowitsch

UdSSR, russisches Nationalturnier, 1925

1. e4 e6 2. d4 d5 3. Sc3 Lb4 4. e5 Wenn 4. ...c5 5. a3 La5 6. b4 cxb4 7. Sb5 kommt Schwarz ins Gedränge. Auf 5. ...cxd4 6. axb4 dxc3 7. bxc3 Dc7 gewinnt Schwarz zwar auch einen Bauern, Weiß hat aber eine sehr schnelle Entwicklung, die den Verlust zumindest wettmacht. Er setzt mit 8. Sf3 fort und steht nach 8. ...Dxc3+ 9. Ld2 Dc7 10. Ld3 zum Angriff gerüstet. Und auf 5. ...Lxc3+ 6. bxc3 cxd4 steht Weiß, der sogleich mit Dg4 die Initiative ergreift, gewiss nicht schlecht. **4. ...f6** Daher will Schwarz hier sogleich den Stier bei den Hörnern packen. **5. Sf3 c5 6. Lb5+ Kf8** Das ist verwegen, aber konsequent. Den Läufer c8 will Schwarz nicht tauschen, da sonst Bauer e6 recht schwach würde. Den Springer setzt er nicht zwischen, weil er die Stellung von Lb5 für gefährdet hält. Schon droht ...c5-c4 den Läufer zu gewinnen. **7. dxc5 Da5 8. Le2 fxe5 9. 0–0** Die Stellung ist interessant. Weiß hat mancherlei Drohungen, und Schwarz würde wohl am besten tun, den Sc3 zu schlagen, um dann den e-Bauern zu decken.

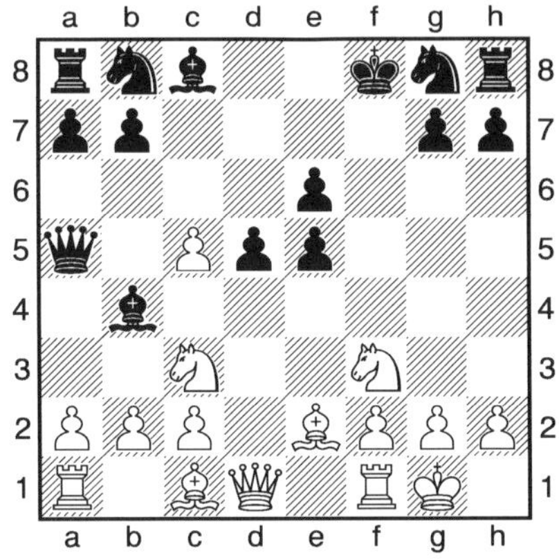

Freilich wird Weiß dann wohl das Spiel öffnen können, zunächst mit c3-c4, und den König bedrängen. Der Kampf für Schwarz würde nicht leicht sein. **9. ...Sc6** Jetzt bricht sich der Weiße auf andere Art freie Bahn. **10. Sxd5 exd5 11. c3 Lxc5 12. b4 Sxb4 13. cxb4 Lxb4 14. Tb1 Lf5** Schwarz drängt Weiß zur Aufgabe der Qualität, und Weiß folgt gern; Schwarz hat aber überhaupt eine schwere Aufgabe. Die Mittelbauern des Schwarzen hängen, und einer von ihnen wird immer fallen, außer bei 14. ...e4 15. Sd4, worauf f2-f3 sehr stark würde. **15. Txb4 Dxb4 16. Dxd5 Se7 17. Dxe5 De4 18. Db2** Die Qualität kann bei solcher Stellung des Königs, mit der Dame auf dem Brett, nicht stark ins Gewicht fallen. Der König hat drei Züge nötig, um in Sicherheit zu kommen: ...h6, ...Kg8, ...Kh7. Doch Weiß hat inzwischen Angriffspunkte: die Dame, Se7, Bb7 beispielsweise. Auch ist Weiß gut entwickelt und hat keine bedeutenden Schwächen. Die Opfer, die der Weiße gebracht hat, erscheinen vor dem Positionsurteil gerechtfertigt. **18. ...Tc8 19. Lh6 Tg8 20. Df6+ Ke8 21. Lb5+ Tc6** Schwarz kapituliert. Der Druck der weißen Figuren ist eben zu gewaltig. **22. Lxg7 Ld7 23. Lxc6 Dxc6 24. Te1 Dc5 25. Lh6 Kd8 26. Lf8 Aufgegeben.** Das Spiel des Weißen zeugt von Unbefangenheit, Frische der Erfindung, kühnem und scharfem Urteil.

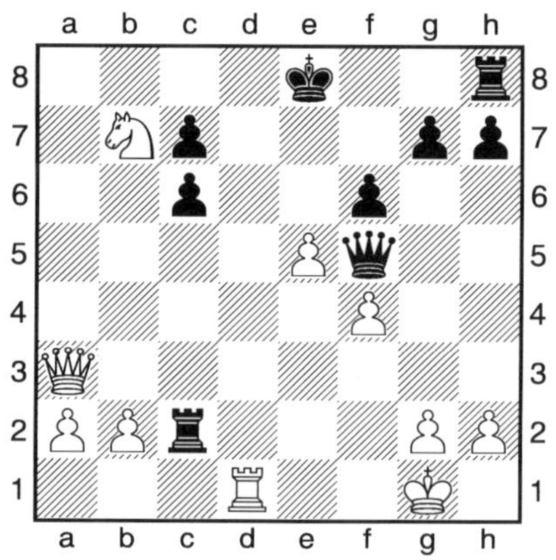

E. Nebermann – B. Bau

Weiß zieht und gewinnt

Schwarz droht ...Df5-g4 mit furchtbarer Wirkung. Weiß hatte aber Drohung wie Möglichkeit der Deckung vorausgesehen. Dazu gehörte eine ungemeine Präzision.

1. Da8+ 1.Td8+ gewinnt nicht, weil danach 1. ...Kf7 2. Txh8 Tc1+ 3. Kf2 Dxf4+ folgt und nun Schwarz gewinnt. **1. ...Kf7! 2. Dxh8 Dg4! 3. Td7+** 3. Sd8+ Kg6 hätte keineswegs gewonnen. Hier musste man genau rechnen. Nicht die schwarze Dame geht verloren, wie es den Anschein hat, sondern der schwarze Turm. **3. ...Dxd7** Wenn 3. ...Ke6 4. Td6+ Kf7 5. Sd8+ Kg6 6. Txf6+ gxf6 7. Dg8+ und gewinnt leicht. **4. e6+ Kxe6** Dass Weiß hier noch gewinne, sieht unwahrscheinlich aus; aber es geht gerade noch. **5. Dg8+** Geht der König nach f5, gewinnt Dxh7+ den Turm. Der Rückzug nach e7 hilft nicht wegen Dxg7+, worauf sehr bald die Dame den Bauern h7 unter Schachgebot schlägt. Weiß gewinnt also.

C. Torre – E. Grünfeld

Marienbad, 1925

1. d4 d5 2. Sf3 c6 3. Lf4 Sf6 4. e3 Db6 5. Ld3 Weiß opfert den b-Bauern, weil er dafür drei Züge gewinnt (...Dd8-b6xb2-b6) und die schwarze Dame auch dann noch ungünstig steht. **5. ...Dxb2 6. Sbd2 Db6** Schwarz ist genötigt, das Opfer anzunehmen, weil der Läufer f1 sich inzwischen der Schräge d3 bis h7 bemächtigt hat und Weiß, falls er nun zur Deckung des Bauern, etwa durch Ta1–b1, gelangt, bequem einen Angriff auf dem Damenflügel machen kann, da c6 eine Marke für den Vorstoß b2-b4-b5 ist. **7. 0–0 e6 8. e4 dxe4** Wenn 8. ...Le7, folgt wohl 9. c4, um die Stellung möglichst zu öffnen, nicht aber e4-e5, das nur Sinn hätte, wenn Schwarz bereits rochiert hätte. **9. Sxe4 Sxe4 10. Lxe4 Sd7 11. De2** Weiß verbindet die Türme und lässt sich inzwischen alle Möglichkeiten für deren Verwendung offen. **11. ...Sf6 12. Ld3 Le7** Das Spiel steht wohl im Wesentlichen gleich. Schwarz hat sein materielles Übergewicht, Weiß sein positionelles behauptet. **13. Le5** Damit legt Weiß den Sf6 lahm, solange g7 ungedeckt, und bedroht Sf6, der als Deckung von h7 wichtig ist. **13. ...0–0** Aber hier geht Schwarz fehl. Schwarz sollte mit der Rochade solange wie möglich warten, um sich nicht zu früh zu entscheiden. Der Weiße wartet ja auf diese Entscheidung, um den König aufs Korn zu nehmen. Zunächst sollte ...Db6-d8 geschehen, da die Dame exponiert steht. 14. Sg5 Damit erzwingt Weiß eine Schwächung der Bauern. **14. ...g6** Das kleinere Übel war 14. ...h6 15. Se4 Sxe4 16. Dxe4 f5. Der e-Bauer ward so rückständig, doch der König stand sicher.

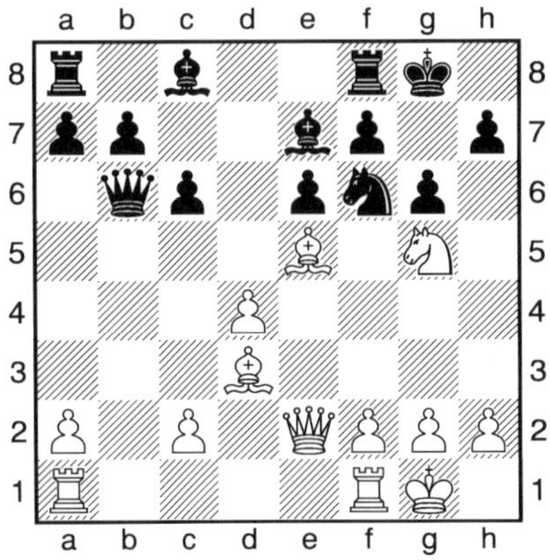

15. h4? Grünfeld selbst gibt im „L'Alfiere di Re" die folgende feine Kombination an: 15. Df3 Dd8 16. Dh3 h5 (wenn 16. …Sh5 17. Sxh7 Te8 18. g4) 17. g4 Kg7 (auf 17. …Sxg4 18. Dxh5) 18. gxh5 Th8. Hier bricht er ab, doch scheint nach 19. h6+ der Schwarze verloren zu sein (19. …Txh6? 20. Dxh6+), zumindest ist der Bauer h6 sehr stark und sehr einengend. **15. …Dd8** Der weiße h-Bauer droht nicht viel. Auf 16. h5 darf Schwarz nun …Sxh5 erwidern, denn 17. Sxh7 Te8 lässt den Springer in Gefahr. Weiß muss daher neue Kräfte heranziehen oder eine neue Schwäche entdecken. **16. Tab1** Macht den Turm mobil gegen b7 wie auch über b3 gegen den König. Aber Tf1–d1 war dringender, denn d4 kommt in Gefahr. **16. …Sd7** Schwarz wirft die Vorposten des Weißen zurück. **17. Lf4 Lf6 18. Tfd1** Und jetzt war c2-c3 nötig. **18. …Sb6 19. c4** Um …Sd5 zu hindern, der Zug ist aber tollkühn. Was geschah dem Schwarzen bei 19. …Dxd4? Bei 20. Le3 De5 hatte Weiß kein Äquivalent für die zwei Bauern. **19. …Ld7** Schwarz beurteilt die Lage nicht richtig, er glaubt wohl, bei ruhiger Fortsetzung im Vorteil zu sein, aber das ist keineswegs der Fall. **20. Tb3 Tc8 21. Le4** Weiß hat die schwache Stelle des Schwarzen gefunden: Punkt b7. Dieser Punkt spielt nun in den folgenden Kombinationen überall mit. Es droht bereits c4-c5. **21. …h6 22. Sf3 Lg7 23. Ld6 f5 24. Lc2** Endlich ist die Gefahr c4-c5 beseitigt, da auf d5 der Springer mit …Sc3 Gewinn der Qualität droht. **24. …Tf7 25. Se5 Lxe5 26. Lxe5 Kh7 27. Tg3 De7** Wird der Bauer h4 geschlagen, so kommt bald Tg3-h3 und Bauer h6 wird katastrophal schwach. **28. Tb1 c5** Es ging wieder um b7. **29. Ld3 Lc6** Dieser Läufer gehörte nach e8. Grünfeld glaubt, ohne diesen Zug hätte er mit 29. …Tg8 sich sicher gestellt und Vorteil erlangt. Der letzte Zug des Schwarzen wird von Torre widerlegt, war also gewiss nicht der rechte, aber der von Grünfeld empfohlene Zug lässt Weiß noch immer im Vorteil. Wenn 29. …Tg8 30. h5 g5 31. De3. Dies erzwingt 31. …Te8 32. f4 oder 31. …cxd4 32. Lxd4. Da nun …Lc6 33. Te1 wohl kaum in Frage kommt, behält Weiß, der seinen Bauern, sobald er nur will, leicht zurückgewinnen kann, das Heft in der Hand.

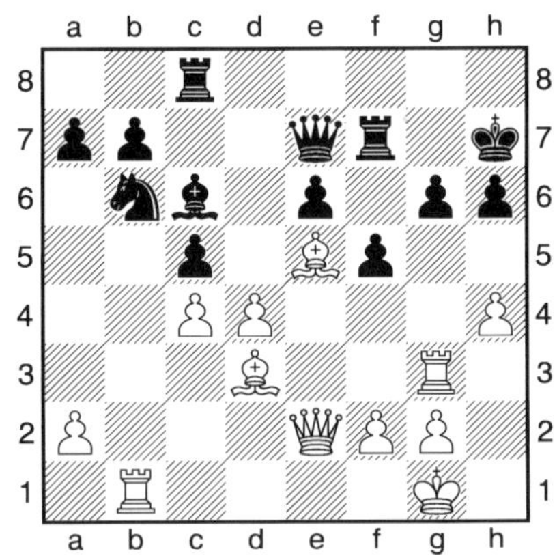

30. d5 Bauer e6 hat die Funktion, f5 zu decken. Dies war die Idee der Kombination. **30. …exd5** Das ist der Tod. Jedenfalls musste der Läufer nach d7 zurückeilen. Geschah dann auch 31. h5 g5 32. dxe6 nebst Te3, so fand doch noch immer ein Kampf statt. Jetzt wird's ein Schlachten. **31. Txg6 Tg8** Auf 31. …Kxg6 32. Dg4+ Kh7 33. Lxf5+ Txf5 34. Dxf5+ Kg8 35. Dg6+ Kf8 gewinnt 36.

Ld6. **32. Txg8 Kxg8 33. Lxf5 Txf5** Auf 33. …Sxc4 34. Dg4+ Kf8 35. Lf4 Df6 36. Te1 droht Te6. **34. Dg4+ Tg5 35. hxg5 Dxe5 36. gxh6+ Kh7** Schwarz ist bei richtigem Spiel rettungslos verloren, weil sein König keine Sicherheit findet. **37. Tb3 Ld7 38. Dh4 De1+ 39. Kh2 De4 40. Df6 Dg6 41. De7+ Kh8** Oder 41. …Kxh6 42. Tf3. **42. Df8+ Kh7 43. De7+ Kh8 44. Te3 Dxh6+ 45. Kg1** Der Turm deckt durch Obstruktion Feld c1. **45. …Dg7 46. Dd8+ Dg8 47. Df6+ Dg7 48. Df4 Lg4 49. Tg3 Sxc4 50. Txg4** und Weiß gewann mit Leichtigkeit.

A. Rubinstein – M. Chwojnik

Lodz, 1927

1. d4 Sf6 2. c4 Weiß baut sich sogleich eine Phalanx, um auf den Stoß …c7-c5 mit dem einengenden d4-d5 antworten zu können. **2. …e6 3. Sc3** Um auf e4 das Gleichgewicht herzustellen. **3. …Lb4 4. Dc2** Damit beobachtet Weiß e4 und kann nach …Lxc3+ den Doppelbauern, der die Elastizität der Stellung sehr herabmindert, vermeiden. Gut ist auch 4. Lg5 h6 5. Lxf6 Dxf6 6. Tc1, wobei Weiß unschwer die Oberhand auf e4 erlangt und die Bauern beweglich hält, um Linien für seine zur Entwicklung bereitstehenden Türme zu eröffnen. **4. …b6** Ein Versuch, sich trotz allem in den Besitz von e4 zu setzen, aber es wäre besser, auf Entwicklung des Damenspringers bedacht zu sein, wozu 4. …d6 dienlich war. Auch 4. …c5, das den verwaisten Bauern d4 aufs Korn nimmt, ist möglich, wiewohl dabei eine kleine Schwäche auf d6 entsteht, die mit 5. d4xc5 in Erscheinung träte. **5. e4** Weiß unterbindet sogleich die Schräge des Läufers, der sich auf b7 aufstellen will, und macht sich bereit, den Kampf in der Mitte zu eröffnen. **5. …Lxc3+** Schwarz will dem Weißen einen Doppelbauern machen, die Stellung ist aber bereits so plastisch, dass es nur mehr auf Figurenspiel ankommt. Relativ das Gescheiteste war wohl 5. …Sc6 6. Sf3 d6 7. Ld3 e5 oder 6. e5 Sg8 7. Sf3 d6. **6. bxc3 d6 7. f4** Nun gibt Weiß den Punkt e5 nicht mehr preis. **7. …Lb7 8. e5 Se4** Hier ist der Springer schwer zu schützen und instabil. Daher war …Sfd7 geboten. Weiß hätte dann mit Se2-g3 den Punkt e4 in seine Gewalt gebracht und wäre an Raum dem Gegner weit überlegen gewesen. **9. Sf3 f5 10. exf6** Weiß will Linienöffnung. Sein Turm wird auf der e-Linie entscheidend eingreifen. **10. …Sxf6 11. Sg5** Der schwache Punkt e6 wird sofort bedroht. **11. …De7 12. Ld3 Sbd7 13. 0–0 0–0–0** Der König entfernt sich von der gefährdeten, durch e6 nur schwach blockierten e-Linie. **14. Te1 e5** Auf e6 war der Bauer nicht zu halten, beispielsweise 14. …Sf8 15. Sxe6 Sxe6 16. Txe6. Die Frage ist freilich, ob es nicht besser war, den Bauern daranzugeben, um die Linie geschlossen zu halten. **15. Lf5 Kb8** Auch …g6 nützt nichts, der Läufer entweicht nach h3, und später setzt sich der Springer auf e6 fest. **16. La3** Um 16. …c5 zu provozieren, worauf Kb8 exponierter stünde. **16. …g6** Schwarz findet keinen Ausweg mehr – auf die Dauer ist seine Stellung unhaltbar – und erlaubt dem Weißen, schleunige Entscheidung herbeizuführen. **17. dxe5 gxf5 18. exd6** Die Dame hat kein Feld, sich zu retten. Nach 18. …Dg7 19. dxc7+ Kxc7 folgt 20. Se6+. Schwarz gab bald danach auf.

J. Capablanca – A. Aljechin

13. WM (21), Buenos Aires, 1927

1. d4 d5 2. c4 e6 3. Sc3 Sf6 4. Lg5 Sbd7 5. e3 Le7 6. Sf3 0–0 7. Tc1 a6 8. a3 Schwarz beabsichtigt offenbar das Schlagen von c4, um dann mit …b7-b5 fortzusetzen. Gegen 8. c5 ließe sich …Se4 erwidern, worauf sich das Schwergewicht nach dem Königsflügel verlegt. Dort aber steht Schwarz stark. Weiß kann daher der Absicht des Schwarzen nicht entgegenwirken außer durch 8. cxd5 exd5. Weiß zieht es aber vor, den Gegner an der Ausführung des Planes nicht zu hindern und sich auf ein lebhaftes Spiel einzulassen, dessen Chancen geteilte sind. **8. ...h6**

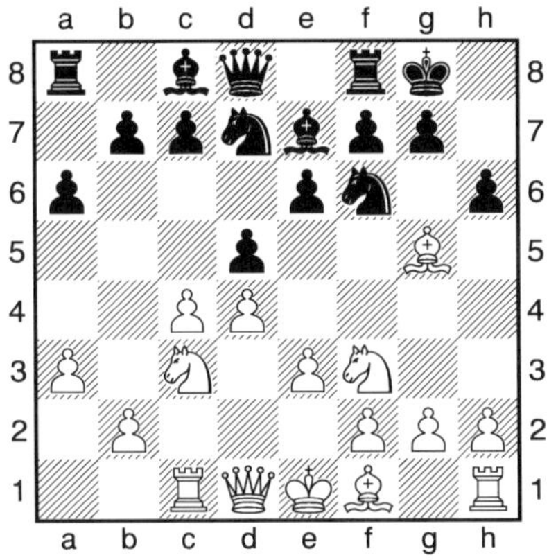

Schwarz fühlt sich auf dem Königsflügel stark genug, um den Punkt g6 schwächen und eine Marke für Angriffe, etwa mit Bauern, geben zu können. Er gewinnt den Vorteil, dass Bauer h7, der durch den weißen Königsläufer leicht angreifbar ist, nun aus der bedrohten Stellung ohne Zeitverlust vorgestoßen ist. Das Pro und Contra dieses Zuges gleichen sich wohl ziemlich aus. **9. Lh4 dxc4 10. Lxc4 b5 11. Le2** Die Idee ist wohl, den Läufer später nach f3 zu bringen und Lb7 zu tauschen, um den Punkt c6 zu schwächen, aber Lc4-a2 lässt dem Läufer unmittelbare Wirkung in die Mitte. **11. ...Lb7** Schwarz erlaubt 12. b4, was ihm zwar den Stoß 12. ...a5 gestattet, aber sicherlich keinen Vorteil bringt, denn er ist bald zu ...c6 gezwungen und muss sich so Punkt d6 schwächen und Lb7 verbauen. Das Gegebene war ...c7-c5. **12. 0–0 c5 13. dxc5 Sxc5 14. Sd4 Tc8 15. b4** Es ist nicht klar, was dieser Zug bezweckt. Nahe lag 15. Lf3, wonach Weiß auf Punkt c6 einen gewissen Druck ausüben würde. Schwarz würde ...Db6 antworten, um auf der Diagonale f3-a8 den Läufer und eventuell die Dame zum Abtausch zu bringen, aber Weiß stünde dann nicht übel, weil c6 ein wenig schwach bliebe. **15. ...Scd7 16. Lg3** Weiß spielt recht passiv. **16. ...Sb6** Signalisiert c4 als starken Punkt. **17. Db3 Sfd5 18. Lf3 Tc4** Um nun mit Zügen wie ...Da8 und ...Tfc8 fortfahren zu können. **19. Se4 Dc8** Wenn sogleich 19. ...Da8, so 20. Sd6. **20. Txc4 Sxc4 21. Tc1 Da8 22. Sc3** Wiederum recht passiv. Weiß sollte 22. Sc5 ziehen. Nach 22. ...Lxc5 23. bxc5 Tc8 24. Le2 hatte er noch Kampfkraft. **22. ...Tc8 23. Sxd5 Lxd5 24. Lxd5 Dxd5** Weiß ist nun ganz in die Defensive gedrängt. Der schwarze Läufer hat Angriffspunkte, der weiße nicht. **25. a4** Weiß will b5 schwächen. Dieser Plan wäre gut, wenn der weiße Springer auf d4 stabil stünde, aber er ist im Gegenteil leicht anzugreifen – auch 25. ...e5? 26. Sf5 Lf8 würde dies augenscheinlich machen – und b4 ist nun unter fortgesetztem Druck. Mit 25. f3 ging es besser. **25. ...Lf6** Aljechin findet eine noch stärkere Fortsetzung als die obige rein positionsgemäße. **26. Sf3** Weiß sollte zunächst einmal 26. axb5 ziehen. Nach 26. ...Lxd4 27. exd4 axb5 28. Td1 Td8 29. f3 oder 28. ...Sb6 29. Dxd5 Sxd5 30. Ld6 Tc4 31. h3 ward eine geduldige Verteidigung vielleicht noch mit einem Remis belohnt.

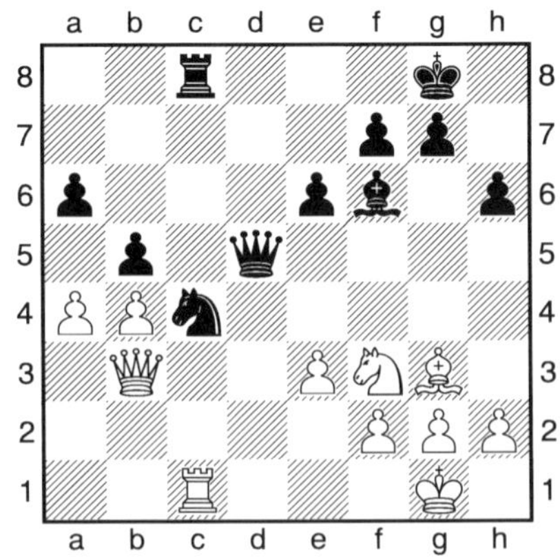

26. ...Lb2 Schwarz will ...e5 ziehen, ohne den Läufer zu versperren. Weiß kann nicht 27. Td1

antworten, weil 27. …Sxe3 28. Txd5 Tc1+ 29. Td1 Txd1+ 30. Dxd1 Sxd1 31. axb5 axb5 32. Kf1 Lc3 33. Ld6 f6 ein für Schwarz zu günstiges Endspiel herbeiführt. Aber dies ist nicht die Feinheit, die dem Zug ihr Gepräge gibt. Das Außerordentliche ist die Widerlegung des nahe liegenden 27. Tb1 durch 27. …Sa3. Das Hängen des Bauern a4 und die Unterlassung von h2-h3, das dem Turm die Last der Deckung von Mattdrohungen abgenommen hätte, werden durch die Kombination Aljechins in vorbildlicher Art zu einem wunderhübschen Gewinngefüge verarbeitet. Es würde folgen 28. Dxb2 Sxb1 29. Dxb1 Db3 30. Df1 bxa4 31. h3 a3 32. Le5 f6 33. La1 Dc4. Schwarz hat durch seine meisterliche Verknüpfung des Positionsspiels mit dem Kombinationsspiel eine zum Gewinn genügende Überlegenheit erlangt. **27. Te1 Td8 28. axb5 axb5 29. h3 e5** Der Sf3 wird nun aus der Mitte vertrieben und Weiß verliert dort allen Halt. **30. Tb1 e4 31. Sd4** Verzweiflung oder Verrechnung, aber die Partie war sowieso unrettbar, da die Beherrschung der d-Linie und die starke Springerstellung auf c4 eine zu große Vorgabe sind. **31. …Lxd4 32. Td1 Sxe3 Aufgegeben.**

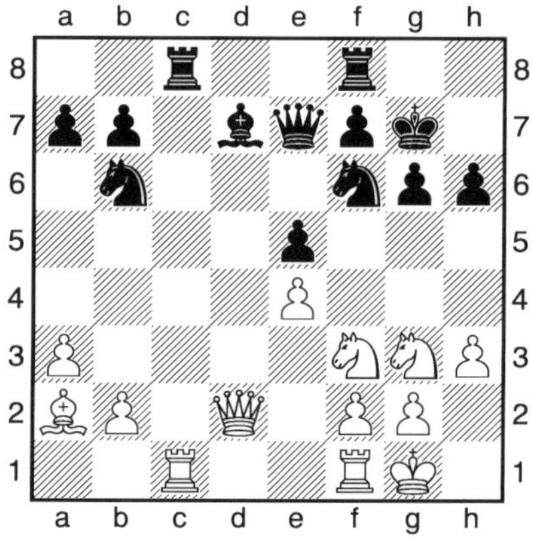

A. Aljechin – J. Capablanca
13. WM (34), Buenos Aires, 1927
Schwarz am Zug

Weiß droht Da5 mit Angriff auf e5 und a7. Der Zug, den Capablanca machte, **21. …Le6,** verliert einen Bauern durch Abtausch des Läufers nebst Dd2-a5.

Alternativen:

A) 21. …Lb5 geht nicht wegen 22. Sh4 Ld7 23. Da5 Sa4 24. Dxa4 oder 23. …Sxe4 24. Sxe4 Dxh4 25. Dxe5+ f6 26. De7+.

B) 21. …Tfe8 gestattet 22. Da5 Sa4 23. Txc8 Txc8 24. Dxa7 Sxb2 25. Dxb7 Dxa3 26. Lxf7.

C) 21. …Lc6 führt zu 22. Sh4 Sxe4 23. Shf5+ gxf5 24. Sxf5+ Kf6 25. Dxh6+ Kxf5 26. g4 matt.

Der richtige Zug ist

D) 21. …Sa4. Wenn dann 22. Da5 b5, steht Schwarz gar nicht übel, da die Deckung von b2 Schwierigkeiten bereitet. 23. Dxa7 Sxb2 24. De3 bringt etwa Ausgleich. 24. Tb1 Ta8 25. Dc7 Sd3 ist günstig für Schwarz.

Weiß hat auch nach 21. …Sa4 die Wahl zwischen mancherlei drückenden Fortsetzungen, beispielsweise 22. b4 b5 23. Txc8 Txc8 24. Tc1, was Einbruch auf c7 oder Angriff auf der Schrägen, schon von a1 aus, droht. Indessen gelingt es Schwarz, mit 24. …Txc1+ 25. Dxc1 Se8 alles zu parieren.

M. Euwe – E. Bogoljubow

Niederlande, Wettkampf (4), 1928

1. d4 Sf6 2. c4 d5 Schwarz öffnet die Stellung dem Figurenspiel. **3. cxd5 Dxd5 4. Sc3 Da5 5. Sf3 Sc6 6. e3** Hier war 6. Ld2 stärker, beispielsweise 6. …e5 7. e4, womit Sc3-d5 droht. **6. …e5 7. d5** Es wäre besser gewesen, eine unentwickelte Figur zu ziehen, etwa 7. Lb5 Lb4 8. Ld2. **7. …Sb4 8. Lb5+ c6 9. Da4** Weiß findet noch den Ausweg aus seiner schwierigen Lage. Schlechter wäre es, den c-Bauern zu schlagen, da nach …bxc6 der schwarze Läufer den Weg nach a6 frei hat und Weiß in Verlegenheiten bringt. **9. …Dxa4 10. Lxa4 b5 11. Lb3 Sd3+** Mit Entschlossenheit greift Schwarz den König an. **12. Ke2 e4 13. Sg5 b4 14. Scxe4 La6** Um diese Stellung herbeizuführen, hat Schwarz einen Bauern geopfert. Dazu gehört Kühnheit und Fernsicht. **15. Kf3 cxd5** Schwarz öffnet die Linien. Mit 15. …Sxd5 hätte er einen sicheren Vorteil in der Hand gehabt, weil er dann durch …h6, …f5 die feindlichen Springer vertreiben und den Angriff gegen den König fortsetzen konnte. Er will aber mehr und setzt sich der Gefahr abenteuerlicher Kombinationen aus.

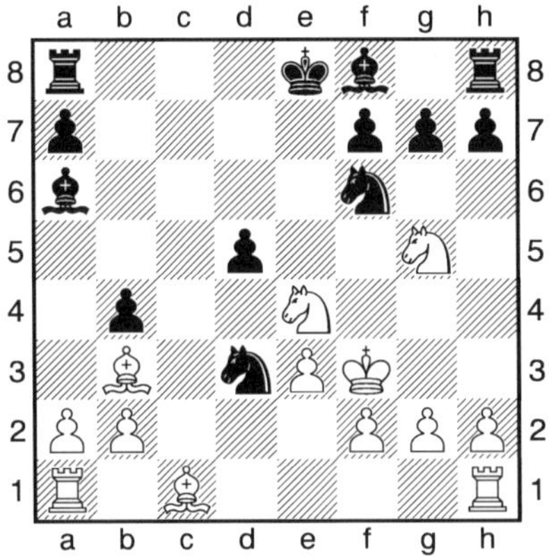

16. La4+ Weiß zieht hier nicht vollen Gewinn aus der Lage. Er musste Kühnheit gegen Kühnheit stellen. 16. Sxf6+ gxf6 17. Sxf7 Tg8 18. Lxd5 Tc8, nun wäre 19. Sd6+ Lxd6 20. Lxg8 Tc2 wohl zu gewagt, denn der weiße König würde in die Mitte des Brettes gezwungen und bliebe dort umstellt. Aber 19. e4 konsolidierte die Stellung noch ein wenig. 19. …Tc2 20. Le3 Tg7, und nun 21. Lb3. Die Möglichkeiten sind zahlreich, ein abschließendes Urteil ist nicht zu fällen, außer auf Grund des Stellungsgefühls, aber es scheint mir, dass auf diese Art ein Kampf noch möglich war. Bei der von Weiß gewählten Fortsetzung dagegen behält Schwarz die Trümpfe in der Hand, ohne selbst ein Wagnis zu laufen. **16. …Ke7 17. Sd2 h6 18. Sh3 g5 19. g4 h5 20. Sxg5 hxg4+ 21. Kg2 Lh6 22. f4 gxf3+ 23. Sdxf3 Lxg5** Schwarz kann natürlich auf vielfache Art gewinnen. Er wählt die einfachste. **24. Sxg5 Se4 25. Sxe4 dxe4 26. Tf1 Tag8+ 27. Kh1 Th3 28. Ld2 Tgh8 29. Tad1 Txh2+ 30. Kg1 T2h7 31. Tf2 Th1+ 32. Kg2 T1h2+ 33. Kg1 Txf2 34. Lxb4+ Sxb4 35. Td7+ Kf6 36. Kxf2 Sd3+ 37. Kg1 Tg8+ 38. Kh2 Lc8 39. Txa7 Se5 40. Ld1 Sf3+** und Weiß gab nach einigen Zügen auf. – Eine von Phantasie durchströmte Partie.

Diese Beispiele und Muster werden genügen, sofern der Leser aufmerksam liest, nachdenklich prüft und noch einmal prüft und das Gelesene anwendet, so dass es ihm zu eigen wird. Der Anwendungen sind viele, die Praxis ist vielgestaltig, was man dem Gedächtnis darbietet sei gut, sauber, wenig, einheitlich.

Schlussbetrachtungen

Über Erziehung zum Schach

Die Erziehung zum Schach liegt noch sehr im Argen. Die meisten Schachfreunde erklimmen langsam eine gewisse, tatsächlich recht geringe Leistungshöhe und bleiben dort jahrzehntelang stehen. An Spielern, denen ein Meister mit Erfolg eine Dame vorgeben kann, gibt es Millionen; die Spieler, die darüber hinaus sind, zählen wohl nur eine Viertelmillion. Rechnen wir Turm-Vorgabe-Spieler hundertundfünfzigtausend, Springer-Vorgabe-Spieler fünfzigtausend, Bauer- und Zwei-Züge-Vorgabe-Spieler vierzigtausend, Bauer-und-Zug-Vorgabe-Spieler neuntausend, und etwa tausend, denen kein Meister eine Vorgabe gewähren darf, so gehen wir nicht weit fehl. Berechnet man aber den Aufwand, vertan dieses Ergebnis zu erreichen, so bekommt man einen Schreck: eine Literatur von vielen tausend Bänden, Hunderte, wo nicht Tausende, von Schachkolumnen, Vorträge, Turniere und Turnierbücher, Unterrichtskurse, Tausende von Schachklubs, Hunderte von Verbänden, Wettkämpfe der Meister, Wettkämpfe in den Klubs, zwischen Klubs, zwischen Städten, zwischen Ländern, überm Brett, durch Korrespondenz, telegraphisch, telephonisch, dazu Tausende von Schachcafés, wo den schnell gespielten Partien Zuschauer beiwohnen, die bei lebhaftem Geplauder die Partien glossieren und analysieren: wahrlich ein gewaltiger Aufwand.

Man darf über diese Tatsachen nicht mit einem Lächeln hinweggleiten. Gewiss, das Schachspiel ist trotz seines edlen Gehalts ein Spiel und soll nicht so ernst genommen werden wie die den dringenden Bedürfnissen der Gesellschaft dienenden Wissenschaften und Techniken, und noch viel weniger darf es in Vergleich gesetzt werden mit Religion, Philosophie und der hehren Kunst. Es ist daher gar nicht nützlich, auf die Fortbildung der Schachfreunde ein solches Gewicht zu legen, dass ihnen dabei Zeit geraubt wird, die besser zu ernsteren Zwecken verwandt würde. Aber bei alledem stimmt es bedenklich, dass wir beim Schachspiel aus der darauf verwendeten Mühe so wenig erzielen, denn das ist symptomatisch für unsere so genannte Kultur.

Wir haben gelernt, Fabriken zu organisieren, aber unsere Erziehung, unsere geistige Arbeit, unsere Ökonomie der ideellen Werte gewähren einen grausen Anblick.

Ich will hier nicht ein Klagelied anstimmen, sondern nur Zusammenhänge beleuchten, sei es auch nur blitzschnell wie in einem Kaleidoskop. Das Schachspiel hängt nun einmal von seinen ersten Anfängen her mit dem Leben zusammen.

Nehmen wir nun den Fall, ein Meister, mit sachlicher Methode ausgerüstet, wolle einen beliebigen des Schachspiels unkundigen jungen Mann bis zur Klasse jener Tausend, die keine Vorgabe mehr empfangen, vorwärts bringen, wie viel Zeit benötigte er dazu? Zur Beantwortung mache ich die folgende Berechnung:

Spielregeln nebst Übungen	5	Stunden
Elementare Endspiele	5	Stunden
Einige Eröffnungen	10	Stunden
Kombination	20	Stunden
Position	40	Stunden
Partienspiel nebst Analysen	120	Stunden

In zweihundert Stunden müsste der junge Mann, auch wenn er gar kein Talent für das Schachspiel hat, soweit vorgeschritten sein, dass er zur Klasse jener Tausend gehört. Es gibt nun aber etwa eine Viertelmillion Schachfreunde, die alljährlich mindestens zweihundert Stunden auf das Schachspiel verwenden, und von diesen erreichen ihr Leben lang nur tausend das Ziel. Ohne mich allzu weit in Berechnungen zu verlieren, glaube ich es verantworten zu können, wenn ich sage, dass der schachliche Betrieb von heute nur ein hundertstel Prozent von dem erreicht, was er erreichen will und soll.

Unsere Erziehung leidet überall an einer außerordentlichen Vergeudung von Zeit und Werten, beispielsweise in der Mathematik und Physik; dort liegt das Verhältnis des tatsächlich Erreichten zum Möglichen noch weit schlimmer als beim Schach. Ist dabei nicht eine Tendenz zur Verdummung der Massen im Spiele? Für die Herrschaft der Mittelmäßigen ist die Dummheit der Masse ja eine Lebensbedingung. Bei unserem Schach fällt dies Motiv fast ganz fort, hier ist an dem schlimmen Zustande nur unsere Beschränktheit schuld.

Die Erziehung zum Schach muss eine Erziehung zum Selbst-Denken sein. Schach darf keine Sache des Gedächtnisses sein, – einfach, weil es dazu nicht wichtig genug ist. Muss sich der Mensch mit Auswendiggelerntem plagen, so muss er wissen, warum; das Gedächtnis ist zu wertvoll für Gleichgültiges. Ich habe von meinen 56 Jahren zumindest 30 darauf verwendet, zu vergessen, was ich gelernt oder gelesen habe, und dass es mir gelungen ist, hat mir eine gewisse Heiterkeit, das Gefühl einer gewissen Leichtigkeit verliehen, ohne das ich nicht mehr sein möchte. Wenn es Not tut, kann ich mein schachliches Wissen mehren, wenn es Not tut, kann ich mancherlei, was ich sonst gar nicht verstehe. Das in meinem Gedächtnis aufbewahrte Gepäck ist wenig, und dies Wenige habe ich zur Hand und ist für viele Lagen im Leben gut zu brauchen. Ich halte es in Ordnung, aber ich wehre mich dagegen, es zu vermehren.

Nicht also Ergebnisse soll man im Gedächtnis bewahren, sondern Methoden. Die Methode ist elastisch; sie steht mir in jeder Lebenslage zu Gebote; das Ergebnis, weil an individuelle Bedingungen gebunden, ist starr. Die Methode erzeugt Ergebnisse in großer Zahl; einige von diesen prägen sich ein, sollten aber nur dienen, um Regeln, die tausend Ergebnisse ordnen und zusammenfassen, zu beleuchten und so gleichsam lebendig zu erhalten. Und solche nützlichen, lebenswichtigen Ergebnisse muss man von Zeit zu Zeit ergänzen, gerade so, wie man durch Aufnahme von Speise und Trank ergänzt, was beim Stoffwechsel verloren geht. Aber das sind Ergebnisse, die in lebendiger Verknüpfung mit Regeln stehen, Regeln wiederum, die nach lebendigen Methoden gefunden worden sind: der ganze Betrieb muss Leben haben. Noch mehr: ein harmonisches Leben.

Dieses Leben, dieses harmonische Leben, stammt aus dem Leben; Lebendiges wird nur von Lebendigem erzeugt. Wer sich zum Selbst-Denken im Schach erziehen will, muss meiden, was am Schachspiel tot ist: künstliche Theorien, die sich auf sehr wenig Beispiele und auf ein Übermaß von menschlichem Witze stützen, die Gewohnheit, mit minderwertigen Gegnern zu spielen, die Gewohnheit, der Gefahr aus dem Wege zu gehen, die Gewohnheit, Varianten oder Regeln, die von andern herrühren, kritiklos zu übernehmen und gedankenlos nachzuspielen, die Eitelkeit, die sich selbst genug ist, die Unfähigkeit, Fehler einzusehen, kurz alles, was zum Stillstand oder zur Anarchie führt.

Die Erziehung zu einem harmonisch gefügten schachlichen Können lässt sich sonach am ehesten mit der Erzeugung und Ertüchtigung eines harmonisch erbauten Organismus vergleichen; dass das eine durch den Geist, das andere durch das Blut genährt wird, tut nichts zur Sache, das Leben fließt gleich geheimnisvoll, gleich schöpferisch, gleich mächtig in beiden. Dieser Vergleich ist kein bloßes rhetorisches Bild, er ist ein Programm.

Freilich könnte man dieses Programm für Erziehung im Allgemeinen aufstellen, die Individualität des Schachspiels tritt aber hervor, wenn eine zweite Forderung aufgestellt wird: den Lernenden in die Bahnen der Theorie von Steinitz zu leiten.

Diese Theorie hat eine Geschichte, die der Lernende sich aneignen muss, weil sie das Geheimnis des menschlichen Charakters ein wenig enthüllt; sie hat einen Sinn, der sich zuerst im Streite der verschiedenen Theorien offenbart hat und durch das Match von Steinitz gegen Zukertort Autorität errungen hat; sie hat einen tieferen Sinn, den man dem Lernenden erläutern muss; und schließlich und endlich zwingt sie den Lernenden, selbst zu denken, sich selbst eine Tafel der Werte zu zimmern und sie in Ordnung zu halten; sie verlangt von ihm Kühnheit, Vorsicht, Kraft und Sparsamkeit in der Verwendung der Mittel, und ist ihm so ein gutes Vorbild für Leistungen außerhalb des Schachspiels.

Dieser Weg der Erziehung verlangt gute Lehrer: Meister des Schachspiels, die zugleich Genies als Lehrer sind. Aber es lohnt sich, diesen Weg zu gehen, denn er führt zu selbständig urteilenden, kühnen, gewissenhaften, nach dem Ideal strebenden Menschen.

Wie sollen diese Lehrer ihren Beruf ausfüllen? Indem sie junge Leute auf die rechte Art ins Spiel einführen durch Vorträge, durch gute Bücher, durch das lebende Spiel mit ihren Schülern und indem sie bei Wettspielen der Lernenden zugegen sind und die so gespielten Partien glossieren, Vorzüge hervorheben, Fehler anmerken und auf diese Art das Selbst-Denken der Lernenden erleichtern, ohne es irgend zu vergewaltigen. Die Arten und Weisen, wie sich Lehrer betätigen können, sind sehr mannigfach.

Für die Schachwelt stellt sich das Problem, solche Lehrer zu züchten und, sind sie da, in ihren Bestrebungen zu unterstützen. So würde man den Schachmeistern, die aus dem Schachspiele einen Beruf machen müssen, wenn sie ihr Bestes leisten wollen, und zwar unweigerlich daraus einen Beruf machen müssen, ihren sorgenvollen Lebensweg erleichtern. Zugleich würde man ihnen eine notwendige, nützliche und dankbare Aufgabe stellen. Denn dies ist das Besondere am Schachspiel, dass solche Lehrer in anderen Zweigen menschlicher Tätigkeit vorderhand gar nicht möglich sind.

Über die Zukunft der Lehre von Steinitz

Man kann die Lehre von Steinitz leicht auf eine mathematische Gestalt bringen, indem man eine Art von Schachspiel zugrunde legt, dessen Züge und Regeln einer einfachen mathematischen Symbolik unterstehen. Übrigens hat das Go-Spiel der Japaner beinahe schon eine solche Form. Für ein derartiges Spiel hat die Frage, ob die Analyse der Stellungen die Regeln von Steinitz bestätigt, einen präzisen Sinn und wird vermutlich in nicht zu ferner Zukunft gelöst werden. In dem Augenblick, wo diese Lösung vorliegt, steht die Menschheit am Tore einer neuen gewaltigen Wissenschaft, die man vorahnend Mathematik oder Physik des Kampfes genannt hat.

Die Kämpfe, die heutzutage von den Menschen ausgefochten werden – Krieg, diplomatische Verhandlung, Konkurrenz in Fabrikation, Dispute der Presse, um nur einige zu nennen –, werden auf eine dilettantische Art geführt. Dass Kriege heute noch notwendig scheinen, lässt sich nur aus der geringen Intelligenz des Menschen von heute erklären, denn die Menschheit kann ihre Bedürfnisse nach Fortschritt und nach dem Siege des Rechtes und dem Walten eines gesunden Ethos in menschlichen Dingen auf eine andere Art wie durch Krieg befriedigen. Freilich wird die Aufgabe, dies den Menschen klarzumachen, eine schwere sein, denn sie wollen nicht hören; diese Aufgabe wird leicht sein im Augenblick, wo die Wissenschaft vom Kampfe sich als Wissenschaft festgesetzt haben wird; denn dann werden die Argumente gegen den Krieg die ungeheure Autorität der strengen Wissenschaft hinter sich haben und den dilettantischen Anwürfen interessierter Parteien entzogen sein.

Das Problem, den Krieg als Institution zu entrechten, wird lösbar sein, weil es ja der Menschheit an Kämpfen nicht ermangelt. Die Konkurrenz der Forscher, der Erfinder, der Entdecker, der Künstler, der Staatsmänner sorgt bereits für die stete, gesunde Bewegung, die den Blutumlauf im Körper der Kultur bewirkt, und diese Konkurrenz wird noch viele Jahrzehntausende ihre Frische bewahren, wenn, um mit Victor Hugo zu reden, Kanonen als Erinnerungszeichen an eine verschwundene, verlogene und barbarische Zeit in den Museen neben den Folterwerkzeugen des Mittelalters aufgestapelt sein werden.

Mit der Mathematik einer Art von Schachspiel ist das größere Problem, die Kämpfe des Lebens zu ergründen, freilich bei weitem nicht gelöst; es ist gestellt, eine Richtung zur Lösung gewiesen; aber der bei weitem größte Schritt bleibt noch zu tun. An Erfolgen wird es aber den Forschern dann nicht mehr mangeln; der erste Schritt ist immer der schwerste. Mit dem Hebelgesetz des Archimedes hielt die Statik, mit dem Fallgesetz des Galilei die Dynamik ihren Einzug, und ihr Siegeslauf war, wiewohl ihr Eintritt so bescheiden, durch keine menschliche Kraft mehr aufzuhalten. Genau so wird es der Wissenschaft vom Kampfe ergehen, nachdem ihr erster bescheidener Erfolg errungen sein wird.

Jedenfalls wäre es zu wünschen, dass schon jetzt Institute zur Förderung dieser Bestrebungen errichtet werden. Institute zur Forschung, die bereits jetzt viel Material zu verarbeiten haben, zur Züchtung von Lehrern, die die große Masse aus ihrem erschreckenden Dilettantismus in Sachen des Kampfes herausreißen sollen, und zur Schaffung von Lehrbüchern oder Lesebüchern, die den weiten Schichten des Volks ebenso zugänglich und verständlich und wertvoll sein müssen wie Knigges „Umgang mit Menschen“. Ein solches Institut sollte jede Nation gründen, die sich ertüchtigen und zugleich für die Menschheit eine glücklichere Zeit heraufbringen will.

Phantastisch sind diese Pläne gar nicht; sie werden ganz gewiss verwirklicht werden. Warum nicht jetzt? Lasst uns hoffen, dass auch in den jetzigen verblendeten Zeiten die Vernunft nicht ganz verlassen ist.

Index

Partienverzeichnis

Personenregister

Probleme und Studien

Stellungsbilder